Vue.js
철저 입문

**기초부터
실전 애플리케이션
개발까지**

Vue.js 철저 입문
기초부터 실전 애플리케이션 개발까지

지은이 카와구치 카즈야, 키타 케이스케, 노다 요헤이, 테지마 타쿠야, 카타야마 신야
옮긴이 심효섭

펴낸이 박찬규 엮은이 전이주 디자인 북누리 표지디자인 Arowa & Arowana

펴낸곳 위키북스 전화 031-955-3658, 3659 팩스 031-955-3660
주소 경기도 파주시 문발로 115, 311호 (파주출판도시, 세종출판벤처타운)

가격 30,000 페이지 568 책규격 188 x 240mm

초판 발행 2019년 04월 29일
ISBN 979-11-5839-150-8 (93000)

등록번호 제406-2006-000036호 등록일자 2006년 05월 19일
홈페이지 wikibook.co.kr 전자우편 wikibook@wikibook.co.kr

Vue.js NYUMON: KISO KARA JISSEN APPLICATION KAIHATSU MADE
by Kazuya Kawaguchi, Keisuke Kita, Yohei Noda, Takuya Tejima, Shinya Katayama
Copyright © 2018 Kazuya Kawaguchi, Keisuke Kita, Yohei Noda, Takuya Tejima, Shinya Katayama
All rights reserved.
Original Japanese edition published by Gijutsu-Hyoron Co., Ltd., Tokyo
This Korean language edition is published by arrangement with Gijutsu-Hyoron Co., Ltd.,
Tokyo in care of Tuttle-Mori Agency, Inc., Tokyo through Botong Agency, Seoul.
Korean translation copyright © 2019 by WIKIBOOKS

이 도서의 국립중앙도서관 출판시도서목록(CIP)은
서지정보유통지원시스템 홈페이지(http://seoji.nl.go.kr)와
국가자료공동목록시스템(http://www.nl.go.kr/kolisnet)에서 이용하실 수 있습니다.
CIP제어번호 CIP2019015093

Vue.js
철저 입문

**기초부터
실전 애플리케이션
개발까지**

카와구치 카즈야, 키타 케이스케,
노다 요헤이, 테지마 타쿠야,
카타야마 신야 지음
/
심효섭 옮김

위키북스

'Vue.js 철저 입문'을 구입해 주신 데 감사드린다. 우선 필자가 Vue.js를 만나게 된 경위와 이 책에 대해 간단한 설명을 드리고자 한다.

2014년 4월에 프런트 엔드 비중이 큰 새 프로젝트를 시작하게 되었다. 기존 리소스를 재활용 해야 한다는 제약 아래 시작한 프로젝트였기 때문에 처음에는 jQuery를 사용한 스파게티 코드 로 인해 개발 속도가 더뎠다. 개발 속도를 개선하고 품질을 높이기 위해 프런트 엔드 애플리케 이션을 구조화시키는 것이 필수적이었다.

이를 위해 프런트 엔드 라이브러리와 프레임워크 선정에 들어갔다. 이 당시는 정말 많은 수의 프런트 엔드 라이브러리와 프레임워크가 난립하던 시기여서 여러 개의 후보를 비교해야 했다. 그러던 중 어떤 블로그에서 이름을 알게 되고 동료가 추천을 보태면서 Vue.js를 처음 사용해 보게 되었다. 이 작은 일이 Vue.js를 깊이 배우게 된 계기였다.

동료로부터 추천을 받긴 했지만, 당시 Vue.js는 나온 지 얼마 안된 신생 라이브러리여서 널리 사용되지도 않던 단계라 솔직히 말해 프로젝트에 채택하기엔 조금 위험이 따르는 상태였다.

그래서 처음에는 반신반의했지만 사용해보면서 곧 생각이 바뀌었다. Vue.js가 간단하여 쉽게 배울 수 있으며, 강력한 기능과 뛰어난 확장성을 동시에 갖춘 훌륭한 라이브러리임을 직접 사 용해보면서 깨닫게 된 것이다. 프로젝트에 필요한 프런트 엔드 구조화에도 적합하였으므로 신 생 라이브러리지만 과감히 업무에 도입하게 되었다.

우리의 예상은 보기좋게 적중하였다. Vue.js를 사용하여 jQuery의 의존도를 줄이고 프런트 엔 드 구조화를 훌륭하게 달성하여 개발 속도를 잃지 않고도 변화하는 비즈니스 환경에 대응할 수 있었다.

이 프로젝트를 통해 Vue.js의 유연성과 설계 사상에 매료된 필자는 그 후로도 개인적으로 Vue.js 개발 관련 활동에 참여하였다. 현재도 플러그인 개발 및 공식 참조문서 번역 등을 통해 이러한 활동을 이어가고 있다.

Vue.js와 만난 지 이제 4년이 지났다. Vue.js는 필자의 직감대로 큰 인기를 얻게 되었다. 웹 프 론트엔드 엔지니어를 물론이고 웹 디자이너 및 퍼블리셔에 이르기까지 폭넓은 사용자 층을 확 보하였다.

이러한 인기와 함께 Vue Router, Vuex 등의 라이브러리 및 개발 도구가 Vue.js에 공식적으로 포함되었다. 전체 생태계도 그만큼 성장하여 Nuxt.js와 같은 인기 프레임워크도 탄생하였다. Vue.js는 그 탄생부터 착실히 진화를 거듭하여 이제는 매우 강력해졌다.

Vue.js는 간결함을 가장 큰 무기로 삼는 라이브러리이다. 아직도 가장 쉽게 배울 수 있는 라이브러리이기는 하지만 요 몇 년간 Vue.js가 급격히 발전하면서 라이브러리 및 관련 분야를 한눈에 조망하며 배우기는 어려워졌다.

이 책은 이러한 연유로 누구나 Vue.js를 쉽게 익혀 사용할 수 있도록, 쉬운 입문서를 목표로 하였다. 기초부터 시작하여, 다양한 라이브러리 및 개발 도구를 활용한 실전 개발에 이르기까지 폭넓은 내용을 다루고자 했다.

이 책이 여러분이 Vue.js에 입문하는 데 도움이 되길 바란다.

저자 대표 카와구치 카즈야.

이 책은 프런트 엔드에 특화된 라이브러리인 Vue.js를 다루는 책이다.

현대적인 프런트 엔드 개발은 매우 복잡하고 변화가 빠른 분야다. 백 엔드에서 담당하던 다양한 기능이 프런트 엔드로 옮겨왔고 웹 초기에 시각적인 효과를 주로 담당했던 자바스크립트가 Ajax를 통해 기능을 제공하는 역할을 같이 부담하는 형태로 발전하였다가 지금은 프런트 엔드 개발의 중심으로 자리잡았다.

다만 이러한 변화와 함께 개발과 학습의 복잡도가 대폭 상승한 것이 새로운 과제가 되었다. 학습자의 입장에서는 어디서부터 학습을 시작해야 할지도 알기 어렵고 기껏 배운 내용이 순식간에 오래된 정보가 돼버리는 것도 걱정스럽다.

이 책은 이러한 문제를 해결해 줄 수 있는 책이다. 프런트 엔드 특화 라이브러리 중에서 가장 큰 지지를 받고 있는 Vue.js를 중심으로 현대적인 프런트 엔드 개발을 경험해 볼 수 있다.

이 책은 크게 세 부분으로 나뉜다. 첫 번째 부분은 프런트 엔드 개발 분야의 현재 상황과 Vue.js를 간단히 소개하고 프로젝트 도입과 함께 간단한 사용법을 익힌다. 두 번째 부분은 컴포넌트와 상태 관리를 중심으로 Vue.js의 심화된 사용법을 익힌다. 마지막으로 책에서 다룬 내용을 모두 사용하여 간단한 예제 애플리케이션을 설계하고 구현해 본다.

개인적으로는 특히 책 후반에 나오는 jQuery로부터 이주하는 방법을 통해 기존 기술로부터 역자 역시 이주해오는 계기가 되었다. 현대적 프런트 엔드 개발에 익숙치 않은 독자들께도 도움이 되기를 바란다.

03

컴포넌트의
기초

04

**Vue Router를 활용한
애플리케이션 개발**

05

Vue.js의
고급 기능

08

**중규모 및 대규모 애플리케이션
개발 1 – 개발 환경 갖추기**

09

중규모 및 대규모 애플리케이션 개발 2 – 설계

10

**중규모 및 대규모 애플리케이션
개발 3 – 구현**

A부록

jQuery에서 이주하기

B부록

개발 툴

C 부록

Nuxt.js

01

프로그레시브
프레임워크 Vue.js

Vue.js(뷰-제이에스)는 뷰 레이어에 특화된 라이브러리다.

웹 페이지의 위젯이나 관리화면의 대시보드 등 사용자의 눈에 실제로 보이는 영역 중 인터랙티브한 콘텐츠를 다룬다.

그리고 관련된 라이브러리와 조합해 사용하면 프레임워크로도 사용할 수 있다. MVVM 패턴[1]의 영향을 받은 설계를 채택하고 있어서 대규모 애플리케이션 개발에도 사용할 수 있다.

이러한 특징은 애플리케이션의 규모와 상관없이 어떠한 경우에도 단계적으로 유연한 적용이 가능해지는 프로그레시브 프레임워크라는 Vue.js의 설계 사상에서 기인한다. 그 설계 사상으로 인해 프로젝트 초기에는 최소한의 학습 비용만으로 시험 적용이 가능하며, 대규모 시스템에서는 단계적으로 필요한 기능 및 라이브러리를 조합해 덧붙여 나가는 독특한 스타일의 개발이 가능하다. 이렇게 개발자 친화적인 측면과 높은 성능 덕분에 Vue.js는 큰 인기를 얻게 됐다[2].

Vue.js의 역사를 간단히 훑어보자. Vue.js는 2013년 에반 유(Evan You)[3]가 시작한 개인 프로젝트로 출발했다. 2014년 2월에 버전 0.8이 발표되면서 정식으로 세상에 나왔다. 그 후 몇 번의 버전 업을 더 거쳐 2015년 5월에 PHP 웹 애플리케이션 프레임워크인 라라벨(Laravel)[4]에 표준 탑재된 것을 계기로 라라벨 커뮤니티에서 화제가 되면서 일약 지명도를 높였다. 2015년 10월에 버전 1.0이 출시됐고, 2016년 10월 1일에 2.0이 출시돼 현재에 이른다.

---

1 디자인 패턴의 한 종류. Windows Presentation Foundation 등으로 유명하다. Vue.js를 배우는 데 꼭 필요한 지식은 아니다.
2 2017년 깃허브에 공개된 JavaScript 프로젝트 중 가장 인기가 높은 것이 Vue.js였다. https://risingstars.js.org/2017/en/#senction-all
3 https://twitter.com/youyuxi
4 https://laravel.com

Vue.js는 초기 버전 출시 이후 줄곧 에반 유 개인이 주도하는 오픈 소스 프로젝트 형태로 개발을 이어왔다. Vue.js와 주변 생태계, 그리고 커뮤니티가 성장함에 따라 2016년 3월에 파트레온(Patreon)[5]을 통한 모금을 시작했다. 그 결과 많은 사용자와 기업으로부터 모금을 받았고, 이후 에반 유는 Vue.js 프로젝트의 풀타임 개발자로 개발을 진행하고 있다.

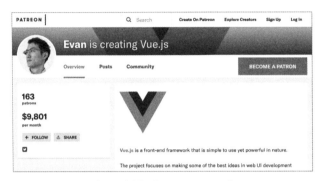

크라우드 펀딩을 받는 오픈 소스 프로젝트

모금 시작과 비슷한 시기에 팀 개발 체제 정비 역시 시작해 미국과 중국, 일본 등 여러 나라에서 많은 수의 개발자가 모였고, 에반 유가 이끄는 다국적 팀 체제로[6] 개발이 진행 중이다[7].

Vue.js 코어 팀 웹 페이지

---

5 https://www.patreon.com/evanyou

6 일본에도 이 팀의 멤버가 있어서 번역, 국제화, 타입 시스템, 정적 분석 도구 등의 분야에서 활동하고 있다. https://kr.vuejs.org/v2/guide/team.html

7 Vue.js 코어 팀 역시 오픈 콜렉티브(Open Collective, https://opencollective.com/vuejs)로부터 지원을 받고 있으며 밋업, 콘퍼런스 등의 커뮤니티 운영부터 Vue Sprint라고 하여 코어 팀 멤버가 단기적으로 집중 개발을 수행하는 합숙도 진행한다.

지금까지 Vue.js에 대해 간단히 설명했다. 이어서 Vue.js가 탄생하게 된 배경과 Vue.js가 가진 특징이 무엇인지 설명한다. 이러한 배경지식을 미리 배움으로써 뒤에 이어질 실습 단계에서 배울 내용의 이해를 도울 것이다.

1.1 복잡해진 모던 웹 프런트 엔드 개발

2018년 현재 모던 웹 프런트 엔드 개발은 크게 고도화되고, 동시에 그만큼 복잡해졌다. 단일 페이지 애플리케이션을 중심으로 프런트 엔드에서 복잡한 처리를 맡는 경우가 늘었으며, 애플리케이션 데이터플로 설계, 라우팅, 유효성 체크 등 기존에는 백 엔드에서 맡았던 역할을 프런트 엔드가 맡게 됐다. 기존에는 시각적 효과를 사용하는 것이 주된 역할이었던 자바스크립트 역시 최근 몇 년 사이 용도가 급격히 늘어났다. 이와 함께 개발 업무와 관련된 개념과 도구가 함께 복잡해지는 경향을 보였다[8].

프런트 엔드 개발은 이처럼 확실히 복잡해졌다. Vue.js를 사용하면 이러한 복잡성을 잘 파악하고 다룰 수 있다. 우선 프런트 엔드 개발이 이렇게 고도화되기까지 어떤 역사를 거쳤는지 알아보자.

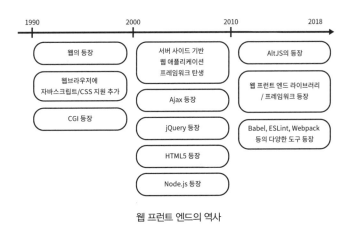

웹 프런트 엔드의 역사

---

8 이제 프런트 엔드 개발을 시작하려는 입장에서는 React나 Redux, Flux 패턴, Node.js를 이용한 환경 구축, 빌드 도구 등 새로운 용어가 끊임없이 쏟아져 나오는 데 혼란을 느낄 사람도 있을 것이다.

1.1.1 웹의 탄생과 웹 기반 시스템의 발전

웹(world Wide Web)[9]은 지금부터 20년도 더 전인 1991년에 인터넷상에 처음 등장했다.

탄생 초기에는 문서 열람만을 목적으로 했으므로 당연히 지금 사용하는 SNS나 스프레드시트 같은 인터 랙티브한 콘텐츠는 구현이 불가능했다.

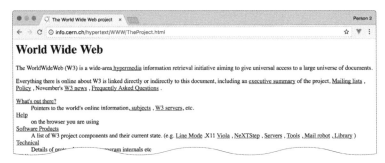

세계 최초의 웹 페이지

1990년 후반부터 CSS와 자바스크립트가 웹 브라우저에 탑재됐다. 당시의 자바스크립트는 매우 빈약해 CSS와 함께 문서를 꾸미는 용도에 주로 사용됐다. 비록 제약은 많았지만, 이들의 등장으로 웹 페이지를 GUI 애플리케이션처럼 꾸밀 수 있게 됐다.

같은 시기, CGI[10]로 대표되는 웹에서 사용되는 서버 사이드 프로그래밍 기술이 등장했다. 이 기술을 통해 데이터베이스를 이용한 데이터 관리, 서버의 HTML 렌더링, 클라이언트(웹 브라우저)를 거쳐 만들어 지는 사용자 인터페이스가 가능해졌고 고전적인 웹 시스템이 탄생했다. 웹 브라우저를 프레젠테이션 계층으로 삼는 웹 기반 3계층 아키텍처 시스템이 등장한 것이다. 서버에 데이터베이스 및 애플리케이션 본체가 위치하고 클라이언트는 사용자의 눈에 보이는 외관만을 담당하는 이 구조는 다양하게 형태를 바꿔가며 지금도 많이 쓰고 있다.

---

9 웹은 HTML로 작성된 문서를 인터넷상에서 HTTP 프로토콜을 통해 서로 다른 컴퓨터끼리 공유하는 시스템이다. HTML 문서에서 다른 HTML 문서를 참조하는 하이퍼링크를 통해 인터넷상에 흩어져 있는 HTML 문서끼리 서로 참조가 가능하다.

10 Common Gateway Interface의 약자. 웹 서버와 별도로 HTML을 생성하는 프로그램을 말한다. 웹 서버가 받은 요청에 따라 방문 카운터를 계산하는 것처럼 사용하기에 따라 HTML을 동적으로 생성할 수 있다.

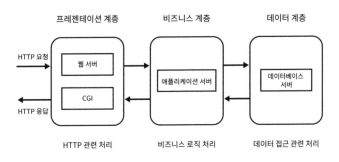

웹 기반 3계층 아키텍처

서버 사이드는 CGI로부터 계속 진화했다. 루비 온 레일즈로 대표되는 MVC 기반[11] 웹 애플리케이션 프레임워크도 등장했다. 웹 시스템이 세련되게 바뀌어 감에 따라 전자 상거래 사이트와 블로그 등의 웹 서비스가 제공되기 시작했다.

이러한 발전 과정이 중요하기는 했지만, 웹 프런트 엔드에는 그리 영향이 크지 않았다. 당시 프런트 엔드가 담당했던 기능은 CSS 등을 이용한 시각적 효과와 자바스크립트를 이용한 알림창, 입력을 받는 기능 정도가 고작이었다. 이 때문에 지금처럼 프런트 엔드 개발을 전문으로 하는 엔지니어는 거의 없다고 해도 좋을 정도였으며, 서버사이드 개발자가 프런트 엔드 개발을 함께 맡는 것이 대부분이었다.

1.1.2 Ajax의 등장

프런트 엔드의 기능은 보여주는 것에만 한정된다는 것이 상식이었던 적이 있었다. 그러나 2005년에 구글이 지도 서비스 구글 맵스를 출시하면서 이러한 상식이 뒤집어졌다.

구글 맵스는 당시로써는 혁신적인 기능이었던, 페이지 이동 없이 웹 브라우저에서 지도를 확대 및 축소하는 기능을 제공했다. 이 기능은 자바스크립트를 이용해 서버와 비동기로 통신하는 기술인 Ajax[12]를 사용해 구현한 것이다. 같은 페이지 안에서 콘텐츠를 빠르고 인터랙티브하게 변화시키는 경쾌한 사용자 경험이 Ajax를 통해 가능해졌다.

이 점은 기존 웹 애플리케이션에 비해 큰 강점이었다[13]. 데스크톱 애플리케이션과 같은 인터랙티브한 애플리케이션을 웹 브라우저에서도 구현할 수 있다는 것을 입증해 충격을 줬다.

---

11 정확히 말하자면 MVC(model-view-controller)를 웹에 적합하도록 개선한 MVC2 애플리케이션 아키텍처다.

12 Asynchronous JavaScript + XML의 약자. 비동기 통신을 통해 주고받는 데이터는 현재는 XML보다는 JSON이 압도적으로 많이 사용된다. 미국에서 인기 있던 식기용 세제의 이름을 따서 붙였다는 설이 있다.

13 원래 웹 애플리케이션은 사용자가 설치할 필요가 없는 등 여러 장점이 있었다. 다만 페이지 이동이 필요하다는 점에서 사용자 경험상의 단점이 있었는데, Ajax가 이 문제를 해결해준 것이다.

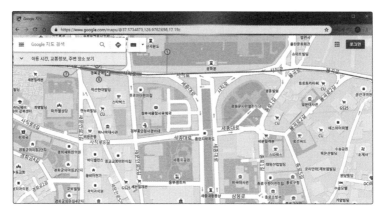

Ajax를 이용한 지도 서비스 '구글 맵스'

Ajax의 등장 이후 클라이언트 사이드에서는 Ajax 및 이를 이용한 DOM을 정교하게 조작하는 기능이 필요해졌다. 이런 필요에 따라 등장한 jQuery[14] 등이 인기를 얻었다. 기존 애플리케이션 아키텍처에 Ajax를 마음껏 활용한 애플리케이션이 주류를 이뤘다.

서버 사이드 분야는 웹 서버가 HTML 렌더링을 넘어 RESTful[15] 기반 웹 API[16]를 제공하게 됐다.

Ajax와 웹 API를 통해 리치(rich) 웹 기반 업무 시스템과 웹 서비스가 널리 보급될 수 있었다. 웹 브라우저 역시 자바스크립트를 사용한 본격적인 프로그램을 구현할 수 있게 됐다. 그와 함께 개발 역시 고도화된 것은 당연한 일이다.

이때부터 개발에서 서버 사이드와 클라이언트 사이드의 역할이 나뉜 것을 볼 수 있다. 클라이언트 사이드는 더 나아가 웹 프런트 엔드로 확립됐다.

Ajax의 등장 이후 웹 프런트 엔드 개발이 본격화됐다. 2000년대 말에는 HTML5와 ECMAScript를 중심으로 웹이 다시 크게 진화했으며 Node.js가 등장하면서 웹 프런트 엔드 개발이 한층 더 복잡해졌다.

1.1.3 HTML5, Node.js, ES2015, React 이후의 세계

2010년대에도 계속해서 웹은 고도화되고 복잡해지는 경향을 보였다. HTML5, Node.js, ES2015, React의 4가지 기술의 관점에서 그 과정을 살펴보고자 한다.

---

14 jQuery는 Ajax를 이용해 DOM을 조작하는 유틸리티를 모은 라이브러리다. 현재도 적지 않은 사용자를 갖고 있다. 같은 시기에 prototype.js도 인기를 모았다.

15 시스템이 REST(REpresentational State Transfer) 원칙을 준수하는 것을 말한다.

16 API(Application Programming Interface)란 소프트웨어의 일부를 다른 소프트웨어와 연동시키는 규칙이나 스펙을 인터페이스로 정의해 공개한 것을 말한다. 웹 서버를 사용한 시스템의 경우 HTTP 기반 인터페이스를 공개한다.

HTML5의 등장, 그리고 웹 애플리케이션의 플랫폼화

HTML5[17]는 2014년에 권고안이 나온 표준 규격이다. HTML 문법 표준뿐만 아니라 웹 전체의 규격을 새로이 하는 커다란 흐름이었다. HTML5에서는 웹이 일종의 애플리케이션 플랫폼으로 기능할 수 있도록 HTML/CSS와 DOM API의 규격을 크게 변화시켰다.

개인적으로 가장 중요하다고 보는 것은 History API다. History API 덕분에 페이지 이동[18]을 웹 브라우저 대신 자바스크립트로 핸들링할 수 있게 됐다. 그리고 이를 통해 화면 이동 없이 URL과 히스토리를 관리하며 전환할 수 있는 단일 페이지 애플리케이션[19]을 만들 수 있게 됐다. 이들 애플리케이션은 사용자에게 네이티브 애플리케이션과 동등한 사용자 경험을 제공할 수 있다.

HTML5가 등장하면서 이에 발맞춰 라이브러리도 진화했고 클라이언트 사이드에서 더 많은 것을 표현할 수 있게 됐다.

이러한 변화에 따라 프레젠테이션 레이어의 프로그램이 서버 사이드에서 클라이언트 사이드로 옮겨오게 된다[20]. 기존에는 HTML 렌더링을 서버에서 수행했지만, 웹 API로 데이터를 받아올 수 있게 되면서 클라이언트에서도 HTML 렌더링이 가능해졌기 때문이다. 이런 방식이 화면 이동이 적기 때문에 더 뛰어난 사용자 경험을 제공할 수 있다.

Node.js와 자바스크립트 생태계의 진화

2009년에는 Node.js[21]가 등장했다. Node.js는 서버 사이드 기술이지만, 프런트 엔드 분야에도 두 가지 큰 변화를 가져왔다.

첫 번째 변화는 자바스크립트 실행 환경이 브라우저를 벗어난 것이다. Node.js는 프런트 엔드 개발과 테스트에 매우 유용한 환경이다. 자바스크립트 개발의 질을 비약적으로 향상시켰다.

두 번째 변화는 패키지 관리자이자 패키지 리포지토리인 npm의 보급이다. 자바스크립트로 구현된 라이브러리를 npm을 통해 사용할 수 있게 됐다. 이에 따라 모듈(패키지)을 사용할 수 있게 됐고 개발된 산출

---

17 2008년에 초안이 발표됐으며, W3C를 중심으로 기술 규격을 작성 중이다. 권고안이 나오기도 전에 웹 브라우저에 단계적으로 구현이 포함되며 발전해왔다.
18 URL 및 히스토리.
19 SPA(Single Page Application). 이후 SPA로 표기.
20 이러한 경향으로 인해 서버 사이드는 API 서버의 비율이 높아졌다.
21 넌 블로킹 I/O, 이벤트 기반 모형을 통해 기존 서버 사이드의 C10K 문제(클라이언트 1만 대 문제)를 해결하고 성능의 대폭적인 개선은 물론 시스템 스케일링도 쉬워졌다.

물을 다시 모듈화해 npm을 통해 배포하는 문화가 정착했다[22]. 서버 사이드와 클라이언트 사이드를 막론하고 자바스크립트 애플리케이션은 Node.js를 이용해 개발되고 npm을 통해 배포된다.

생태계가 갖춰지고 같은 시기 일어난 웹 전체의 큰 발전과 함께 자바스크립트 라이브러리도 활발히 사용됐다. 다양한 라이브러리가 출현[23]하고 웹 프런트 엔드 엔지니어는 이들 기술을 잘 활용할 수 있어야 했다. 라이브러리 유형 역시 애플리케이션 코드에 포함되는 것부터 개발 업무를 보조해주는 것에 이르기까지 다양했다.

이렇게 활동이 활발한 생태계는 원래대로라면 바람직한 것이다. 그러나 그 분야를 처음 배우는 사람에게는 변화가 심하고 배울 것이 많아 보이는 요소이기도 하다.

ES2015와 프로그래밍 언어로서의 진화

웹 프런트 엔드 개발이 고도화되던 와중에 문제가 된 것이 자바스크립트의 빈약한 언어 기능이었다.

자바스크립트는 본격적인 애플리케이션을 개발하기에는 아쉬운 점이 많았다. 그래서 대대적인 규격 업데이트가 필요했고 이런 상황에 등장한 것이 ES2015다[24].

ES2015는 자바스크립트 역사상 가장 큰 규모의 업데이트였다. 문법이 확장되고 const나 let 등이 널리 쓰이게 되는 등 작성 스타일에도 대대적인 변화가 있었다. 자바스크립트의 문법 확장은 곧 표현력의 증가와 함께 익혀야 할 내용이 많아진다는 의미이기도 하다.

표준 규격이 제안됐다고 해서 곧바로 모든 브라우저에 구현이 적용되지는 않는다. 그러나 새로운 규격 대부분이 자바스크립트에 대한 기존의 불만을 해소할 수 있는 매력적인 것들이 많았다. 그래서 이러한 규격을 브라우저에 먼저 구현해 사용하려는 움직임이 있었다.

Babel은 이러한 수요에 대응해 자바스크립트를 자바스크립트로 번역하는 컴파일러다. 차세대 문법을 따른 자바스크립트 코드를 아직 해당 규격이 구현되지 않은 브라우저에서 사용할 수 있는 자바스크립트 코드로 변환하는 것이다[25].

---

22 npm 이전에는 자바스크립트에 중앙집권적인 패키지 리포지토리가 존재하지 않았다. npm이 등장하면서 개발의 효율이 크게 개선됐다. 최근에는 이용이 줄었지만, bower도 비슷한 시도다.

23 DOM 조작 유틸리티 라이브러리, 자바스크립트로 구현된 애플리케이션 빌드, 번들링 도구, 번들 파일 크기를 줄여주는 도구, 애플리케이션 테스트 라이브러리, 라이브러리 실행 환경, 정적 분석 도구와 컴파일러 등

24 정식 명칭은 ECMAScript 2015다. 그전에는 ECMAScript 6이라고 불렸다. 자바스크립트의 표준화는 ECMA라는 기구에서 담당하며, W3C와는 무관하다. ECMAScript는 자바스크립트 표준 규격의 이름이라고 보면 된다.

25 이를 트랜스파일이라고도 한다.

언어 자체의 복잡도도 만만치 않았는데, ES2015에서 새로 나온 규격의 인기로 인해 트랜스 파일 수요가 증가하면서 빌드 과정이 한층 더 복잡해졌다.

높은 표현력은 바람직한 것이지만, 아무래도 학습 비용이 함께 증가하는 양면성이 있다.

React 등 프런트 엔드 라이브러리의 출현

지금까지 설명했듯이 프런트 엔드와 관련된 규격과 기술이 고도화되고 있다. 이런 고도화에 따라 애플리케이션과 서비스에서도 복잡한 요구사항이 생겨났다.

애플리케이션 데이터플로를 프런트 엔드로 가져오는 등 설계 단계부터 개발 난이도를 상승시키는 것이 많았다. DOM을 웹 API와 연동시키는 것도 생각 없이 할 수 있는 일이 아니다.

이런 설계는 애플리케이션을 구조화할 수 없는 jQuery 등을 사용해서는 구현하기가 어렵다. 그러므로 MVC 같은 애플리케이션 구조를 지원하는 프레임워크가 필요해졌다. 그에 따라 Backbone.js, AngularJS[26] 등 새로운 웹 애플리케이션 프레임워크 및 라이브러리가 속속 나타났다.

이런 상황에서 나타난 것이 페이스북이 개발한 React와 Flux[27]다. React는 뷰 라이브러리이고, Flux는 애플리케이션 아키텍처[28]다. React 중심의 개발 스타일은 가상 DOM을 이용해 DOM 조작을 빠르게 수행했고, Flux는 혼란스러워지기 쉬운 아키텍처에 방향성을 제시해 큰 인기를 모았다.

React 등이 등장하면서 고도화된 애플리케이션을 jQuery로 억지로 만들 필요 없이 쉽게 구조화할 수 있게 됐다. 이 상황에서 새로이 문제가 된 것이 학습 비용이다.

새로운 프레임워크와 라이브러리를 사용하는 이상, 학습 비용은 당연히 발생하는 것이다. React도 API를 최소한으로 유지하는 등 학습 비용을 확대시키지 않기 위한 설계를 취하고 있다. 그러나 JSX[29], 데이터플로에 대한 지식, 라이브러리 선택 및 학습 등 React를 도입하기 위해 필요한 지식의 양은 결코 적지 않다. 그리고 각 라이브러리 고유의 문제는 아니지만, 모듈화, 빌드, 정적 분석, 테스트 등 개발 환경 구축 과정도 새로이 필요해졌다.

---

26 구글에서 만든 자바스크립트 프레임워크로, 2010년에 등장했다. Angular의 원형이 되는 프레임워크지만, Angular 2부터는 하위 호환성이 깨졌기 때문에 완전히 같은 것으로 보기 어렵다.
27 React가 2013년, Flux가 2014년 발표됐다.
28 데이터플로 구조를 나타낸 것이다. MVC와 같은 설계 정책이다. 현재는 Flux를 좀 더 발전시켜 계승한 Redux라는 아키텍처 겸 라이브러리가 React와 관련해 큰 인기를 얻고 있다.
29 React에서 많이 사용되는 템플릿 문법.

Column

AltJS의 등장

ES2015 전후로, 자바스크립트로 변환할 수 있는 AltJS라는 프로그래밍 언어가 등장했다. 더 간결한 문법을 지향하는 커피
스크립트(CoffeeScript), 주석 형태로 타입을 지정하는 타입스크립트(TypeScript)가 유명하다.

특히 타입스크립트는 현재 개발에서 널리 사용되고 있다. 이 책에서는 부록 B에서 타입스크립트 연동을 다룬다.

1.1.4 현재의 당면 과제와 Vue.js

모던 프런트 엔드 개발은 현재에 이르기까지 다음과 같은 변화와 새로운 문제점을 낳았다[30]. 이들은 서로
영향을 주고받는 부분이 있으며 애플리케이션 개발을 고도화하면서 불가피한 측면도 어느 정도 있다.

- HTML5 이후 웹이 애플리케이션 플랫폼으로 기능하게 되면서 API가 고도화됨.

- Node.js 생태계의 발전과 개발 환경 구축의 난이도 증가.

- ES2015 이후 문법이 보강되면서 학습할 내용이 증가.

- React 이후 프런트 엔드 개발이 프레임워크화되면서 그에 따른 학습 비용 증가.

프런트 엔드 개발이 어렵다고 지레 겁먹었을 수도 있지만, 안심하기 바란다. Vue.js는 여러 프레임워크
중에서도 특히 학습 비용을 낮게 유지하는 데 많은 신경을 썼다. 이러한 문제는 충분히 피할 수 있는 문
제다. 지금부터 배우면 된다.

프런트 엔드의 문제점과 그에 따른 변화를 다시 한번 정리해 봤다.

시기	프런트 엔드의 역할	서버의 역할	자바스크립트 라이브러리/ 프레임워크
웹 시스템 시대	외관 꾸미기	HTML 생성	없음
Ajax 시대	Ajax 중심의 인터랙션	HTML 생성 + API	jQuery, Prototype.js
현재	애플리케이션의 프레젠테이션 전반	API	Vue.js, React, Angular

---

30 실제로는 모바일 지원으로 대표되는 디바이스 확대 등 복잡도를 높인 몇 가지 요인이 더 있으나, 여기서는 다루지 않는다.

1.2 Vue.js의 특징

Vue.js는 그 자체로는 뷰만을 다루는 단순한 라이브러리다[31].

이 장의 앞에서 설명했듯이 사용자가 보는 웹 페이지 내용 중 화면을 처리하기 위해 사용되는 jQuery와 비슷한 측면이 있다.

Vue.js 본체뿐만 아니라 관련 라이브러리도 Vue.js 공식 프로젝트의 일부로서 개발 및 관리된다. 이 때문에 몇 가지 라이브러리를 조합하면 마치 종합적인 프레임워크처럼 사용할 수 있다. 이 점에 대해서는 1.3절에서 더 자세히 설명하겠다.

먼저 라이브러리 본체만으로도 나타나는 Vue.js의 특징을 알아보자.

1.2.1 낮은 학습 비용

Vue.js가 제공하는 API는 매우 단순하다. UI를 구성하는 데는 HTML을 기반으로 하는 평범한 템플릿을 사용한다. 대부분 쉽게 상상할 수 있는 문법과 사용법을 갖는 라이브러리다. HTML이나 자바스크립트에 이미 익숙한 독자라면 Vue.js에 대해 특별히 더 배우지 않고서도 라이브러리를 사용할 수 있다.

다음과 같이 자바스크립트 데이터와 이 데이터를 렌더링할 HTML 템플릿으로 Vue.js가 제공하는 API를 사용해 간단히 HTML을 동적으로 렌더링할 수 있다.

```
var vm = new Vue({
    el: '#app',
    data: {
        msg: 'hello!'
    }
})
```

```
<div id="app">
    <p>{{ msg }}</p>
</div>
```

---

31 이 점은 React도 마찬가지다.

위 코드는 자바스크립트 코드와 HTML을 렌더링하는 템플릿 코드를 실은 것이다.

아직 문법에 관해서는 설명하지 않으므로 자세한 내용을 알 수 없겠지만, HTML과 자바스크립트를 배운 적이 있다면 특별히 새로운 내용은 없을 것이다. {{}} 같은 독특한 문법이 보이긴 하지만, 템플릿은 거의 HTML 그대로다.

Vue.js 모든 부분에서 학습 비용이 낮음

Vue.js는 라이브러리 단독으로도 쉽게 사용할 수 있지만, 관련 라이브러리나 도구를 함께 사용하면서도 모든 과정을 이해하고 사용하기 쉽게 돼 있다.

기본적인 사용만 한다면 빌드 도구나 패키징, ES2015 이후 문법에 대한 지식이 없어도 바로 동작하는 코드를 작성할 수 있다. 실제 사용할 수 있기까지 필요한 설치 등의 과정도 거의 없다.

API와 문법도 특별한 것은 없지만, 개발 환경 구축의 편의성이나 사전지식이 필요 없다는 점에서 현재 나와 있는 프레임워크 중에서는 가장 장벽이 낮다고 할 수 있다.

Vue.js는 앞서 언급한 모던 웹 프런트 엔드 개발의 어려움을 잘 극복했다. HTML5 이후 고도화된 개발 스타일에 부응하면서도 개발 환경 구축이 쉬워서 개발을 바로 시작할 수 있으며 자바스크립트에 대한 사전지식과 라이브러리 고유의 문법을 학습하지 않아도 라이브러리를 사용할 수 있다.

이러한 점 덕분에 어렵다고 선뜻 손대지 못하던 모던 프런트 엔드 개발을 쉽게 시작할 수 있다.

책을 좀 더 읽어나가면 Vue CLI 등 뛰어난 환경 구축 도구와 주변 라이브러리 역시 마찬가지로 사용하기 쉽다는 것을 알게 될 것이다.

1.2.2 컴포넌트 지향을 통한 UI 구조화

Vue.js는 UI를 구조화해 컴포넌트[32]로 재사용할 수 있다. UI 구성 요소를 컴포넌트로 만들면 시스템 전체를 컴포넌트의 집합 형태로 개발할 수 있다.

---

32 컴포넌트라는 용어는 소프트웨어 분야에서 흔히 사용되는 단어다. 어떤 기능을 구성하는 부품이라고 생각하면 된다.

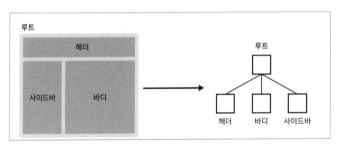

UI 구성을 컴포넌트로 만드는 과정

개발에 컴포넌트를 적용하면 컴포넌트 분리에서 오는 유지 보수성 개선 및 컴포넌트 재사용 등 여러 장점이 있다. 이들 장점을 바로 체감하지 못할 수도 있지만, 애플리케이션 규모가 커질수록 그 위력을 실감하게 될 것이다.

컴포넌트 설계 기법에는 Atomic Design 등이 있다.

1.2.3 리액티브 데이터 바인딩

복잡한 프런트 엔드 애플리케이션에서는 쉽고 효율적인 DOM 조작이 매우 중요하다.

Vue.js는 DOM 요소와 리액티브 데이터 바인딩을 통해 자바스크립트 데이터를 연결해준다.

리액티브 데이터 바인딩이란 HTML 템플릿 안에서 대상 DOM 요소에 바인딩[33]을 지정해 Vue.js가 해당 데이터의 변화를 감지할 때마다 바인딩된 DOM 요소에 표시되는 내용도 함께 업데이트하는 것을 말한다.

값은 자바스크립트에서 DOM 요소로 일방적으로 전달된다. 이것을 단방향 바인딩이라고 한다. 자바스크립트 쪽에 위치한 데이터 값이 변경되면 변경된 값이 웹 페이지에도 자동으로 반영되는 기능이다. 일일이 값을 계산하고 계산된 값을 설정하는 코드를 작성할 필요가 없으니 DOM 조작이 스마트해진다.

---

33 바인딩(binding)이란 대상과 대상을 연결하는 것을 의미하며, Vue.js에서는 데이터와 대상 요소의 연결을 의미한다.

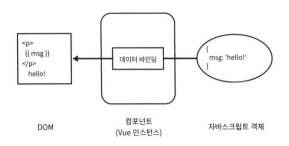

단방향 바인딩의 개념도. 공식 참조문서를 참고해 작성함.

input 요소 등 사용자의 입력을 받는 DOM 요소는 요소에서 받아온 데이터와 자바스크립트 데이터를 서로 동기화하는 바인딩을 지정한다. 이런 경우 자바스크립트의 데이터 값이 변경될 때마다 DOM 요소의 표시 내용이 수정되며, 사용자의 입력이 감지될 때마다 자바스크립트 데이터가 수정된다.

이런 방법으로 자바스크립트 데이터와 DOM 요소 데이터의 동기화 상태를 유지한다. 이 방법은 자바스크립트와 DOM 요소가 서로 최신 데이터를 주고받으므로 양방향 바인딩이라고 한다.

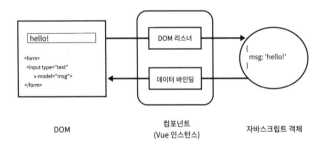

양방향 바인딩의 개념도. 공식 참조문서를 참고해 작성함.

바인딩을 이용함으로써 귀찮은 표시 내용 업데이트 처리와 DOM 요소와 자바스크립트 간 데이터 동기화 상태 유지로부터 해방됐으며 데이터 중심(data-driven) 웹 애플리케이션 설계 및 구현이 가능해졌다.

1.3 Vue.js의 설계 사상

Vue.js는 사용성 면에서도 뛰어난 라이브러리지만, 성능적인 측면을 비롯해 다른 장점도 많은 라이브러리다. 그러나 이와 비슷한 장점이 있는 다른 라이브러리도 있다.

Vue.js가 이들 라이브러리와 분명히 차별화되는 점이 있다. 바로 밑바탕이 되는 설계 사상이다. Vue.js 의 설계 밑바탕에는 프로그레시브 프레임워크(progressive framework)라는 아이디어가 깔려 있다.

프레임워크는 어떤 경우든지 규모와 상관없이 단계적으로 유연하게 사용할 수 있어야 한다.

위 문장이 프로그레시브 프레임워크의 핵심 주장이다. 이는 Vue.js를 만든 에반 유가 처음 주창했다. 지금부터는 프레임워크에 대한 종합적인 관점에서 Vue.js를 살펴보자.

1.3.1 프레임워크의 복잡성

웹 프런트 엔드 분야에는 React와 Angular 등 라이브러리와 프레임워크가 여러 가지 있다[34] [35]. 프레임워크는 애플리케이션 개발의 복잡성을 해소해주는 도구다.

그러나 애플리케이션과 마찬가지로 프레임워크에도 프레임워크 자체의 복잡성이 있다.

이 두 가지 복잡성에 어떤 차이가 있는지 생각해 보기 위해 프레임워크 선택이 적합하지 않았던 상황을 상정해 보자. 서버에서 데이터를 받아와 실시간으로 이를 렌더링하는 복잡한 요구사항을 만족해야 한다. 개발 편의성을 이유로 jQuery를 사용해 개발을 시작했다면 jQuery 자체에 애플리케이션을 구조화하는 기능이 없으므로 구현이 더욱 복잡해질 것이다. jQuery만으로는 애플리케이션의 복잡성을 다룰 수 없기 때문에 MVC 등 적절한 구조화 기능을 갖춘 라이브러리를 사용하면 구현을 깔끔하게 정리할 수 있다.

반대로 프레임워크가 오버 스펙인 경우도 있을 수 있다. 랜딩 페이지 같은 단순한 단일 페이지로 된 웹 사이트를 많은 기능을 갖춘 풀 스택 프레임워크로 구현하는 것은 아무래도 소 잡는 칼로 닭을 잡는 격이다. 프레임워크 자체가 복잡한 만큼 이를 학습하기 위한 불필요한 비용이 발생한다. 이 정도 애플리케이션은 jQuery를 사용하거나 굳이 프레임워크를 사용하지 않아도 큰 비용 없이 만들 수 있을 것이다.

부실한 프레임워크로 복잡한 요구사항을 만족시킬 수 없다거나 지나치게 무거운 풀 스택 프레임워크를 선택해 초기 개발 속도가 나오지 않는 사례는 충분히 상상할 수 있다.

프레임워크라는 도구를 사용하려면 도구 자체의 복잡성에서 오는 비용과 애플리케이션 개발의 복잡성에서 오는 비용이 균형을 이루도록 적합한 프레임워크를 선택하는 것이 중요하다.

---

34 Vue.js는 프레임워크 선택을 위해 다른 프레임워크와의 비교 정보를 제공하고 있다. https://kr.vuejs.org/v2/guide/comparison.html

35 어떤 프레임워크가 좋은지에 대한 논의에 관심 있는 독자도 있겠으나, 이 책은 다른 프레임워크와의 비교는 다루지 않는다. 물론 책을 읽어나가다 보면 Vue.js를 선택하게 될 것이다.

1.3.2 요구사항의 변화를 수용할 수 있는 프레임워크

최적의 프레임워크를 선택하고 나면 그걸로 모든 문제가 해결될까? 꼭 그렇지는 않다. 실제 개발 현장에서는 다음과 같은 비즈니스상의 요구사항이 발생하기 때문이다.

- 사용자가 바라는 대로 기능을 확장하려면 애플리케이션도 성장할 필요가 있다.
- 하위 프로젝트가 성장해 주 프로젝트로부터 독립하는 경우에도 성장세를 잃지 않아야 한다.
- 서비스 스케일링 시 서비스를 분리하면서도 개발 속도를 유지하고 계속해서 서비스를 성장시켜야 한다.

이렇듯 사이트 및 애플리케이션의 요구사항은 끊임없이 변화한다. 프레임워크도 이렇게 변화하는 요구사항에 맞춰 가치를 제공하려면 그만큼 유연하지 않으면 안 된다.

실제 프로젝트라면 프로젝트를 시작할 때 다양한 프레임워크를 검토하고 적합한 프레임워크를 선택해 프런트 엔드 개발을 진행할 것이다. 애플리케이션이 최초 완성되고 나면 변화하는 요구사항에 대응하기 위해 애플리케이션의 규모가 지속해서 커지게 마련이다.

이런 경우 애플리케이션을 처음부터 다시 개발하는 것은 현실적이지 못하다. 대부분 애플리케이션 개발을 지원하는 라이브러리나 도구를 추가로 도입해 새로운 비즈니스 요구사항을 만족시키게 된다. 그러나 이렇게 새로운 요소를 덧붙이는 방법은 생각대로 되지 않는 경우가 많다. 웹 프런트 엔드 생태계는 최근 끊임없이 변화하고 있기 때문에 애플리케이션에 도입한 프레임워크나 개발 환경이 얼마 지나지 않아 시대에 뒤떨어지게 되고 다시 어떤 프레임워크로 갈아타야 하는지조차 알 수 없는 상황에 직면하게 된다.

이런 상황에 대처하려면 요구사항 변화에 단계적으로(progressive) 대응해야 한다. 이러한 아이디어를 반영한 것이 바로 프로그레시브 프레임워크다.

프로그레시브 프레임워크는 문제를 해결할 수 있는 적합한 라이브러리를 적시에 도입해 문제를 해결한다. 최초에는 작은 규모로 시작해 규모가 커짐에 따라 적절한 라이브러리와 도구를 도입해 대응하는 유연성도 갖추고 있다. 항상 해당 시점에서 최소의 비용으로 사용 가능한 상태를 유지하므로 불필요한 학습 비용을 발생시키지 않는다.

최초 단계에서는 간단하고 쉽게 사용할 수 있도록 하되, 이후 단계에서 규모가 커져도 항상 사용하기 쉬운 프레임워크를 유지하는 것이다.

Vue.js는 뷰 계층에 초점을 맞춘 라이브러리다. 여기에 Vue.js 프로젝트가 제공하는 부가적인 라이브러리와 개발 환경 도구를 사용하면 프로그레시브 프레임워크가 된다.

필요한 단계에 꼭 필요한 것만을 사용하는 프레임워크. 이것이 바로 프로그레시브 프레임워크 Vue.js의 참모습이다.

1.4 프로그레시브 프레임워크가 제공하는 단계적 영역

프로그레시브 프레임워크는 다음과 같은 단계적인 영역의 기능을 제공한다. Vue.js가 이 각 단계의 기능을 어떻게 제공하는지 살펴보겠다.

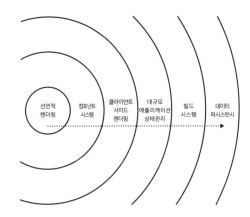

프로그레시브 프레임워크의 영역. 에반 유의 발표 자료를 참고해 작성.

1.4.1 선언적 렌더링(declaritive rendering)

이 영역은 선언적[36] DOM 렌더링과 관련된 영역이다.

HTML 템플릿에 렌더링 대상을 선언적으로 기술해 데이터가 변경될 때마다 DOM을 반응적으로 렌더링하고 사용자 입력 데이터를 동기화할 수 있다.

Vue.js 본체가 제공하는 기능이 이 영역에 속한다. 랜딩 페이지 같은 간단한 웹 사이트부터 소규모 위젯 등이 이 영역에 해당한다. 관련 내용은 이 책의 2장에서 자세히 다룬다.

---

36 여기서 말하는 선언이란 HTML 문서의 구조를 웹 브라우저가 해석할 수 있도록 기술하는 것을 말한다.

1.4.2 컴포넌트 시스템

UI를 모듈화해 재사용할 수 있게 해주는 영역이다.

이 영역 역시 UI를 컴포넌트로 만들어주는 Vue.js 본체가 제공하는 기능이다. 여러 개의 컴포넌트를 배치해 선언적 렌더링보다 좀 더 복잡한 웹 사이트 및 위젯을 만들 수 있다. 이 책의 3장과 6장에서 주로 다룬다.

1.4.3 클라이언트 사이드 라우팅

단일 페이지 애플리케이션이 동작하기 위해 필요한 영역이다.

라우팅이란 간단히 말해 애플리케이션의 URL 설계, 지시와 같은 것이다. Vue.js의 공식 라우팅 라이브러리인 Vue Router를 사용하면 기존에 개발한 컴포넌트로 단일 페이지 애플리케이션을 만들 수 있다. 이 책의 4장에서 자세히 다룬다.

1.4.4 대규모 상태 관리

컴포넌트 간에 상태를 공유하는 방법을 필요로 하는 영역이다.

Vue.js의 공식 데이터플로 아키텍처를 따라 만든 상태 관리 라이브러리인 Vuex를 사용하면 이 영역의 문제를 해결할 수 있다. 기존 컴포넌트를 확장하는 형태로 상태를 중앙에서 관리할 수 있다. 이 책의 7장에서 자세히 다룬다.

1.4.5 빌드 시스템

웹 애플리케이션을 구성하는 컴포넌트 관리, 운영 환경 배포, 프로젝트 구성 등과 관련된 영역이다.

Vue.js의 공식 개발 지원 도구를 이용해 이 영역의 문제를 해결할 수 있다. 프로젝트의 환경 구축, 구성 관리에 수고를 들이는 대신 개발에 집중할 수 있다. 본격적으로 단일 페이지 애플리케이션을 개발할 수 있다. 이 책의 6장과 8장에서 주로 다룬다.

1.4.6 클라이언트–서버 데이터 퍼시스턴스

웹 애플리케이션의 복잡한 데이터는 클라이언트 사이드와 서버 사이드 양쪽 모두에서 퍼시스턴스 데이터로 유지돼야 한다.

이 책을 쓰는 시점에는 이러한 분야의 문제를 해결해주는 Vue.js 공식 라이브러리가 아직 없으며 서드파티 라이브러리[37] 사용자들이 직접 작성한 라이브러리를 사용해 구현한다.

이 부분의 기능을 제공할 Vue.js 공식 라이브러리는 향후 제공될 예정이다. 이 라이브러리를 이용하면 복잡해지기 쉬운 서버 및 클라이언트 사이드 데이터를 퍼시스턴스 데이터로 쉽게 관리할 수 있을 것이다.

Vue.js의 주요 개념 중 하나인 프로그레시브 프레임워크 개념에 관해 설명했다. Vue.js가 라이브러리이자 프레임워크로서 어떤 특징을 갖는지 감을 잡을 수 있었을 것이다.

1.5 Vue.js의 기반 기술

Vue.js의 설계 사상을 실현하는 기술에는 어떤 것이 있는지 알아보자. 애플리케이션 성능 및 개발 편의성 향상에 중요도가 높은 3가지 기반 기술을 살펴볼 것이다.

1.5.1 컴포넌트 시스템

이전에도 언급한 바 있지만, Vue.js는 컴포넌트를 쉽게 다루기 위한 라이브러리다. 규모가 큰 시스템은 컴포넌트 단위 개발을 통해 각각의 관심사를 분리하고 매끄럽게 개발을 진행할 수 있다.

컴포넌트 시스템에서 특기할 만한 기능은 단일 파일 컴포넌트[38]다. Vue.js는 단일 파일에 HTML과 유사한 방식으로 컴포넌트를 작성할 수 있다. 이 파일은 .vue라는 독자적인 확장자를 사용한다[39].

---

37 이를테면 axios(https://github.com/axios/axios)와 Apollo/GraphQL 통합 기능을 제공하는 vue-apollo(https://github.com/Akryum/vue-apollo) 등을 들 수 있다.
38 single file component, SFC
39 이 파일이 그대로 렌더링되지는 않는다. 번들링 도구와 컴파일러를 사용해 Vue.js 컴포넌트로 등록할 수 있도록 객체로 변환해야 한다.

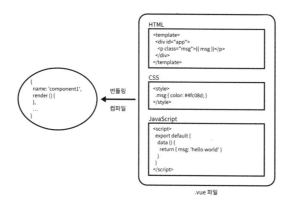

단일 파일 컴포넌트를 이용한 컴포넌트 작성 및 사용 이미지

Vue.js 컴포넌트는 기존 웹 표준을 구성하는 기술(HTML, CSS, 자바스크립트)과 유사한 형태로 정의되기 때문에 학습 비용이 매우 낮은 것이 특징이다.

다음 예제는 메시지를 출력하는 단순한 기능만을 갖는 컴포넌트의 예다. 이 예에서 볼 수 있듯이 파일 하나에 기능과 외관을 모두 합쳐 작성할 수 있다.

```
<template>
  <p>{{message}}!</p>
<template>

<script>
export default = {
    data () {
        return {
            message: '안녕하세요'
        }
    }
}
</script>

<style scoped>
p {
    color: red;
}
</style>
```

이렇듯 파일 하나에 컴포넌트의 모든 요소를 함께 담을 수 있다는 점은 큰 장점이다. 컴포넌트의 요점은 언어의 역할과는 별도로 기능이나 관심사를 기준으로 코드를 분리하는 것이기 때문이다. 하나의 관심사만을 갖는 GUI 컴포넌트를 분리하려고 할 때 HTML/CSS/자바스크립트 3가지 요소를 하나의 파일로 합쳐 컴포넌트로 분리할 수 있으므로 이해하기 쉽다.

1.5.2 리액티브 시스템

Vue.js의 리액티브 시스템[40]은 옵저버 패턴[41]을 기반으로 구현된 것이다. 좀 더 쉽게 설명하면 상태의 변화를 Vue.js가 감지해 자동으로 그 변화를 DOM에 반영하는 구조라고 할 수 있다.

리액티브 시스템은 컴포넌트 렌더링의 골격이 된다. DOM을 더욱 정교하고 잦은 빈도로 조작해야 하는 애플리케이션에서는 데이터 바인딩이 매우 유용하다. 상태 변화 탐지뿐만 아니라 값의 의존 관계에 따른 수정 등 DOM을 조작하는 데 있어 빼놓을 수 없는 다양한 기능을 개발자가 직접 신경 쓸 필요가 없게 처리해 준다.

라이브러리에 이러한 기능이 없다면 값의 변화에 따라 변화해야 하는 곳을 직접 변경하거나 값의 변경에 따른 사이드 이펙트를 완전히 파악하지 못하고 임시변통으로 틀어막게 되기 쉽다.

뒤에 설명할 계산 프로퍼티는 이러한 리액티브 시스템의 덕을 가장 크게 보는 사례다. 계산 프로퍼티란 값의 변화를 탐지해 자동으로 업데이트되는 프로퍼티를 말한다. Vue.js 템플릿에서 빼놓을 수 없는 기능이다[42].

리액티브 시스템은 리액티브 프로퍼티와 와처(watcher)가 한 쌍을 이뤄 구현된다[43]. 2장에서 소개할 계산 프로퍼티나 3장에 나오는 컴포넌트 렌더링은 이 와처 내부의 게터를 이용해 효율적으로 구현했다.

---

40 리액티브 시스템이라는 용어를 듣고 'The Reactive Manifesto'(https://www.reactivemanifesto.org/)에서 수립한 시스템 규모 수준에서 동작하는 리액티브(반응적)를 상상한 사람도 있을 것이다. 그러나 여기서 말하는 리액티브 시스템이란 Vue.js가 제공하는 리액티브 메커니즘을 가리킨다.

41 observer pattern. 상태를 모니터링하는 옵저버와 모니터링 대상으로 구성되며 상태 변화 탐지에 사용되는 패턴이다.

42 2.8절에서 사용해 볼 것이다.

43 리액티브 프로퍼티는 프로퍼티를 내부적으로 변환해 나타낸다. 컴포넌트가 초기화될 때 프로퍼티에 게터(getter)와 세터(setter)를 부여하고 프로퍼티 변경 이벤트에 게터와 세터를 연결하는 방식으로, Object.defineProperty를 사용한다. 게터는 데이터가 참조될 때 와처를 호출해 데이터를 반환한다. 세터는 데이터가 변경됐을 때 와처에 데이터가 변경됐다는 통지를 보낸다.

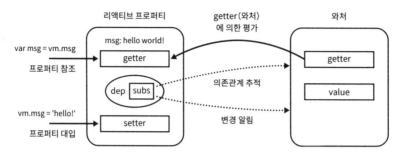

리액티브 시스템

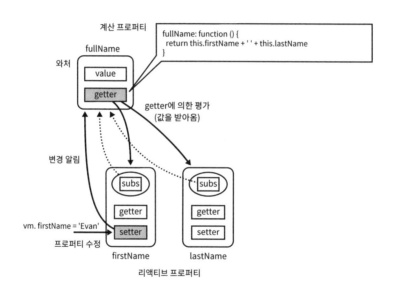

리액티브 시스템으로 구현한 계산 프로퍼티

Column

리액티브 시스템의 내부

리액티브 시스템의 내부를 설명하겠다. 이 부분은 코드를 제시하지 않기 때문에 조금 이해하기 어려울 수도 있다. 잘 이해되지 않는다면 2장의 내용을 실습해 본 후 다시 돌아와 읽어보기 바란다.

계산 프로퍼티에서는 와처 내부의 게터가 계산 프로퍼티로 정의하는 함수 역할을 한다. 계산 프로퍼티를 처음 참조하면 와처 내부에 있는 게터를 거쳐 리액티브 프로퍼티의 계산 결과가 와처에 캐싱되며 이와 함께 리액티브 프로퍼티의 의존관계 추적도 완료된다. 그다음 이 계산 프로퍼티가 다시 참조될 때는 캐싱된 값을 반환해 계산 비용을 절약할 수 있다.

이후에 계산 프로퍼티에서 이 값이 의존하는 리액티브 프로퍼티의 일부가 대입 등의 이유로 변경되면 후크 처리를 통해 와처에 이 변경이 통지되며 내부 게터가 이 통지를 전달받아 프로퍼티 값을 다시 계산해 그 결과가 와처에 새로 캐싱된다.

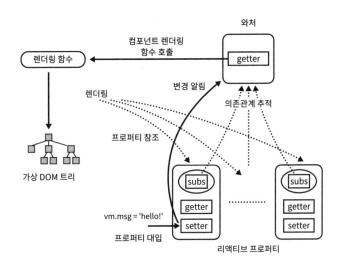

리액티브 시스템을 이용한 렌더링

반면 컴포넌트 렌더링에서는 와처 내부의 게터가 컴포넌트를 렌더링하는 함수 역할을 한다. 모든 컴포넌트가 와처를 갖고 있기 때문에 컴포넌트의 모든 데이터(계산 프로퍼티 포함)를 리액티브 프로퍼티로 모니터링한다. 컴포넌트 렌더링은 모니터링 대상 중 어떤 리액티브 프로퍼티가 값이 변경됐다는 통지를 보내면 그때마다 와처의 게터가 실행돼 컴포넌트가 렌더링되는 구조다.

1.5.3 렌더링 시스템

Vue.js는 가상 DOM(virtual DOM)을 이용해 DOM을 고속[44]으로 렌더링한다[45].

가상 DOM은 DOM을 간편하고 빠르게 제어하기 위한 기술이다. 더 편리하고 빠르게 다룰 수 있는 DOM 구조의 대체물을 만든 다음, 이 대체물을 조작하고 그 결과를 실제 DOM에 반영한다.

---

[44] https://rawgit.com/krausest/js-framework-benchmark/master/webdriver-ts/table.html
[45] 독자적인 렌더링 기능도 제공한다.

가상 DOM은 Vue.js 외의 라이브러리나 프레임워크에도 채용된 바 있다. Vue.js가 이들 라이브러리 및 프레임워크와 다른 점은 템플릿이 HTML과 유사해 개발이 쉽고 최적화가 잘 돼 있어 빠른 렌더링이 가능하다는 점이다[46].

Vue.js에서 가상 DOM을 처리하는 과정

가상 DOM 처리 과정을 좇아가 보자. 여기서 말하는 처리 과정은 빌드 도구 등을 이용해 전처리가 끝난 상황을 기준으로 한다.

Vue.js 컴파일러[47]는 템플릿을 컴파일하면서 생성된 AST[48]를 최적화한다. 이 최적화 과정은 가상 DOM을 이용한 렌더링 성능 향상을 위해 정적 노드와 정적 부분 트리를 검출해 AST에 마킹하는 과정을 포함한다.

그다음 마킹을 통해 최적화된 AST으로부터 리액티브 프로퍼티 기반 렌더링을 수행하는 render 함수와 정적 렌더링을 수행하는 staticRenderingFns 함수 이렇게 두 함수를 생성한다.

그리고 이렇게 생성된 두 함수를 실행해 가상 DOM 트리를 생성하고 이 가상 DOM 트리에 대한 diff[49], patch[50] 연산을 통해 실제 DOM 요소가 생성돼 렌더링이 수행된다. 최초 렌더링 이후부터는 앞서 설명한 리액티브 시스템을 조합한 렌더링을 사용해 리액티브 프로퍼티 값이 수정될 때마다 다시 렌더링하는 방법으로 컴포넌트 표시 내용을 업데이트한다.

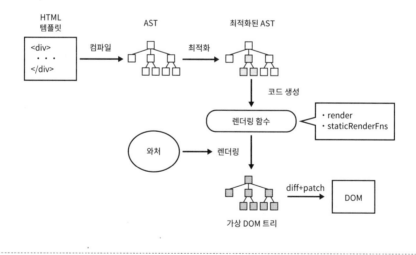

1.6 Vue.js 생태계

Vue.js는 뷰 계층에 초점을 맞춘 라이브러리이므로 엄밀히 말해 프레임워크는 아니다.

그렇기 때문에 단일 페이지 애플리케이션을 구현하기 위한 라우팅 기능처럼 UI 외적인 기능을 이용하는 웹 애플리케이션을 개발하려면 추가 라이브러리(플러그인)가 필요하다. 또한 웹 애플리케이션 테스트 및 빌드, 개발 환경 역시 직접 구축하지 않으면 안 된다.

Vue.js는 웹 애플리케이션 개발을 지원하기 위해 본체 외에 플러그인, 라이브러리 및 도구 등을 제공한다. 다음은 그중 Vue.js에서 공식적으로 제공하는 것이다.

- Vue Router[51]: 단일 페이지 애플리케이션을 구현하기 위한 라우팅 기능을 제공하는 플러그인. 4장에서 다룬다.
- Vuex[52]: 대규모 웹 애플리케이션을 구축하기 위한 상태 관리 플러그인. 7장에서 다룬다.
- Vue Loader[53]: 컴포넌트의 고급 기능을 이용하기 위한 webpack 용 로더 라이브러리. 8장에서 다룬다.
- Vue CLI[54]: 웹 애플리케이션을 구축하기 위한 템플릿 프로젝트 생성 및 프로토타입을 추가 설정 없이 빌드하기 위한 명령행 도구. 6장부터 사용한다.
- Vue DevTools[55]: Vue.js 애플리케이션을 브라우저(크롬/파이어폭스/일렉트론)의 개발자 도구로 디버깅할 수 있게 해주는 도구. 10장에서 사용한다.

이 외에도 서드 파티에서 제공하는 도구가 있다. 이 중 대표적인 것은 다음과 같다.

- Nuxt.js[56]: 단일 페이지 애플리케이션과 서버 사이드 렌더링을 지원하는 Vue.js 애플리케이션을 개발하기 위한 프레임워크. 부록 C에서 다룬다.
- Weex[57]: Vue.js 문법을 사용해 iOS 및 안드로이드 애플리케이션을 개발할 수 있는 프레임워크.
- Onsen UI[58]: 모바일 웹 애플리케이션을 개발하기 위한 프레임워크.

그리고 다음과 같은 커뮤니티에서 추천 플러그인, 라이브러리, 도구 등의 정보를 얻을 수 있다.

---

51 https://github.com/vuejs/vue-router
52 https://github.com/vuejs/vuex
53 https://github.com/vuejs/vue-loader
54 https://github.com/vuejs/vue-cli
55 https://github.com/vuejs/vue-devtools
56 https://nuxtjs.org
57 https://weex.incubator.apache.org
58 https://onsen.io

- Awesome Vue[59]: Vue.js와 관련된 오픈 소스 프로젝트나 Vue.js가 사용된 웹 사이트 및 애플리케이션 정보를 공유하는 공식 사이트.

- Vue Curated[60]: Vue.js 코어 팀에서 엄선한 플러그인, 라이브러리, 프레임워크 등을 검색할 수 있는 공식 사이트.

프로그레시브 프레임워크 설계 사상에 따라 위와 같은 도구를 적극 활용해 단계적이고 유연하게 Vue.js 애플리케이션 개발 생산성을 향상시킬 수 있다.

1.7 Vue.js 첫걸음

Vue.js는 간단한 웹 사이트부터 복잡한 웹 애플리케이션에 이르기까지 단계적으로 유연하게 대응할 수 있는 라이브러리이자 프레임워크다. 지금까지 설명한 내용을 통해 Vue.js의 장점을 충분히 이해했을 것이다.

그럼 Vue.js를 직접 사용해 보는 것으로 이 장을 마치겠다. 주로 사용하는 에디터에서 다음과 같은 HTML을 작성하고 브라우저에서 접근해 보기 바란다[61].

```
<!DOCTYPE html>
<title>Vue.js 시작하기</title>
<script src="https://unpkg.com/vue@2.5.17"></script>

<div id="app"></div>

<script>
new Vue({
  template: '<p>{{msg}}</p>',
  data: { msg: 'hello world!' }
}).$mount('#app')
</script>
```

화면에 'hello world!'라는 메시지가 출력되면 제대로 된 것이다. 눈 깜짝할 사이에 화면에 원하는 내용을 출력할 수 있다. 번잡스러운 빌드 도구나 설정도 필요 없이 10줄 남짓의 코드로 동작하는 애플리케이션을 완성했다.

---

59 https://github.com/vuejs/awesome-vue
60 https://curated.vuejs.org
61 특정 에디터를 선호하지 않고 출력 결과를 좀 더 이해하기 쉽게 보고 싶다면 JSFiddle(jsfiddle.net)을 사용하기 바란다. 사용법은 칼럼 'JSFiddle을 사용한 실습 방법'을 참고하면 된다.

그럼 지금 작성한 코드의 내용을 살펴보자. 자세한 내용은 2장 이후에서 배울 것이므로 여기서는 간단하게만 설명하겠다. <script src="https://unpkg.com/vue@2.5.17"></script> 부분이 Vue.js를 설치하는 부분이다. <div id="app"></div> 부분은 Vue.js가 렌더링한 결과다. 나중에 자바스크립트가 이 부분에 실행한 내용을 추가한다. <script> 이후에 오는 내용은 Vue.js 애플리케이션을 실행하는 코드다. Vue를 동작하게 할 인스턴스를 생성한 다음 $mount 메서드를 사용해 <div id="app"></div> 부분에 마운트한다.

Vue.js가 얼마나 간단한 코드로 동작하는지 알아봤다. 그럼 다음 장부터는 문법부터 시작해 실전 사용법까지 차근차근 알아보겠다.

JSFiddle을 사용한 실습 방법

브라우저를 통해 Vue.js가 동작하는 것을 확인하려면 JSFiddle을 사용하는 것이 좋다. JSFiddle 공식 사이트에 접속한다[62].
JSFiddle의 화면 구성은 다음과 같다.

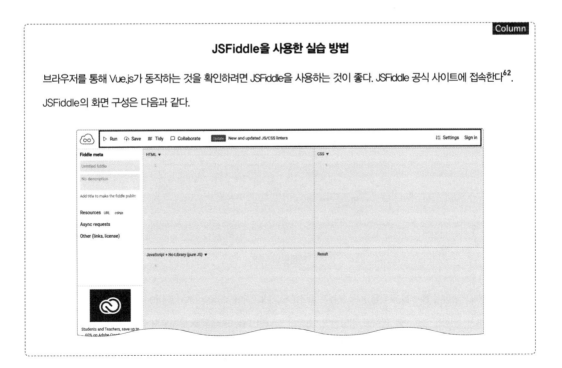

---

62 이 책에서는 JSFiddle 계정 생성 및 로그인도 하지 않은 상태를 전제로 진행한다.

이름	역할
HTML 패널	HTML 수정
CSS 패널	CSS 수정
자바스크립트 패널	자바스크립트 수정
결과 패널	HTML 실행 결과가 나타남
메뉴	JSFiddle의 각 기능을 조작

JSFiddle 화면을 띄운 시점에는 아무것도 없으므로 이 상태부터 템플릿을 작성한다. HTML 패널과 자바스크립트 패널의 내용을 각각 다음과 같이 편집한다. 앞서 실행한 예제의 내용과 동일하다.

```html
<script src="https://unpkg.com/vue@2.5.17"></script>

<div id="app"></div>
```

```js
new Vue({
    template: '<p>{{msg}}</p>',
    data: { msg: 'hello world!' }
}).$mount('#app')
```

템플릿의 상태

JSFiddle의 메뉴에서 'Run'을 클릭해 보자. 문제가 없다면 RESULT 패널에 'hello world!'라는 메시지가 출력될 것이다.

이 상태에서 메뉴의 'Save'를 클릭해 저장한다. 저장이 끝나면 메뉴의 내용과 브라우저 주소 바에 나오는 URL도 https://jsfiddle.net/xxxxxxxx/와 같이 바뀐다. 이것은 JSFiddle에 코드 등록이 정상적으로 완료됐다는 의미이며, 앞으로 이 주소에 접근하면 지금 작성한 템플릿을 이용할 수 있다.

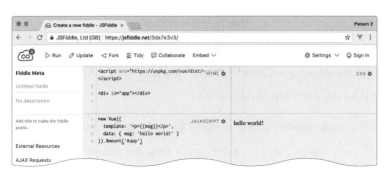

JSFiddle 템플릿 등록

'Fork' 메뉴는 각 패널에서 편집한 내용을 복사해 새로운 내용을 만들 때 사용한다. `https://jsfiddle.net/xxxxxxxx/`에서 `xxxxxxxx` 부분이 다른 문자열로 바뀐다. 실습할 때도 'Fork' 메뉴를 사용해 기존 템플릿을 복사해 사용하는 것이 편리하다.

Column

Vue.js 참조문서

Vue.js의 참조 문서는 공식 사이트 `https://vuejs.org`에서 볼 수 있다. 이 참조 문서는 깃허브 저장소를 기반으로 Vue.js 코어 팀이 수시로 업데이트한다.

Vue.js의 특징 중 하나로, 참조 문서가 여러 언어로 번역돼 있다는 점을 들 수 있다. 이 번역은 Vue.js 사용자 커뮤니티가 맡고 있는데, Vue.js 코어 팀과도 밀접하게 협업하며 번역을 진행한다. 가능한 한 원문과 차이가 발생하지 않도록 사용자 커뮤니티가 지속해서 번역 문서의 품질을 유지하기 위해 노력한다.

Vue.js 공식 사이트 한국어 페이지

Column

Vue.js 사용자 커뮤니티

Vue.js 사용자 커뮤니티는 Vue.js가 성장하면서 함께 형성돼 세계적으로도 손꼽을 만큼 활발한 활동을 보이고 있다. Vue.js 개발 활동은 깃허브에 위치한 Vue.js 프로젝트[63] 및 저장소[64]를 중심으로 한다.

이 외에도 포럼 등에서 매일 활발한 커뮤니케이션이 일어난다.

- Vue.js 포럼[65]: Vue.js를 사용하다가 발생하는 트러블이나 질문 사항을 논의하는 사이트
- Vue Land[66]: Vue.js 사용자와 코어 팀 멤버 및 컨트리뷰터가 채팅을 통해 커뮤니케이션하는 커뮤니티

그리고 Vue.js 사용자가 Vue.js에 대한 지식 및 노하우를 공유하는 밋업 이벤트가 개최되기도 하고, 각 국가에 특화된 커뮤니티가 형성되기도 한다.

- Vue.js 밋업[67]: 한국 Vue.js 사용자들이 Vue.js 지식과 정보를 공유하는 밋업 이벤트

그리고 2017년에는 Vue.js 코어 팀 멤버와 전 세계의 Vue.js 사용자 커뮤니티가 모인 Vue.js 공식 콘퍼런스[68]가 개최되기도 했다.

2017년 개최된 Vue.js 공식 콘퍼런스 행사 페이지

이후로 세계 각지에서 콘퍼런스 행사 및 밋업 이벤트가 개최됐으며 Vue.js 사용자 커뮤니티 성장이 가속화됐다.

---

63 Vue.js 프로젝트를 호스팅 중인 깃허브 조직 페이지, https://github.com/vuejs
64 깃허브 Vue.js 공식 저장소, https://github.com/vuejs/vue
65 https://forum.vuejs.org
66 https://vue-land.js.org
67 https://vuejs.kr/meetup
68 https://conf.vuejs.org/

Vue.js가 지원하는 브라우저

지원 브라우저는 프레임워크를 선정하는 데 있어 중요한 기준이 된다.

Vue.js는 다음과 같은 브라우저를 지원한다. 구글 크롬과 모질라 파이어폭스는 지원 버전의 범위를 명시하고 있지 않다. 이들 브라우저는 자동 업데이트를 통해 항시 최신 버전이 유지되기 때문이다. 인터넷 익스플로러 10 이하 버전은 2017년 4월부터 마이크로소프트의 지원도 끊긴 상태지만, 집필 시점에는 Vue.js가 9 이하의 버전도 지원한다.

브라우저	크롬	파이어폭스	샤파리	엣지	인터넷 익스플로러	iOS	안드로이드
버전	최신 버전	최신 버전	8 이후	13 이후	9 이후	7.1 이후	4.2 이후

02

Vue.js의
기본 사용법

이번 장에서는 Vue.js의 기본 기능을 설명한다[1]. 간단한 폼을 만들어보면서 Vue.js로 UI를 만드는 방법을 익히고 기본적인 기능을 파악해 본다.

기능과 코드를 함께 보면서 배운 다음, 간단한 애플리케이션을 만들어보는 형태를 취할 것이다. 여기서 만들어 볼 예제는 다음과 같은 매우 간단한 요구사항을 가진 '문구 구입 폼'이다.

- 연필, 공책, 지우개 3가지 품목의 구입 개수를 입력할 수 있음
- 합계가 10000원 이상이면 구입 가능

UI는 **데이터**, 데이터를 화면에 표시하는 **뷰**, 사용자가 데이터를 수정하는 **액션**의 3가지 구성 요소로 이뤄진다. 이 장에서 만들 예제 애플리케이션 역시 이 정의에 따라 구현할 것이다. 가장 먼저 애플리케이션이 다루게 될 데이터를 정의한다. 그리고 그 데이터를 뷰에 어떻게 나타낼 것인지를 설명한다. 마지막으로 사용자 액션을 받는 방법을 설명한다.

이 과정에서 Vue.js의 기능 중 다음과 같은 것을 다루게 될 것이다.

- 데이터
- 디렉티브
- 템플릿 문법
- 메서드

---

[1] 이번 장은 꼭 기억해둬야 할 기능의 중요 부분을 중심으로 설명한다. 더 자세히 알고 싶거나 여기서 다루지 않은 기능에 대해서는 API 참조 문서를 참고하기 바란다. https://kr.vuejs.org/v2/api

- 필터

- 생애주기 훅

- 계산 프로퍼티

- 이벤트 핸들링

각 기능에 대한 설명과 함께 구현 예를 직접 실행해 보고 가능하다면 여러 가지를 수정해 보며 완전히 이해하도록 노력하기 바란다. 이 장의 내용을 이해하고 나면 현재 수행 중인 프로젝트의 필요한 부분에 Vue.js를 적용해 리액티브 UI를 구현할 수 있게 될 것이다.

2.1 Vue.js로 UI를 개발하려면 어떤 방식으로 생각해야 하는가

기본 기능을 배우기 전에 먼저 Vue.js로 UI를 개발하려면 어떤 방식으로 생각해야 하는지 알아보겠다.

기존에 jQuery로 UI를 구현해왔던 독자라면 머릿속을 jQuery 코딩 스타일에서 Vue.js 스타일로 바꿔야 한다.

처음에는 익숙지 않아 당황스럽겠지만, 익숙해지고 나면 편리하다. Vue.js 코딩 스타일을 통해 유지 보수성이 뛰어난 구현을 만들 수 있으므로 높은 생산성을 실감하게 될 것이다.

2.1.1 기존 UI 개발의 문제점

jQuery로 UI를 개발할 때 맞닥뜨리게 되는 문제를 생각해 보자.

jQuery로 UI를 개발할 때는 버튼 등의 DOM 요소에 이벤트가 발생할 때 호출되는 함수(이벤트 리스너)를 등록하고 이 함수가 자신 및 다른 DOM 요소를 조작하는 방식으로 동적인 UI를 구현한다.

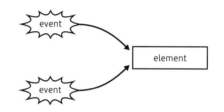

이벤트와 DOM 요소의 관계가 단순한 경우(jQuery 사용)

다뤄야 할 이벤트와 요소의 수가 많지 않다면 문제가 없겠지만, 그렇지 않다면 어떻게 될까? 이벤트가 발생할 때마다 화면을 의도한 대로 업데이트하기 위해 적절히 DOM을 조작해야 하는데 DOM과 이벤트의 연결이 지나치게 복잡해질 것이다.

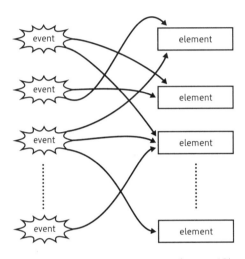

이벤트와 DOM 요소의 관계가 복잡한 경우(jQuery 사용)

예를 들어 UI를 업데이트할 때 특정 DOM 요소를 제외해야 할 경우를 생각해 보자. 각 이벤트 리스너에서 해당 DOM 요소를 참조하는 처리를 하나하나 골라가며 제외하지 않으면 안 된다. 마치 위 그림에서 이벤트와 요소를 잇고 있는 선을 하나씩 지워가는 것과 같다.

반대로 DOM 요소를 추가해야 하는 경우에는 각 이벤트 리스너에 해당 DOM 요소에 대한 처리를 일일이 추가해야 한다.

이렇듯 jQuery를 이용한 UI 개발은 애플리케이션의 규모가 커질수록 유지 보수가 어려워지며 확장성에도 문제가 발생한다.

2.1.2 Vue.js를 이용한 UI 개발

이러한 문제를 Vue.js를 사용해 어떻게 해결하는지 알아보겠다. Vue.js는 다음과 같이 이벤트와 요소 사이에 'UI 상태'(state)가 끼어드는 형태다.

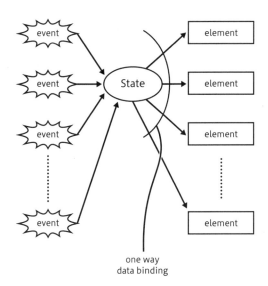

이벤트와 DOM 요소의 관계(Vue.js)

이벤트와 요소 수가 적을 때는 jQuery와 Vue.js의 트리 구조에 큰 차이가 없다. 문제가 되는 것은 이벤트 및 요소 수가 늘어나는 경우다.

jQuery를 사용하면 이벤트가 발생했을 때 요소를 어떻게 수정할지를 이벤트와 요소의 조합마다 정의해야 했다. 이런 경우 이벤트와 요소의 수가 늘어날수록 정의가 복잡해진다. 이에 비해 Vue.js를 사용하면 이벤트는 UI 상태를 수정하고, 수정된 UI 상태에 따라 DOM 트리/DOM 요소가 수정되는 두 가지 과정으로 나눠 단순화할 수 있다.

jQuery나 DOM API를 사용해서 UI를 개발하면 UI의 상태가 DOM 트리 및 DOM 요소에 위치하게 되는 문제가 생긴다. 이런 방법으로는 DOM 트리 구조의 변경으로 인해 원래 대로라면 DOM 트리 및 DOM 요소와 관계가 없는 UI 상태를 다루는 로직이 영향을 받게 된다. 설사 자바스크립트 객체로 UI 상태를 유지한다고 해도 이 상태를 어떻게 DOM 트리에 반영할 것인지가 또 문제가 된다.

Vue.js를 사용하면 UI 상태를 DOM 트리나 DOM 요소와 완전히 분리해 자바스크립트 객체 형태로 유지하면서 앞 장에서 설명한 리액티브 단방향 데이터 바인딩을 이용해 UI 상태의 변화에 맞춰 요소를 자동으로 업데이트하는 방법으로 이 문제를 해결한다.

이번에는 jQuery와 Vue.js의 코딩 스타일을 간단히 정리해 설명하겠다. jQuery는 DOM 트리를 중심으로 UI 개발을 진행한다. UI의 상태 정보는 DOM 트리가 갖고 있으며 이벤트에 의해 DOM 트리를 수정하는 방식을 취한다. 반면 Vue.js는 UI의 상태를 유지하는 자바스크립트 객체가 UI 개발의 중심이 된다. 'UI의 상태가 어떤가, 그리고 자바스크립트 객체로 이를 어떻게 나타낼 것인가', '데이터 바인딩을 이용해 UI 상태와 DOM 트리를 어떻게 매핑시킬 것인가', '이벤트를 이용해 어떤 상태를 변화시킬 것인가'라는 3가지 관점에서 UI를 개발하는 것이 Vue.js 코딩 스타일이다.

2.2 Vue.js 도입하기

그럼 이제 실제로 코드를 실행해 보며 Vue.js 사용법을 배워보자.

Vue.js을 최초 도입하는 가장 간단한 방법은 script 요소에서 직접 로딩하는 방법이다[2]. https://unpkg.com/vue에서 CDN을 통해 항상 최신 버전이 배포된다. 여기서는 버전을 특정해 https://unpkg.com/vue@2.5.17 URL을 사용할 것이다. 다음과 같이 script 요소를 통해 Vue.js를 직접 로딩한다. 로딩이 끝나면 전역 변수 Vue가 정의된다. 이제부터 Vue.js를 사용할 수 있다.

```
<!DOCTYPE html>
<title>Vue.js 시작하기</title>
<script src="https://unpkg.com/vue@2.5.17"></script>

<div id="app">
</div>
<script>
  // 로딩 및 Vue가 전역 변수로 정의됐는지 확인
  console.assert(typeof Vue !== 'undefined');
</script>
```

이번 장에서 만들 애플리케이션은 위에 나온 HTML을 토대로 기능을 소개하면서 해당 기능의 코드를 추가해 나갈 것이다. 위의 코드를 담은 JSFiddle URL(https://jsfiddle.net/flourscent/vdq9rs62/)을 미리 만들어뒀다. 본문의 설명을 읽으면서 이 URL의 코드에 새로운 내용을 추가하거나 실행해 보면서 Vue.js를 익혀나가면 된다.

Vue.js를 사용하는 첫걸음으로 Vue.js의 핵심 기능이라고 할 수 있는 데이터 바인딩을 사용해 보겠다. 자바스크립트 객체의 데이터가 화면에 반영되는지 확인해 보자.

---

2 위에 나온 CDN URL 대신 직접 내려받은 파일을 사용해도 무방하다.

```
<div id="app">
  <p>
    {{ message }}
  </p>
</div>
<script>
  // 로딩 및 Vue가 전역 변수로 정의됐는지 확인
  console.assert(typeof Vue !== 'undefined');
  new Vue({
    el: '#app',
    data: {
      message: '안녕하세요!'
    }
  });
</script>
```

화면에 "안녕하세요!"라는 메시지가 출력되는 것을 확인할 수 있다.

Column

Vue.js의 더 정교한 환경 구축 방법

이번 장에서는 간단한 환경 구축 방법을 사용했다. 그러나 개발 업무를 수행하다 보면 좀 더 정교한 환경 구축이 필요한 경우가 있다.

단일 페이지 애플리케이션 등 여러 개의 파일로 구성되는 클라이언트 사이드 애플리케이션에서는 script 요소에서 라이브러리를 직접 로딩하는 방법을 추천하지 않는다. webpack 등의 번들링 도구를 이용해 생성된 파일을 로딩하는 것이 좋다.

번들링 도구를 이용한 애플리케이션 개발 방법은 뒤에서 설명할 것이다.

1장에서 잠깐 이름이 언급됐던 Vue CLI를 사용하면 간단하게 좀 더 정교한 환경을 구축할 수 있다. 6장에서 이 도구를 다루고 있으므로 궁금한 독자는 해당 장을 참고하기 바란다.

이번 장의 내용처럼 Vue.js의 기본 기능을 직접 실행하며 배우려는 경우나, 기존 웹 애플리케이션 페이지 일부에 리치 UI 구현을 추가하려는 경우 등에는 script 요소에서 라이브러리를 로딩하는 방법이 더 낫다.

2.3 Vue 객체

지금부터는 Vue.js API의 기본 기능을 소개하겠다.

script 요소에서 Vue.js를 로딩하면 전역 변수 Vue[3]가 정의돼 있을 것이다.

이 전역 변수 Vue는 여러 가지 역할을 갖는 객체다. 그중 한 가지 역할은 **생성자**이고, 또 한 가지는 Vue. js API를 한데 묶는 네임스페이스(**모듈**) 역할이다[4].

변수 Vue는 Vue.js가 동작하기 위한 근간이 되는 매우 중요한 변수다. 실제 코드를 작성해 사용해 보겠다.

2.3.1 생성자

자바스크립트에서 생성자란 객체를 생성하는 함수를 말한다. 일반적인 함수 호출과는 달리, 생성자로 사용하려면 new 연산자를 사용하면 된다. 이렇게 생성된 객체를 **Vue 인스턴스**라고 한다.

이 인스턴스를 DOM 요소에 마운트(적용)하면 이 요소 안에서 Vue.js의 기능을 사용할 수 있다[5].

```
var vm = new Vue({
    // ...
}
```

생성자에 옵션 객체를 인자로 전달했다. 옵션 객체에는 UI의 상태(데이터), 상태와 DOM의 매핑 정의(템플릿), 마운트 대상 DOM 요소, 이벤트가 발생했을 때 호출할 메서드를 지정한다.

이 옵션 객체의 내용에 따라 Vue 인스턴스와 UI가 어떻게 동작할지가 결정된다. 이번 장에서는 다음과 같은 주요 옵션에 대해 알아볼 것이다[6].

옵션 이름	내용	이 책에서 다루는 부분
data	UI 상태/데이터	2.5
el	Vue 인스턴스가 마운트된 요소	2.4

---

3 Vue.js에 익숙해진 다음 API 문서를 한번 훑어보며 이 전역 변수가 가진 옵션과 API를 파악해 두면 좋다. https://kr.vuejs.org/v2/api#전역-설정
4 Vue.config는 전역 설정, Vue.directive, Vue.component 등은 전역 API를 제공한다.
5 이 책의 예제 코드는 5장까지는 ES2015 이후 비교적 최근 표준 문법을 원칙적으로 사용하지 않았다. 빌드 도구가 없어도 그대로 실행할 수 있게 하기 위해서다.
6 옵션 객체의 프로퍼티는 여러 값으로 구성돼 있으므로 여기서 전부 다뤄봐야 Vue.js의 본질을 이해하는 데 방해가 될 뿐이다. UI를 개발할 때 꼭 알아둬야 할 최소한의 내용을 골라 소개한다.

옵션 이름	내용	이 책에서 다루는 부분
filters	데이터를 문자열로 포매팅	2.7
methods	이벤트 발생 시의 동작	2.10
computed	데이터로부터 파생되는 값	2.8

Vue 인스턴스를 변수에 대입하는 이유는?

앞의 예제에서 Vue 인스턴스의 기능(프로퍼티와 메서드)을 설명하기 위해 인스턴스를 변수에 대입했다. 물론 변수에 대입하지 않고 인스턴스를 사용할 수도 있다.

실무에서는 여러 Vue 인스턴스가 서로 커뮤니케이션해야 할 경우에 인스턴스를 변수에 대입한다.

여기서 말하는 커뮤니케이션이란 어떤 Vue 인스턴스의 데이터가 변화했을 때 다른 Vue 인스턴스에 그 데이터를 전달하는 것을 의미한다. 이를 구현하려면 각각의 Vue 인스턴스를 변수에 대입한 다음, 그 변수를 통해 데이터 변경 탐지 및 상태 업데이트를 수행해야 한다.

SNS를 예로 들어보겠다. 어떤 사용자의 프로필 페이지에서 해당 사용자의 팔로워 수를 하나 증가시켜야 한다고 하자. 이를 코드로 나타내면 다음과 같다. $watch로 팔로우 버튼과 연결된 Vue 인스턴스의 변경을 탐지한 다음, 프로필과 연결된 Vue 인스턴스의 상태를 수정하는 것이다. 이러한 처리를 구현하기 위해 Vue 인스턴스를 변수에 대입한다.

```
followButton.$watch('followed', function (val) {
  if (val) {
    profile.followers += 1;
  } else {
    profile.followers -= 1;
  }
})
```

이 예제에서는 변수명을 vm으로 했다. 이 이름은 공식 참조 문서에서 사용하는 이름이다. 공식 가이드 및 참조 문서에 따르면 이 변수명은 Vue.js가 영향을 받은 MVVM 패턴의 뷰 모델로부터 온 것이라고 한다.

Column

MVVM 패턴

MVVM 패턴은 소프트웨어 아키텍처 패턴[7]의 한 종류다. 마이크로소프트의 WPF(Windows Presentation Foundation) 나 실버라이트 등과 함께 나타난 개념이지만, 현재는 웹 프런트 엔드 및 안드로이드에도 적용되고 있다.

MVVM은 Model-View-ViewModel의 약자다. 도메인(비즈니스 로직이나 내부 처리)을 담당하는 모델, 레이아웃과 외관 을 담당하는 뷰, 뷰를 나타내기 위한 정보를 관리하는 뷰 모델로 구성된다. Vue.js도 부분적으로 영향을 받았지만, Vue.js 로 애플리케이션을 개발할 때 반드시 준수해야 하는 것은 아니다. 그러므로 이 책에서는 자세히 다루지 않는다. 흥미 있는 독자는 별도의 책이나 웹 문서를 통해 학습하기 바란다.

2.3.2 컴포넌트

프로그래밍에서 코드를 적절한 크기나 역할로 분할하기 위해 함수나 메서드를 사용하듯이 Vue.js에서도 인스턴스를 분할할 수 있다.

이렇게 분할하는 단위를 컴포넌트라고 한다. 이번 예제 애플리케이션에서는 컴포넌트를 사용하지 않으 므로 자세한 설명은 다음 장에서 하겠다.

Vue 객체의 component 메서드로 애플리케이션 전체에서 사용하는 컴포넌트를 등록할 수 있다. 또 Vue 인 스턴스를 생성할 때 옵션의 components 프로퍼티에서 해당 Vue 인스턴스의 템플릿으로도 컴포넌트를 등 록할 수 있다.

2.4 Vue 인스턴스 마운트하기

Vue.js를 사용하려면 먼저 Vue 인스턴스를 생성하고 DOM 요소에 인스턴스를 **마운트**해야 한다.

마운트란 기존 DOM 요소를 Vue.js가 생성하는 DOM 요소로 치환하는 것을 말한다. 이 DOM 요소는 인스턴스를 생성할 때 옵션 객체에서 지정하거나 메서드를 호출해 나중에 지정할 수도 있다.

2.4.1 Vue 인스턴스의 적용(el)

옵션 객체의 el 프로퍼티로 지정한 DOM 요소가 마운트 대상이다. el 프로퍼티의 값은 DOM 요소의 객 체[8]나 CSS 셀렉터 문자열[9]로 지정할 수 있다.

---

7 MVC(Model-View-Controller)나 프레젠테이션 모델 등의 소프트웨어 설계 패턴을 말함.
8 예를 들어, document.getElementById나 document.querySelector 같은 API를 사용해 받아온 객체.
9 #app을 예로 들 수 있다. .app과 같이 일치하는 요소가 여러 개인 경우 가장 먼저 나오는 것에 적용된다.

```
var vm = new Vue({
  el: '#app',
  // ...
})
```

Vue 인스턴스가 마운트되면 마운트된 요소 및 그 요소의 자손 노드가 치환된다. 그러므로 Vue가 영향을
미치는 범위는 해당 요소 안으로 국한된다. 예를 들어 Vue.js 템플릿 문법(2.6절 참조)은 마운트되는 요
소와 그 요소의 자손 요소에서만 사용할 수 있다.

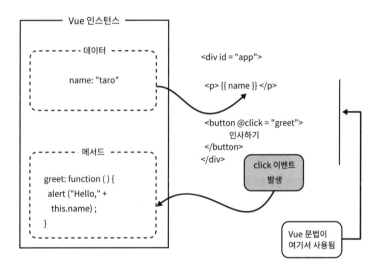

Vue 인스턴스 마운트와 적용 범위

2.4.2 메서드를 이용한 마운트($mount 메서드)

앞서 설명했듯이 메서드를 호출하는 방법으로도 Vue 인스턴스를 마운트할 수 있다. el 프로퍼티를 정의
하지 않는 대신 $mount 메서드를 사용하면 된다. 인스턴스를 생성한 다음 언제라도 인스턴스를 마운트할
수 있다.

마운트 대상 DOM 요소가 UI 조작이나 통신 등을 통해 지연적으로 추가되는 경우, 요소가 추가되기를
기다려 마운트해야 하므로 이런 방법을 사용한다.

```
var vm = new Vue({
  // ...
```

```
})
// UI 조작이나 통신을 마친 후 요소가 생성되면 마운트함
vm.$mount(el)
```

Column

기존 애플리케이션에 Vue.js 도입하기

기존 웹 애플리케이션의 일부분에 Vue.js를 도입할 때도 마찬가지로 DOM 요소를 생성[10]하고 Vue 인스턴스를 마운트하면 된다.

Vue 인스턴스를 마운트하고 나면 서버 사이드에서 렌더링될 템플릿에 Vue.js 템플릿 문법을 추가하기만 하면 된다[11]. Vue.js 템플릿 문법의 @click이나 :disabled 같은 일부 편의 문법은 템플릿 엔진에 따라서는 문법 오류로 처리되기도 한다. 이런 경우에는 v-on:click이나 v-bind:disabled와 같이 생략 없이 작성해야 한다. v-로 시작하는 표기법은 HTML 문법에 어긋나지 않으므로 오류로 처리되는 일이 없을 것이다.

2.5 UI 데이터 정의(data)

이번에는 마운트가 끝난 후 화면 표시에 필요한 data 프로퍼티에 대해 알아보겠다.

data 프로퍼티의 값은 UI의 상태가 되는 데이터 객체다. 예제 애플리케이션을 예로 들면 문구의 이름 및 가격, 개수에 해당한다. 이 객체의 각 프로퍼티는 템플릿에서 참조된다. 변수의 값에 따라 화면 표시 내용이 결정되는 등 템플릿에는 반드시 필요한 프로퍼티다.

data 프로퍼티의 값은 Vue.js의 리액티브 시스템에 포함된다. data 프로퍼티의 값이 변경될 때마다 Vue.js가 이를 자동으로 탐지해 표시 내용이 바뀌는 등의 처리를 수행한다. Vue 인스턴스를 생성할 때 data 프로퍼티를 전달하고 이를 이용해 템플릿의 내용을 출력하는 것이 Vue.js로 화면의 내용을 출력하는 기본 방법이다.

data 프로퍼티는 객체 혹은 함수를 값으로 가질 수 있다. 여기서 프로퍼티 값으로 설정한 객체를 템플릿에서 참조한다.

---

10 CSS 셀렉터나 DOM 요소를 받아와야 하므로 id 속성을 지정해두는 것이 요소를 특정하기 좋다.
11 Vue.js 템플릿 문법은 이번 장에서 설명한다. 1장에서 본 {{ }} 문법 외에도 몇 가지 규칙이 더 있다.

```
var vm = new Vue({
  data: {
    키: 값
  }
})
```

예제 애플리케이션 코드를 보며 사용법을 설명하겠다. 문구의 상품명과 단가, 개수를 data 프로퍼티의 값에 설정해 보겠다. data 프로퍼티 객체의 items 프로퍼티에 데이터를 담은 객체를 설정했다[12]. 다음에 예제를 실었다. JSFiddle에서 작성한 기본 페이지(https://jsfiddle.net/flourscent/vdq9rs62)에서 자바스크립트 패널에 작성하면 된다. 로컬 브라우저에서 확인해 보고 싶다면 이 내용을 app.js라는 이름으로 저장한다.

```
var items = [{
    name: '연필',
    price: 300,
    quantity: 0
  },
  {
    name: '공책',
    price: 400,
    quantity: 0
  },
  {
    name: '지우개',
    price: 500,
    quantity: 0
  }
]
var vm = new Vue({
  el: '#app',
  data: { // data 프로퍼티
    items: items
  }
})
// JSFiddle의 콘솔에서 vm에 접근할 수 있도록 함
window.vm = vm
```

---

12 가독성을 위해 변수 items를 거쳐 설정되게 했다.

첫 번째 상품(items 프로퍼티의 0번째 요소)의 상품명을 화면에 출력해 보겠다. JSFiddle의 HTML 패널에 다음 내용을 작성한다.

```html
<script src="https://unpkg.com/vue@2.5.17"></script>
<div id="app">
  <p>{{ items[0].name }}</p>
</div>
```

로컬 브라우저에서 확인하려면 다음 내용을 index.html라는 이름으로 앞서 저장한 app.js 파일과 같은 디렉터리에 저장한다.

```html
<!DOCTYPE html>
<title>Vue.js 시작하기</title>
<script src="https://unpkg.com/vue@2.5.17"></script>

<div id="app">
  <p>{{ items[0].name }}</p>
</div>
<script src="app.js"></script>
<!-- 로컬에서는 계속 script 요소를 통해 로딩 -->
```

화면에 '연필'이라는 내용이 출력됐다.

연필

'연필'이 출력된 것을 확인(JSFiddle의 결과 화면)

{{}} 안의 내용은 나중에 설명하겠다. 여기서는 data에 정의된 items 프로퍼티를 그대로 참조해 {{}} 자바스크립트 표현식을 실행하고 그 결과를 출력한 것이라고만 알아두면 된다.

data는 어디까지나 데이터 자체만을 저장하기 위한 것이다. 값을 처리하는 함수나 데이터로부터 파생된 값을 계산하는 함수는 data가 아닌 methods나 computed에 저장해야 한다.

2.5.1 Vue 인스턴스 확인하기

Vue.js를 이용해 데이터를 화면에 출력하는 가장 간단한 예를 구현했다. 여기 사용된 Vue 인스턴스가 어떻게 됐는지 확인해 보자.

크롬 브라우저에서 위 예제를 실행한 다음, 페이지에서 오른쪽 마우스 버튼을 클릭하고 표시되는 메뉴에서 'Inspect'를 클릭해 개발자 도구를 연다. 그리고 다시 개발자 도구의 Console 탭을 선택한다[13]. 자바스크립트 코드를 입력할 수 있는 콘솔 화면이 보일 것이다.

JSFiddle에서는 왼쪽 상단의 풀다운 메뉴에서 'result(fiddle.jshell.net/) fiddle.jshell.net'를 선택한다.

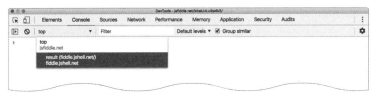

'result(fiddle.jshell.net/) fiddle.jshell.net'를 선택한다.

---

13 크롬을 기준으로 한 설명이다. 이 책에서 브라우저를 사용한 내용은 구글 크롬을 기준으로 한다.

그리고 이 화면에 다음 코드를 입력한다. 그러면 vm의 내용이 화면에 표시된다. 여러 가지 정보가 나오는데, 다음은 그중 중요한 부분만 골라 발췌한 것이다.

```
console.log(vm)
```

```
▶$el: div#app
...
▼items : Array(3)
  ▶0 : {__ob__: Observer}
  ▶1 : {__ob__: Observer}
  ▶2 : {__ob__: Observer}
  ▶length : 3
```

이 정보로부터 알 수 있는 사실이 몇 가지 있다.

한 가지는 $el에서 Vue 인스턴스가 마운트된 DOM 요소에 접근할 수 있다는 것이다. 인스턴스의 $로 시작하는 프로퍼티나 메서드는 Vue.js에서 제공되는 것이다. 개발 작업 중에 필요한 정보를 확인하거나 값이 변하는 것을 살펴보며 디버깅에 활용할 수 있다[14].

또 한 가지는 data에 설정된 items(키)가 Vue 인스턴스의 바로 아래 프로퍼티로 공개된다는 점이다. 그렇기 때문에 data를 vm 바로 아래에서 참조할 수 있다[15]. 이렇게 특별히 접두사가 붙지 않은 프로퍼티는 나중에 추가된 것이다. 콘솔에서 다음과 같이 입력해 보면 items의 내용이 출력된다.

```
console.log(vm.items)
```

data 프로퍼티를 참조해 템플릿 안에서 데이터를 사용할 수 있다는 점을 잘 기억해 두기 바란다.

2.5.2 데이터 변경 탐지하기

Vue.js는 데이터 입력과 참조를 모니터링한다. 이렇게 모니터링하는 목적은 데이터 수정을 탐지해 화면을 업데이트하기 위한 것이다.

---

14 인스턴스의 프로퍼티나 메서드 중 _로 시작하는 것은 Vue.js 내부적으로 사용하는 것이므로 기본적으로 사용자는 사용하지 않는다.
15 정확하게 말하면 Vue.js의 리액티브 시스템에 포함된 것으로 data에 입력한 객체 자체가 들어 있는 것은 아니다.

예를 들어, 프로퍼티에 새로운 값이 설정됐다고 하자. 데이터값의 대입(값 변경)을 모니터링하고 있으므로 변경으로 인해 뷰를 다시 렌더링하거나 DOM 요소를 수정할 수 있다. 이 부분은 Vue.js의 리액티브 시스템이 담당한다.

데이터 변경 예

크롬 개발자 도구에서 실제로 데이터를 수정해 동작이 어떻게 바뀌는지 확인해 보자.

Vue 인스턴스 변수 vm은 전역 변수였다. 그러므로 Console 탭에서 참조가 가능하다. 'vm.'까지만 입력하면 프로퍼티 및 메서드 후보가 표시된다. 입력 칸에 다음과 같은 스크립트를 입력한다. 데이터를 수정한 것만으로 '연필'이라고 표시되던 부분이 '만년필'로 바뀌는 것을 확인할 수 있다[16].

```
vm.items[0].name = '만년필'
```

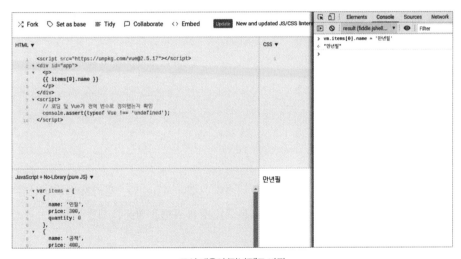

표시 내용이 '만년필'로 바뀜.

$watch를 이용한 모니터링

Vue 인스턴스의 $watch 메서드는 Vue 인스턴스의 변경을 탐지하고 그 변경 내용에 따라 동작한다. 개발 작업 중에 동작 확인이나 로그를 출력할 때 편리하다.

---

16 여기서는 Vue 인스턴스를 직접 조작해 데이터를 수정했으나, 실제 애플리케이션에서는 이렇게 하기 어려운 경우도 있다. 7장의 Vuex를 참고하기 바란다.

$watch 메서드로 변경이 있는지 탐지해 보겠다[17]. Console 탭의 프롬프트에 다음과 같은 프로그램을 작성한다.

```
vm.$watch(function () {
  // 연필 개수
  return this.items[0].quantity
}, function (quantity) {
  // 이 콜백함수는 연필 구매 개수가 변경될 때 호출된다
  console.log(quantity)
})
```

$watch 메서드의 첫 번째 인자는 모니터링 대상 값을 반환하는 함수이고, 두 번째 인자는 값이 바뀌었을 때 호출할 콜백 함수다. 여기서는 연필 개수(this.items[0].quantity)의 변화를 모니터링하겠다.

콜백 함수가 호출됐는지 확인하기 위해 연필 개수를 수정해 보겠다. Console 탭의 프롬프트에 다음과 같은 내용을 입력한다. 새로 설정된 값인 1이 출력되는 것을 봐서 콜백 함수가 호출됐음을 확인할 수 있다.

```
vm.items[0].quantity = 1
```

2.6 템플릿 문법

데이터가 준비됐으니 데이터를 적용할 템플릿을 작성해 보겠다. Vue.js는 몇 가지 템플릿 문법 및 기능을 제공한다. 기본 문법부터 살펴보자. 지금까지 본 {{}} 등의 문법을 활용한 템플릿이다.

템플릿은 Vue 인스턴스의 데이터와 뷰(DOM 트리)의 관계를 선언적으로 정의하는 역할을 한다. **데이터와 뷰의 관계를 선언적으로 정의한다**는 말은 데이터가 있다면 뷰의 내용이 결정된다는 것을 의미한다. 앞에서 봤듯이 데이터를 수정하면 자동으로 뷰도 수정된다. 이렇게 데이터의 변경에 따라 뷰를 업데이트 해주는 기능을 **데이터 바인딩**이라고 한다.

Vue.js 템플릿 문법에서 중요한 것은 다음 2가지 개념이다.

---

17 이름이 $로 시작하는 메서드나 프로퍼티는 Vue.js에서 제공하는 것이다.

- Mustache 문법을 이용한 데이터 전개

- 디렉티브를 이용한 HTML 요소 확장

첫 번째 개념은 데이터를 HTML 텍스트 콘텐츠로 전개하는 것이다. 자바스크립트 객체에 든 데이터를 템플릿 안에 적용해 텍스트 콘텐츠를 만들 때 사용한다. data 등의 자바스크립트 객체는 텍스트 콘텐츠 외에도 디렉티브 속성값 등으로도 사용한다.

텍스트 콘텐츠를 생성하는 템플릿을 작성하기 위해 Mustache[18]라는 템플릿 문법을 사용한다. 앞에서 본 {{}} 문법이 바로 Mustache 문법에서 온 것이다. {{와 }} 사이에 데이터나 표현식을 작성하는 형태다[19].

다른 한 가지 개념은 HTML 속성값을 이용해 문법을 확장하는 **디렉티브**다. 데이터의 내용에 따라 요소를 삽입하거나 삭제할 수 있으며, 요소를 반복적으로 추가할 수 있다. 디렉티브는 속성명이 v-로 시작된다. 디렉티브에 대해서는 2.9절에서 자세히 다룬다. 여기서는 텍스트나 속성값을 전개하는 방법을 위주로 템플릿 문법을 설명한다.

2.6.1 텍스트로 전개하기

{{}}을 사용한 텍스트 전개 예를 살펴보겠다. 지금까지 설명하면서 몇 번 본 적이 있겠지만, 그것이 Vue.js 템플릿의 요소 중 가장 중요한 요소다.

Vue 인스턴스의 데이터를 Mustach 문법(이중 중괄호)을 사용해 HTML 텍스트 콘텐츠로 전개해 보겠다.

{{와 }} 사이에서 data 프로퍼티에 정의한 데이터나 뒤에 설명할 계산 프로퍼티, 메서드, 필터를 참조할 수 있다.

```
<p>{{ items[0].name }}: {{ items[0].price }} x {{ items[0].quantity }}</p>
```

데이터가 변경되면 자동으로 뷰를 다시 렌더링하거나 DOM을 업데이트한다. 데이터를 뷰에 반영하는 일은 Vue.js가 대신해주기 때문에 개발자가 적은 양의 코드로 동적인 UI를 구현할 수 있다.

---

18 Mustache 문법은 Mustache 템플릿 엔진 외에 다른 템플릿 엔진이나 자바스크립트 프레임워크에서도 사용할 수 있다. 그러므로 많은 개발자들이 친숙하게 여기는 문법이다.

19 Mustache는 '콧수염'이라는 뜻이다. Mustache 문법에서 사용하는 { }를 가로로 보면 마치 콧수염처럼 보이기 때문이다.

2.6.2 속성값 전개하기

텍스트 외에 DOM 요소의 속성에도 값을 전개할 수 있다. 속성에 값을 전개하려면 Mustache 문법 대신 Vue.js가 제공하는 디렉티브인 v-bind를 사용한다.

vbind:속성명="데이터를 전개한 속성값"의 형태로 사용한다.

다음 예제는 title 속성에 data 프로퍼티의 값을 지정해서 마우스 오버 이벤트가 일어났을 때 표시할 내용을 조정한 것이다. 값(문자열)이 그대로 속성값으로 사용된다.

```
<script src="https://unpkg.com/vue@2.5.17"></script>
<button id="b-button" v-bind:title="loggedInButton">구매</button>
<script>
  var vm = new Vue({
    el: '#b-button',
    data:{
      loggedInButton: '로그인 후에 구매 가능합니다.'
    }
  })
</script>
```

그다음에 나오는 canBuy는 참 혹은 거짓을 값으로 갖는 데이터다[20]. ! 연산자를 사용해 참 거짓을 반전해 사용한다[21].

```
<script src="https://unpkg.com/vue@2.5.17"></script>
<button id="b-button" v-bind:disabled="!canBuy">구매</button>
<script>
  var vm = new Vue({
    el: '#b-button',
    data:{
      canBuy: false
    }
  })
</script>
```

---

20 여기서는 false로 값을 직접 지정했다.
21 나중에 설명하겠지만, 값을 전개할 때는 자바스크립트 표현식도 평가할 수 있다.

v-bind 값이 참이면 DOM 요소에 disabled 속성이 추가된다. 반대로 거짓이면 disabled 속성이 삭제된다. 참/거짓의 이진값이 그대로 넘어가는 것이 아니라 적절히 처리된 결과가 반영되는 것이다. disabled=false와 같이 되는 게 아님에 주의하기 바란다.

v-bind는 디렉티브 중에서도 특히 중요하며, 몇 가지 주의할 점이 있다. 이 내용은 2.9.2항에서 설명한다.

2.6.3 자바스크립트 표현식 전개하기

지금까지는 데이터[22]의 바인딩에 대한 전개를 주로 다뤘다.

그러나 데이터 바인딩뿐만 아니라 자바스크립트 표현식도 전개가 가능하다. {{}} 안에서뿐만 아니라 속성값도 마찬가지다. 자바스크립트 표현식은 각 바인딩의 하나의 단일 표현식만 사용할 수 있다는 사실을 주의하라.

다음과 같이 작성하면 문구의 단가와 개수를 곱한 값을 바인딩할 수 있다.

```
<p>{{ items[0].price * items[0].quantity }}</p>
```

자바스크립트 표현식은 위 예제와 같이 간단하게만 사용하면 좋겠지만, 논리연산자로 항을 여러 개 연결하다 보면 복잡해지기 쉬워 템플릿의 가독성이나 유지 보수성을 해친다. 주기적으로 검토해 뒤에 설명할 계산 프로퍼티나 메서드 로직 등의 형태로 옮겨두는 것이 좋다.

2.7 필터

필터는 일반적인 텍스트 포매팅 기능을 제공하며[23], 생성자 옵션 중 한 가지다.

Date 객체를 YYYY/mm/dd와 같은 포맷으로 변환하거나 숫자 0.5를 퍼센트 단위('50%')로 변환하는 경우 등에 사용한다.

---

22 data 객체 각 프로퍼티의 카-값 바인딩.
23 필터는 Mustache 문법을 이용한 텍스트 전개와 v-bind 디렉티브의 속성값 표현식에만 사용할 수 있다. 1.x 버전에서는 모든 속성값에서 Mustache 문법을 사용할 수 있었기 때문에 자연히 필터도 사용할 수 있었지만, 현재 버전에서는 필터를 사용할 수 있는 범위가 제한된다. 웹상의 정보를 참고할 때 주의하기 바란다.

필터는 생성자에서 옵션 filters에 인자 하나를 받는 함수 형태로 정의한다[24]. 이 인자가 나중에 필터가 받게 될 값이 된다. 정의해 둔 필터는 템플릿에서 {{}} 문법과 |(파이프) 연산자를 조합해 사용한다. 파이프 연산자 왼쪽에 오는 값이 필터의 인자가 된다.

```
filters: {
  필터명: function (value) {
    // return ...
  }
}
```

```
{{ 값 | 필터명 }}
```

합계 금액 표시에 자릿수 구분 기호를 추가하는 필터인 numberWithDelimiter를 예제로 추가해 보자. 값 1000을 문자열 '1,000'으로 포매팅해주는지 확인하면 된다. JSFiddle URL은 https://jsfiddle.net/flourscent/7ryvxsh0/다.

```
<script src="https://unpkg.com/vue@2.5.17"></script>
<div id="app">
  <p>{{ items[0].name }}: {{ items[0].price }} x {{ items[0].quantity }}</p>
  <p> 필터 예제 {{1000 | numberWithDelimiter}}</p>
</div>
```

```
var items = [{
    name: '연필',
    price: 300,
    quantity: 0
  },
  {
    name: '공책',
    price: 400,
    quantity: 0
  },
  {
    name: '지우개',
```

---

24 생성자 옵션에서 필터를 정의한 경우, 해당 필터를 이용할 수 있는 범위는 그 Vue 인스턴스로 제한된다. 그러나 필터를 Vue 전역변수를 제공하는 API(Vue.filter)에서 정의하면 애플리케이션 전체에서 해당 필터를 사용할 수 있다. 생성자 옵션과 전역변수로 제공되는 API의 차이는 필터 외에 디렉티브 등에서도 똑같다.

```
    price: 500,
    quantity: 0
  }
]
var vm = new Vue({
  el: '#app',
  data: {
    items: items
  },
  filters: { // 이번 절에서 추가한 필터 정의
    numberWithDelimiter: function(value) {
      if (!value) {
        return '0'
      }
      return value.toString().replace(/(\d)(?=(\d{3})+$)/g, '$1,')
    }
  }
})
```

필터는 인자로 받은 값을 문자열로 변환한 다음, 이 문자열에 3자리마다 콤마를 추가하는 간단한 함수다[25].

화면에 3자리마다 콤마가 찍힌 것(1,000)을 확인할 수 있다. 이 필터는 나중에 문구 가격 표시에 실제로 사용하게 될 것이다.

연필: 300 x 0

필터 예제 1,000

필터의 출력 내용 확인

---

25 정규 표현식 패턴은 필터와는 크게 상관없으므로 설명을 생략한다.

필터 여러 개 연결하기

필터를 여러 개 연결해 사용할 수 있다. 어떤 필터로 처리한 값이 다시 다음 필터의 입력으로 들어가는 형태다. Unix 셸에 익숙한 사용자라면 템플릿의 파이프 문법을 보면 바로 이해할 수 있을 것이다.

```
{{ value | filterA | filterB }}
```

2.8 계산 프로퍼티(computed)

계산 프로퍼티(computed)는 어떤 데이터에서 파생된 데이터를 프로퍼티로 공개하는 기능으로, Vue 생성자의 옵션 객체의 한 가지다.

데이터를 모종의 방법으로 처리한 값을 프로퍼티로 삼고 싶을 때[26] 이 계산 프로퍼티를 사용하는데, 대개는 복잡한 식을 템플릿에 나타내는 용도로 사용된다.

```
new Vue({
  // ...
  computed: { // 함수 형태로 구현함. 참조할 때는 프로퍼티처럼 동작.
    계산 프로퍼티 이름: function (){
      // return ...
    }
  }
})
```

전에도 Mustache 문법으로 표현식을 전개했지만, 이 방법은 복잡한 식을 처리하는 데는 적합하지 않다.

같은 식을 여러 곳에서 사용하거나 복잡한 식을 작성하다 보면 템플릿의 유지 보수성을 해치게 된다. 게다가 Mustache 문법을 사용한 전개는 자바스크립트 표현식을 하나밖에 나타낼 수 없다는 제약도 있어서 아예 템플릿에 작성할 수 없는 식도 있다. 이러한 문제를 해결하는 기능이 바로 계산 프로퍼티다.

Mustache 문법과 계산 프로퍼티를 비교해 보자.

---

26 인스턴스에 저장해 다른 곳에서 참조할 수 있도록 하는 것.

```
<!-- Vue.js를 미리 로딩함 -->
<div id="app">
  <!-- 템플릿에서 억지로 총액을 구한 경우 -->
  <p>합계: {{ items.reduce(function (sum,item) { return sum + (item.price * item.quantity), 0);
}}</p>
</div>
```

Mustache 문법으로 작성한 예도 일단 원하는 대로 동작은 한다. 그러나 해당 코드 줄이 너무 길고 여기서 계산하는 값이 무엇인지 한눈에 이해하기 어렵다.

```
<!-- Vue.js는 미리 로딩함 -->
<script>
new Vue({
  // ...마운트 및 데이터 정의
  computed: {
    totalPrice: function () {
      // this를 통해 인스턴스 안의 데이터에 접근
      return this.items.reduce(function (sum, item) {
        return sum + (item.price * item.quantity)
      }, 0)
    },
    totalPriceWithTax: function () {
      // 계산 프로퍼티에 의존하는 계산 프로퍼티도 정의 가능함
      return Math.floor(this.totalPrice * 1.10)
    }
  }
})
</script>
<div id="app">
  <p>합계(세포함): {{ totalPrice }}<p>
</div>
```

이번에는 계산 프로퍼티를 사용한 예다. 정의된 프로퍼티는 데이터와 마찬가지로 템플릿에서 전개할 수 있다. 호출을 의미하는 ()를 사용할 필요는 없다. 함수 형태로 정의했지만, 참조할 때는 메서드가 아니라 프로퍼티로 취급된다.

computed를 참조하는 형태는 자바스크립트와 HTML 모두 한눈에 이해하기 쉽다. 변수명을 그대로 사용하므로 템플릿에서 해당 부분이 합계 금액을 나타낸다는 것을 금방 알 수 있다.

console.log로도 값을 확인할 수 있다. 정의된 형태가 프로퍼티임을 알 수 있다.

```
console.log(vm.totalPrice) // vm에서 참조
```

2.8.1 this 참조하기

계산 프로퍼티 및 뒤에 설명할 메서드를 이용해 데이터(data 객체)와 계산 프로퍼티를 참조할 때는 this를 거쳐서 참조해야 한다. 이 this가 가리키는 대상은 **Vue 인스턴스 자신**이다. data와 computed의 내용은 프로퍼티로 공개되므로 인스턴스에서 직접 참조할 수 있다.

```
//...
computed:{
  someFunc: function (){
    // 데이터 및 계산 프로퍼티를 참조하는 프로퍼티
    return this.item * 3
  }
}
```

2.8.2 예제 애플리케이션 구현하기

문구 구입 금액 합계를 표시하도록 구현해 보겠다. 이 구현 예제의 JSFiddle URL은 https://jsfiddle.net/flourscent/zygmc6ja/다.

```
<script src="https://unpkg.com/vue@2.5.17"></script>
<div id="app">
  <p>{{ items[0].name }}: {{ items[0].price }} x {{ items[0].quantity }}</p>
  <p>소계: {{ totalPrice | numberWithDelimiter }}원</p>
  <p>합계(세포함): {{ totalPriceWithTax | numberWithDelimiter }}원</p>
</div>
```

```
var items = [{
    name: '연필',
```

```
    price: 300,
    quantity: 0
  },
  {
    name: '공책',
    price: 400,
    quantity: 0
  },
  {
    name: '지우개',
    price: 500,
    quantity: 0
  }
]
var vm = new Vue({
  el: '#app',
  data: {
    items: items
  },
  filters: {
    numberWithDelimiter: function(value) {
      if (!value) {
        return '0'
      }
      return value.toString().replace(/(\d)(?=(\d{3})+$)/g, '$1,')
    }
  },
  computed: { // 계산 프로퍼티
    totalPrice: function() {
      return this.items.reduce(function(sum, item) {
        return sum + (item.price * i
      }, 0)
    },
    totalPriceWithTax: function() {
      // 계산 프로퍼티에 의존하는 계산 프로퍼티도 정의 가능함
      return Math.floor(this.totalPrice * 1.10)
    }
  }
```

```
})
window.vm = vm
```

UI에서 문구의 개수를 바꿀 수 없기 때문에 소계와 합계 값이 항상 0으로 표시된다. 크롬 개발자 도구의
콘솔에서 계산이 바르게 됐는지 확인해 보자.

```
vm.items[0].quantity = 3 // 변숫값 변경 확인
vm.items[2].quantity = 1 // 변숫값 변경 확인
```

계산 프로퍼티가 의존하는 데이터[27]가 수정되면 자동으로 프로퍼티 값도 바뀌는 것을 알 수 있다.

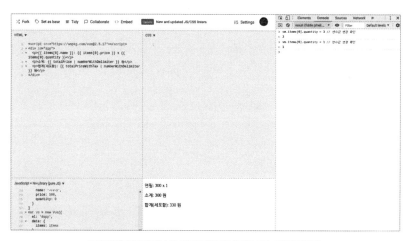

콘솔에서 문구의 개수를 바꿔 계산이 제대로 되는지 확인하기

2.9 디렉티브

Vue.js는 표준 HTML에 독자적으로 정의한 속성을 추가해 이 속성값 표현식의 변화에 따라 DOM을 조
작한다. 이러한 특별한 속성을 **디렉티브(directive)**라고 한다[28]. 디렉티브로 사용되는 속성은 이름이 v-
로 시작한다. 템플릿 문법으로 사용되는 Mustache와 마찬가지로 Vue 인스턴스가 마운트된 요소와 그
요소의 자손 요소에서만 사용할 수 있다. 디렉티브 속성은 자바스크립트 표현식을 값으로 갖는다. Vue 인
스턴스가 갖는 데이터와 계산 프로퍼티는 템플릿에서 자바스크립트 표현식 형태로 사용되므로 이들을
그대로 속성값으로 사용할 수 있다.

---

27 여기서는 items.
28 Vue.js가 표준으로 제공하는 것 외에도 라이브러리 사용자가 직접 독자적인 디렉티브를 정의할 수 있다.

앞에서 본 속성 설정 방법 외에도 디렉티브를 사용해 템플릿에서 요소가 표시되는 내용을 조건에 따라 바꾸거나 반복적으로 렌더링할 수 있다.

디렉티브는 속성과 약간 달라서 v-bind:class=같은 표기법을 사용할 수도 있다. 조금 전에 이러한 디렉티브의 예로 속성 전개를 구현하는 v-bind 디렉티브를 사용했다. 디렉티브는 Mustache 문법과 함께 템플릿을 작성하는 데 중요한 기능이다. 이번 장에서는 자주 사용하는 표준 디렉티브를 소개한다.

2.9.1 조건에 따른 렌더링(v-if, v-show)

템플릿에서 어떤 요소를 조건에 따라 표시하거나 표시하지 않도록 하려면 v-show 디렉티브 혹은 v-if 디렉티브를 사용한다.

두 디렉티브 모두 속성값의 표현식을 평가해서 그 값이 참이 됐을 때만 해당 요소를 표시하며 값이 거짓이면 요소를 표시하지 않는다. 유효성 검사의 오류 메시지를 표시하거나 로그인한 사용자에게만 보여줄 콘텐츠를 출력하는 컴포넌트에 사용한다.

```
<p v-if="인자">
   // 참이면 화면에 표시, 거짓이면 표시하지 않음
</p>
```

```
<p v-show="인자">
   // 참이면 화면에 표시, 거짓이면 표시하지 않음
</p>
```

v-if와 v-show 용도 차이

v-if와 v-show는 모두 속성값 표현식의 평가 값에 따라 요소를 표시하거나 표시하지 않는 방식으로 동작하는 디렉티브다. 그러나 v-if는 평가 값에 따라 DOM 요소를 추가하거나 제거하는 식으로 동작하는데 비해, v-show는 스타일에 display 프로퍼티 값을 변경하는 방식으로 동작한다.

언뜻 보기에는 별 차이가 없는 것 같지만, 이 두 디렉티브는 표시/비표시 전환 빈도와 초기 표시 비용에 따라 용도를 구분해 사용해야 한다.

일반적으로 스타일을 수정하는 쪽보다 DOM을 수정하는 쪽이 렌더링 비용이 더 크다. 그러므로 평가 값이 빈번하게 바뀌는 경우에는 v-show를 사용해야 한다.

반면 평가 값이 자주 변하지 않는 경우에는 v-if가 적합하다. 페이지를 표시할 때 로그인 여부를 확인해 데이터를 받아올 때처럼 평가 값이 한 번밖에 변하지 않는 경우를 생각해 보자. 이런 경우에는 초기 상태에서는 DOM 요소를 생성하지 않고 렌더링 비용을 절약한다. 그리고 나중에 정말 필요해졌을 때 요소를 생성하는 것이 이상적이다.

예제 애플리케이션 구현하기

지금까지 구현한 코드에 구입 가능 여부를 이진값으로 반환하는 계산 프로퍼티(canBuy) 정의를 추가하고 그 값을 사용해 요소를 구분해 보자. 이 예제 코드의 JSFiddle URL은 https://jsfiddle.net/flourscent/doz03x25/다. 구입이 불가능하면 표현식(!canBuy)의 값이 참이 되고 오류 메시지가 출력된다. 구입 가능 여부는 자주 변할 수 있는 정보이므로 v-show를 사용한다[29].

```html
<script src="https://unpkg.com/vue@2.5.17"></script>
<div id="app">
  <p>{{ items[0].name }}: {{ items[0].price }} x {{ items[0].quantity }}</p>
  <p>소계: {{ totalPrice | numberWithDelimiter }}원</p>
  <p>합계(세포함): {{ totalPriceWithTax | numberWithDelimiter }}원</p>
  <!-- 속성값에 따라 화면 표시 여부가 결정됨 -->
  <p v-show="!canBuy">
    {{ 1000 | numberWithDelimiter }}원 이상부터 구매 가능
  </p>
</div>
```

```javascript
var items = [{
    name: '연필',
    price: 300,
    quantity: 0
  },
  {
    name: '공책',
    price: 400,
    quantity: 0
  },
  {
```

---

29 지금은 장바구니에서 삭제 기능을 구현하지 않았으므로 실제로 이 값이 자주 바뀌지는 않을 것이다. 그러나 실제 상황에 따라 이대로 구현한다.

```
      name: '지우개',
      price: 500,
      quantity: 0
    }
]
var vm = new Vue({
  el: '#app',
  data: {
    items: items
  },
  filters: {
    numberWithDelimiter: function(value) {
      if (!value) {
        return '0'
      }
      return value.toString().replace(/(\d)(?=(\d{3})+$)/g, '$1,')
    }
  },
  computed: {
    totalPrice: function() {
      return this.items.reduce(function(sum, item) {
        return sum + (item.price * item.quantity)
      }, 0)
    },
    totalPriceWithTax: function() {
      return Math.floor(this.totalPrice * 1.10)
    },
    canBuy: function() {
      return this.totalPrice >= 1000 // 1000
    }
  }
})
window.vm = vm
```

지금까지 구현한 코드가 잘 동작하는지 확인해 보자. 애플리케이션을 실행하면 초기 상태에 "1000원 이상부터 구입 가능합니다"라고 오류 메시지가 나타난다.

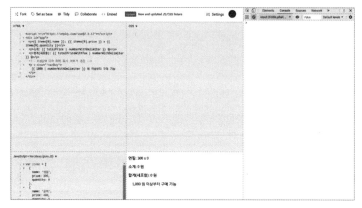

오류 메시지가 출력되는 경우 확인

반면 콘솔에서 문구의 개수를 변경해 1000원어치 이상을 구입하려고 하면 오류 메시지가 나타나지 않는다.

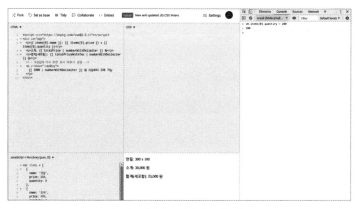

오류 메시지가 출력되지 않는 경우 확인

2.9.2 클래스와 스타일 연결하기

UI 구현에서 특정 조건의 성립 여부에 따라 UI의 외관을 바꿔야 하는 경우가 있다. 폼 입력에 유효하지 않은 값이 입력되면 해당 필드의 색이 바뀌는 UI를 예로 들 수 있다.

이런 경우에는 v-bind 디렉티브를 사용한다. v-bind 디렉티브는 특수한 문법을 사용한다.

```
v-bind:속성이름="데이터를 전개한 속성값"
```

디렉티브의 인자 중 속성명에 class를 지정하면 클래스 디렉티브가 되며, style을 지정하면 스타일 디렉티브가 된다. v-bind 디렉티브의 문법이 원래 약간 특이하지만, class와 style을 지정한 경우 더 특이한 문법이 된다.

일반적인 HTML 요소에서 하나 이상의 속성값을 가질 때 클래스 및 스타일 속성값은 각 값을 구분하는 방법에 차이가 있다. 클래스는 각 값을 공백으로 구분("classA classB")하며 스타일은 세미콜론을 사용하여 구분("color: tomato; background: yellow")한다.

Vue 인스턴스의 데이터를 보고 클래스 및 스타일의 속성값을 직접 조합하기는 귀찮을 것이다.

그래서 Vue.js의 v-bind 디렉티브는 속성명이 class인지 아니면 style인지를 확인해 속성값을 직접 해석할 수 있도록 만들어졌다. 속성값으로 객체나 배열을 지정하면 이들의 요소나 프로퍼티 값을 결합해 결국 문자열로 평가하도록 만들어준다.

```
v-bind:class="객체 혹은 배열"
v-bind:style="객체 혹은 배열"
```

실제 구현 예를 보자.

클래스 바인딩(v-bind:class)

v-bind:class는 객체를 속성값으로 받으면 값이 참인 프로퍼티의 이름을 class 속성의 값으로 반영한다. 다음과 같은 경우, class 속성의 값은 shark가 된다.

```
<p v-bind:class="{shark: true, mecha: false}"></p>
```

위 예제를 참고해 실전 예제를 만들어보자. 최소 구매 금액에 도달하지 못할 경우 클래스를 부여해 화면에 다르게 표시하도록 구현하려고 한다. 다음 예제는 계산 프로퍼티 canBuy의 값이 거짓이면 class 속성값이 "error"가 된다.

```
<p v-bind:class="{error: !canBuy}">
1000원 이상부터 구매 가능
</p>
```

애플리케이션 규모가 커질수록 속성값 객체에 프로퍼티 수가 늘어나고 평가식 역시 복잡해진다. 이 때문에 템플릿의 유지 보수성이 떨어지는 경향이 있다. 이런 경우에는 객체를 템플릿에 직접 작성하는 대신 객체가 담을 정보를 계산 프로퍼티 형태로 Vue 인스턴스로 가져가는 방법을 사용한다. 여기서 this는 Vue 인스턴스 자신을 가리킨다.

```
computed: {
  errorMessageClass: function() {
    return {
      error: !this.canBuy
    }
  }
}
```

```
<p v-bind:class="errorMessageClass">
1000원 이상부터 구매 가능
</p>
```

스타일 바인딩(v-bind:style)

v-bind:style에서는 속성값 객체의 프로퍼티가 스타일 프로퍼티에 대응하며, 인라인 스타일 형태로 반영된다. 예를 들면 다음 예제는 <p style="color: red;">a</p>와 같이 렌더링된다.

```
<p v-bind:style="{color: 'red'}">a</p>
```

표현식과 조합해 사용할 수도 있다. 다음 예제는 canBuy의 평가 값이 거짓이면 "border: 1px solid red; color: red;"와 같이 렌더링된다.

```
<p v-bind:style="{border: (canBuy ? '' : '1px solid red'), color: (canBuy ? '' : 'red')}">
1000원 이상부터 구매 가능
</p>
```

v-bind:style 역시 v-bind:class와 마찬가지로 속성값 객체나 배열이 복잡해지면 계산 프로퍼티 형태로 바꾸는 것이 유리하다.

```
errorMessageStyle: function() {
  // canBuy의 값이 거짓이면 붉은 표시
  return {
    border: this.canBuy ? '' : '1px solid red',
    color: this.canBuy ? '' : 'red'
  }
}
```

```
<p v-bind:style="errorMessageStyle">
1000원 이상부터 구매 가능
</p>
```

v-bind의 생략 표기법

v-bind 디렉티브는 가장 많이 쓰이는 디렉티브 중 하나다. 이 때문에 간결한 표기를 위한 생략 표기법을 지원한다. v-bind라는 디렉티브명을 생략하고 :+속성명과 같이 표기할 수 있다.

```
v-bind:disabled -> :disabled
```

```
<p :class="{error: !canBuy}">
  1000원 이상부터 구매 가능
</p>
```

스타일 바인딩을 예제 애플리케이션에 적용하기

지금까지 배운 내용을 예제 코드에 적용해 보자. 적용이 끝난 상태의 코드를 JSFiddle URL https://jsfiddle.net/flourscent/t61eqh7p/에서 볼 수 있다.

구입 가능한 상태가 될 때까지 UI 전체의 테두리와 글자색을 빨간색으로 설정한다. 크롬 개발자 도구에서 구매 개수를 바꿔보면 구매 금액(totalPrice)이 1000원을 넘으면 테두리와 글자색이 바뀌는 것을 확인할 수 있다.

```
<script src="https://unpkg.com/vue@2.5.17"></script>
<div id="app">
  <!-- 1000원 이상이 될 때까지 붉은 표시 -->
```

```html
<div :style="errorMessageStyle">
  <p>{{ items[0].name }}: {{ items[0].price }} x {{ items[0].quantity }}</p>
  <p>소계: {{ totalPrice | numberWithDelimiter }}원</p>
  <p>합계(세포함): {{ totalPriceWithTax | numberWithDelimiter }}원</p>
  <p v-show="!canBuy">
    {{ 1000 | numberWithDelimiter }}원 이상부터 구매 가능
  </p>
</div>
</div>
```

```javascript
var items = [{
    name: '연필',
    price: 300,
    quantity: 0
  },
  {
    name: '공책',
    price: 400,
    quantity: 0
  },
  {
    name: '지우개',
    price: 500,
    quantity: 0
  }
]
var vm = new Vue({
  el: '#app',
  data: {
    items: items
  },
  filters: {
    numberWithDelimiter: function(value) {
      if (!value) {
        return '0'
      }
      return value.toString().replace(/(\d)(?=(\d{3})+$)/g, '$1,')
    }
```

```
    },
  computed: {
    totalPrice: function() {
      return this.items.reduce(function(sum, item) {
        return sum + (item.price * item.quantity)
      }, 0)
    },
    totalPriceWithTax: function() {
      return Math.floor(this.totalPrice * 1.10)
    },
    canBuy: function() {
      return this.totalPrice >= 1000
    },
    errorMessageStyle: function() {
      // canBuy가 거짓이면 붉게 표시
      return {
        border: this.canBuy ? '' : '1px solid red',
        color: this.canBuy ? '' : 'red'
      }
    }
  }
})
window.vm = vm
```

지금까지 구현한 코드가 정상적으로 동작하는지 확인해 보자. 오류 메시지가 나타나는 동안에는 화면 테두리와 글자색이 빨간색임을 확인할 수 있다.

화면 테두리와 글자색이 빨간색인지 확인하기

2.9.3 리스트 렌더링하기(v-for)

v-for 디렉티브를 사용해서 배열이나 객체의 데이터를 리스트로 렌더링(반복 렌더링)할 수 있다.

v-for 디렉티브의 속성값은 요소 in 배열과 같이 자바스크립트 문법이 아닌 특수한 문법을 사용한다[30]. item은 배열의 각 요소를 참조하는 변수다. 별도의 문법을 사용하지만, 직감적으로 의미를 이해할 수 있을 것이다[31].

```
v-for="요소 in 배열"
```

v-for에서 한 가지 설명을 보태자면 v-bind:key=같이 요소 생성 시 각각의 요소에 유일 키값이 부여된다는 점이다. 이 키값은 Vue.js의 성능을 위한 것으로 반드시 부여된다.

```
<!-- 앞서 data: { arr: ['가','나','다']} 를 정의했음 -->
<ul>
  <li v-for="item in arr" v-bind:key="item">{{item}}</li>
</ul>
<!-- 렌더링 결과 -->
<ul>
    <li>가</li>
    <li>나</li>
    <li>다</li>
</ul>
```

현재 요소의 인덱스 값이 필요하면 다음과 같이 작성하면 된다.

```
v-for="(요소, 인덱스변수) in 배열"

<!-- 앞서 data: { arr: ['가','나','다']} 를 정의했음 -->
<ul>
  <li v-for="(item, index) in arr" v-bind:key="item">{{ index }} {{ item }}</li>
</ul>
```

```
<!-- 렌더링 결과 -->
<ul>
```

---

30 배열에 한함.
31 동작 예제를 별도로 싣는다. https://jsfiddle.net/flourscent/aqhyLrdc/

```
    <li>0 가</li>
    <li>1 나</li>
    <li>2 다</li>
</ul>
```

v-for 디렉티브는 객체에 대해서도 사용할 수 있다.

```
v-for="값 in 객체"
v-for="(값, 키) in 객체"
```

리스트 렌더링 성능

Vue.js뿐만 아니라 뷰를 다루는 모든 라이브러리나 프레임워크에서 리스트 렌더링 성능은 중요한 주제다. 리스트의 데이터가 바뀔 때마다 리스트 전체에 대한 DOM 조작이나 재렌더링이 일어나면서 UI에 깜빡임이 발생할 수 있기 때문이다. 이러한 동작은 결코 사용자 친화적이라고 할 수 없다.

이 때문에 모든 라이브러리와 프레임워크는 꼭 필요한 만큼만 DOM을 조작하기 위해 여러 가지 방법을 사용한다.

Vue.js는 push, pop, shift, unshift 등 배열을 조작하는 메서드를 래핑해 리스트의 변경을 탐지하는 방법을 사용한다. 또한 유일 키를 정의한 속성인 key로 리스트의 각 아이템을 식별해 변경 전후에 리스트가 어떻게 달라졌는지를 검출하고 효율적으로 DOM을 조작하도록 구현됐다.

예제 애플리케이션 구현하기

지금까지 구현한 예제 애플리케이션을 더욱 확장해 각 상품의 단가, 개수, 단가와 개수의 곱을 리스트로 나타내보자. 확장된 코드의 JSFiddle URL은 https://jsfiddle.net/flourscent/1sfbnmaw/다.

다음 코드는 상품의 이름을 v-bind:key=item.name과 같이 유일 키로 사용한다. 실제 업무라면 이 값이 중복될 가능성이 있다. 웹 API의 응답에는 이보다 더 뒤에 위치한 데이터베이스의 레코드 식별자 등 아이템을 식별할 수 있는 유일 값이 담겨 있는 경우가 많으므로 이 값을 사용하게 될 것이다.

```
<script src="https://unpkg.com/vue@2.5.17"></script>
<div id="app">
  <div v-bind:style="errorMessageStyle">
    <ul>
```

```html
      <!-- 각 상품의 단가와 구매 개수를 리스트로 나타냄 -->
      <li v-for="item in items" v-bind:key="item.name">
        {{ item.name }}: {{ item.price }} x {{ item.quantity }} = {{ item.price * item.quantity |
numberWithDelimiter }}원
      </li>
    </ul>
    <p>{{ items[0].name }}: {{ items[0].price }} x {{ items[0].quantity }}</p>
    <p>소계: {{ totalPrice | numberWithDelimiter }}원</p>
    <p>합계(세포함): {{ totalPriceWithTax | numberWithDelimiter }}원</p>
    <p v-show="!canBuy">
      {{ 1000 | numberWithDelimiter }}원 이상부터 구매 가능
    </p>
  </div>
</div>
```

```javascript
var items = [{
    name: '연필',
    price: 300,
    quantity: 0
  },
  {
    name: '공책',
    price: 400,
    quantity: 0
  },
  {
    name: '지우개',
    price: 500,
    quantity: 0
  }
]
var vm = new Vue({
  el: '#app',
  data: {
    items: items
  },
  filters: {
    numberWithDelimiter: function(value) {
```

```
      if (!value) {
        return '0'
      }
      return value.toString().replace(/(\d)(?=(\d{3})+$)/g, '$1,')
    }
  },
  computed: {
    totalPrice: function() {
      return this.items.reduce(function(sum, item) {
        return sum + (item.price * item.quantity)
      }, 0)
    },
    totalPriceWithTax: function() {
      return Math.floor(this.totalPrice * 1.10)    `
    },
    canBuy: function() {
      return this.totalPrice >= 1000
    },
    errorMessageStyle: function() {
      // canBuy가 참일 때까지 붉게 표시
      return {
        border: this.canBuy ? '' : '1px solid red',
        color: this.canBuy ? '' : 'red'
      }
    }
  }
})
window.vm = vm
```

지금까지 구현한 내용이 잘 동작하는지 확인해 보자. 각 상품의 단가, 단가와 개수의 곱을 표시한 리스트가 잘 렌더링됐다.

- 연필: 300 x 0 = 0 원
- 공책: 400 x 0 = 0 원
- 지우개: 500 x 0 = 0 원

연필: 300 x 0

소계: 0 원

합계(세포함): 0 원

1,000 원 이상부터 구매 가능

리스트 렌더링 결과 확인

2.9.4 이벤트 핸들링(v-on)

지금까지는 크롬 개발자 도구의 콘솔에서 Vue 인스턴스를 직접 조작해 구입 개수 등을 수정했다. 이런 방법은 확인용으로는 편리하지만, 실제 애플리케이션에서는 사용할 수 없는 방법이다. 애플리케이션을 조작해 Vue 인스턴스 안의 개수를 수정해야 하는 경우도 있다.

이런 경우를 위해 UI에서 구입 개수를 수정할 수 있도록 애플리케이션을 확장하려고 한다. 이렇게 개수를 입력받거나 선택하는 용도로 input 요소를 사용한다. Vue.js를 사용하지 않은 구현에서는 이 요소에 change나 input 이벤트를 처리하는 형태로 데이터를 수정하는 경우가 많다.

그러나 Vue.js를 사용할 때는 v-on 디렉티브를 사용해 이런 기능을 구현한다. v-on 디렉티브는 이벤트가 일어난 시점에 속성값으로 지정된 표현식을 실행한다. DOM API의 addEventListener와 같은 것이라고 생각하면 된다. v-on 역시 특수한 문법의 디렉티브다[32].

> v-on:이벤트이름="값을 평가할 표현식"

v-on 디렉티브를 사용해서 UI로부터 입력을 받게 해보자. 지금까지 구현한 예제 코드에 구매할 문구의 개수를 입력받을 폼을 템플릿에 추가한다. 수정된 코드의 JSFiddle URL은 https://jsfiddle.net/flourscent/3qh4xzu2/이다.

---

32 생략 표기법도 있다. 자세한 내용은 나중에 설명한다.

```html
<script src="https://unpkg.com/vue@2.5.17"></script>
<div id="app">
  <ul>
    <li v-for="item in items" v-bind:key="item.name">
      <!-- v-on은 지정한 이벤트가 발생한 시점에 식을 평가한다-->
      {{ item.name }}의 개수: <input type="number" v-on:input="item.quantity =
$event.target.value" v-bind:value="item.quantity" min="0">
    </li>
  </ul>
  <hr>
  <div v-bind:style="errorMessageStyle">
    <ul>
      <li v-for="item in items" v-bind:key="item.name">
        {{ item.name }}: {{ item.price }} x {{ item.quantity }} = {{ item.price * item.quantity |
numberWithDelimiter }}원
      </li>
    </ul>
    <p>{{ items[0].name }}: {{ items[0].price }} x {{ items[0].quantity }}</p>
    <p>소계: {{ totalPrice | numberWithDelimiter }}원</p>
    <p>합계(세포함): {{ totalPriceWithTax | numberWithDelimiter }}원</p>
    <p v-show="!canBuy">
      {{ 1000 | numberWithDelimiter }}원 이상부터 구매 가능
    </p>
  </div>
</div>
```

```javascript
var items = [{
    name: '연필',
    price: 300,
    quantity: 0
  },
  {
    name: '공책',
    price: 400,
    quantity: 0
  },
  {
    name: '지우개',
```

```
      price: 500,
      quantity: 0
  }
]
var vm = new Vue({
  el: '#app',
  data: {
    items: items
  },
  filters: {
    numberWithDelimiter: function(value) {
      if (!value) {
        return '0'
      }
      return value.toString().replace(/(\d)(?=(\d{3})+$)/g, '$1,')
    }
  },
  computed: {
    totalPrice: function() {
      return this.items.reduce(function(sum, item) {
        return sum + (item.price * item.quantity)
      }, 0)
    },
    totalPriceWithTax: function() {
      return Math.floor(this.totalPrice * 1.10)
    },
    canBuy: function() {
      return this.totalPrice >= 1000
    },
    errorMessageStyle: function() {
      // canBuy가 거짓이면 붉게 표시
      return {
        border: this.canBuy ? '' : '1px solid red',
        color: this.canBuy ? '' : 'red'
      }
    }
  }
})
window.vm = vm
```

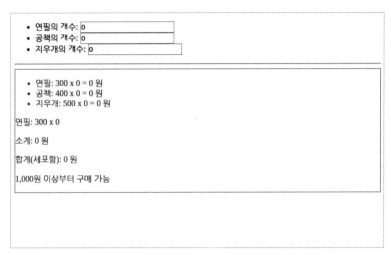

개수를 입력받는지 확인

위 예제는 input 이벤트를 통해 폼에 입력된 값을 가져와 quantity 프로퍼티를 업데이트하도록 구현했다. 키 입력마다 프로퍼티를 업데이트하는 대신, 입력이 완료되고 input 요소가 포커스를 벗어난 시점에 프로퍼티를 업데이트하고 싶다면 change 이벤트를 사용하면 된다.

```
<ul>
  <li v-for="item in items" v-bind:key="item.name">
    <!-- v-on 디렉티브의 인자를 input에서 change로 수정 -->
    {{ item.name }}의 개수: <input type="number" v-on:change="item.quantity = $event.target.value"
v-bind:value="item.quantity" min="0">
  </li>
</ul
```

v-on 디렉티브의 속성값을 살펴보자.

```
<!--속성값 "item.quantity = $event.target.value"에 주목할 것 -->
<input type="number" v-on:change="item.quantity = $event.target.value"
v-bind:value="item.quantity" min="0">
```

속성값을 보면 자바스크립트 표현식으로 된 것을 알 수 있다. Vue.js가 제공하는 DOM 이벤트 객체에 대한 참조인 $event를 사용해 입력된 값을 직접 quantity 프로퍼티에 대입했다.

여기서는 구매 개수를 수정하는 비교적 단순한 내용이므로 속성값을 기술할 수 있지만, 실제 업무에서는 여러 가지 처리를 한꺼번에 해야 하는 경우가 있다. 이런 경우에는 자바스크립트 표현식 대신 뒤에 설명할 메서드를 속성값으로 지정한다.

v-on의 생략 표기법

v-on 디렉티브 역시 자주 사용되는 디렉티브이기 때문에 생략 표기법을 갖추고 있다. v-on 디렉티브는 v-on: 부분을 @로 바꿔 쓰면 생략 표기법이 된다.

```
v-on:click -> @click
```

```
<button :disabled="!canBuy" @click="doBuy">구매</button>
```

생략 표기법은 간혹 서버 사이드 템플릿 엔진에서 문법 오류로 처리되는 경우가 있다. 예를 들어 자바로 구현된 템플릿 엔진인 Thymeleaf에서는 @click이 해당 템플릿 문법에 어긋나기 때문에 오류로 간주한다. 이런 경우에는 생략 표기법을 사용하지 말고 v-on:~, v-bind:~같이 정식 표기법을 사용해야 한다.

2.9.5 폼 입력 바인딩(v-model)

조금 전에는 UI에서 입력을 받아 데이터를 업데이트하기 위해 v-on:change(v-on:input), v-bind:value 디렉티브를 사용했다.

일반적으로 폼은 여러 개의 입력 요소로 구성된다. 이들 하나하나마다 v-on:change(v-on:input)이나 v-bind:value를 사용하려면 꽤 수고스러울 것이다. 이런 수고를 덜기 위해 Vue.js는 같은 작업을 좀 더 간단히 작성할 수 있는 v-model 디렉티브를 제공한다. v-model은 양방향 데이터 바인딩을 제공하는 디렉티브다.

뷰(DOM)에 변경이 일어나면 해당 값을 Vue 인스턴스 데이터에 업데이트한다. 반대로 Vue 인스턴스의 데이터가 수정되면 뷰를 다시 렌더링[33]한다.

```
<input type="number" v-model="item.quantity" min="0">
```

---

33 DOM을 수정.

위와 같은 코드로 v-on:input과 같은 효과를 얻을 수 있다. 조금 전 코드에서 v-on을 사용한 부분을
v-model로 수정해 보자. 수정된 코드의 JSFiddle URL은 https://jsfiddle.net/flourscent/trmL2ej0/이다.

```html
<script src="https://unpkg.com/vue@2.5.17"></script>
<div id="app">
  <ul>
    <li v-for="item in items" v-bind:key="item.name">
      <!-- v-on 디렉티브 대신 v-model을 사용 -->
      {{ item.name }}의 개수: <input type="number" v-model="item.quantity" min="0">
    </li>
  </ul>
  <hr>
  <div v-bind:style="errorMessageStyle">
    <ul>
      <li v-for="item in items" v-bind:key="item.name">
        {{ item.name }}: {{ item.price }} x {{ item.quantity }} = {{ item.price * item.quantity |
numberWithDelimiter }}원
      </li>
    </ul>
    <p>{{ items[0].name }}: {{ items[0].price }} x {{ items[0].quantity }}</p>
    <p>소계: {{ totalPrice | numberWithDelimiter }}□</p>
    <p>합계(세포함): {{ totalPriceWithTax | numberWithDelimiter }}원</p>
    <p v-show="!canBuy">
      {{ 1000 | numberWithDelimiter }}원 이상부터 구매 가능
    </p>
  </div>
</div>
```

```javascript
var items = [{
    name: '연필',
    price: 300,
    quantity: 0
  },
  {
    name: '공책',
    price: 400,
    quantity: 0
  },
```

```
    {
      name: '지우개',
      price: 500,
      quantity: 0
    }
  ]
  var vm = new Vue({
    el: '#app',
    data: {
      items: items
    },
    filters: {
      numberWithDelimiter: function(value) {
        if (!value) {
          return '0'
        }
        return value.toString().replace(/(\d)(?=(\d{3})+$)/g, '$1,')
      }
    },
    computed: {
      totalPrice: function() {
        return this.items.reduce(function(sum, item) {
          return sum + (item.price * item.quantity)
        }, 0)
      },
      totalPriceWithTax: function() {
        return Math.floor(this.totalPrice * 1.10)
      },
      canBuy: function() {
        return this.totalPrice >= 1000
      },
      errorMessageStyle: function() {
        // canBuy가 거짓이면 붉게 표시
        return {
          border: this.canBuy ? '' : '1px solid red',
          color: this.canBuy ? '' : 'red'
        }
      }
```

```
  }
})
window.vm = vm
```

수정자를 사용해 동작 제어하기

앞서 v-model 디렉티브를 사용할 때 input 이벤트를 다뤘다. input 이벤트 대신 change 이벤트를 사용해서 v-on:change와 같은 동작을 구현하려면 디렉티브의 동작을 제어할 수정자(modifier)를 적용해야 한다. 수정자는 디렉티브.수정자와 같은 형식으로 사용한다.

```
<input type="number" v-model.lazy="name" min="0">
```

수정자는 v-model 외에 v-on 디렉티브 등 일부 디렉티브에서만 사용할 수 있다. 수정자를 사용해 DOM 이벤트를 중단시키거나 키 입력을 제한하는 등의 기능을 구현할 수 있다. v-model에서 사용할 수 있는 그 외의 수정자에 대해서는 공식 가이드 및 API 참조 문서를 참고하기 바란다.

2.10 생애주기 훅

Vue 인스턴스는 생성부터 소멸까지 생애주기를 갖는다.

예를 들어 컴포넌트 표시 여부를 v-if 디렉티브로 제어하고 있다면 조건이 참이 됐을 때 Vue 인스턴스가 생성된다. 그 후로 사용자의 UI 조작이나 데이터 변경에 따라 업데이트가 반복되다가 v-if의 조건이 거짓이 되면 Vue 인스턴스가 폐기된다.

생애주기라는 용어는 프로그래밍뿐만 아니라 동물이나 식물과 관련해서도 사용하는 용어다. 동물의 탈피나 인간의 성년 등 생애주기에는 중요도가 높은 순간이 있다. Vue 인스턴스에도 마찬가지로 이런 중요도가 높은 순간이 있어서 이때 수행할 처리를 미리 등록해두고 해당 시점에 자동으로 그 처리 내용을 호출하게끔 할 수 있다.

이런 기능을 생애주기 훅(lifecycle hook)이라 한다[34].

---

34 생애주기 훅은 예제 애플리케이션으로는 설명이 조금 곤란하므로 다른 예를 들어 설명한다.

2.10.1 생애주기 훅의 종류와 호출 시점

생애주기 훅을 등록할 수 있는 시점의 종류에는 create, mounted, destroyed 등이 있다. Vue 인스턴스 생성자(컴포넌트)의 옵션에 시점의 이름을 갖는 프로퍼티에 해당 시점에 실행하려는 함수를 값으로 지정한다. 각각의 훅과 이들이 호출되는 시점을 다음 표에 정리했다.

훅 이름	훅이 호출되는 시점
beforeCreate	인스턴스가 생성된 다음 데이터가 초기화되는 시점
created	인스턴스가 생성된 다음 데이터 초기화가 끝난 시점
beforeMount	인스턴스가 DOM 요소에 마운트되는 시점
mounted	인스턴스가 DOM 요소에 마운트가 끝난 시점
beforeUpdate	데이터가 수정돼 DOM에 반영되는 시점
updated	데이터가 수정돼 DOM에 반영이 끝난 시점
beforeDestroy	Vue 인스턴스가 폐기되기 전
destroyed	Vue 인스턴스가 폐기된 다음

생애주기 훅이 호출되는 시점의 순서는 다음 그림과 같다. 생애주기의 순서와 시점을 모두 기억할 필요는 없다. 대략 흐름만 파악하고 필요할 때마다 그림을 참조하면 된다.

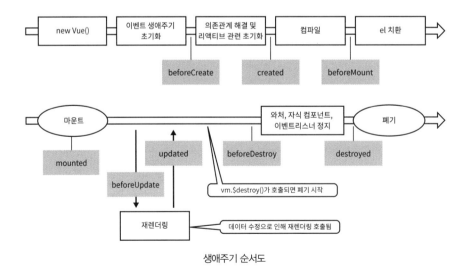

생애주기 순서도

자주 사용하는 훅을 몇 가지 골라 설명하겠다.

2.10.2 created 훅

created 훅은 인스턴스가 생성되고 데이터가 초기화된 시점에 실행된다. 이 단계는 아직 DOM 요소가 인스턴스와 연결된 상태가 아니다.

그러므로 아직 인스턴스의 $el 프로퍼티와 DOM API의 getElementById, querySelectorAll을 사용해서 DOM 요소를 반환받을 수 없는 상태라는 데 주의해야 한다.

이 훅은 Vuex를 적용하지 않은 소규모 애플리케이션에서 웹 API를 통해 데이터 관련 처리를 시작하거나 setInterval, setTimeout을 반복 실행해야 하는 타이머 처리를 시작하는 시작점으로 사용한다.

2.10.3 mounted 훅

mounted 훅은 인스턴스와 DOM 요소가 연결된 시점에 실행된다. 인스턴스의 $el 프로퍼티나 querySelectorAll 같은 DOM API를 사용할 수 있는 시점이므로 DOM 조작 및 이벤트 리스너 등록은 이 훅을 사용하면 된다.

2.10.4 beforeDestroy 훅

beforeDestroy 훅은 인스턴스가 폐기되기 직전에 실행된다. mounted 훅에서 DOM 요소에 등록한 이벤트 리스너나 타이머 등을 '뒷정리'하는 용도로 사용한다. 이 뒷정리를 제대로 하지 않으면 메모리 누수의 원인이 되므로 사용자 경험을 해칠 우려가 있다.

타이머 처리를 예제로 각 훅이 실행되는 시점을 더 자세히 살펴보겠다. 다음 HTML 코드를 파일에 저장하고 브라우저로 접근하거나 같은 내용의 코드가 담긴 JSFiddle URL로 동작을 확인한다. URL은 https://jsfiddle.net/flourscent/0Lwbq9gd/이다.

```
<!DOCTYPE html>
<title>Vue.js 생애주기 훅</title>
<script src="https://unpkg.com/vue@2.5.17"></script>
<div id="app">
    <p>{{ count }}</p>
</div>
<script>
var vm = new Vue({
```

```
  el: '#app',
  data: function() {
    return {
      count: 0,
      timerId: null
    }
  },
  created: function() {
    console.log('created')
    var that = this
    // 데이터에서 참조 가능
    console.log(this.count)
    // DOM 요소가 연결되지 않았으므로 undefined임
    console.log(this.$el)
    // 타이머 시작
    this.timerId = setInterval(function() {
      that.count += 1
    }, 1000)
  },
  mounted: function() {
    console.log('mounted')
    // DOM 요소가 연결됨
    console.log(this.$el)
  },
  beforeDestroy: function() {
    console.log('beforeDestroy')
    // 타이머 정리
    clearInterval(this.timerId)
  }
})
window.vm = vm
</script>
```

1초마다 카운트가 증가하는 것을 볼 수 있다. 크롬 개발자 도구 콘솔에서 프로그램 주석에 언급된 대로의 내용이 출력될 것이다.

이 시점에서 Vue 인스턴스를 직접 폐기해 보겠다. 인스턴스의 $destroy 메서드를 호출하는 방법으로 수동으로 인스턴스를 폐기할 수 있다. 개발자 도구 콘솔에서 vm.$destroy()를 입력한다.

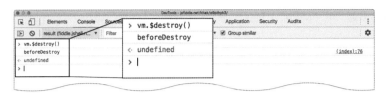

Vue 인스턴스 폐기 확인

'beforeDestroy'가 출력된 것을 봐서 beforeDestroy 훅이 실행됐음을 알 수 있다.

2.11 메서드

앞에서 전역변수 Vue의 생성자 옵션을 몇 가지 설명했다. 이제 마지막으로 메서드를 설명한다.

메서드는 이름 그대로 Vue 인스턴스의 메서드를 말한다. Vue 인스턴스의 생성자 옵션 객체에서 methods 프로퍼티로 정의한다. methods는 데이터 수정 및 서버에 HTTP 요청을 보낼 때 사용한다.

```
methods: {
  메서드명: function() {
    // 원하는 처리
  }
}
```

정의된 메서드는 Vue 인스턴스의 메서드로 호출할 수 있다. v-on 디렉티브의 속성값에 바인딩하고 뷰에서 이벤트가 발생했을 때 호출되는 형태로 사용하는 것이 가장 흔하다. 템플릿에서도 {{메서드명}}과 같은 형태로 텍스트 전개에 사용할 수 있다.

버튼을 클릭했을 때 입력한 값을 서버로 전송하는 상황을 가정해 보자. 템플릿에서는 다음과 같이 v-on:click을 사용한다.

```
<button v-bind:disabled="!canBuy" v-on:click="doBuy">구매</button>
```

v-on 디렉티브 속성값은 표현식 외에도 메서드명을 사용할 수 있다. 메서드명을 속성값으로 사용했다면 이벤트 객체가 기본 인자로 메서드에 전달된다. 이 이벤트 객체는 표현식에서 $event라는 특별한 이름으로 참조할 수 있는데, 앞서 본 템플릿과 같은 동작을 표현식으로 구현하려면 다음과 같이 하면 된다.

```
<button v-bind:disabled="!canBuy" v-on:click="doBuy($event)">구매</button>
```

이벤트 객체 외에도 템플릿에 인자를 전달하려면 표현식으로 작성하면 된다.

2.11.1 이벤트 객체

v-on 디렉티브 속성값으로 메서드를 지정했다면 기본적으로 이벤트 객체를 인자로 전달받게 된다.

이 이벤트 객체는 이벤트가 발생한 요소와 좌표 등의 정보를 담고 있으며, 표준 DOM API의 addEvent Listener에서 첫 번째 인자로 받는 이벤트 객체와 동일한 것이다.

```
methods: {
  메서드이름: function(event) {
    // 인자 event는 이벤트 객체
  }
}
```

계산 프로퍼티의 캐싱 메커니즘

앞서 설명한 메서드와 계산 프로퍼티는 모두 함수의 형태를 갖는다. 그러므로 Vue.js를 처음 배울 때는 이 두 가지의 차이 점이 무엇인지 알기 어려울 수도 있다.

계산 프로퍼티는 해당 프로퍼티가 의존하는 데이터가 수정되지 않는 한 앞서 계산한 결과를 캐시해두는 특징이 있다. 다시 말해, 예제에서 살펴본 totalPrice는 한 번 계산이 끝나면 구매 개수가 변하기 전까지는 다시 계산되지 않는다.

Vue 인스턴스에서 계산 프로퍼티와 비슷한 기능을 하는 메서드가 있다. 다음과 같이 합계 금액을 계산하는 메서드를 정의하고 템플릿에서 이를 호출하는 방법({{ totalPrice() }})으로 같은 기능을 구현할 수 있다. 그러나 메서드는 계산 결과가 캐시되지 않으므로 메서드가 호출될 때마다 값을 다시 계산한다. 이런 특징 때문에 계산한 결과를 재사용할 수 있는 계산 프로퍼티를 사용하는 것이 좋다.

```
new Vue({
  // ...
  methods: {
    totalPrice: function() {
      return this.items.reduce(function(sum, item) {
        return sum + (item.price * item.quantity)
```

```
    }, 0)
  },
  totalPriceWithTax: function() {
    // 다른 계산 프로퍼티에 의존하는 계산 프로퍼티도 정의 가능함
    return Math.floor(this.totalPrice * 1.10)
  },
 }
})
```

계산 프로퍼티는 꼭 필요한 경우에만 다시 값을 계산하는 효율적인 기능이지만, **계산 값의 캐싱이 의존 데이터의 변화를 기준으로 한다.** 그러므로 Vue 인스턴스의 데이터가 아닌 현재 시각이나 DOM의 상태 등 외부에서 받은 정보, 사이드 이펙트가 따르는 값을 사용한 경우에는 이들 값이 변화한 것을 탐지할 수 없기 때문에 재계산이 일어나지 않는다. 이 점에 반드시 주의하기 바란다. 다음 예제를 통해 좀 더 자세히 설명하겠다.

```
<script src="https://unpkg.com/vue@2.5.17"></script>
<div id="app">
  <p>{{ message }}</p>
</div>
```

```
var vm = new Vue({
  el: '#app',
  data: {
    messagePrefix: 'Hello'
  },
  computed: {
    message: function() {
      var timestamp = Date.now()
      return this.messagePrefix + ', ' + timestamp
    }
  }
})
window.vm = vm
```

이 계산 프로퍼티는 인사 메시지와 타임스탬프값을 출력한다. 크롬 개발자 도구 콘솔에서 프로퍼티 값을 참조해 보겠다. 한 번 값을 참조한 다음, 몇 초 기다렸다가 다시 값을 참조해 보면 타임스탬프값이 조금 전과 같다. 이 예제는 messagePrefix 값이 변경되기 전까지는 캐시된 값을 그대로 반환할 것이다.

```
vm.message // Hello, 1522545486691 (타임스탬프값은 실행 시점의 값)
// 몇 초 후 실행
vm.message // Hello, 1522545486691
```

확인을 위해 크롬 개발자 도구 콘솔에서 `messagePrefix` 값을 수정하고 계산 프로퍼티 값을 참조해 보겠다. 그러면 이번에는 타임스탬프값이 바뀐 것을 알 수 있다. 계산 프로퍼티의 내부 동작이 어떻게 구현됐는지 자세히 알고 싶다면 앞 장을 참고하기 바란다.

```
vm.messagePrefix = 'Hi'
vm.message // Hi, 1522545489695
```

이 이벤트 객체를 이용해 `preventDefault`나 `stopPropagation` 같은 이벤트의 동작을 제어하는 메서드를 호출할 수도 있다.

예를 들어 링크를 클릭했을 때 일반적인 상황에서는 해당 링크가 걸린 URL로 이동하지만, `preventDefault`를 호출하면 페이지 이동을 방지할 수 있다. 그리고 `stopPropagation`은 이벤트가 조상 요소에 전파되는 것을 막는 메서드다. 이들 메서드는 자주 사용되므로 디렉티브 수정자 기능으로 템플릿에 지정해 둘 수도 있다.

```
<button v-bind:disabled="!canBuy" v-on:click.prevent="doBuy">구매</button>
```

2.11.2 예제에 메서드 호출 적용하기

메서드가 어떤 것인지 이제 대충 감을 잡았을 것이다. 이번에는 메서드를 사용해 버튼을 클릭하면 알림 창이 출력되도록 예제 애플리케이션을 확장해 보겠다[35].

```
<!DOCTYPE html>
<title>Vue.Stationery store</title>
<script src="https://unpkg.com/vue@2.5.17"></script>
<div id="app">
  <ul>
```

---

[35] 실무에서 이런 폼을 만들 때는 버튼을 클릭하면 폼의 내용이 전송되거나 Ajax(XMLHttpRequest)를 통해 서버로 통신이 이뤄진다. 여기서는 서버가 구현되지 않았으므로 구매가 완료된 것으로 간주하고 구매 금액을 알림으로 출력한 다음 구매 개수를 모두 0으로 재설정한다.

```
  <li v-for="item in items" v-bind:key="item.name">
    {{ item.name }}의 개수: <input type="number" v-model="item.quantity" min="0">
  </li>
</ul>
<hr>
<div v-bind:style="errorMessageStyle">
  <ul>
    <li v-for="item in items" v-bind:key="item.name">
      {{ item.name }}: {{ item.price }} x {{ item.quantity }} = {{ item.price * item.quantity |
numberWithDelimiter }}원
    </li>
  </ul>
  <p>{{ items[0].name }}: {{ items[0].price }} x {{ items[0].quantity }}</p>
  <p>소계: {{ totalPrice | numberWithDelimiter }}원</p>
  <p>합계(세포함): {{ totalPriceWithTax | numberWithDelimiter }}원</p>
  <p v-show="!canBuy">
    {{ 1000 | numberWithDelimiter }}원 이상부터 구매 가능
  </p>
  <!-- 버튼을 클릭하면 메서드가 호출됨 -->
  <button v-bind:disabled="!canBuy" v-on:click="doBuy">구매</button>
</div>
</div>
```

```
var items = [{
  name: '연필',
  price: 300,
  quantity: 0
},
{
  name: '공책',
  price: 400,
  quantity: 0
},
{
  name: '지우개',
  price: 500,
  quantity: 0
}
```

```
]
var vm = new Vue({
  el: '#app',
  data: {
    items: items
  },
  filters: {
    numberWithDelimiter: function(value) {
      if (!value) {
        return '0'
      }
      return value.toString().replace(/(\d)(?=(\d{3})+$)/g, '$1,')
    }
  },
  methods: {
    doBuy: function() {
      // 실제라면 서버와 통신하는 시점
      alert(this.totalPriceWithTax + '원 판매됨!')
      this.items.forEach(function(item) {
        item.quantity = 0
      })
    }
  },
  computed: {
    totalPrice: function() {
      return this.items.reduce(function(sum, item) {
        return sum + (item.price * item.quantity)
      }, 0)
    },
    totalPriceWithTax: function() {
      return Math.floor(this.totalPrice * 1.10)
    },
    canBuy: function() {
      return this.totalPrice >= 1000
    },
    errorMessageStyle: function() {
      // canBuy가 거짓이면 붉게 표시
      return {
        border: this.canBuy ? '' : '1px solid red',
```

```
        color: this.canBuy ? '' : 'red'
      }
    }
  }
})
window.vm = vm
```

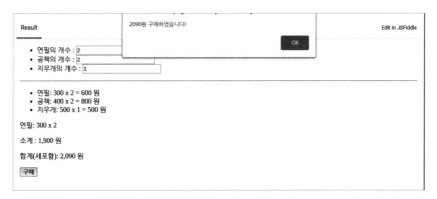

구매 전 화면

메서드를 호출해 알림이 출력된 화면

이것으로 기본 기능을 배우기 위한 예제인 문구 구입 폼을 완성했다. 완성된 코드는 JSFiddle URL(https://jsfiddle.net/flourscent/4ehmfo3w/)에서 볼 수 있다. 직접 실행해 보거나 로직을 원하는 대로 수정해 보며 Vue.js를 더 깊게 이해해 보기 바란다.

이번 장은 Vue.js 템플릿 문법을 중심으로 메서드, 디렉티브, 필터, 계산 프로퍼티 등 기본 기능을 알아봤다. 여기서 다룬 모든 기능은 중요도가 높으므로 이번 장의 내용과 공식 가이드를 참고해 익숙하게 사용할 수 있도록 하기 바란다.

라이브러리를 사용하지 않은 구현이나 jQuery에 익숙한 사람에게는 조금 지나쳐 보일 수 있겠지만, 이 예제처럼 비교적 규모가 작은 애플리케이션에서도 Vue.js를 적용하지 않으면 코드가 어지러워지기 쉽다.

이어지는 장을 통해 Vue.js를 사용하면 코드를 정리하는 효과가 있다는 것을 체감하게 될 것이다.

컴포넌트의
기초

이번 장은 Vue.js 컴포넌트의 기초부터 시작해 실무까지 다룬다. 컴포넌트 개념은 Vue.js의 가장 중요한 개념의 하나다. 컴포넌트의 정의, 기본 사용 방법, UI 설계 등을 배우게 될 것이다.

3.1 컴포넌트란 무엇인가?

Vue.js의 컴포넌트 시스템을 배우기 전에 웹 개발 분야의 (UI) 컴포넌트[1]가 무엇인지 먼저 알아보겠다. 웹 프런트 엔드 개발에서는 UI 컴포넌트를 얼마나 효율적으로 개발할 수 있는지가 중요하다.

Vue.js는 이런 UI 컴포넌트를 잘 다룰 수 있는 메커니즘인 컴포넌트 시스템을 제공한다.

그럼 웹 프런트 엔드 개발에서 컴포넌트 시스템이 왜 중요한지와 UI를 컴포넌트로 구성했을 때 어떤 장점이 있는지 알아보자.

3.1.1 모든 것은 UI 컴포넌트로

웹 애플리케이션의 UI는 이를 구성하는 여러 부품의 조합으로 볼 수 있다.

예를 들어 구글의 최상위 페이지는 Gmail이나 로그인 링크 등을 모아놓은 헤더, 검색창, 면책 조항 링크 등을 모아놓은 푸터, 이렇게 3개 요소로 구성된다. 헤더를 더 세세하게 나눠보면 Gmail 링크와 로그인 버튼으로 나눈다. 이러한 부품을 UI 컴포넌트라고 한다.

---

[1] 웹 프런트 엔드 개발에서 컴포넌트라고 하면 UI의 부품을 모듈화한 것을 종합적으로 가리키는 경우가 많다. 이번 장에서는 컴포넌트라는 용어를 특별한 언급이 없는 한 Vue.js의 컴포넌트라는 의미로 사용한다. 또한 UI의 부품을 모듈화한 일반적인 컴포넌트를 가리킬 때는 UI 컴포넌트라는 용어를 사용할 것이다. 개발 실무에서는 미리 컴포넌트라는 용어가 가리키는 대상이 무엇인지 정확히 합의하는 것이 좋다. 잘 구분되지 않는다면 Vue 컴포넌트라고 바로 명시하는 것도 좋은 방법이다.

구글의 최상위 페이지

웹 사이트의 규모와 상관없이 이러한 컴포넌트가 트리 구조를 이룬 컴포넌트 트리 형태로 구성된다.

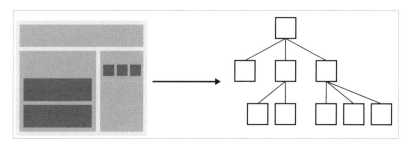

컴포넌트 트리의 이미지. 공식 가이드를 참고해 작성함.

웹 사이트를 관찰해 보면 UI 컴포넌트의 트리 형태로 모여 전체를 이룬다는 점 외에 한 가지 더 알 수 있는 것이 있다. 한 페이지 안에서 기능이나 외관이 비슷한 부분, 서로 다른 페이지끼리도 재사용할 수 있는 부분 등 같은 UI 컴포넌트가 반복적으로 사용된다는 점이다[2] [3]. 많은 UI 컴포넌트가 문구나 링크 대상 등 약간만 차이를 주면 다시 사용할 수 있는 것들이다. 이렇게 재사용이 가능하다는 점이 UI 컴포넌트의 가장 중요한 측면이다.

이렇게 재사용할 수 있는 UI 컴포넌트를 어떻게 구현할까? 직접 같은 HTML 요소나 스타일, 세세한 상태나 동작을 일일이 반복해서 정의(붙여넣기)하는 것은 번잡스럽다. 실수하기도 쉬우며 나중에 수정이 필요할 때 여러 곳을 고치기도 힘들다.

---

[2] 구글의 최상위 페이지를 예로 들면, 전자는 Gmail 링크와 이미지 링크, 후자는 로그인 버튼 등이 해당한다.
[3] 독자 여러분 역시 웹 사이트에서 외관이나 기능이 비슷한 요소를 구현해 본 적이 있을 것이다.

이러한 배경을 생각해 보면 웹 프런트 엔드 개발에 UI 컴포넌트를 유연하고 재사용 가능한 형태로 정의할 수 있는 라이브러리나 프레임워크가 얼마나 도움이 되는지 알 수 있다.

3.1.2 컴포넌트의 장점과 주의할 점

UI 개발 외에도 시스템 개발을 컴포넌트 단위로 수행하는 데는 다음과 같은 장점이 있다. 이러한 이점은 프로그램을 구조화하는 이점과도 상통한다.

- 재사용성이 향상되므로 개발 효율성이 좋아진다.
- 이미 사용하는 컴포넌트를 재사용하므로 품질이 보장된다.
- 적절히 분할한 컴포넌트가 느슨하게 결합하므로 유지 보수성이 향상된다.
- 캡슐화를 통해 개발 작업에서 신경 써야 할 부분을 최소한으로 제한할 수 있다.

UI를 부품 단위로 나눠 구축한다고 하면 왠지 번거롭지 않을까 싶은 사람도 있을 것이다. 그러나 실제로 이 방법을 사용해 보면 두고두고 다시 쓸 수 있는 리소스를 만들 수 있으며 업무에서 이미 만들어 둔 부품을 재활용할 수 있으므로 큰 수고를 덜 수 있다.

또한 사이드 이펙트의 범위를 적절히 제한한 컴포넌트는 수정에도 큰 영향을 받지 않는다. 어느 곳을 수정했을 때 어디까지 영향이 미칠 수 있는지 알 수 없는 상황을 미리 막을 수 있다.

그러나 컴포넌트의 장점이 아무 노력 없이 누릴 수 있는 것은 아니다. 이러한 장점을 누리려면 세심한 설계가 필요하다.

UI를 컴포넌트로 구성하는 가장 큰 장점은 컴포넌트를 재사용할 수 있다는 점에 있다. 재사용을 염두에 두고 컴포넌트를 설계하면 애플리케이션 개발이 쉬워지고 유지 보수성도 좋아진다. 물론 해당 컴포넌트가 한곳에서밖에 사용할 수 없는 것이라면 컴포넌트의 설계가 미치는 영향도 그만큼 적을 것이다.

3.1.3 Vue.js의 컴포넌트 시스템

이제 Vue.js의 컴포넌트 시스템에 대해 알아보자.

Vue.js는 크기가 작고 자기 완결적이며 (대부분의 경우) 재사용 가능한 컴포넌트를 조합하는 방법으로 애플리케이션을 설계하는 사상을 따른다[4]. 컴포넌트 지향에 방점을 찍은 UI 라이브러리라고 할 수 있다[5]. 사용하기 쉽고 세련된 컴포넌트 시스템을 갖추고 있다.

Vue.js의 컴포넌트란 재사용 가능한 Vue 인스턴스를 의미한다.

이런 설명만으로는 그리 와닿지 않을 것이다. 실제 예를 들어보자. 다음 코드는 Vue.js 컴포넌트다. Vue. component()의 첫 번째 인자가 컴포넌트명이고, 두 번째 인자는 컴포넌트의 내용 등을 담은 옵션이다. 매우 단순한 코드지만, 이 코드는 완전한 Vue.js 컴포넌트다. Vue 인스턴스 생성과 문법도 매우 비슷하다.

```
Vue.component('list-item',{
template: '<li>foo</li>'
})
```

이 컴포넌트를 사용한 예가 다음 코드다[6]. 루트 Vue 인스턴스 안[7]에는 컴포넌트명과 같은 HTML 태그 형태로 작성하는 것만으로도 해당 위치에 컴포넌트의 내용을 삽입할 수 있다. 이런 태그를 커스텀 태그 라고 한다.

```
<script src="https://unpkg.com/vue@2.5.17"></script>

<ul id="example">
  <list-item></list-item>
</ul>

<script>
// 컴포넌트
Vue.component('list-item',{
  template: '<li>foo</li>'
```

---

4 https://vuejs.org/v2/guide/index.html#Composing-with-Components

5 React나 Angular 등의 라이브러리/프레임워크도 Vue.js와 비슷한 컴포넌트 시스템을 갖고 있다. 컴포넌트라는 용어 자체가 각각 의미하는 바가 다르기 때문에 혼동하지 않도록 주의해야 한다.

6 JSFiddle URL은 다음과 같다. https://jsfiddle.net/flourscent/vbe0p5jt/

7 여기서는 ul 요소 아래에 해당.

```
})

// 최상위 Vue 인스턴스 생성
new Vue({ el: '#example' })
</script>
```

• foo

렌더링 결과

정의된 내용에 관한 상세 사항은 나중에 설명하겠다. 여기서는 Vue.js로 컴포넌트를 쉽게 정의하고 사용할 수 있다는 것만 알면 된다.

Vue.js 컴포넌트는 HTML 요소 및 스타일, 상태, 동작 등을 모두 합쳐 컴포넌트로 정의할 수 있다. 다시 말해, 낱낱의 컴포넌트 단위로 UI를 개발할 수 있다. UI 컴포넌트를 조합하는 방법으로 UI를 구축한다.

Vue.js 컴포넌트는 하나의 커스텀 태그로 나타낼 수 있다. 복잡한 HTML 문자열보다 간결하다는 점도 컴포넌트의 장점이다.

Vue.js는 이렇게 사용하기 쉬운 컴포넌트 시스템을 통해 개발 효율을 높여준다.

Vue 컴포넌트는 재사용할 수 있는 Vue 인스턴스

Vue 컴포넌트는 재사용할 수 있는 Vue 인스턴스다. 그러므로 Vue 컴포넌트 안에서 템플릿 문법을 사용할 수 있다.

```
<script src="https://unpkg.com/vue@2.5.17"></script>

<ul id="example">
  <list-item></list-item>
</ul>

<script>
// 컴포넌트
Vue.component('list-item',{
  template: '<li>foo {{ contents }} </li>',
```

```
  data: function () {
    return {contents: 'bar'}
  }
})

// 최상위 Vue 인스턴스 생성
new Vue({ el: '#example' })
```

Vue.js 컴포넌트와 웹 컴포넌트

UI 컴포넌트라고 하면 jQuery UI나 Bootstrap 같은 것을 먼저 떠올리는 사람도 있을 것이다.

그 외에도 다양한 라이브러리가 UI를 부품처럼 만드는 기능을 제공한다. 이러한 컴포넌트 기능은 아직 표준화되지 않아 나름의 방법대로 구현한 것이다. 따라서 이 컴포넌트를 사용하려면 라이브러리마다 다른 독특한 규칙을 익혀야 한다. 간혹 컴포넌트 기능을 완전히 갖추지 못한 라이브러리도 있다. 컴포넌트의 캡슐화가 불완전하거나 컴포넌트를 만들기 위해 추가한 문법으로 인해 HTML이나 자바스크립트 코드가 복잡해지는 문제가 있다.

UI 컴포넌트에 대한 끈질긴 수요가 있었지만, 이에 걸맞은 표준이 정립되지 않은 것이 문제였다. 그래서 웹 컴포넌트라는 새로운 규격이 나왔다. 웹 컴포넌트는 개발자가 새로운 HTML 요소를 정의하고 이를 재사용할 수 있는 기능을 제공하는 일련의 API이다. 웹 컴포넌트는 단일 API가 아니라 아직 규격 제정이 진행 중인 웹 플랫폼 API의 집합이다. 웹 컴포넌트는 다음과 같은 4가지 규격에 기반을 두고 있다[8]. 이 규격이 정식으로 구현되면 쉽게 컴포넌트를 만들고 사용할 수 있을 것이다.

- Custom Elements
- Shadow DOM
- HTML Template
- HTML imports

Vue.js의 컴포넌트 문법은 여기서 언급한 Custom Elements 규격을 바탕으로 한다. 그렇기 때문에 쉬우면서도 나중에 표준으로 정립될 문법을 사용해 컴포넌트를 작성할 수 있다.

아쉽게도 웹 컴포넌트는 아직 모든 브라우저에서 구현되지는 않는다. 이러한 사정 때문에 Vue.js 컴포넌트 시스템은 대체로 웹 컴포넌트의 규격에 따라 설계됐지만, 독자적인 컴포넌트 시스템을 갖추고 있다[9]. 규격 자체가 미확립 상태이고 구현 브라우저도 없는 상황을 딛고 웹 컴포넌트의 이상을 구현한 것이 Vue.js라고 할 수 있다.

---

8 https://www.webcomponents.org/introduction
9 Vue.js는 이 컴포넌트를 직접 처리하기 때문에 브라우저의 Custom Elements 구현 여부와 상관없이 Vue.js가 지원하는 브라우저라면 어떤 브라우저에서도 동작한다.

3.2 Vue 컴포넌트 정의하기

컴포넌트의 중요성과 함께 간단한 컴포넌트를 만드는 방법은 이미 배웠다. 이번에는 컴포넌트를 정의할 때 사용하는 기본 문법을 설명한다.

Vue 컴포넌트는 용도에 따라 전역 컴포넌트와 지역 컴포넌트로 정의한다. 정의하는 방법 역시 Vue.component()를 사용하는 커스텀 태그 방식과 Vue.extend()를 사용하는 하위 생성자 방식으로 나뉜다.

3.2.1 전역 컴포넌트 정의하기

Vue.js 컴포넌트를 정의해 보자. 먼저 전역 컴포넌트를 커스텀 태그 방식으로 정의해 볼 것이다. 이는 컴포넌트를 정의하는 방법 중 가장 일반적인 방법이다.

컴포넌트를 정의하기 위해 다음과 같이 Vue.component() API를 사용한다.

```
Vue.component(tagName, options)
```

첫 번째 인자 tagName은 여기서 만들 컴포넌트의 이름을 값(문자열)으로 받는다. 이 문자열이 커스텀 태그의 태그명이 된다. 두 번째 인자 options는 컴포넌트 자체에 대한 여러 가지 설정 정보를 담은 객체를 값으로 받는다. 이 객체의 내용은 기본적으로 Vue 인스턴스의 설정 옵션도 사용할 수 있다[10]. 2장에서 다뤘던 Vue 인스턴스의 옵션[11], template, props, 생애주기 훅 등이 포함된다. 다음 표에 그중 대표적인 것을 정리했다.

옵션 이름	용도
data	UI 상태 및 데이터
filters	데이터를 문자열로 포매팅
methods	이벤트가 발생했을 때의 동작
computed	데이터에서 파생된 값
template	컴포넌트 템플릿
props	부모 컴포넌트로부터 받은 데이터
created 외	생애주기 훅(생성 시점)

---

[10] Vue 컴포넌트는 재사용할 수 있는 Vue 인스턴스다.
[11] el은 최상위 Vue 인스턴스만이 추가할 수 있다. 컴포넌트가 여러 곳에서 재사용하기 위해 만든 것임을 생각하면 el을 지정할 수 없는 이유는 자연스럽게 이해할 수 있을 것이다.

이 중 컴포넌트를 정의할 때 사용하는 것이 template과 props다. template은 컴포넌트에서 사용할 템플릿을 정의하는 옵션이다. props는 상위 컴포넌트에서 커스텀 태그를 사용할 때 하위 컴포넌트가 전달받는 값을 저장할 변수를 정의하는 옵션이다. 이 옵션에 대한 자세한 내용을 이번 장에서 예제와 함께 보게 될 것이다.

컴포넌트 구현의 간단한 예제

실제 예를 보며 설명하겠다. 먼저 〈h1〉과일 목록〈/h1〉이라는 문자열 요소를 갖는 매우 간단한 컴포넌트를 정의해 보겠다. 다음과 같은 Vue 인스턴스가 있다고 하자.

```
new Vue({
  el: '#fruits-list'
})
```

그리고 HTML에는 다음과 같은 요소가 있다고 하자.

```
<div id="fruits-list"></div>
```

이때 fruits-list-title이라는 요소명으로 〈h1〉과일 목록〈/h1〉과 같은 HTML 요소를 갖는 컴포넌트를 정의하려면 다음과 같이 하면 된다. 마운트하기 전에 컴포넌트를 먼저 정의해야 한다.

```
Vue.component('fruits-list-title', {
  template: '<h1>과일 목록</h1>'
})
```

등록한 컴포넌트를 다른 컴포넌트에서 사용하려면 부모가 될 HTML 요소 안에 앞서 정의한 HTML 요소를 추가하면 된다.

```
<div id="fruits-list">
  <fruits-list-title></fruits-list-title>
</div>
```

위와 같이 구성하면 다음과 같은 HTML이 렌더링된다.

```
<div id="fruits-list">
  <h1>과일 목록</h1>
</div>
```

커스텀 태그를 만드는 방법으로 컴포넌트를 정의했다. 전체 코드는 다음과 같다.

```
<script src="https://unpkg.com/vue@2.5.17"></script>

<div id="fruits-list">
  <fruits-list-title></fruits-list-title>
</div>

<script>
Vue.component('fruits-list-title', {
  template: '<h1>과일 목록</h1>'
})

new Vue({
  el: '#fruits-list'
})
</script>
```

좀 더 복잡한 컴포넌트를 구현하는 예제

이것만으로는 그리 쓸모 있어 보이지 않는다. 복잡한 컴포넌트도 직접 HTML을 작성하는 것보다 간결하게 만들 수 있다. 예를 들어 다음과 같은 HTML 파일이 있다고 하자.

```
<div id="fruits-list">
  <h1>과일 목록</h1>
  <p>각 계절 대표적 과일의 목록</p>
  <table>
    <tr>
      <!-- 예제이므로 tbody, thead는 생략함 -->
      <th>계절</th>
      <th>과일</th>
    </tr>
    <tr>
```

```
            <td>봄</td>
            <td>딸기</td>
        </tr>
        <tr>
            <td>여름</td>
            <td>수박</td>
        </tr>
        <tr>
            <td>가을</td>
            <td>포도</td>
        </tr>
        <tr>
            <td>겨울</td>
            <td>귤</td>
        </tr>
    </table>
</div>
```

HTML이 의미하는 바는 알겠으나, 너무 길이가 길어서 한눈에 들어오지 않는다. 이 HTML을 다음과 같이 3개의 컴포넌트로 나눠 보겠다.

- `fruit-list-title`: 과일 목록 페이지 제목

- `fruit-list-description`: 과일 목록 페이지 설명

- `fruit-list-table`: 과일 목록 페이지의 과일 목록

각각의 컴포넌트를 커스텀 태그로 나타낼 수 있다. 전체 문서에 해당하는 HTML은 다음에서 보듯이 커스텀 태그로 컴포넌트를 작성해 간결해졌다.

```
<div id="fruits-list">
    <fruits-list-title></fruits-list-title>
    <fruits-list-description></fruits-list-description>
    <fruits-list-table></fruits-list-table>
</div>
```

자바스크립트로 작성한 컴포넌트 역시 컴포넌트마다 각각의 역할이 드러나기 때문에 전체 내용을 알아보기 쉬워졌다[12].

```
Vue.component('fruits-list-title', {
  template: '<h1>과일 목록</h1>'
})

Vue.component('fruits-list-description', {
  template: '<p>각 계절 대표적 과일의 목록</p>'
})

Vue.component('fruits-list-table', {
  template: `
  <table>
    <tr>
      <th>계절</th>
      <th>과일</th>
    </tr>
    <tr>
      <td>봄</td>
      <td>딸기</td>
    </tr>
    <tr>
      <td>여름</td>
      <td>수박</td>
    </tr>
    <tr>
      <td>가을</td>
      <td>포도</td>
    </tr>
    <tr>
      <td>겨울</td>
      <td>귤</td>
    </tr>
  </table>
```

---

12 여기서는 백쿼트로 문자열을 감쌌다. 이 문법은 ES2015부터 도입된 템플릿 리터럴이라는 문법이다. 개행문자를 포함하는 문자열을 나타내기에 유리해서 사용했다. 구글 크롬과 모질라 파이어폭스 등 현대적인 브라우저는 이미 이 문법을 지원한다.

```
`
})
//...Vue 마운트
```

컴포넌트 재사용하기

일반적인 Vue 인스턴스는 한 번밖에 사용할 수 없지만, 컴포넌트는 여러 번 사용할 수 있다. 예를 들면 다음과 같이 작성할 수 있다. 과일 목록이라는 h1 요소가 3번 나타난다.

```
Vue.component('fruits-list-title', {
  template: '<h1>과일 목록</h1>'
})

<div id="fruits-list">
  <fruits-list-title></fruits-list-title>
  <fruits-list-title></fruits-list-title>
  <fruits-list-title></fruits-list-title>
</div>
```

자식 컴포넌트와 부모 컴포넌트

컴포넌트 간에 부모자식 관계를 가질 수 있다[13].

컴포넌트를 사용하는 쪽이 부모이며, 사용되는 컴포넌트가 자식이다. 직접 포함하지 않는 손자 컴포넌트도 자식 컴포넌트라고 한다.

앞서 본 예제에서는 Vue 인스턴스가 부모, 사용한 컴포넌트가 자식에 해당한다. 엄밀히 말하면 Vue 인스턴스 자체는 아니지만, 각각 부모 혹은 자식 컴포넌트라고 부르는 경우도 있다.

부모 자식 관계를 갖는 컴포넌트의 예제를 보자. 다음 예제는 컴포넌트 정의 안에서 다른 컴포넌트의 정의를 사용한 것이다.

```
<script src="https://unpkg.com/vue@2.5.17"></script>
<main id="main">
```

---

13 최종 결과로 렌더링될 DOM 요소 간의 부모자식 관계와 같다고 보면 된다.

```
  <fruits-list></fruits-list>
</main>

<script>
Vue.component('fruits-list-title', {
  template: '<h1>과일 목록</h1>'
})

Vue.component('fruits-list', {
  template: '<div><fruits-list-title></fruits-list-title></div>'
})

new Vue({el: '#main'})
</script>
```

3.2.2 생성자를 사용해서 컴포넌트 정의하기

전역 API Vue.extend()를 사용해서 Vue 생성자를 상속받는 하위 생성자를 만들 수 있다. 이 하위 생성자를 사용하는 방법으로도 컴포넌트를 만들 수 있다.

Vue.extend()를 사용해서 컴포넌트를 정의해 보겠다. 정의한 컴포넌트를 특정 요소에 바로 마운트하기 위해 $mount 함수를 사용한다.

```
var FruitsListTitle = Vue.extend({
  template: '<h1>과일 목록</h1>',
})

new FruitsListTitle().$mount('#fruits-list')
```

커스텀 요소가 사용된 것은 아니지만, 조금 전 본 Vue.component()와 거의 같은 방법으로 사용할 수 있을 것 같다.

조금 전에는 Vue.component()의 두 번째 인자로 옵션 객체를 바로 전달했다. 이 방법 대신 지금 만든 하위 생성자를 전달해 컴포넌트를 등록하는 방법도 있다[14]. 다음과 같은 방법으로 커스텀 요소를 사용할 수 있다.

14 　사실 Vue.component()의 두 번째 인자로 옵션 객체를 전달하는 방법도 묵시적으로 Vue.extend()를 호출한다.

```
Vue.component('fruits-list-title', FruitsListTitle)
```

지금까지 봤듯이 Vue.js는 요소를 정의해 그것을 다른 요소에 삽입하는 템플릿 기반 방법과 인스턴스를
만들어 원하는 위치에 마운트하는 생성자 기반 방법의 두 가지 방법을 제공한다. 기본적으로는 커스텀
태그를 먼저 정의한 다음, HTML에서 커스텀 태그를 사용할 수 있도록 Vue.component()를 사용해 정의하
는 방법을 추천한다. 좀 더 프로그램적으로 컴포넌트의 마운트를 제어하고 싶다면 하위 생성자와 $mount
를 사용하면 된다.

3.2.3 지역 컴포넌트 정의하기

지금까지는 전역 Vue.js 인스턴스에 컴포넌트를 정의했다. 전역적으로 사용 가능한 대상을 등록하는 일
은 간혹 오류를 일으키거나 코드가 복잡해지는 원인이 된다. 빌드 단계에서 코드를 최적화할 때도 전역
컴포넌트는 삭제할 수 없기 때문에 문제가 된다.

어떤 컴포넌트 안에서만 사용할 수 있는 지역 컴포넌트를 설명하겠다.

컴포넌트를 어떤 특정한 Vue 인스턴스 안에서만 사용할 수 있도록 등록할 수 있다[15]. 부모 Vue 인스턴스
혹은 컴포넌트 옵션에 components 객체를 정의하고 여기에 컴포넌트를 등록하면 된다. 그러면 해당 컴포
넌트 안에서만 사용할 수 있는 지역 컴포넌트가 된다.

다음 예를 보자. 전역적으로 정의했을 때와 마찬가지로 Vue 인스턴스를 부모로 갖는 fruits-list-title
컴포넌트가 렌더링된다.

사용 범위가 제한되기 때문에 다른 곳에서는 이 커스텀 태그(fruits-list-title)를 사용할 수 없다.

```
<script src="https://unpkg.com/vue@2.5.17"></script>
<div id="fruits-list">
  <fruits-list-title></fruits-list-title>
</div>

<script>
  new Vue({
    el: "#fruits-list",
```

15　Vue 컴포넌트는 인스턴스와 동등하므로 컴포넌트 안으로 사용 범위를 제한할 수도 있다.

```
    components: {
      'fruits-list-title': {
        template: '<h1>과일 목록</h1>'
      }
    }
  })
</script>
```

직접 부모 관계를 갖는 자식 컴포넌트가 아니어도 지역 컴포넌트를 사용할 수 있다. 예를 들면 다음과 같이 사용이 가능하다.

```
<div id="fruits-list">
  <div>
    <fruits-list-title></fruits-list-title>
  </div>
</div>
```

지역 컴포넌트를 정의할 때 하위 생성자를 이용한 템플릿도 지정할 수 있다.

```
var FruitsListTitle = Vue.extend({/* 생략 */})

new Vue({
  // ...
  components: {
    'fruits-list-title': FruitsListTitle
  }
})
```

3.2.4 템플릿을 만드는 그 외의 방법

지금까지 살펴본 방법으로는 template 속성의 값 형태로 HTML 태그를 직접 문자열로 작성했다. 그러나 이 외에도 템플릿을 정의할 수 있는 다양한 방법이 있다.

그중에서도 다음 5가지가 주로 사용된다.

- text/x-template
- render 함수

- 단일 파일 컴포넌트

- 인라인 템플릿

- JSX

여기서는 text/x-template과 render 함수를 설명한다. 단일 파일 컴포넌트는 6장에서, JSX는 5장의 칼럼에서 다룬다.

text/x-template

HTML 파일에 type이 text/x-template인 script 요소를 작성한 다음, 이 요소 안에 템플릿을 구성하는 HTML 요소를 작성하는 방법이다. 이 script 요소에는 id 값을 부여한다. 지금까지 사용했던 template과 달리, HTML 쪽으로 템플릿을 분할할 수 있기 때문에 제법 복잡한 템플릿을 작성할 때 이해하기 쉽다.

```html
<script type="text/x-template" id="fruits-list-title">
  <h1>과일 목록</h1>
</script>
```

위에서 정의한 id를 문자열로 template 속성에 지정한다.

```javascript
Vue.component('fruits-list-title', {
  template: '#fruits-list-title'
})
```

text/x-template은 브라우저에서 인식하지 못하는 MIME 타입이기 때문에 브라우저에서 무시된다. Vue.js만 이 스크립트를 처리할 수 있다[16].

render 함수

템플릿의 약점 중 한 가지로 꼽히는 것이 프로그램적으로 작성하기 어렵다는 점이다. v-if나 v-for를 조합하면 분기와 반복을 사용할 수 있기는 하지만, 섣불리 사용하면 코드가 복잡해지기 쉽다.

Vue.js는 컴포넌트에서 코드를 사용할 수 있도록 render 옵션을 제공한다. 정확히 말하면 template과는 별개의 옵션이다. 그러나 기억해두면 템플릿을 만들 때 유용할 것이다.

---

16 템플릿 엔진 등은 이런 기능을 많이 활용한다. 다른 곳에서 본 적이 있을 것이다. 여담이지만, 이 외에도 표준이 아닌 MIME 타입은 접두사 x-를 붙인다. https://tools.ietf.org/html/rfc2045#section-6.3

다음 예는 〈input type=date〉의 value에 오늘 날짜를 설정하는 예제다[17] [18].

```html
<script src="https://unpkg.com/vue@2.5.17"></script>

<div id="app">
  <input-date-with-today></input-date-with-today>
</div>

<script>
Vue.component('input-date-with-today', {
  render: function (createElement) {
    return createElement(
      'input',
      {
        attrs: {
          type: 'date',
          value: new Date().toISOString().substring(0,10)
        }
      }
    )
  }
})

new Vue({el: '#app'})
</script>
```

컴포넌트의 명명 규칙

컴포넌트를 등록할 때 사용하는 명명 규칙을 잠깐 살펴보겠다. 컴포넌트의 이름을 지을 때는 케밥 케이스와 파스칼 케이스라는 2가지 명명 규칙을 사용한다. 지금까지 본 예제는 일률적으로 케밥 케이스를 사용했다.

---

17 지금까지 사용했던 createElement는 document.createElement와는 별개다. 유연하게 요소를 추가할 수 있다. https://kr.vuejs.org/v2/guide/render-function.html#createElement-%EC%A0%84%EB%8B%AC%EC%9D%B8%EC%9E%90

18 이 예제에서는 편의상 간단하게 생략한 것이기 때문에 실제로는 template 속성을 사용해도 큰 문제는 없다. 그리고 JSX를 사용하면 더 깔끔한 표기법을 사용할 수 있다. 5.4절을 참고하기 바란다.

```
// 케밥 케이스
components: {
'kebab-fruits-list': {/* ... */}
}

// 파스칼 케이스
components: {
'PascalFruitsList': {/* ... */}
}
```

케밥 케이스를 적용해 명명한 컴포넌트는 HTML 템플릿에서 그대로 이름을 사용한다.

```
<kebab-fruits-list></kebab-fruits-list>
```

파스칼 케이스를 적용해 명명한 컴포넌트는 HTML 템플릿에서 케밥 케이스와 파스칼 케이스 양쪽 모두의 이름을 사용할 수 있다.

```
<pascal-fruits-list></pascal-fruits-list>
<PascalFruitsList></PascalFruitsList>
```

두 가지 방법 모두 문제는 없지만, 개인적으로는 케밥 케이스를 사용하기를 추천한다. 웹 컴포넌트의 Custom Element 규격의 드래프트를 보면 하이픈으로 연결한 케밥 케이스를 기준으로 하고 있기 때문이다[19].

Vue.js의 스타일 가이드에서는 여러 개의 단어로 구성된 컴포넌트 이름을 사용하는 것을 추천한다. 앞으로 자신이 정의한 컴포넌트의 이름을 지을 때 이 점을 의식하기 바란다.

3.2.5 컴포넌트 생애주기

각각의 컴포넌트는 저마다의 생애주기를 갖는다. 그리고 Vue 인스턴스와 마찬가지로 생애주기 훅이 있다. 컴포넌트는 각 생애주기 시점마다 이에 해당하는 이벤트를 발생시킨다. 그러므로 Vue 인스턴스처럼 이 이벤트에 맞춰 실행되는 훅 함수를 정의할 수 있다. 2장 및 공식 참조 문서를 참고하기 바란다.

---

19 https://www.w3.org/TR/custom-elements/#valid-custom-element-name

3.2.6 컴포넌트 데이터

Vue 인스턴스처럼 컴포넌트가 갖는 데이터를 옵션 객체의 data 속성에 정의할 수 있다. Vue 컴포넌트의 data 속성은 함수 형태로 정의한다.

Vue 인스턴스의 data 속성은 객체 형태로 정의됐으나, 컴포넌트의 data 속성을 객체 형태로 정의하면 모든 인스턴스가 이 data 객체를 공유하기 때문에 인스턴스끼리 다른 값을 데이터로 가질 수가 없다. 인스턴스 간에 서로 다른 데이터를 가지려면 객체를 반환하는 함수를 정의하고 이 함수를 data 속성의 값으로 지정해야 한다.

```
// data를 return 문으로 반환
Vue.component('simple-counter', {
  template: '<h1>과일 목록</h1>',
  data: function () {
    return {
      fruits: ['사과', '귤']
    }
  }
})
```

Column

data 속성값에 객체를 지정하면?

다음과 같이 컴포넌트의 data 속성에 함수가 아닌 객체를 값으로 지정하면 모든 컴포넌트 인스턴스가 같은 객체를 참조하게 되는데, Vue.js가 이 사실을 경고로 알려준다. 그리고 data 속성 외에 el 속성도 모든 컴포넌트가 같은 대상을 참조하므로 함수 형태로 선언해야 한다.

```
Vue.component('simple-counter', {
  template: '<h1>과일 목록</h1>',
  data: {
    fruits: ['사과', '귤']
  }
})
```

3.3 컴포넌트 간 통신

컴포넌트끼리 데이터를 주고받는 방법을 설명하겠다. Vue.js의 컴포넌트는 각기 독립된 유효범위를 갖는다. 그러므로 기본적으로는 컴포넌트 간에 데이터를 주고받을 수 없다.

그러나 실제로는 컴포넌트끼리 데이터를 주고받지 않고는 구현할 수 없는 내용이 많다. 외부에 존재하는 값에 따라 다른 처리를 해야 하는 경우 등이 그렇다. 컴포넌트의 가장 큰 장점은 재사용이 가능하다는 점이다. 재사용 가능한 컴포넌트가 갖춰야 할 미덕은 기본 기능을 갖추면서도 외부로부터 정보를 받아 외관이나 동작을 바꿀 수 있는 유연성이다.

예를 들어 계절마다 과일 라인업이 바뀌는 상황에서 과일 목록을 리스트식으로 표시하는 컴포넌트가 있다고 하자. 재사용성이나 작업 효율을 고려하면 리스트의 각 항목이 미리 입력된 컴포넌트를 만드는 방법은 좋지 않다. 외부에서 전달받은 정보를 목록으로 표시하는 기능만 가진 컴포넌트를 만들고, 여기에 과일 목록을 전달하는 편이 컴포넌트의 활용도를 높일 수 있는 방법이다.

컴포넌트의 재사용성을 높이려면 이런 목적이 아니라도 컴포넌트 간의 데이터를 주고받을 일이 필요하다. 그렇지만 아무 제한 없이 데이터를 주고받는 것도 설계가 복잡해지는 원인이 된다.

이러한 연유로 Vue.js의 컴포넌트는 부모 컴포넌트에서 자식 컴포넌트에게로만 데이터를 전달할 수 있도록 했다. 예를 들어 전자 상거래 사이트에서 장바구니에 추가 버튼을 클릭했다고 하자. 버튼이 클릭된 사실을 버튼만 알아서는 아무 의미가 없다. 장바구니의 내용을 관리하는 부모 컴포넌트로 클릭을 전달해야 한다. 자식에서 부모 컴포넌트로 정보를 전달하는 것은 이벤트를 통한다.

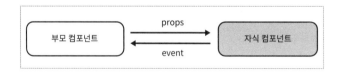

3.3.1 부모 컴포넌트에서 자식 컴포넌트로 데이터 전달하기

부모 컴포넌트에서 자식 컴포넌트로 정보를 전달하려면 props 옵션 객체를 사용한다. props는 컴포넌트 인스턴스를 생성했을 때 객체의 속성으로 사용된다. data 속성 등과 마찬가지로 템플릿에서 콘텐츠를 전개할 수도 있다.

그럼 props 객체의 사용법을 알아보자. 부모 컴포넌트에서 전달할 데이터를 미리 정의한 다음, 템플릿에서 속성 형태로 자식 컴포넌트에 전달한다. 자식 컴포넌트에서는 props 옵션에 {속성명 : 유효성 규칙 등의 옵션}을 미리 정의한다[20]. 이렇게 정의한 유효성 검사 조건을 만족하지 못하면 콘솔에 경고 메시지가 출력된다.

```
Vue.component(컴포넌트명,{
  props: {
    부모로부터 전달받은 속성명:{
      type: String 혹은 Object 타입,
      defalut: 기본값,
      required: 필수 여부,
      validator: 유효성 검사 함수
    }
  }
  // ...template 안에서 부모로부터 전달받은 속성 사용 가능
}
```

props는 부모 컴포넌트로부터 템플릿 속성(v-bind)을 경유해 전달받는다. 예를 통해 확인해 보자. 자식 컴포넌트에서 props를 지정하고 템플릿을 통해 전달하면 부모 컴포넌트의 정보가 자식 컴포넌트로 전달된다. 이 예제에서 부모 컴포넌트에서 전달하는 정보는 myItem이며, 자식 컴포넌트에서 전달받은 정보는 itemName이다.

props에서 속성명을 카멜 케이스로 명명해 itemName이라고 하면 템플릿 쪽에서는 이 속성을 케밥 케이스에 따라 item-name으로 참조한다.

```
<script src="https://unpkg.com/vue@2.5.17"></script>

<div id=app>
  <item-desc v-bind:item-name='myItem'></item-desc>
</div>

<script>
Vue.component('item-desc',{
```

---

20 props를 옵션 없이 변수명만으로도 정의할 수 있다. 그러나 유지 보수성 등의 이유로 유효성 검사 규칙을 추가하는 것이 바람직하다. props로 전달받을 데이터의 타입을 지정하는 type 속성도 많이 쓰인다. 이 외에도, 기본값(default)이나 필수값 여부(required) 등을 지정할 수 있다. 이런 속성을 사용해서 컴포넌트에 적절한 값이 없는 경우를 발견할 수 있다. https://vuejs.org/v2/guide/components-props.html

```
  props: {
    itemName: {
      type: String
    }
  },
  template: '<p>{{ itemName }}은 편리해</p>'
})
new Vue({
  el: '#app',
  data: { myItem: 'pen'}
})
</script>
```

좀 더 복잡한 예를 살펴보자. 과일 이름을 리스트로 표시하는 컴포넌트를 만들어보겠다. props는 v-bind를 통해 전달되므로 여기서는 v-for와 함께 사용해 데이터를 전달한다. 렌더링 결과를 함께 보면서 확인해 보라. JSFiddle URL은 http://jsfiddle.net/flourscent/vqsh81wy/이다.

```
<script src="https://unpkg.com/vue@2.5.17"></script>
<!-- 부모 컴포넌트는 fruits-component에 마운트된 인스턴스 -->
<div id="fruits-component">
  <ol>
    <!-- v-for를 사용해 각 fruit를 props(fruits-item)에 전달 -->
    <fruits-item-name v-for="fruit in fruitsItems" :key="fruit.name" :fruits-item="fruit"></fruits-
item-name>
  </ol>
</div>

<script>
Vue.component('fruits-item-name', {
  props: {
    fruitsItem: { // 템플릿 안에서는 케밥 케이스 사용
      type: Object, // 객체 여부
      required: true // 이 컴포넌트에서 반드시 필요하므로 true
    }
  },
  template: '<li>{{fruitsItem.name}}</li>'
})
```

```
new Vue({
  el: '#fruits-component',
  data: { // 부모 컴포넌트에서는 배열이지만 v-for를 사용해 객체로 만들어 전달
    fruitsItems: [
      {name: '배'},
      {name: '딸기'}
    ]
  }
})
</script>
```

```
<div id="fruits-component">
  <ol>
    <li>배</li>
    <li>딸기</li>
  </ol>
</div>
```

이런 방법으로 외부의 데이터에 따라 유연하게 처리 내용을 바꿀 수 있는 컴포넌트를 만들 수 있다.

3.3.2 자식 컴포넌트에서 부모 컴포넌트로 데이터 전달하기

자식 컴포넌트에서 부모 컴포넌트로 정보를 전달하려면 커스텀 이벤트를 사용한다. Vue 인스턴스에 구현된 이벤트 인터페이스는 다음과 같다.

이벤트는 v-on 디렉티브로도 처리할 수 있다.

용도	인터페이스
이벤트 리스닝	$on(eventName)
이벤트 트리거	$emit(eventName)

이번에도 예제와 함께 설명하겠다. counter-button 컴포넌트가 다음과 같이 정의돼 있다고 하자. 버튼을 누르면 이 컴포넌트가 가진 addToCart() 메서드가 호출되며 이 메서드 실행 중에 increment라는 커스텀 이벤트가 발생한다.

```
// 자식 컴포넌트의 카운터 버튼
var counterButton = Vue.extend({
  template: '<span>{{counter}}개<button v-on:click="addToCart">추가</button></span > ',
  data: function() {
    return {
      counter: 0
    }
  },
  methods: {
    addToCart: function() {
      this.counter += 1
      this.$emit('increment') // increment 커스텀 이벤트 발생
    }
  },
})
```

부모 컴포넌트 쪽에서는 v-on:increment로 increment 이벤트를 기다린다. 그러므로 버튼을 누르면 부모 컴포넌트의 incrementCartStatus() 메서드가 실행될 것이다.

```
// 부모 컴포넌트 (장바구니)
new Vue({
  el: '#fruits-counter',
  components: {
    'counter-button': counterButton
  },
  data: {
    total: 0, // 장바구니에 담긴 총 상품 수
    fruits: [{
        name: '배'
      },
      {
        name: '딸기'
      }
    ]
  },
  methods: {
    incrementCartStatus: function() {
      this.total += 1
```

```
      }
    }
  })
```

```
<div id="fruits-counter">
    <div v-for="fruit in fruits">
        <!-- v-on 디렉티브로 커스텀 이벤트를 탐지 -->
        {{fruit.name}}:
        <counter-button v-on:increment="incrementCartStatus()"></ counter-button>
    </div>
    <p>합계: {{total}}</p>
</div>
```

다음 전체 코드다. JSFiddle URL은 http://jsfiddle.net/flourscent/teo94h6j/다. 자식 컴포넌트에서
이벤트가 발생하면 부모 컴포넌트에서 어떤 일이 일어났는지 파악할 수 있다.

```
<script src="https://unpkg.com/vue@2.5.17"></script>

<div id="fruits-counter">
  <div v-for="fruit in fruits">
    {{fruit.name}}: <counter-button v-on:increment="incrementCartStatus()"></counter-button>
  </div>
  <p>합계: {{total}}</p>
</div>
<script>
var counterButton = Vue.extend({
  template: '<span>{{counter}}개<button v-on:click="addToCart">추가</button></span > ',
  data: function() {
    return {
      counter: 0
    }
  },
  methods: {
    addToCart: function() {
      this.counter += 1
      this.$emit('increment') // increment 커스텀 이벤트 발생
    }
```

```
  },
})
new Vue({
  el: '#fruits-counter',
  components: {
    'counter-button': counterButton
  },
  data: {
    total: 0,
    fruits: [
      { name: '배'},
      { name: '딸기'}
    ]
  },
  methods: {
    incrementCartStatus: function() {
      this.total += 1
    }
  }
})
</script>
```

Column

props와 이벤트 없이 부모 컴포넌트와 자식 컴포넌트 간 통신하기

사실 이벤트와 props 없이도 부모 자식 컴포넌트 간에 통신할 수 있는 방법이 있다. 자식 컴포넌트는 $parent를 참조해 부모 컴포넌트의 데이터에 접근할 수 있으며, 부모 컴포넌트도 $children을 참조해 자식 컴포넌트의 데이터에 접근할 수 있다.

예를 들면 다음 예제에서는 this.$parent.fruits와 같이 부모 컴포넌트의 데이터에 접근할 수 있다. 그러나 공식 참조 문서[21]에서도 언급했듯이 불가피한 경우가 아니면 이 기능을 사용하지 않는 것이 좋다. 부모 자식 컴포넌트 간에 props와 이벤트 없이 데이터를 주고받는 일은 설계상의 혼란을 불러온다. 가능하다면 항상 props와 이벤트를 통해 데이터를 주고받도록 한다.

---

21 https://vuejs.org/v2/api/#parent

```
<script src="https://unpkg.com/vue@2.5.17"></script>
<div id='fruits-container'><fruits-name></fruits-name></div>
<script>
Vue.component('fruits-name', {
  template: '<p> {{ this.$parent.fruits[0].name }} </p>'
})

new Vue({
  el: '#fruits-container',
  data: {
    fruits: [
      {name: '배'},
      {name: '딸기'}
    ]
  }
})
</script>
```

자식 컴포넌트를 직접 참조하려면 ref를 사용할 수도 있다. 다음과 같은 방법으로 부모 컴포넌트 인스턴스에서 자식 컴포넌트를 참조할 수 있다.

```
<div id="fruits-counter">
<counter-button ref="counter"></counter-button>
</div>
<script>
var parent = new Vue({ el: '#fruits-counter' })
var child = parent.$refs.counter
</script>
```

부모 자식 관계가 아닌 컴포넌트끼리 데이터 주고받기

대규모 애플리케이션을 개발하다 보면 부모 자식 관계가 아닌 컴포넌트끼리도 다양한 관계를 갖는다. 예를 들어 형제 (sibling) 관계에 있는 여러 컴포넌트가 같은 값을 공유해야 하는 경우가 있다. 또 컴포넌트의 상태나 이를 관리하는 함수가 여러 가지여서 이를 여러 컴포넌트끼리 공유해야 하는 경우도 있다.

이렇게 비교적 복잡한 상황에서는 스토어라는 객체에 상태를 저장해서 관리하는 방법[22]이 효과적이다. 상태 관리를 억지로 낱낱의 컴포넌트에서 하기보다는 상태 관리만을 목적으로 하는 별도의 대상을 만들고 여기에 맡기는 것이 코드를 간결하게 유지하는 방법이다.

스토어 객체를 갖는 파일을 따로 만들어도 좋지만, 이러한 상태 관리를 맡아주는 Vuex라는 라이브러리도 있다. Vuex에 대해서는 7장에서 더 자세히 설명한다.

Column

자식 컴포넌트가 부모 컴포넌트에서 발생하는 네이티브 DOM 이벤트의 정보를 전달받아야 할 경우 – .native 수정자

부모 컴포넌트의 요소에서 발생한 네이티브 이벤트(click 이벤트 등)를 트리거로 삼아 자식 컴포넌트에서 메서드를 실행하려면 자식 컴포넌트 요소에 다음과 같이 기술하면 된다.

```
<my-component v-on:click.native="someMethod"></my-component>
```

위와 같은 방법으로 부모 요소의 DOM 이벤트를 모니터링할 수 있다. 이 방법은 다른 라이브러리를 함께 사용할 때 유용하다.

Column

props 값을 양방향으로 바인딩해야 하는 경우 – .sync 수정자

Vue.js에서 컴포넌트 간의 통신은 기본적으로 부모 컴포넌트에서 자식 컴포넌트로만 전달하는 단방향이다. props에 전달한 값이 수정되면 수정된 값이 부모 컴포넌트에서 자식 컴포넌트로 전달되는 형태이며, 그 반대는 불가능하다. 말 그대로 단방향 바인딩이다. 그러나 양방향 바인딩이 필요한 경우도 있다.

.sync 수정자를 사용하면 비슷하나마 양방향 바인딩을 구현할 수 있다. 자식 컴포넌트의 이벤트를 구독하고, 이 이벤트가 발생한 시점에 부모 컴포넌트의 값을 수정하는 것이다[23].

3.4 컴포넌트 설계

지금까지 컴포넌트를 정의하는 방법과 컴포넌트 간에 데이터를 주고받는 방법에 대해 알아봤다.

---

22 스토어 패턴.
23 https://vuejs.org/v2/guide/components-custom-events.html#sync-Modifier

웹 애플리케이션 개발 실무에서 컴포넌트를 어떻게 설계해야 할까? 여기서는 컴포넌트 설계를 페이지를 컴포넌트 단위로 분할하는 설계와 컴포넌트 자체에 대한 설계로 나눠 설명하겠다.

3.4.1 컴포넌트를 분할하는 원칙

우선 웹 애플리케이션 페이지를 컴포넌트 단위로 분할하는 과정의 한 가지 사례를 소개하겠다. 대규모 애플리케이션 개발에서는 페이지를 몇 가지 요소로 나눠 트리 구조를 구성할 수 있다. 예를 들어 어떤 페이지가 다음과 같은 요소를 포함한다고 가정해 보자.

- 내비게이션바

- 사이드바

- 메인 콘텐츠

사이드바 영역에는 카테고리 메뉴가 있고, 메인 콘텐츠 영역에는 하나 이상의 아이템이 배치된다. 그림으로 나타내면 다음과 같다.

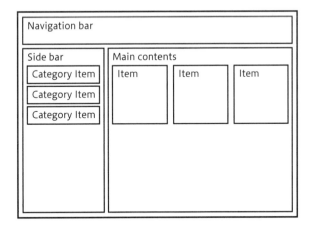

이렇게 페이지를 특정 수준에서 몇 개의 요소로 분할한 다음, 이 요소를 컴포넌트로 보면 페이지를 다음과 같은 컴포넌트 트리로 나타낼 수 있다. 전체 페이지가 트리의 루트가 되고, 그 아래로 내비게이션바, 사이드바, 메인 콘텐츠의 세 개의 컴포넌트로 나뉘어 뻗어 나간다.

트리로 나타내면 다음과 같다. 이런 식으로 컴포넌트의 규모가 적당할 때까지 분할하고 분할한 대로 컴포넌트를 만들어나가는 방법이 있다.

루트

- 내비게이션바
- 사이드바
  - 카테고리×3

메인

- 아이템×3

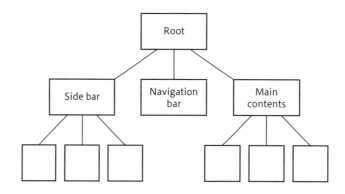

컴포넌트의 규모가 어느 정도가 될 때까지 분할을 계속해야 하는지는 디자인을 비롯해 어떤 개발 프로세스를 적용하고 있는지, 컴포넌트의 실제 재활용 가능성이 어느 정도인지 등에 따라 달라진다. 다이어그램을 그려보거나 프로토타입을 만들어보며 설계를 진행하면 된다.

3.4.2 컴포넌트 설계하기

애플리케이션 UI를 컴포넌트로 어떻게 분할할지 원칙을 세웠다면 그다음은 컴포넌트 자체를 설계할 차례다.

컴포넌트는 여러 곳에서 재사용할 때 위력을 발휘한다. 그러므로 컴포넌트는 외부에서 재사용할 것을 염두에 두고 설계해야 한다.

한 번밖에 사용하지 않을 컴포넌트라면 설계가 어떻든 다른 곳에 악영향을 끼칠 가능성이 작다. 그러나 아주 많은 곳에서 재사용될 컴포넌트를 만들 때는 주의가 필요하다. 특정 부모 컴포넌트에 의존적인 강한 결합을 갖도록 구현하면 나중에 재사용이 어렵다. 부모 컴포넌트가 무엇이든지 사용할 수 있고 느슨한 결합을 갖도록 인터페이스를 설계해야 한다.

Column

아토믹 디자인

컴포넌트를 분할하는 원칙으로는 2013년에 브래드 프로스트가 제창한 아토믹 디자인(Atomic Design)[24]이라는 설계 기법이 적합하다.

아토믹 디자인이란 원자(atoms), 분자(molecules), 유기체(organisms), 템플릿(templates), 페이지(pages)의 5단계로 나눠 컴포넌트를 관리하는 설계 기법이다.

- 원자는 버튼, 레이블, 컬러 팔레트, 폰트 등의 최소 구성 요소다.

- 분자는 하나 이상의 원자로 구성된 것으로, 레이블이 붙은 폼 등이다.

- 유기체는 분자보다 더 복잡한 것으로, 로그인 폼, 댓글창, 내비게이션바 등이다.

- 템플릿은 유기체를 조합한 것으로, 디자인 와이어프레임 등이 이에 해당한다. 실제 데이터를 표시하지는 않지만, 페이지 구성을 설명할 수 있을 정도의 단계다.

- 페이지는 템플릿에 실제 데이터를 담은 것으로, 완성된 페이지를 말한다.

어느 정도까지 분할한 대상을 컴포넌트로 만들어야 할지 분할 원칙이나 적정한 컴포넌트 크기를 결정하기 어려울 수 있는데, 이때 아토믹 디자인을 많이 참고할 수 있다.

8장부터 10장은 실제로 아토믹 디자인 원칙을 따라 개발을 진행할 것이다.

3.4.3 슬롯 콘텐츠를 살린 헤더 컴포넌트 구현하기

좀 더 실용적인 컴포넌트를 실제로 만들어보자.

웹 애플리케이션 헤더를 재사용 가능한 Vue.js 컴포넌트로 만들어 보겠다. 헤더는 애플리케이션의 거의 모든 페이지에 공통으로 배치되므로 컴포넌트로 만들기에 유리하다. 페이지 헤더를 page-header라는 이름의 컴포넌트로 만들어 보겠다.

부모 컴포넌트 page 아래에 헤더(page-header)와 콘텐츠 영역이 자식 컴포넌트로 배치된 페이지 구성 예가 있다고 하자.

```
<page>
  <page-header></page-header>
  <!--페이지 콘텐츠 -->
</page>
```

---

24 http://atomicdesign.bradfrost.com/

헤더는 캠페인 배너 등 부분적인 교체가 잦은 UI 컴포넌트다. 이번에도 수정이 쉽도록 설계할 것이다.

컴포넌트 간 통신으로도 구현할 수 있겠지만, 구현할 내용에 비해 코드가 무거워질 가능성이 있다. 부모 컴포넌트별로 자식 컴포넌트의 내용을 바꿀 수 있도록 슬롯 콘텐츠[25]라는 메커니즘을 사용하겠다[26]. 컴포넌트 안에서 부모 컴포넌트가 쉽게 수정할 수 있는 부분을 만드는 메커니즘이다. 자세한 내용은 5.2절을 참고하라.

헤더 컴포넌트가 될 page-header 컴포넌트를 정의한다. 헤더 컴포넌트 안에 slot이라는 요소를 포함시킨다. 이 부분이 부모 컴포넌트에 의해 내용이 변경될 부분이다.

```
var headerTemplate = `
  <div style="color: gray;">
    <slot name="header">※ 부모 컴포넌트로부터 전달받은 것이 없으면 이 문장을 표시.</slot>
  </div>
`

Vue.component('page-header', {
  template: headerTemplate
})

new Vue({
  el: "#fruits-list"
})
```

부모 컴포넌트에서 다음과 같은 방법으로 자식 컴포넌트에 원하는 내용을 삽입할 수 있다. 부모 컴포넌트에서 자식 컴포넌트의 slot 요소에 name 속성값을 지정하면 자식 컴포넌트의 콘텐츠를 커스터마이징할 수 있다. 다음 예제는 '여름 과일'이라는 문자열을 page-header 컴포넌트에 삽입한다.

```
<div id="fruits-list">
    <page-header>
        <h1 slot="header">여름 과일</h1>
    </page-header>
    <ul>
```

---

25 content distribution이라고도 함.

26 Vue.js의 content distribution API는 웹 컴포넌트 규격의 드래프트를 기초로 설계된 것이다. https://github.com/w3c/webcomponents/blob/gh-pages/proposals/Slots-Proposal.md

```
        <li>수박</li>
        <li>망고</li>
    </ul>
</div>
```

실제 렌더링된 HTML은 다음과 같다.

```
<div id="fruits-list">
    <div style="color: gray;">
        <h1>여름 과일</h1>
    </div>
    <ul>
        <li>수박</li>
        <li>망고</li>
    </ul>
</div>
```

계절이 겨울로 바뀌어 페이지 내용을 '겨울 과일'로 수정해야 한다면 다음과 같이 하면 된다.

```
<div id="fruits-list">
    <div style="color: gray;">
        <h1>겨울 과일</h1>
    </div>
    <ul>
        <li>사과</li>
        <li>딸기</li>
    </ul>
</div>
```

이 메커니즘을 이용해서 자주 사용하는 레이아웃을 slot 요소를 적용한 컴포넌트로 만들어 두고, 안의 콘텐츠만 바꿔서 서로 다른 UI 컴포넌트를 구성하는 방법도 가능하다. 다음과 같이 헤더와 콘텐츠를 각각 page-header와 page-content로 만들고, CSS로 스타일을 정의한다. 그리고 여기서는 편의상 콘텐츠가 미리 삽입됐다고 가정하고 li 요소에도 스타일을 정의했지만, 실제로는 사용할 컴포넌트에 적용되도록 스타일을 정의한다.

```html
<!-- vue.js 로딩 -->
<div id="fruits-list">
  <page-header class="header"></page-header>
  <page-content class="content"></page-content>
</div>
<!--추가적인 JS, CSS 로딩 -->
```

```javascript
var headerTemplate = `
  <div>
    <slot name="header">No title</slot>
  </div>
`

var contentTemplate = `
  <div>
    <slot name="content">No contents</slot>
  </div>
`

Vue.component('page-header', {
  template: headerTemplate
})
Vue.component('page-content', {
  template: contentTemplate
})

new Vue({
  el: "#fruits-list"
})
```

```css
.header h1{
    width: 100%;
    height: 30px;
    background-color: #f1f1f1;
    border: 1px solid #d3d3d3;
    padding: 30px 15px;
}
```

```
.content li {
    width: 100%;
    height: 30px;
    padding: 30px 15px;
    background-color: white;
    border: 1px solid #d3d3d3;
    text-align: left;
}
```

콘텐츠를 삽입하지 않고 slot 요소를 사용했다. 렌더링된 화면은 다음과 같다.

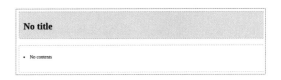

이제 slot 요소에 콘텐츠를 삽입한다. 레이아웃만 정의된 부모 컴포넌트로부터 콘텐츠가 삽입되며 다음과 같이 렌더링된다. https://jsfiddle.net/flourscent/53hdexqp/.

```
<div id="fruits-list">
    <page-header class="header">
        <h1 slot="header">
            겨울 과일
        </h1>
    </page-header>
    <page-content class="content">
        <ul slot="content">
            <li>사과</li>
            <li>딸기</li>
        </ul>
    </page-content>
</div>
```

겨울 과일

- 사과
- 딸기

3.4.4 로그인폼 컴포넌트 구현하기

지금까지 배운 내용을 활용해서 로그인폼 기능을 가진 컴포넌트를 구현해 보자.

먼저 template을 작성한다. 코드가 길어질 테니 text/x-template 스타일을 사용한다. 이 템플릿은 다음과 같은 3가지로 구성된다.

- ID 입력칸
- 패스워드 입력칸
- 로그인 버튼

ID와 패스워드를 입력받을 input 폼을 각각 만든다. 컴포넌트의 data 속성에 userid와 password를 저장하기로 하고, 컴포넌트에 v-model로 userid와 password를 바인딩한다. 버튼은 @click="login"으로 클릭 이벤트가 발생하면 login() 메서드를 실행하도록 한다[27].

```html
<script type="text/x-template" id="login-template">
    <div id="login-template">
        <div>
            <input type="text" placeholder="로그인 ID" v-model="userid">
        </div>
        <div>
            <input type="password" placeholder="패스워드" v-model="password">
        </div>
        <button @click="login">로그인</button>
    </div>
</script>
```

컴포넌트의 data 속성에 앞서 설명한 대로 userid와 password를 반환하는 함수를, methods 속성에는 login() 메서드를 정의한다.

```js
Vue.component('user-login', {
  template: '#login-template',
  data: function() {
    return {
```

---

27 @click="login"은 v-on:click="login"의 생략 표기법이다.

```
      userid: '',
      password: ''
    }
  },
  methods: {
    login: function() {
      auth.login(this.userid, this.password)
    }
  }
})
```

로그인에 사용될 auth를 작성한다. 여기서는 설명을 간단하게 할 수 있도록 실제 인증 부분은 구현하지 않았다. 그 대신, auth.login 알림창에 username과 password 값을 출력하는 가상의 로그인 함수를 뒀다[28].

```
var auth = {
  login: function(id, pass){
    window.alert("userid:" + id + "\n" + "password:" + pass)
  }
}
```

이것으로 간단한 로그인 UI 컴포넌트가 완성됐다. 이 컴포넌트를 부모 컴포넌트에서 다음과 같이 호출하면 로그인 컴포넌트를 재사용할 수 있다. 전체 코드는 다음과 같다.

```
<script src="https://unpkg.com/vue@2.5.17"></script>

<div id="login-example">
  <user-login></user-login>
</div>

<!-- 템플릿 -->
<script type="text/x-template" id="login-template">
  <div id="login-template">
    <div>
      <input type="text" placeholder="로그인 ID" v-model="userid">
    </div>
```

---

28 실제로는 서버 사이드의 인증 처리를 구현하고 이 구현을 실행하는 함수를 정의해야 한다.

```
  <div>
    <input type="password" placeholder="패스워드" v-model="password">
  </div>
  <button @click="login()">로그인</button>
</div>
</script>

<script>
// 컴포넌트 정의
Vue.component('user-login', {
  template: '#login-template',
  data: function() {
    return {
      userid: '',
      password: ''
    }
  },
  methods: {
    login: function() {
      auth.login(this.userid, this.password);
    }
  }
})
// 더미 로그인 처리
var auth = {
  login: function(id, pass) {
    window.alert("userid:" + id + "\n" + "password:" + pass);
  }
}

new Vue({
  el: "#login-example"
});
</script>
```

브라우저에 렌더링된 UI는 다음과 같다. 실제로 ID와 패스워드를 입력하고 로그인 버튼을 눌러보면 methods 속성에 등록된 login() 메서드가 실행돼 브라우저에 알림창이 표시된다.

```
로그인 ID
패스워드
로그인
```

실제 사용할 수 있는 컴포넌트를 완성했다. 이렇게 컴포넌트를 조합하는 방식으로 Vue.js 애플리케이션을 개발한다.

3장에서는 Vue.js의 기본적이면서도 강력한 기능인 컴포넌트에 대해 알아봤다. 컴포넌트는 Vue.js의 근간을 이루는 기능 중 하나로 앞으로 계속 보게 될 것이다. 이후 장에서 이해가 되지 않는 부분이 있다면 이 장으로 돌아와 다시 읽어보기 바란다. 컴포넌트 간 통신은 특히 실수 없이 구현하기가 어려우므로 주의가 필요하다.

3장에서도 이해되지 않는 부분이 있다면 적절히 2장을 참조하며 컴포넌트를 제대로 이해하기 바란다. Vue 컴포넌트는 기본적으로 Vue 인스턴스와 크게 다르지 않다.

다음 장에서는 이번 장에서 설명한 컴포넌트를 사용해 더욱 실용적인 SPA 애플리케이션을 만들어 보겠다.

Column

컴포넌트의 단위 테스트

컴포넌트는 재사용을 통해 위력을 발휘한다. 여러 곳에서 컴포넌트를 재사용한다는 것은, 바꿔 말해 컴포넌트에 결함이 있다면, 애플리케이션 전체에 그 영향이 미칠 가능성이 크다는 뜻이다.

그러므로 컴포넌트 같은 비교적 작은 단위를 테스트로 검증하는 것은 애플리케이션 전체의 품질을 확보하는 데 중요하다. 여기서는 공식 참조 문서에서도 소개하는 방법인 Karma를 테스트 러너로, 그리고 mocha를 테스트 프레임워크로 사용해 Vue 컴포넌트를 테스트하는 방법을 소개하겠다.

우선 Karma를 설치하고 설정한다. 패키지를 초기화하고 package.json 파일을 작성해 Karma와 mocha를 설치한다.

```
$ mkdir vue-components && cd vue-components
$ npm init -y
$ npm install -g karma
$ npm install --save-dev mocha
```

그다음 karma를 초기화한다. 몇 가지 사항을 물어볼 것이다. 테스트 프레임워크는 mocha를 선택하고, 테스트 대상 파일과 테스트 파일의 위치를 각각 components/*.js, test/*.js로 설정한다[29].

```
$ karma init
Which testing framework do you want to use ?
Press tab to list possible options. Enter to move to the next question.
> mocha
What is the location of your source and test files ?
You can use glob patterns, eg. "js/*.js" or "test/**/*Spec.js".
Enter empty string to move to the next question.
> components/*.js
> test/*.js
```

karma start 명령으로 karma를 실행해 문제없이 서버가 시작되는지 확인한다[30]. 서버 시작을 확인했다면 준비는 모두 끝났다. webpack[31]을 함께 사용해서 브라우저에서도 require가 동작하는지 확인한다. 이 부분은 6.1절을 참고하라.

테스트 위치에 테스트 대상 컴포넌트를 배치한다. 설명을 위해 3.4절에서 살펴본 로그인폼 컴포넌트를 조금 수정했다. 이 컴포넌트를 앞서 지정한 components 디렉터리 안에 components/loginForm.js라는 이름으로 저장한다.

```
var Vue = require('vue')
var auth = {
  login: function(id, pass) {
    return ({
      userid: id,
      password: pass
    });
  }
}
module.exports = Vue.extend({
  template: "#login-template",
  data: function() {
    return {
      userid: '',
```

---

29 그다음은 취향대로 설정하면 된다. 무슨 내용인지 모르겠으면 빈칸으로 진행한다.
30 http://localhost:9876으로 접근할 수 있다.
31 webpack은 자바스크립트나 CSS 등을 합쳐주는 번들링 도구다.

```
    return {
      userid: '',
      password: ''
    }
  },
  methods: {
    login: function() {
      return auth.login(this.userid, this.password);
    }
  }
})
//
```

이제 컴포넌트 테스트 케이스를 작성한다. 다음 내용을 test/test.js 파일에 저장한다[32].

```
var assert = require('assert') // webpack을 사용해 모듈 간의 의존관계를 해소
var loginForm = require('../components/loginForm')

describe('login()', function() {
  var vm
  beforeEach(function() {
    vm = new loginForm().$mount()
  })
  // userid, password의 초깃값을 확인
  it('check initial values', function() {
    assert.equal(vm.userid, '')
    assert.equal(vm.password, '')
  })
  // login() 메서드의 반환값 테스트
  it('check returned value - login()', function() {
    vm.userid = 'testuser'
    vm.password = 'password'
```

32 테스트 프레임워크나 ES2015 이후 규격의 문법 설명은 생략한다. mocha의 사용법은 https://mochajs.org/, karma의 사용법은 https://karma-runner.github.io/2.0/index. html을 참고하라.

```
    var result = vm.login()
    assert.deepEqual(result, {
      userid: 'testuser',
      password: 'password'
    })
  })
})
```

userid와 password의 초깃값을 테스트한다. 두 번째 테스트 케이스는 login( ) 메서드를 테스트한다. karma를 사용해 테스트 케이스를 실행하고, 테스트가 모두 통과되는지 확인해보자. 위와 같은 방법으로 컴포넌트의 데이터와 메서드를 테스트할 수 있다.

Vue Router를 활용한
애플리케이션 개발

Vue.js 그 자체는 단순한 뷰 계층 라이브러리다. 그러므로 여러 페이지로 구성되고 네이티브 애플리케이션처럼 복잡한 사용자 인터랙션을 갖는 애플리케이션 등을 개발할 경우에는 Vue.js만으로는 구현이 어려울 때가 있다.

예를 들어 외부에서 받아온 데이터에 따라 일부 컴포넌트를 동적으로 노출시켰다가 숨기는 등 웹에서 매끄럽게 동작하는 애플리케이션을 구현하는 것은 지금까지 설명한 Vue.js의 기본 기능만으로도 할 수 있다. 다만 이렇게 구현한 경우에는 화면 히스토리 내비게이션이 불가능하다는 문제가 있다.

공식 플러그인인 Vue Router를 사용하면 단일 페이지 애플리케이션을 비롯한 URL 이동이 필요한 동작을 간단히 구현할 수 있다. 이번 장은 Vue.js와 함께 Vue Router를 사용하는 예제 애플리케이션 구현 방법을 다룬다.

4.1 Vue Router를 이용한 단일 페이지 애플리케이션

단일 페이지 애플리케이션(SPA)이란 최초에 HTML 페이지 하나를 로드한 다음, 그 이후로 사용자 인터랙션에 따라 Ajax로 정보를 받아오면서 동적으로 페이지를 업데이트하는 웹 애플리케이션을 말한다.

일반적인 웹 애플리케이션은 페이지 이동 시에 대상 URL을 서버에 요청해 전체 페이지에 해당하는 HTML 콘텐츠를 받아온다.

반면 SPA는 페이지 이동을 클라이언트에서 처리한다. 페이지 이동 시 Ajax를 사용해 적시에 필요한 데이터를 받아와 뷰를 화면에 표시한다. 전체 페이지에 해당하는 HTML을 모두 받아오는 데 드는 오버헤드가 줄어들므로 애플리케이션의 속도가 향상되며 더욱더 매끄러운 사용자 경험을 제공할 수 있다.

SPA를 구현하려면 다음과 같은 사항을 고려해야 한다.

- 클라이언트 사이드에서 히스토리를 관리하는 페이지 이동[1]

- 비동기로 데이터 받아오기

- 뷰 렌더링

- 모듈화된 코드 관리

라우터 혹은 라우팅 라이브러리라 불리는 모듈이 이런 기능을 제공한다. 라우팅 설정에 따라 URL별로 특정 컴포넌트를 선택적으로 표시하는 방법으로 페이지 이동을 구현할 수 있다.

Vue.js 프로젝트도 공식적으로 라우팅 라이브러리를 제공한다[2].

4.1.1 Vue Router란 무엇인가

Vue Router는 Vue.js 공식 플러그인으로 제공되는 라우팅 라이브러리로, SPA 개발에 사용된다. Vue.js에서 라우팅(페이지 이동 등) 관리를 담당한다. 이것은 Vue.js가 URL 관리까지 도맡아야 하는 SPA 개발에서 빼놓을 수 없는 존재다.

이번 장에서는 초보자의 관점에서 기본 라우팅 기능을 활용한 예제 애플리케이션을 구현해 볼 것이다.

그 전에 라우팅의 기본 기능이 무엇인지 짚고 넘어가자. 다음 그림에서 보듯이 선언적으로 페이지 이동 규칙을 정의한 다음, 직접 브라우저에서 URL에 접근하거나 링크를 클릭했을 때 대상 URL에 해당하는 Vue.js 컴포넌트를 활성화시키는 형태로 동작한다.

---

1 라우팅 관리.
2 React나 Angular로 대표되는 자바스크립트 라이브러리 대부분은 라우팅 기능을 플러그인이나 본체에서 직접 제공한다.

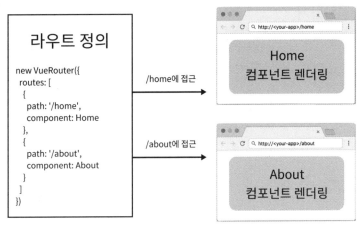

Vue Router의 개념도

Vue Router는 기본적인 페이지 이동 기능 외에도 다음과 같은 고급 기능을 제공한다.

- 중첩 라우팅

- 리다이렉션과 앨리어싱

- HTML5 History API와 URL 해시를 이용한 히스토리 관리(IE9에서는 자동으로 폴백)

- 자동으로 CSS 클래스가 활성화되는 링크 기능

- Vue.js 트랜지션 기능을 이용한 페이지 이동 트랜지션

- 커스터마이즈된 스크롤링

4.5절에서 이 중 일부를 설명한다. 4.5절에서 다루지 않는 기능이나 좀 더 자세한 정보를 원한다면 Vue Router의 공식 참조 문서[3]를 참고하기 바란다.

4.2 기초 라우팅

이번 절은 구체적인 구현을 시작하기 전에 Vue Router의 설치 방법과 사용법을 설명한다.

---

3 https://router.vuejs.org/

4.2.1 라우터 설치하기

Vue Router를 설치하려면 스크립트 요소에서 Vue.js 뒤에 오도록 불러오면 된다. 다음과 같이 unpkg. com 등에서 제공하는 CDN 서비스를 사용하면 편리하다[4].

```
<script src="https://unpkg.com/vue@2.5.17"></script>
<script src="https://unpkg.com/vue-router@3.0.1"></script>
```

4.2.2 라우팅 설정

여기서 라우팅을 구현하는 과정을 이해해야 한다. 라우트와 라우터 생성자를 사용한다.

라우트(route)란 URL과 뷰의 정보를 저장한 레코드를 말한다. 어떤 URL에 대해 어떤 페이지를 표시해야 하는지에 대한 정보라고 생각하면 된다. 애플리케이션을 구성하는 페이지마다 라우트를 정의하고 사용할 라우트를 지정하면 해당 라우트가 연결된 페이지로 이동(SPA라면 요소의 노출 여부 수정)한다.

예를 들어 /goods라는 URL에 goods 컴포넌트를 노출하도록 라우트를 정의하면 /goods에 접근했을 때 이 라우트가 goods 페이지가 표시되도록 하는 것이다.

Vue Router의 라우트는 Vue.js의 컴포넌트를 특정 URL에 대응시킨 객체 형태를 갖는다. 이 객체를 라우터 생성자를 사용해 라우터를 초기화할 때 routes 옵션으로 설정한다.

그럼 라우트 정의와 라우터 생성자의 예를 살펴보겠다. 다음과 같이 라우트 정의를 작성하고 라우터 생성자에 이 정의를 전달하면 Vue 인스턴스를 생성할 때 라우팅 설정이 반영된다. 어떤 URL에 접근할 때 어떤 컴포넌트를 렌더링해야 하는지가 지정되는 것이다.

```
// 라우트 정의
{
  path: '/someurl', //URL을 지정. 파일명#/someurl로 접근
  component: {
    template: '...' // 3장에서 본 컴포넌트 문법이나 생성자 기반 컴포넌트를 사용함
  }
}
```

---

4 집필 시점 기준으로 최신 버전인 Vue.js v2.5.17과 Vue Router v3.0.1을 사용한다.

```
// 라우터 생성자, new Vue()에 인자로 전달된다.
new VueRouter({
  routes: [ ] // 배열로 라우트 정의를 전달
})
```

기본 작성 형태를 알았으니 한번 작성해 보겠다. 이것으로 기본적인 라우트 정의가 끝난다. 이 설정을 실제로 페이지에서 동작하게 하려면 HTML도 준비해야 한다.

```html
<!-- Vue.js와 Vue Router 로딩 -->
<script>
// 라우트 옵션을 지정해 라우터 인스턴스를 생성
var router = new VueRouter({
  // 컴포넌트를 매핑한 라우트 정의를 배열 형태로 전달
  routes: [{
      path: '/top',
      component: {
        template: '<div>최상위 페이지</div>'
      }
    },
    {
      path: '/users',
      component: {
        template: '<div>사용자 목록 페이지</div>'
      }
    }
  ]
})
// 라우터 인스턴스를 루트 Vue 인스턴스에 전달
var app = new Vue({
  router: router
}).$mount('#app')
</script>
```

HTML의 라우팅 설정과 페이지 이동

라우터 정의와 Vue 인스턴스 생성이 끝났다. 이제 할 일은 실제로 라우팅이 동작할 HTML을 작성하는 일이다.

Vue 인스턴스가 마운트될 요소 외에도 라우트 정의에 사용된 컴포넌트를 실제로 반영시킬 요소가 있어야한다. router-view 요소에 이 역할을 맡긴다. 그러면 라우트에서 매핑된 컴포넌트가 〈route-view〉 부분에렌더링된다. 페이지를 띄워보면 아직은 페이지 이동이 되지 않는다. 링크를 표시해서 페이지 이동이 가능하게 해보겠다. 링크를 정의하려면 router-link 요소를 사용한다.

```
<div id="app">
  <!-- 'to' 프로퍼티에 링크 대상을 지정 -->
  <!-- <router-link>는 기본적으로 '<a>' 태그로 렌더링된다 -->
  <router-link to="/top">최상위 페이지</router-link>
  <router-link to="/users">사용자 목록 페이지</router-link>
  <router-view></router-view>
</div>
```

완성된 전체 코드는 다음과 같다. 전체 코드를 HTML 파일로 저장한 다음, 브라우저에서 열어보면 동작을 확인할 수 있다.

```
<!DOCTYPE html>
<html>
  <head>
    <meta charset="UTF-8">
    <title>Vue.js SPA 예제 애플리케이션</title>
  </head>

  <body>
    <div id="app">
      <router-link to="/top">최상위 페이지</router-link>
      <router-link to="/users">사용자 목록 페이지</router-link>
      <router-view></router-view>
    </div>
    <!-- Vue.js와 Vue Router 로딩 -->
    <script src="https://unpkg.com/vue@2.5.17"></script>
    <script src="https://unpkg.com/vue-router@3.0.1"></script>
    <script>
    // 라우트 옵션을 지정해 라우터 인스턴스를 생성
    var router = new VueRouter({
      // 각 라우트에 컴포넌트를 매핑
```

```
    // 컴포넌트는 생성자로 만들든지 옵션 객체를 전달해 만들든지 상관없음
    routes: [{
      path: '/top',
      component: {
        template: '<div>최상위 페이지</div>'
      }
    },
    {
      path: '/users',
      component: {
        template: '<div>사용자 목록 페이지</div>'
      }
    }
    ]
  })
  // 라우터 인스턴스를 루트 Vue 인스턴스에 전달
  var app = new Vue({
    router: router
  }).$mount('#app')
  </script>
  </body>
</html>
```

링크를 클릭해 보면 다음과 같이 페이지가 바뀌는 것을 확인할 수 있다[5]. 몇 줄 안 되는 코드로 간단하나마 단일 페이지 애플리케이션의 기초를 만들었다.

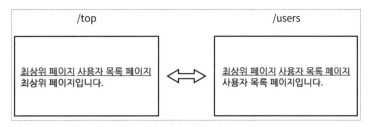

예제 애플리케이션의 기초 코드

---

5 라우트 대상의 주소를 브라우저에 직접 입력해서 이동할 수도 있다. 파일 이름이 index.html라면 index.html#/top과 같이 접근할 수 있다.

4.3 실용적인 라우팅을 구현하기 위한 기능

매우 기본적인 라우팅 설정 방법을 배웠다. 본격적으로 예제 애플리케이션을 만들기 전에 좀 더 유연한 라우팅을 구현하기 위한 Vue Router의 보조 기능을 살펴보겠다.

4.3.1 URL 파라미터를 처리하는 방법과 패턴 매칭

SPA는 접근 대상 URL의 패턴 매칭을 통해 파라미터를 전달하는 경우가 많다. 예를 들면 사용자의 상세 페이지를 /user/:userId와 같은 식으로 URL로 전달받아서 이 URL에 포함된 사용자 ID를 따라 페이지를 구성하는 UI 구현이 이런 경우에 속한다.

이런 경우에는 URL의 경로에 :을 붙여 패턴을 작성한다. URL에서 이 패턴과 일치하는 파라미터는 컴포넌트에서 $route.params의 속성 중 패턴에 쓰인 파라미터 이름과 같은 속성명으로 접근할 수 있다.

다음 예제는 /user/123에 대한 요청이 들어왔을 때 컴포넌트의 $route.params.userId의 값이 123이 됨을 보여준다. $route 객체에 대해서는 4.5.2항을 참고하기 바란다.

```
var router = new VueRouter({
  routes: [{
    // 패턴 매칭에 사용되는 패턴은 콜론으로 시작
    path: '/user/:userId',
    component: {
      template: '<div>사용자 ID는 {{ $route.params.userId }} 입니다.</div>'
    }
  }]
})
```

4.3.2 이름을 가진 라우트

Vue Router는 라우트에 이름을 붙여 정의하고 HTML에서 이 이름을 사용해(<router-link>) 페이지 이동을 수행할 수 있다.

예를 들어, 사용자 ID를 사용해 동적으로 만든 URL은 HTML에 정적으로 삽입할 수가 없다. 라우트에 이름을 붙여 사용하면 이런 문제를 해결할 수 있다.

다음은 /user/:userId 경로에 user라는 이름을 붙여 라우트를 정의한 예다.

```
var router = new VueRouter({
  routes: [{
    path: '/user/:userId',
    name: 'user',
    component: {
      template: '<div>사용자 ID는 {{ $route.params.userId }} 입니다.</div>'
    }
  }]
})
```

위에서 정의한 이름을 가진 라우트를 호출하려면 <router-link>에 to 파라미터를 지정하면 된다. 이때 URL 패턴의 파라미터도 함께 전달할 수 있다.

```
<router-link :to="{ name: 'user', params: { userId: 123 }}">사용자 상세 정보 페이지</router-link>
```

4.3.4 router.push를 사용한 페이지 이동

지금까지 살펴본 <router-link>는 선언적인 방식이었다. router.push를 사용해서 프로그램적인 방식으로 페이지를 이동할 수도 있다. 이때 전달하는 인자는 <router-link>의 to 파라미터를 전달하는 객체와 같다. 마찬가지로 이름을 가진 라우트를 사용할 수 있다.

```
router.push({ name: 'user', params: { userId: 123 }})
```

4.3.4 훅 함수

Vue Router는 페이지 이동 전후 시점에 추가 처리를 삽입할 수 있는 훅 함수를 제공한다.

리다이렉트나 페이지 이동 전 사용자 확인 등을 구현하는 데 이 훅 함수를 사용한다. 전역 훅 함수, 라우트 단위 훅 함수, 컴포넌트 내 훅 함수, 이렇게 3가지 패턴을 소개하겠다.

전역 훅 함수

전역 훅 함수는 모든 페이지 이동에 설정할 수 있는 함수다. router.beforeEach 함수에 훅을 설정하면 페이지 이동 직전에 해당 함수가 실행된다.

인자 to와 from은 각각 현재 페이지와 이동 대상 페이지 정보를 전달한다. 이 2가지 인자에 담긴 라우트는 패턴이 일치한 라우트의 경로나 컴포넌트의 정보를 가진다. 라우트 객체에 대한 자세한 내용은 공식 참조 문서를 참고하기 바란다.

```
router.beforeEach(function(to, from, next) {
  // 예제 : 사용자 목록 페이지로 접속하면 /top으로 리다이렉트
  if (to.path === '/users') {
    next('/top')
  } else {
    // 인자 없이 next를 호출하면 일반적인 페이지 이동
    next()
  }
})
```

위 예제는 사용자 목록 페이지에 접근하면 /top 페이지로 리다이렉트시키는 방법을 보여주기 위한 예제로 next('/top')을 사용했다. 일반적인 라우팅과 같이 페이지를 이동하려면 next()를 인자 없이 호출하면 된다. 이 훅 함수에서 next를 호출하지 않으면 페이지 이동이 영원히 반복되므로 주의해야 한다.

라우트 단위 훅 함수

특정 라우트만을 대상으로(per-route) 훅을 추가하려면 Vue Router를 초기화할 때 라우트 정의에서 개별적으로 설정해야 한다.

라우트 정의에 beforeEnter를 작성하면 페이지 이동 전에 실행되는 훅을 추가한다.

```
var router = new VueRouter({
  routes: [{
    path: '/users',
    component: UserList,
    beforeEnter: function(to, from, next) {
      // /users?redirect=true로 접근할 때만 top으로 리다이렉트하는 훅 함수를 추가함
      if (to.query.redirect === 'true') {
        next('/top')
      } else {
        next()
      }
```

```
    }
  }]
})
```

컴포넌트 내 훅 함수

라우트뿐만 아니라 컴포넌트에서도(in-component) 훅 함수를 정의할 수 있다. 다음은 컴포넌트 옵션에서 beforeRouteEnter를 정의하고 이를 사용해서 데이터를 받아오는 예다.

```
var UserList = {
  template: '#user-list',
  data: function() {
    return {
      users: function() {
        return []
      },
      error: null
    }
  },
  // "페이지는 이동되었으나 컴포넌트가 초기화되기 전"에 호출된다
  beforeRouteEnter: function(to, from, next) {
    getUsers((function(err, users) {
      if (err) {
        this.error = err.toString()
      } else {
        // next로 전달되는 콜백함수로 자기 자신에 접근한다
        next(function(vm) {
          vm.users = users
        })
      }
    }).bind(this))
  }
}
```

위 예는 컴포넌트가 화면에 표시되는 시점에 실행되는 훅인 beforeRouteEnter를 사용한다. 그 외에도 다음 페이지 이동으로 인해 컴포넌트가 사라지는 시점에 실행되는 훅인 beforeRouteLeave를 사용할 수도 있

다, beforeRouteLeave는 저장하지 않은 수정사항 등의 유실을 사용자에게 확인받기 위한 기능을 구현하는 데도 사용할 수 있다.

4.4 예제 애플리케이션 구현하기

Vue Router의 기본 사용법과 약간의 응용 방법을 알아봤다. 지금부터는 데이터를 받아오는 기능이나 훅 함수 등을 활용해 더 실전적인 SPA를 구현해 보겠다[6][7].

간단한 사용자 정보 등록 및 열람 기능을 제공하는 애플리케이션을 예로 들어 보겠다. 이 애플리케이션은 최상위 페이지, 리스트 페이지, 상세 정보 페이지, 인증 기능을 포함하는 등록 페이지, 로그인/로그아웃 메뉴로 구성된다. 최상위 페이지를 비롯해 일부 페이지의 구현은 지금까지 본 예제를 빌어 사용한다.

다음 그림은 전역 메뉴 및 페이지 이동 구조를 나타낸 것이다.

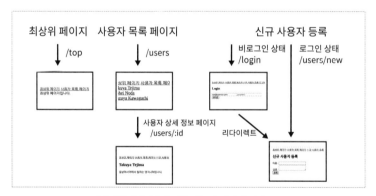

예제 애플리케이션의 전역 메뉴와 페이지 이동 구조

이 애플리케이션의 템플릿이 될 HTML 파일은 다음과 같은 구성을 갖는다.

```
<!DOCTYPE html>
<title>Vue.js SPA 예제 애플리케이션</title>
<style>
/* 임의의 CSS, 여기서는 생략함 */
```

---

6 이 책은 Vue.js를 이용한 클라이언트 사이드 구현을 다루므로 서버 사이드 API 구현에 대한 내용은 생략한다.

7 이번 장에서 살펴볼 예제 코드는 비교적 간단한 애플리케이션으로, HTML 파일 하나에 마크업과 스크립트를 모두 기술하는 것을 전제로 한다. 이보다 복잡한 애플리케이션은 6장에서 소개할 webpack 등의 번들링 도구를 이용해 컴포넌트 단위로 파일을 분할해서 개발하는 방법을 사용해야 한다. 또 이번 장에서는 주요 브라우저에서 바로 실행되는 ECMAScript 5 표준을 따르는 코드를 사용했다. ES2015 이후의 표준을 따르는 프로그램을 작성하려면 webpack을 필수적으로 사용해야 한다.

```
</style>
<div id="app">
  <nav>
    <!-- router-link 를 이용한 내비게이션 정의 -->>
    <router-link to="/top">최상위 페이지</router-link>
    <router-link to="/users">사용자 목록 페이지</router-link>
  </nav>
  <router-view></router-view>
</div>

<!-- Vue.js와 Vue Router 로딩 -->
<script src="https://unpkg.com/vue@2.4.2/dist/vue.min.js"></script>
<script src="https://unpkg.com/vue-router@2.7.0/dist/vue-router.min.js"></script>

<!-- 앞으로 작성할 부분 시작 -->
<!-- 필요한 컴포넌트의 템플릿 정의 -->
<script type="text/x-template" id="user-list">
  <!-- 컴포넌트에서 사용할 템플릿 HTML을 작성. 컴포넌트마다 script 태그를 사용해 정의함 -->
</script>

<!-- ... 여러 개의 템플릿 정의가 반복됨... -->

<!-- 임의의 JS 구현 -->
<script>
  // 컴포넌트와 라우트 정의로 Vue 인스턴스 생성하는 부분 등은
  // 여기에 작성
</script>
<!-- 앞으로 작성할 부분 끝 -->
```

구현은 다음과 같은 순서로 진행한다. 과정이 조금 복잡할 수 있으므로 코드를 함께 보며 읽기 바란다. 이번 절 마지막에 전체 코드를 별도로 실었다.

1. 리스트 페이지

2. 리스트 페이지 수정

3. 상세 정보 페이지

4. 사용자 등록 페이지

5. 로그인 페이지 및 로그인 상태

4.4.1 리스트 페이지 구현하기

사용자 목록을 담을 리스트 페이지의 내용을 구현한다. Vue Router를 초기화할 때 /user에 대한 접근을
UserList 컴포넌트와 매핑한다. UserList 컴포넌트가 복잡해도 상관없도록 text/x-template을 지정했다.
이 정도면 리스트 페이지의 구현은 끝이다. 간단한 페이지 이동이지만, SPA가 완성된다. 리스트 페이지
에 조금 더 기능을 추가해 보자.

```html
<script type="text/x-template" id="user-list">
  <!-- 여기에 컴포넌트의 템플릿을 작성 -->
  <div>사용자 목록 페이지입니다.</div>
</script>

<script>
var UserList = {
  // HTML에 있는 script 태그의 id를 지정
  template: '#user-list',
}

var router = new VueRouter({
  routes: [{
      path: '/top',
      component: {
        template: '<div>최상위 페이지입니다.</div>'
      }
    },
    {
      path: '/users',
      component: UserList
    }
  ]
})

var app = new Vue({
  router: router
}).$mount('#app')
</script>
```

4.4.2 API와 통신하기

SPA는 페이지를 이동할 때마다 API를 통해 받아온 데이터를 UI에 표시하는 처리를 자주 수행한다. Vue Router를 사용해서 Ajax로 데이터를 받아오는 경우에는 Vue.js 컴포넌트의 created와 watch 속성을 사용해 구현하는 것이 일반적이다.

watch는 계산 프로퍼티를 일반적인 용도로 사용할 수 있게 만든 Vue 컴포넌트 옵션 속성이다. 이번 예제에서는 $route를 모니터링하며 라우트에 변경이 생길 때마다 적절한 처리를 호출하는 데 사용한다. watch로 $route의 변경 여부를 탐지하는 것도 자주 사용되는 패턴이다.

지금까지 설명한 내용으로 최상위 페이지와 사용자 목록 페이지를 갖춘 간단한 SPA를 완성했다. 이 SPA를 확장해서 사용자 목록 페이지로 이동하는 시점에 사용자 정보를 받아 화면에 표시한다. HTML 템플릿의 내비게이션 부분은 그대로 두고 UserList 컴포넌트의 템플릿과 자바스크립트는 제거한다.

그다음 UserList 컴포넌트의 HTML 정의를 수정한다. v-if 디렉티브로 로딩 중이나 오류 표시를 처리한다. Vue 컴포넌트의 데이터 변수 users의 내용인 사용자의 이름을 반복문을 돌며 화면에 표시한다.

```html
<script type="text/x-template" id="user-list">
    <div>
        <div class="loading" v-if="loading">로딩 중...</div>
        <div v-if="error" class="error">
            {{ error }}
        </div>
        <!-- users의 로딩이 끝나면 각 사용자의 이름을 표시 -->
        <div v-for="user in users" :key="user.id">
            <h2>{{ user.name }}</h2>
        </div>
    </div>
</script>
```

다음으로 이 템플릿을 사용해서 사용자 목록 데이터를 표시할 컴포넌트의 자바스크립트를 구현한다.

```javascript
// JSON을 반환하는 함수
// 이 함수를 사용해 가상의 Web API를 통해 정보를 받아오는 것으로 생각한다
var getUsers = function(callback) {
  setTimeout(function() {
```

```
      callback(null, [{
        id: 1,
        name: 'Takuya Tejima'
      },
      {
        id: 2,
        name: 'Yohei Noda'
      }
    ])
  }, 1000)
}
// UserList를 수정
var UserList = {
  // HTML에 있는 script 태그의 id를 지정
  template: '#user-list',
  data: function() {
    return {
      loading: false,
      users: function() { return [] }, // 초깃값은 빈 배열
      error: null
    }
  },

  // 초기화할 때 데이터를 받아옴
  created: function() {
    this.fetchData()
  },

  // $route의 변경을 모니터링하며 라우팅이 수정되면 데이터를 다시 받아옴
  watch: {
    '$route': 'fetchData'
  },

  methods: {
    fetchData: function() {
      this.loading = true
      // 받아온 데이터를 users에 저장
      // Function.prototype.bind는 this의 유효범위를 전달하기 위해 사용
```

```
    getUsers((function(err, users) {
      this.loading = false
      if (err) {
        this.error = err.toString()
      } else {
        this.users = users
      }
    }).bind(this))
    }
  }
}
```

이것으로 UserList 컴포넌트와 리스트 페이지의 구현이 끝났다. 코드를 실행해 보면 "로딩 중…"이라는
메시지가 출력된 후 다음과 같은 결과가 표시될 것이다.

<u>최상위 페이지</u> <u>사용자 목록 페이지</u>

Takuya Tejima

Yohei Noda

UserList 페이지

4.4.3 상세 정보 페이지 구현하기

상세 정보 페이지를 구현해 보겠다. 여기서는 리스트 페이지에서 표시된 이름을 클릭하면 해당 사용자의
상세 정보 페이지로 이동하게 할 것이다. 라우트 정의부터 시작해서 컴포넌트 정의 순서대로 진행한다.

먼저 라우트 정의를 추가한다. URL 파라미터에 포함된 ID 정보를 패턴 매칭을 통해(:userId) 얻는다.

```
var router = new VueRouter({
  routes: [{
    path: '/top',
    component: {
      template: '<div>최상위 페이지입니다.</div>'
    }
```

```
    },
    {
      path: '/users',
      component: UserList
    },
    { // 라우트 정의 추가
      path: '/users/:userId',
      component: UserDetail
    }
  ]
})
```

그다음 사용자 상세 정보 페이지에 들어갈 컴포넌트를 구현한다.

```html
<script type="text/x-template" id="user-detail">
    <div>
        <div class="loading" v-if="loading">로딩 중...</div>
        <div v-if="error" class="error">
            {{ error }}
        </div>
        <div v-if="user">
            <h2>{{ user.name }}</h2>
            <p>{{ user.description }}</p>
        </div>
    </div>
</script>
```

UserDetail 컴포넌트를 화면에 표시하기 전 페이지 이동 시에 지정된 userId 값으로 API를 호출해 상세 정보 데이터를 받아온다[8].

```
var userData = [
  {
    id: 1,
    name: 'Takuya Tejima',
    description: '동남아시아에서 일하는 엔지니어입니다.'
```

8　이 API를 호출하는 getUser에 대한 구현은 UserList에서 사용한 예제와 마찬가지로 API 호출이 없는 가짜 구현이다. 실제 구현에서는 API를 호출하는 코드로 치환해야 한다.

```
  },
  {
    id: 2,
    name: 'Yohei Noda',
    description: '아웃도어, 풋살이 취미인 엔지니어입니다.'
  }
]


// 가짜 API를 통해 정보를 받아온 흉내를 냄
var getUser = function(userId, callback) {
  setTimeout(function() {
    var filteredUsers = userData.filter(function(user) {
      return user.id === parseInt(userId, 10)
    })
    callback(null, filteredUsers && filteredUsers[0])
  }, 1000)
}


// 상세 정보 페이지 컴포넌트
var UserDetail = {
  template: '#user-detail',
  // 초깃값 설정
  data: function() {
    return {
      loading: false,
      user: null,
      error: null
    }
  },

  created: function() {
    this.fetchData()
  },

  watch: {
    '$route': 'fetchData'
  },
```

```
  methods: {
    fetchData: function() {
      this.loading = true
      // this.$route.params.userId에 현재 URL의 파라미터에 해당하는 userId를 저장
      getUser(this.$route.params.userId, (function(err, user) {
        this.loading = false
        if (err) {
          this.error = err.toString()
        } else {
          this.user = user
        }
      }).bind(this))
    }
  }
}
```

4.4.4 사용자 등록 페이지 구현하기

이번에는 사용자 등록 페이지를 구현하겠다. /users/new로 접근하면 사용자 정보를 추가할 수 있는 페이지를 생성해 보자. 앞에서와 마찬가지로 라우트부터 정의한다. 여기서 주의할 점은 지금 추가하는 /users/new의 라우트 정의는 /users/:userId 앞에 와야 한다는 점이다. 라우트 해석은 배열의 앞부터 순서대로 진행되기 때문에 여기서 순서가 반대가 되면 /users/new로 접근할 때 /users/:userId 패턴과 먼저 일치해 상세 정보 페이지로 라우팅된다.

그다음 템플릿과 컴포넌트 구현을 추가한다. 내용은 간단한 폼이 있는 컴포넌트다.

```
var router = new VueRouter({
  routes: [
    {
      path: '/top',
      component: {
        template: '<div>최상위 페이지입니다.</div>'
      }
    },
    {
      path: '/users',
```

```
      component: UserList
    },
    { // 라우트 정의 추가
      path: '/users/new',
      component: UserCreate
    },
    {
      path: '/users/:userId',
      component: UserDetail
    }
  ]
})
```

```html
<!-- 사용자 등록 페이지 템플릿 -->
<script type="text/x-template" id="user-create">
    <div>
        <div class="sending" v-if="sending">Sending...</div>
        <div>
            <h2>신규 사용자 등록</h2>
            <div>
                <label>이름: </label>
                <input type="text" v-model="user.name">
            </div>
            <div>
                <label>설명: </label>
                <textarea v-model="user.description"></textarea>
            </div>
            <div v-if="error" class="error">
                {{ error }}
            </div>
            <div>
                <input type="button" @click="createUser" value="등록">
            </div>
        </div>
    </div>
</script>
```

이 컴포넌트의 송신 버튼을 클릭하면 데이터 유효성 검사를 거친 뒤 사용자 정보를 POST API를 통해 전송한다.

예제 코드에 나온 API 구현은 클라이언트에서만 데이터를 추가한다. 외관상으로는 새로운 데이터가 추가되지만, 애플리케이션을 재시작하면 데이터가 리셋된다.

```
// 가짜 API를 통해 정보를 수정한 흉내를 냄
// 실제 웹 애플리케이션에서는 서버에 POST 요청을 보내는 부분임
var postUser = function(params, callback) {
  setTimeout(function() {
    // id가 추가될 때마다 자동으로 increment됨
    params.id = userData.length + 1
    userData.push(params)
    callback(null, params)
  }, 1000)
}

// 신규 사용자 등록 컴포넌트
var UserCreate = {
  template: '#user-create',
  data: function() {
    return {
      sending: false,
      user: this.defaultUser(),
      error: null
    }
  },

  created: function() {
  },

  methods: {
    defaultUser: function() {
      return {
        name: '',
        description: ''
      }
    },
```

```
  createUser: function() {
    // 입력 파라미터 유효성 검사
    if (this.user.name.trim() === '') {
      this.error = 'Name은 필수입니다'
      return
    }
    if (this.user.description.trim() === '') {
      this.error = 'Description은 필수입니다'
      return
    }
    postUser(this.user, (function(err, user) {
      this.sending = false
      if (err) {
        this.error = err.toString()
      } else {
        this.error = null
        // 입력 폼을 기본값으로 리셋
        this.user = this.defaultUser()
        alert('신규 사용자가 등록되었습니다')
        // 사용자 목록 페이지로 돌아감
        this.$router.push('/users')
      }
    }).bind(this))
  }
 }
}
```

이렇게 해서 새로운 사용자를 등록하는 컴포넌트를 완성했다.

4.4.5 로그인/로그아웃 구현하기

라우트 단위 훅 함수를 사용해서 더미 데이터로 만든 간이 인증을 적용한 SPA를 구현해 보겠다.

지금 상태로는 아무나 신규 사용자 등록이 가능하지만, 로그인을 해야 신규 사용자 등록 페이지에 접근할 수 있게 하는 방법을 소개한다.

더미 데이터(이메일 주소: vue@example.com, 패드워드: vue)가 적용된 인증용 모듈 Auth를 구현한다. 인증 정보는 로컬 스토리지에 저장되므로 일부러 로그아웃하지 않는 한 로그인 상태가 영구적으로 지속된다.

```
var Auth = {
  login: function(email, pass, cb) {
    // 더미 데이터를 사용한 가짜 로그인
    setTimeout(function() {
      if (email === 'vue@example.com' && pass === 'vue') {
        // 로그인 성공 시 로컬 스토리지에 token을 저장
        localStorage.token = Math.random().toString(36).substring(7)
        if (cb) {
          cb(true)
        }
      } else {
        if (cb) {
          cb(false)
        }
      }
    }, 0)
  },

  logout: function() {
    delete localStorage.token
  },

  loggedIn: function() {
    // 로컬 스토리지에 token이 있으면 로그인 상태로 간주
    return !!localStorage.token
  }
}
```

사용자 등록 페이지로 이동하려고 하면 인증 페이지를 거치도록 라우트 단위 훅 함수를 정의한다. 신규 사용자 등록 페이지의 라우트 정의에 beforeEnter 훅 함수를 추가했다.

```
var router = new VueRouter({
  routes: [
    {
      path: '/top',
      component: {
        template: '<div>최상위 페이지입니다.</div>'
      }
```

```
    },
    {
      path: '/users',
      component: UserList
    },
    {
      path: '/users/new',
      component: UserCreate,
      beforeEnter: function(to, from, next) {
        // 비로그인 상태에서 접근하면 login 페이지로 이동
        if (!Auth.loggedIn()) {
          next({
            path: '/login',
            query: {
              redirect: to.fullPath
            }
          })
        } else {
          // 로그인 상태면 그대로 신규 사용자 등록 페이지로
          next()
        }
      }
    },
    {
      path: '/users/:userId',
      component: UserDetail
    },
    {
      path: '/login',
      component: Login
    },
    {
      path: '/logout',
      beforeEnter: function(to, from, next) {
        Auth.logout()
        next('/')
      }
    }
  ]
})
```

로그인 컴포넌트 구현

로그인 페이지에 해당하는 로그인 컴포넌트를 구현한다. 인증에 실패하면 오류 메시지를 출력하도록 한다.

```html
<script type="text/x-template" id="login">
    <div>
        <h2>Login</h2>
        <p v-if="$route.query.redirect">
            로그인이 필요합니다
        </p>
        <form @submit.prevent="login">
            <label><input v-model="email" placeholder="email"></label>
            <label><input v-model="pass" placeholder="password" type="password"></label><br>
            <button type="submit">로그인</button>
            <p v-if="error" class="error">로그인에 실패했습니다</p>
        </form>
    </div>
</script>
```

위에 나온 HTML 템플릿을 다음 컴포넌트에 템플릿으로 사용한다.

```javascript
var Login = {
  template: '#login',
  data: function() {
    return {
      email: 'vue@example.com',
      pass: '',
      error: false
    }
  },
  methods: {
    login: function() {
      Auth.login(this.email, this.pass, (function(loggedIn) {
        if (!loggedIn) {
          this.error = true
        } else {
          // redirect 파라미터가 있으면 해당 경로로 이동
```

```
            this.$router.replace(this.$route.query.redirect || '/')
        }
    }).bind(this))
    }
  }
}
```

전역 메뉴에 새로 생성한 페이지에 대한 링크를 추가한다. v-show를 사용해 로그인 상태에서는 로그아웃 항목, 로그아웃 상태에서는 로그인 항목을 표시하도록 했다.

```
<div id="app">
    <nav>
        <router-link to="/top">최상위 페이지</router-link>
        <router-link to="/users">사용자 목록 페이지</router-link>
        <router-link to="/users/new?redirect=true">신규 사용자 등록</router-link>
        <router-link to="/login" v-show="!Auth.loggedIn()">로그인</router-link>
        <router-link to="/logout" v-show="Auth.loggedIn()">로그아웃</router-link>
    </nav>
    <router-view></router-view>
</div>
```

지금까지 구현한 내용을 통해 사용자 등록 페이지에 접근하면 다음과 같이 인증 페이지가 나온다.

로그인 화면

이메일 주소 vue@example.com, 패스워드 vue를 입력하면 인증에 성공하며 사용자 등록 페이지로 이동한다.

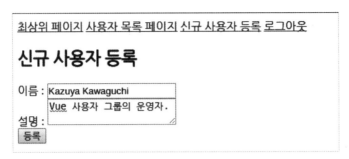

사용자 등록 화면

위 그림과 같이 새로운 사용자의 이름과 설명을 입력하고 등록 버튼을 누르면 사용자 목록 페이지로 이동하며 방금 추가한 사용자가 목록에 추가된다. 이것으로 애플리케이션을 완성했다.

새로운 사용자가 추가된 사용자 목록 화면

4.4.6 예제 애플리케이션 전체 코드

다음은 지금까지 구현한 애플리케이션의 전체 코드다. 이 코드를 HTML 파일로 저장한 다음, 브라우저에서 열면 애플리케이션이 동작한다. 지금은 설명을 위해 하나의 HTML 파일에 코드를 합쳤으나, 적절히 여러 파일로 나누는 것이 좋다.

소스 코드 및 동작을 확인하려면 https://jsfiddle.net/flourscent/wp2h5arj/를 참고하라.

```html
<!DOCTYPE html>
<title>Vue.js SPA 예제 애플리케이션</title>
<style>
    /* https://kr.vuejs.org/v2/api/index.html#v-cloak */
    [v-cloak] {
    display: none /* 템플릿의 {{}} 부분을 표시하지 않게 함 */
    }
</style>
```

```
<div id="app">
    <nav v-cloak>
        <router-link to="/top">최상위 페이지</router-link>
        <router-link to="/users">사용자 목록 페이지</router-link>
        <router-link to="/users/new?redirect=true">신규 사용자 등록</router-link>
        <router-link to="/login" v-show="!Auth.loggedIn()">로그인</router-link>
        <router-link to="/logout" v-show="Auth.loggedIn()">로그아웃</router-link>
    </nav>
    <router-view></router-view>
</div>
<script src="https://unpkg.com/vue@2.5.17"></script>
<script src="https://unpkg.com/vue-router@3.1.0"></script>
<!-- 사용자 목록 페이지 템플릿 -->
<script type="text/x-template" id="user-list">
    <div>
        <div class="loading" v-if="loading">로딩 중...</div>
        <div v-if="error" class="error">
            {{ error }}
        </div>
        <div v-for="user in users" :key="user.id">
            <router-link :to="{ path: '/users/' + user.id }">{{ user.name }}</routerlink>
        </div>
    </div>
</script>
<!-- 사용자 상세 정보 페이지 템플릿 -->
<script type="text/x-template" id="user-detail">
    <div>
        <div class="loading" v-if="loading">로딩 중...</div>
        <div v-if="error" class="error">
            {{ error }}
        </div>
        <div v-if="user">
            <h2>{{ user.name }}</h2>
            <p>{{ user.description }}</p>
        </div>
    </div>
</script>
<!-- 신규 사용자 등록 페이지 템플릿 -->
```

```
<script type="text/x-template" id="user-create">
    <div>
        <div class="sending" v-if="sending">Sending...</div>
        <div>
            <h2>신규 사용자 등록</h2>
            <div>
                <label>이름: </label>
                <input type="text" v-model="user.name">
            </div>
            <div>
                <label>설명: </label>
                <textarea v-model="user.description"></textarea>
            </div>
            <div v-if="error" class="error">
                {{ error }}
            </div>
            <div>
                <input type="button" @click="createUser" value="등록">
            </div>
        </div>
    </div>
</script>
<!-- 로그인 페이지 템플릿 -->
<script type="text/x-template" id="login">
    <div>
        <h2>Login</h2>
        <p v-if="$route.query.redirect">
            로그인이 필요합니다
        </p>
        <form @submit.prevent="login">
            <label><input v-model="email" placeholder="email"></label>
            <label><input v-model="pass" placeholder="password" type="password"></label><br>
            <button type="submit">로그인</button>
            <p v-if="error" class="error">로그인에 실패했습니다</p>
        </form>
    </div>
</script>
<script>
```

```javascript
// 예제 애플리케이션에 사용할 더미 인증 모듈
var Auth = {
  login: function(email, pass, cb) {
    // 더미 데이터를 사용한 가짜 로그인
    setTimeout(function() {
      if (email === 'vue@example.com' && pass === 'vue') {
        // 로그인 성공시 로컬 스토리지에 token을 저장
        localStorage.token = Math.random().toString(36).substring(7)
        if (cb) {
          cb(true)
        }
      } else {
        if (cb) {
          cb(false)
        }
      }
    }, 0)
  },
  logout: function() {
    delete localStorage.token
  },
  loggedIn: function() {
    // 로컬 스토리지에 token이 있으면 로그인 상태로 간주함
    return !!localStorage.token
  }
}
// 더미 데이터 정의. 원래는 이 정보가 데이터베이스에 있고 API를 통해 받아와야 함
var userData = [{
    id: 1,
    name: 'Takuya Tejima',
    description: '동남아시아에서 일하는 엔지니어입니다.'
  },
  {
    id: 2,
    name: 'Yohei Noda',
    description: '아웃도어, 풋살이 취미인 엔지니어입니다.'
  }
]
```

```javascript
// 가짜 API를 통해 정보를 받아온 흉내를 냄.
var getUsers = function(callback) {
  setTimeout(function() {
    callback(null, userData)
  }, 1000)
}


var getUser = function(userId, callback) {
  setTimeout(function() {
    var filteredUsers = userData.filter(function(user) {
      return user.id === parseInt(userId, 10)
    })
    callback(null, filteredUsers && filteredUsers[0])
  }, 1000)
}


// 가짜 API를 통해 정보를 수정한 흉내를 냄.
// 실제 웹 애플리케이션이면 이 부분에서 서버에 POST 요청을 보냄
var postUser = function(params, callback) {
  setTimeout(function() {
    // id가 추가될 때마다 자동으로 increment 됨
    params.id = userData.length + 1
    userData.push(params)
    callback(null, params)
  }, 1000)
}


// 로그인 컴포넌트
var Login = {
  template: '#login',
  data: function() {
    return {
      email: 'vue@example.com',
      pass: '',
      error: false
    }
  },
  methods: {
```

```
    login: function() {
      Auth.login(this.email, this.pass, (function(loggedIn) {
        if (!loggedIn) {
          this.error = true
        } else {
          // redirect 파라미터가 있으면 해당 경로로 이동
          this.$router.replace(this.$route.query.redirect || '/')
        }
      }).bind(this))
    }
  }
}
// 사용자 목록 컴포넌트
var UserList = {
  template: '#user-list',
  data: function() {
    return {
      loading: false,
      users: function() {
        return []
      },
      error: null
    }
  },

  created: function() {
    this.fetchData()
  },

  watch: {
    '$route': 'fetchData'
  },

  methods: {
    fetchData: function() {
      this.loading = true
      getUsers((function(err, users) {
        this.loading = false
```

```
        if (err) {
          this.error = err.toString()
        } else {
          this.users = users
        }
      }).bind(this))
    }
  }
}


// 사용자 상세 정보 컴포넌트
var UserDetail = {
  template: '#user-detail',
  data: function() {
    return {
      loading: false,
      user: null,
      error: null
    }
  },

  created: function() {
    this.fetchData()
  },

  watch: {
    '$route': 'fetchData'
  },

  methods: {
    fetchData: function() {
      this.loading = true
      // this.$route.params.userId에 현재 URL의 userId 값을 저장함
      getUser(this.$route.params.userId, (function(err, user) {
        this.loading = false
        if (err) {
          this.error = err.toString()
        } else {
```

```javascript
        this.user = user
      }
    }).bind(this))
    }
  }
}


// 신규 사용자 등록 컴포넌트
var UserCreate = {
  template: '#user-create',
  data: function() {
    return {
      sending: false,
      user: this.defaultUser(),
      error: null
    }
  },

  created: function() {
  },

  methods: {
    defaultUser: function() {
      return {
        name: '',
        description: ''
      }
    },

    createUser: function() {
      // 입력 파라미터 유효성 검사
      if (this.user.name.trim() === '') {
        this.error = 'Name은 필수입니다'
        return
      }
      if (this.user.description.trim() === '') {
        this.error = 'Description은 필수입니다'
        return
```

```
      }
      postUser(this.user, (function(err, user) {
        this.sending = false
        if (err) {
          this.error = err.toString()
        } else {
          this.error = null
          // 기본값으로 폼을 리셋
          this.user = this.defaultUser()
          alert('신규 사용자가 등록되었습니다')
          // 사용자 목록 페이지로 돌아감
          this.$router.push('/users')
        }
      }).bind(this))
    }
  }
}
// 옵션을 지정해 라우터 인스턴스를 생성
var router = new VueRouter({
  // 각 라우트에 컴포넌트를 매핑
  // 컴포넌트는 생성자로 만든 것이든 옵션으로 만든 것이든 상관없음
  routes: [{
    path: '/top',
    component: {
      template: '<div>최상위 페이지입니다.</div>'
    }
  },
  {
    path: '/users',
    component: UserList
  },
  {
    path: '/users/new',
    component: UserCreate,
    beforeEnter: function(to, from, next) {
      // 비로그인 상태에서 접근하면 login 페이지로 이동
      if (!Auth.loggedIn()) {
        next({
```

```
          path: '/login',
          query: {
            redirect: to.fullPath
          }
        })
      } else {
        // 로그인 상태라면 신규 사용자 등록 페이지로
        next()
      }
    }
  },
  {
    // /users/new보다 앞에 이 라우트를 정의하면 /user/new가 동작하지 않음
    path: '/users/:userId',
    component: UserDetail
  },
  {
    path: '/login',
    component: Login
  },
  {
    path: '/logout',
    beforeEnter: function(to, from, next) {
      Auth.logout()
      next('/top')
    }
  },
  {
    // 정의되지 않은 경로 처리. 최상위 페이지로 리다이렉트
    path: '*',
    redirect: '/top'
  }
 ]
})
// 라우터 인스턴스를 루트 Vue 인스턴스에 전달
var app = new Vue({
  data: {
    Auth: Auth
```

```
  },
  router: router
}).$mount('#app')
</script>
```

4.5 Vue Router의 고급 기능

예제 애플리케이션 구현에는 사용하지 않았던 Vue Router의 고급 기능을 소개한다.

4.5.1 Router 인스턴스와 Route 객체

앞서 페이지 이동이나 모니터링에 사용했던 $router와 $route에 대해 설명한다. 이 두 객체는 이름은 비슷하지만, 전혀 다른 것이기 때문에 주의가 필요하다.

예제에서 this.$router.push처럼 컴포넌트에서 Router 인스턴스에 접근하는 코드가 있었다. $router는 Router 인스턴스를 가리킨다. Router 인스턴스는 웹 애플리케이션 전체에서 딱 하나만 존재하는 것으로 전반적인 라우터 기능을 관리한다. 예를 들면 애플리케이션 전체에서 히스토리를 어떻게 관리할지에 대한 설정이나 router-link 요소 없이 프로그램적인 방법으로 페이지를 이동할 때 이 Router 인스턴스를 사용한다.

이와 달리 this.$route.params 등의 코드에 나오는 $route는 Route 객체다. 페이지 이동 등으로 라우팅이 발생할 때마다 생성된다. 현재 활성화된 라우트의 상태를 저장한 객체로, 현재의 경로 및 URL 파라미터 등의 정보를 이 객체에서 받을 수 있다. 컴포넌트 내부에 구현된 Router 혹 함수 등을 통해서도 참조할 수 있다. watch에서 모니터링하기도 한다.

다음은 이 두 객체의 대표적인 기능을 표로 정리한 것이다.

Router 객체의 주요 프로퍼티와 메서드

프로퍼티 / 메서드명	설명
app	라우터를 사용하는 루트 Vue 인스턴스.
mode	라우터 모드(히스토리 관리와 함께 설명함).
currentRoute	현재 라우트에 대한 Route 객체.

프로퍼티 / 메서드명	설명
push(location, onComplete?, onAbort?)	페이지 이동 실행. 히스토리에 새 엔트리를 추가하고 브라우저에서 뒤로 가기 버튼이 눌리면 앞의 URL로 돌아감.
replace(location, onComplete?, onAbort?)	페이지 이동 실행. 히스토리에 새 엔트리 추가하지 않음.
go(n)	히스토리 단계에서 n단계 이동. `window.history.go(n)`과 비슷함.
back()	히스토리에서 한 단계 돌아감. `history.back()`과 같음.
forward()	히스토리에서 한 단계 앞으로 나아감.
addRoutes(routes)	라우터에 동적으로 라우트를 추가.

Route 객체의 주요 프로퍼티

프로퍼티	설명
path	현재 라우트의 경로를 나타내는 문자열.
params	정의된 URL 패턴과 일치하는 파라미터의 키-값 쌍을 담고 있는 객체. 파라미터가 없다면 빈 객체.
query	쿼리 문자열의 키-값 쌍을 담고 있는 객체. 쿼리가 없다면 빈 객체. 경로가 /foo?user=1이면 `$route.query.user == 1`이 된다.
hash	현재 URL에 URL 해시가 있을 경우 라우트의 해시값을 갖는다. 해시가 없다면 빈 객체.
fullPath	쿼리 및 해시를 포함하는 전체 URL.
name	이름을 가진 라우트인 경우 라우트의 이름.

4.5.2 중첩 라우팅

애플리케이션이 복잡해짐에 따라 중첩 라우팅이 필요해지는 경우가 있다. Vue Router의 중첩 라우팅은 어떤 컴포넌트 안에 든 컴포넌트에 대한 라우트 정의를 말한다.

예를 들어 페이지 내용은 /user/사용자_id를 기본으로 하되 /user/사용자_id/posts이면 포스트 정보를 노출하고, /user/사용자_id/profile이면 프로필 정보를 부분적으로 노출하는 정의가 중첩 라우팅이다. Vue Router를 사용하면 이런 내용을 쉽게 구현할 수 있다. 컴포넌트 정의에는 <router-view>, 라우트 정의에서 children 속성에 안긴 컴포넌트 부분을 설정하면 된다.

```
// 사용자 상세 정보 페이지 컴포넌트 정의
var User = {
  template: '<div class="user">' +
```

```
        '<h2>사용자 ID는 {{ $route.params.userId }} 입니다.</h2>' +
        '<router-link :to="\'/user/\' + $route.params.userId + \'/profile\'">사용자 프로필 보기 <
/router-link>' +
      '<router-link :to="\'/user/\' + $route.params.userId + \'/posts\'">사용자의 글 모음 보기 <
/router-link>' +
      '<router-view></router-view>' +
      '</div>'
}

// 사용자 상세 정보 페이지에 부분적으로 나오는 사용자 프로필 페이지
var UserProfile = {
  template: '<div class="user-profile">' +
    '<h3>사용자 {{ $route.params.userId }} 의 프로필 페이지입니다.</h3>' +
    '</div>'
}

// 사용자 상세 정보 페이지에 부분적으로 나오는 사용자 글 모음 페이지
var UserPosts = {
  template: '<div class="user-posts">' +
    '<h3>사용자 {{ $route.params.userId }} 의 글 모음 페이지입니다.</h3>' +
    '</div>'
}

var router = new VueRouter({
  routes: [{
    path: '/user/:userId',
    name: 'user',
    component: User,
    children: [{
        // /user/:userId/profile 와 일치한 경우
        // UserProfile 컴포넌트는 User 컴포넌트의 <router-view> 안에서 렌더링됨
        path: 'profile',
        component: UserProfile
      },
      {
        // /user/:userId/posts 와 일치한 경우
        // UserPosts 컴포넌트는 User 컴포넌트의 <router-view> 안에서 렌더링됨
        path: 'posts',
```

```
        component: UserPosts
      }
    ]
  }]
})
```

/user/123으로 접근한 사용자 상세 정보 페이지에서 각각 프로필 페이지와 글 모음 페이지를 클릭하면
현재 페이지 내용에서 해당 부분만 바뀐다.

4.5.3 리다이렉션과 앨리어싱

간혹 SPA에서도 일반적인 웹 애플리케이션과 마찬가지로 리다이렉션 기능을 사용해야 하는 경우가 있
다. Vue Router는 URL을 바꿔주는 리다이렉션과 URL 수정 없이 라우팅 처리만 해주는 앨리어싱 기능
을 제공한다.

리다이렉션

다음 리다이렉션 예제 코드는 /a에 접근하면 /b를 연결해준다. 이때 URL도 연결 대상에 대한 URL로 바
뀐다. 또한 *를 사용하면 현재 정의된 모든 라우트와 일치하지 않았을 때 리다이렉션 대상을 지정할 수
있다. 대표적인 예로 Not Found 페이지를 만들 때 유용하다.

```
var router = new VueRouter({
  routes: [
    { path: '/a', redirect: '/b' },
    { path: '/b', component: B },
    { path: '/notfound', component: NotFound },
    // 현재 URL이 어떤 라우트와도 일치하지 않으면 /notfound로 이동
    { path: '*', redirect: '/notfound' }
  ]
})
```

앨리어싱

접근한 URL은 그대로 두고 다른 라우트에서 정의한 페이지로 이동하도록 하려면 앨리어싱을 사용한다.
다음의 첫 번째 예제는 /b에 접근했을 때 URL은 /b로 그대로 두고 컴포넌트는 A를 렌더링해서 마치 /a
에 접근한 것처럼 보이게 한다. 두 번째 예제에서 보듯이 앨리어싱은 하나 이상을 지정할 수 있다.

```
var router = new VueRouter({
  routes: [
    { path: '/a', component: A, alias: '/b' }
    { path: '/c', component: C, alias: ['/d', '/e'] }
  ]
})
```

4.5.4 히스토리 관리

SPA는 서버 사이드의 라우팅을 거치지 않기 때문에 브라우저 히스토리 역시 클라이언트에서 관리해야 한다.

히스토리 관리는 URL 해시를 사용하는 방법과 HTML5 History API를 사용하는 두 가지 방법이 있다.

URL 해시

URL 해시는 URL 끝에 #를 붙여서 라우팅 경로를 관리한다. Vue Router는 기본적으로 URL 해시로 동작한다.

클라이언트 쪽에서 URL이 변화하기 때문에 브라우저 히스토리에는 URL이 각각 추가된다. 브라우저에서 뒤로 가기 혹은 앞으로 가기 버튼을 누르면 내부적으로는 hashchange 이벤트로 라우팅 변경 시와 같은 처리가 일어난다.

이런 방식은 사용자가 직접 브라우저에 URL을 입력해 접근해도 따로 특별한 처리를 하지 않아도 된다.

HTML5 History API

히스토리를 관리하는 또 다른 방법은 HTML5부터 도입된 HTML5 History API로 히스토리 스택을 조작하는 것이다.

이 방법을 사용하면 #/을 붙이지 않아도 일반적인 서버 사이드 라우팅과 같은 방식의 URL을 사용할 수 있다. 그러나 사용자가 직접 브라우저에 URL을 입력해 접근한 경우에 적절히 SPA 페이지를 반환하도록 하는 처리가 필요하기 때문에 주의가 필요하다.

Vue Router 인스턴스를 만들 때 옵션 객체의 mode 속성을 'history'로 설정하면 History API를 사용할 수 있다.

Vue Router를 사용한 대규모 애플리케이션 구현

애플리케이션의 규모가 커지면서 컴포넌트 간의 중첩 관계도 늘어나고 이에 따라 컴포넌트 간에 데이터를 주고받는 양상도 복잡해지는 경향을 보인다.

예를 들어 부모 컴포넌트에서 자식 컴포넌트로 props를 이용해 연쇄적으로 데이터를 전달하거나 $emit 이벤트를 통해 데이터를 주고받는 경로가 늘어나고 복잡해지면 구현을 수정했을 때 전혀 생각지 못한 컴포넌트에서 사이드 이펙트가 발생한다.

여러 컴포넌트 간의 데이터 관리가 복잡해지는 것을 방지하려면 7장에서 소개할 Vuex를 사용하는 것도 한 가지 방법이다.

Vue Router 기반 애플리케이션에서 vuex-router-sync[9]를 사용하면 Vuex를 연동시킬 수 있다. 이 도구를 사용하면 현재 라우팅 정보를 Vuex에서 관리하므로 컴포넌트와 라우팅 상태를 한곳에서 관리할 수 있다. 자세한 내용은 7.8절에서 설명한다.

중요한 것은 규모가 커질 가능성이 있는 애플리케이션에 Vue Router나 Vuex를 적용하기만 하면 되는 것이 아니라는 점이다. 애플리케이션의 특성이나 설계 정책에 따라 Vue Router와 Vuex 중 하나만 적용하거나, 혹은 둘 다 적용하는 등 적절한 판단이 필요하다.

애플리케이션의 특징에 따라 어떤 플러그인 조합이 적합한지 판단할 때 도움이 될 만한 간단한 기준을 정리했다.

- **Vue Router와 Vuex 모두 사용할 필요 없는 애플리케이션의 예**
  - 기존 전자상거래 사이트처럼 라우팅은 서버 사이드에서 수행하고 클라이언트 사이드도 컴포넌트로 구성되지 않는 애플리케이션
  - 서비스 소개 사이트 등 일부 컴포넌트가 동적으로 동작하는 랜딩 페이지

- **Vue Router만 적용하면 되는 애플리케이션의 예**
  - SPA 기반 관리 화면 등 각 페이지에서 간단한 기능을 제공하는 애플리케이션
  - 네이티브 애플리케이션처럼 경쾌하게 동작하는 클라이언트 페이지 이동을 제공하는 애플리케이션 혹은 게임

- **Vuex만 적용하면 되는 애플리케이션의 예**
  - 대시보드, 채팅 애플리케이션, 사진 가공 애플리케이션 등 한 페이지 안에서 여러 컴포넌트 간의 데이터 연동이 필요한 단일 도구 형태의 애플리케이션

- **Vue Router와 Vuex를 모두 적용해야 하는 애플리케이션의 예**
  - 메일 클라이언트나 캘린더 클라이언트 등 여러 페이지에서 복잡한 컴포넌트 구성이 예상되는 대규모 SPA

Column

Vue Router와 React Router

최근 프런트 엔드 라이브러리 중에서 주목받는 React에도 React Router[10]라는 라우팅 라이브러리가 있다. 기능상으로는 Vue.js에 대해 Vue Router가 갖는 입지와 큰 차이는 없다. 그러나 Vue Router는 Vue.js 개발팀이 공식적으로 유지 보수를 맡고 있는데 비해, React Router는 원래 개발 주체였던 페이스북과 독립적으로 개발을 진행한다는 점이 다르다.

프런트 엔드 개발을 위한 라이브러리를 선정할 때 Vue.js를 선택하느냐 React를 선택하느냐는 주요 논쟁거리 중 하나다. 현시점에서는 React가 정보를 얻기 쉬울 수 있겠으나, Vue Router나 Vuex 등의 플러그인을 본체와 함께 개발하며 생태계를 확실히 다지고 있다는 점은 React와는 다른 Vue.js의 매력이라고 할 수 있다.

---

9 Vue Router와 Vuex 두 가지 모두와 별개의 라이브러리. https://github.com/vuejs/vuex-router-sync
10 https://github.com/ReactTraining/react-router

Vue.js의
고급 기능

이번 장은 Vue.js의 고급 기능 중에서도 중요도가 높은 기능을 몇 가지 소개한다. 여기서 말하는 고급 기능이란 Vue.js의 기능 중 애플리케이션의 사용자 경험이나 코드의 유지 보수성, 재사용성을 향상시키는 데 유용한 기능을 말한다. Vue.js로 애플리케이션을 개발할 때 필수 기능은 아니지만, 일정 수준 이상의 품질을 확보하기 위해 필요한 기능이다.

5.1 트랜지션 애니메이션

이번 절은 Vue.js의 트랜지션 애니메이션을 다룬다.

우리는 일상생활에서 다양한 애플리케이션을 사용한다. 데스크톱, 모바일을 막론하고 애플리케이션에는 애니메이션 효과가 사용된다. 예를 들어 화면 이동 시 화면이 좌우로 슬라이드 된다거나 요소가 화면에 나타날 때 투명도를 조절하며 페이드인 되는 효과를 본 적이 있을 것이다. 이러한 효과는 사용자의 주의를 끌어 적절한 조작을 유도하거나 사용감이나 체감 속도를 향상시킨다.

iOS나 안드로이드 등으로 대표되는 모바일 플랫폼에서도 이러한 효과를 구현하는 기능이 표준으로 제공된다. 웹에는 이런 애니메이션을 구현할 규격이 처음에는 없었으나, Ajax를 비롯한 리치 인터넷 애플리케이션과 스마트폰이 보급되면서 구현의 필요성이 제기됐다. 한때는 자바스크립트로 타이머를 사용해 실행 성능을 배려하는 애니메이션을 힘들게 구현했던 시절이 있었지만, 최근에는 CSS3와 웹 애니메이션 API 같은 웹 표준이 정립되고 Velocity.js와 Anime.js 등의 애니메이션 라이브러리가 갖춰지면서 이러한 애니메이션을 구현하기가 전보다 쉬워졌다.

Vue.js는 요소를 노출시키거나 숨길 때 앞서 언급한 표준 규격이나 라이브러리를 연동해 트랜지션 애니메이션을 쉽게 구현할 수 있다. 사용자 경험을 개선할 수 있도록 이런 기능을 알아보자.

5.1.1 transition 래퍼 컴포넌트

Vue.js는 요소를 노출시키는 등의 트랜지션 애니메이션을 구현하기 위해 transition 래퍼 컴포넌트를 사용한다.

transition 래퍼 컴포넌트란 자신이 감싸고 있는 컴포넌트 혹은 요소의 노출 상태에 따라 애니메이션 처리를 맡는 컴포넌트를 말한다. 구체적으로 설명하면 애니메이션의 시작부터 끝에 이르기까지 각 과정에서 v-enter, v-enter-active 등 Vue.js에 미리 정의된 클래스를 적용 및 해제하는 역할을 한다. 다음은 이러한 클래스가 적용되는 요소(디렉티브)와 그 조건이다.

```
<transition>
  <!--transiton 컴포넌트, 이 안에 속하는 요소를 대상으로 애니메이션을 만듦 -->
</transiton>
```

transition 컴포넌트는 자신이 감싸고 있는 컴포넌트 혹은 요소가 노출되거나 사라질 때(enter/leave) 트랜지션을 추가한다. '노출 혹은 사라짐'의 조건은 다음과 같다.

- v-if 조건의 평가 값이 변한 경우
- v-show 조건의 평가 값이 변한 경우
- 동적 컴포넌트(component 컴포넌트)의 is 속성값이 변한 경우

5.1.2 트랜지션 클래스

transition 컴포넌트가 감싸고 있는 요소는 노출되거나 사라질 때 애니메이션을 구현하기 위해 다음과 같은 클래스를 적절한 타이밍에 적용한다. 이 클래스를 트랜지션 클래스라고 한다. 상태와 트랜지션 내용은 다음과 같다.

v-enter	요소가 삽입되기 전에 부여됐다가 애니메이션이 시작될 때 제거되는 클래스. 삽입 애니메이션의 초기 스타일을 적용하기 위해 사용된다.
v-enter-to	삽입 애니메이션이 시작될 때 부여됐다가 애니메이션이 끝난 후 제거되는 클래스. 삽입 애니메이션이 끝날 시점의 스타일을 적용하기 위해 사용된다.

v-enter-active	요소를 삽입하기 전부터 애니메이션이 끝날 때까지 부여되는 클래스. 트랜지션 설정을 기술하기 위해 사용된다.
v-leave	삭제 애니메이션이 시작하기 전에 부여됐다가 애니메이션이 시작할 때 제거되는 클래스. 삭제 애니메이션의 초기 스타일을 적용하기 위해 사용된다.
v-leave-to	삭제 애니메이션이 시작하기 전에 부여됐다가 애니메이션이 끝난 후 제거되는 클래스. 삭제 애니메이션이 끝날 시점의 스타일을 적용하기 위해 사용된다.
v-leave-active	삭제 애니메이션이 시작하기 전부터 끝날 때까지 부여되는 클래스. 트랜지션 설정을 기술하기 위해 사용된다.

애니메이션의 정의란 시작 및 끝 시점의 상태와 두 상태가 어떻게 이어지느냐를 정의한 것이다. 노출되는 트랜지션에 초점을 맞추면 v-enter는 애니메이션의 초기 상태이고 v-enter-to는 종료 상태, v-enter-active는 두 상태가 어떻게 이어지는지에 대한 설정을 기술한 클래스다.

기본으로 제공되는 클래스명은 접두사 v-가 붙는데, name 속성에서 클래스명을 변경할 수 있다. <transition name="fade">라고 지정하면 v-enter가 아니라 fade-enter를 사용하게 된다.

5.1.3 fade 트랜지션 구현하기

실제 코드를 살펴보며 트랜지션 클래스를 이해해 보자. 페이드인/페이드아웃 애니메이션을 구현해 볼 것이다.

코드는 다음과 같다. CSS로 된 트랜지션 정의가 대부분을 차지한다.

```
<!DOCTYPE html>
<title>Vue app</title>
<link rel="stylesheet" href="style.css">
<script src="https://unpkg.com/vue@2.5.17"></script>

<div id="app">
    <button @click="isShown = !isShown">트랜지션</button>
    <transition>
        <p v-show="isShown">Hello, world!</p>
    </transition>
</div>
<script src="./app.js"></script>
```

```css
.v-enter-active,
.v-leave-active {
  /* 애니메이션 지속시간, 이징 등을 설정 */
  transition: opacity 500ms ease-out;
}

/* 페이드인 */
.v-enter {
  /* 페이드인 처음 상태 */
  opacity: 0;
}

.v-enter-to {
  /* 페이드인 끝 상태 */
  opacity: 1;
}

/* 페이드아웃 */
.v-leave {
  /* 페이드아웃 처음 상태 */
  opacity: 1;
}

.v-leave-to {
  /* 페이드아웃 끝 상태 */
  opacity: 0;
}
```

```javascript
new Vue({
  el: '#app',
  data: function() {
    return {
      isShown: false
    }
  }
})
```

코드를 각각 index.html, style.css, app.js 파일에 저장한 다음, HTML 파일을 브라우저로 확인한다. '표시 내용 바꾸기' 버튼을 클릭하면 요소가 페이드인 되면서 나타나고 한 번 더 클릭하면 페이드아웃 되면서 사라진다.

페이드인 되면서 서서히 텍스트가 나타난다.

크롬 개발자 도구에서 요소의 속성값이 바뀔 때 실행을 멈추도록 브레이크 포인트를 설정할 수 있다. 이 기능을 사용해서 버튼이 클릭될 때 요소의 클래스가 바뀌는 과정을 좇아보겠다. 브레이크 포인트는 Elements 탭에서 트랜지션 애니메이션이 실행될 요소 위에서 마우스 오른쪽 버튼을 클릭한 다음 'Break on', 'attribute modifications'를 차례로 선택하면 된다.

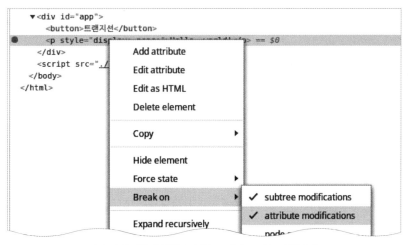

속성값이 바뀔 때 실행을 멈추는 브레이크 포인트 설정하기

브레이크 포인트 설정이 끝나면 '표시 내용 바꾸기' 버튼을 클릭한다. 그러면 다음과 같이 요소 속성값이 바뀌는 시점에 코드 실행이 멈춘다. 애니메이션 초깃값을 설정하는 클래스인 'v-enter'가 추가되는 중임을 알 수 있다.

```
7365    }
7366
7367    /* istanbul ignore else */
7368    if (el.classList) { el = p
7369      if (cls.indexOf(' ') > -1) { cls = "v-enter"
7370        cls.split(/\s+/).forEach(function (c) { return el.classList.add(c); }); el = p
7371      } else {
7372        el.classList.add(cls);
7373      }
7374    } else {
7375      var cur = " " + (el.getAttribute('class') || '') + " ";
7376      if (cur.indexOf(' ' + cls + ' ') < 0) {
7377        el.setAttribute('class', (cur + cls).trim());
7378      }
7379    }
7380 }
7381
```

클래스를 추가하는 순간에 멈춘 코드 실행

화면에서 'Paused in debugger' 옆에 있는 재생 버튼을 클릭하면 실행이 재개된다.

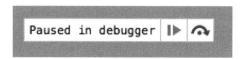

재생 버튼을 누르면 실행이 재개된다.

이런 방법으로 애니메이션이 완료될 때까지 어떤 클래스가 추가됐다가 사라지는지 파악할 수 있다.

1. v-enter 추가

2. v-enter-active 추가

3. v-enter 제거, v-enter-to 추가(CSS 트랜지션을 이용한 애니메이션 시작됨)

4. (애니메이션 종료, transitionend 이벤트 발생)

5. v-enter-to 제거, v-enter-active 제거

지금까지 살펴본 예제가 실린 JSFiddle의 URL은 https://jsfiddle.net/flourscent/5f8v0pw7/이다.

직접 동작을 확인해 보고 수정해서 실행해 보면 코드를 이해하는 데 도움이 될 것이다.

Vue Router의 트랜지션

Vue Router로도 트랜지션을 사용할 수 있다. <router-view>를 감싸기만 하면 된다. 좀 더 자세한 사용법은 참조 문서[1]를 참고하기 바란다.

```
<transition>
    <router-view></router-view>
</transition>
```

커스텀 트랜지션 클래스

트랜지션 클래스 메커니즘은 직관적이기는 하지만, 외부 라이브러리와의 연동면에서 보면 사용하기 어려운 면도 있다. Animate.css 같은 서드파티 애니메이션 라이브러리를 사용하는 경우, 라이브러리가 정의한 클래스명을 바꿔야 한다. 다음 속성을 transition 속성으로 지정해서 기본으로 정의된 클래스명을 덮어쓴다.

- enter-class
- enter-active-class
- enter-to-class
- leave-class
- leave-active-class
- leave-to-class

Animate.css는 bounce나 flash처럼 이펙트 이름을 갖는 클래스를 요소에 추가하면 해당 이펙트 애니메이션을 실행해주는 스타일시트다. 자세한 사용법이나 어떤 효과가 제공되는지는 깃허브(daneden/animate.css: A cross-browser library of CSS animations. As easy to use as an easy thing.)[2]의 README 파일을 참고하기 바란다. 여기서는 CDN으로 제공되는 파일을 읽어 들이고 Animate.css의 효과를 보여주는 데모 애플리케이션을 만들어본다. README에 나온 이펙트를 입력한 다음 '표시 내용 바꾸기' 버튼을 클릭하면 된다.

다음의 HTML과 자바스크립트를 각각 파일로 저장한 다음, 브라우저에서 열어보면 가장 먼저 bounce 이펙트와 함께 요소가 나타난다. 같은 내용이 담긴 JSFiddle URL도 준비해뒀으니 이를 활용해도 좋다(http://jsfiddle.net/flourscent/dLk94mc6/).

```
<!DOCTYPE html>
<title>Vue app</title>
<!-- Animate.css 파일은 CDN에서 로딩  -->
```

---

1 https://router.vuejs.org/guide/advanced/transitions.html
2 https://github.com/daneden/animate.css

```html
<link rel="stylesheet" href="https://cdn.jsdelivr.net/npm/animate.ó
css@3.5.2/animate.min.css">
<script src="https://unpkg.com/vue@2.5.17"></script>
<div id="app">
    <p><input type="text" v-model="animationClass"></p>
    <button @click="isShown = !isShown">트랜지션</button>
    <!-- 요소의 클래스 변경에 트랜지션 애니메이션을 적용하기 위해
        enter-active-class 프로퍼티와 leave-active-class 프로퍼티를 지정 -->
    <transition
        :enter-active-class="activeClass"
        :leave-active-class="activeClass"
    >
        <p v-show="isShown">Hello, world!</p>
    </transition>
</div>
<script src="./app.js"></script>
```

```javascript
new Vue({
  el: '#app',
  data: function() {
    return {
      animationClass: 'bounce',
      isShown: false
    }
  },
  computed: {
    activeClass: function() {
      // 활성화할 클래스가 무엇인지 계산. input 필드의 입력값에 따라 바뀐다.
      return this.animationClass + ' animated'
    }
  }
}
```

Animate.css를 사용하려면 애니메이션이 실행되는 동안에 부여되는 클래스를 바꿔야 한다. 구체적으로 말하면 enter-active-class 프로퍼티와 leave-active-class 프로퍼티를 수정한다. 여기서는 적용할 클래스를 사용자로부터 입력받기 위해 계산 프로퍼티를 사용해서 해당 프로퍼티 값에 바인딩하는 방법을 사용한다. 크롬 개발자 도구에서 버튼을 클릭했을 때 나타나는 요소가 의도한 대로 클래스를 부여받는지 확인할 수 있다.

정상적으로 동작한 결과는 다음과 같다. slideOutRight를 입력하고 버튼을 클릭하면 새로 나타나는 요소가 화면 우측으로 부터 슬라이드 되어 들어오는 애니메이션이 추가된다.

5.1.4 자바스크립트 훅

transition 컴포넌트와 CSS 트랜지션, CSS 애니메이션만으로도 대부분의 애니메이션을 구현할 수 있다. 그러나 자바스크립트를 사용해야만 하는 경우도 있다. 애니메이션에 요소의 크기나 화면상 위치, 컴포넌트 상태 등의 동적인 값을 사용하는 경우가 그렇다.

메뉴로 된 UI를 예로 들어 보겠다. 마우스가 호버링되면 메뉴 아이템이 아래로 펼쳐지는 메뉴다. 이때 메뉴 아이템의 수는 메뉴에 따라 달라지므로 애니메이션에 필요한 값이 동적으로 바뀌어야 한다.

transition 컴포넌트는 이런 경우를 처리하기 위해 애니메이션 도중에 자바스크립트를 실행할 수 있는 훅을 갖고 있다. 애니메이션 실행 중에 다음과 같은 이벤트가 발생한다.

이벤트 이름	시점
before-enter	요소가 삽입되기 전
enter	요소가 삽입되고 애니메이션이 시작되기 전
after-enter	삽입 애니메이션이 끝난 후
enter-cancelled	삽입 취소
before-leave	삭제 애니메이션이 시작되기 전
leave	before-leave 이후 삭제 애니메이션이 시작되기 전
after-leave	요소가 삭제된 후
leave-cancelled	삭제 취소

이 이벤트를 처리하는 이벤트 리스너는 v-on으로 설정한다.

```
<transition
  v-on:before-enter="beforeEnter"
  v-on:enter="enter"
  v-on:after-enter="afterEnter"
  v-on:enter-cancelled="enterCancelled"

  v-on:before-leave="beforeLeave"
  v-on:leave="leave"
  v-on:after-leave="afterLeave"
  v-on:leave-cancelled="leaveCancelled"
>
  <p v-if="isShown">Hello, world!</p>
</transition>
```

각 이벤트 리스너의 첫 번째 인자는 트랜지션 대상이 되는 DOM 요소다. 앞서 언급한 요소의 크기나 화면상 위치 등의 정보는 이 DOM 요소에서 얻을 수 있다. 그럼 메뉴 애니메이션을 구현해 보겠다. enter 훅을 실행할 때 요소의 높이 정보를 읽은 다음, Anime.js를 사용해서 메뉴가 아래로 펼쳐지는 애니메이션을 실행한다.

```
<!DOCTYPE html>
<title>Vue app</title>
<link rel="stylesheet" href="./style.css">
<script src="https://cdnjs.cloudflare.com/ajax/libs/animejs/2.2.0/anime.min.js"></script>
<script src="https://unpkg.com/vue@2.5.17"></script>

<div id="app">
    <pull-down-menu></pull-down-menu>
</div>
<script src="app.js"></script>
```

```
var PullDownMenu = {
  data: function() {
    return {
      isShown: false,
      name: '메뉴',
```

```
      items: [
        '1-1',
        '1-2',
        '1-3'
      ]
    }
  },
  template: `
    <div @mouseleave="isShown = false">
      <p @mouseover="isShown = true"><a href="#" class="menu">{{ name }}</a></p>
      <transition
        @before-enter="beforeEnter"
        @enter="enter"
        @leave="leave"
        :css="false"
      >
        <ul v-if="isShown">
          <li v-for="item in items" :key="item">
            <a href="#" class="menu-item">{{ item }}</a>
          </li>
        </ul>
      </transition>
    </div>
  `,
  methods: {
    beforeEnter: function(el) {
      // el: 트랜지션 대상 DOM 요소
      // 애니메이션 처음 상태(높이 0, 불투명도 0)를 설정
      el.style.height = '0px'
      el.style.opacity = '0'
    },
    enter: function(el, done) {
      // el: 트랜지션 대상 DOM 요소
      // 요소의 높이를 알아본 다음, Anime.js를 사용해 메뉴를 아래 방향으로 전개
      // 3초 동안 불투명도와 높이를 바꿔가며 나타나게 함
      anime({
        targets: el,
        opacity: 1,
```

```
          height: el.scrollHeight + 'px',
          duration: 3000,
          complete: done
      })
    },
    leave: function(el, done) {
      // el: 트랜지션 대상 DOM 요소
      anime({
        targets: el,
        opacity: 0,
        height: '0px',

        duration: 300,
        complete: done
      })
    }
  }
}
new Vue({
  el: '#app',
  components: {
    PullDownMenu: PullDownMenu
  }
})
```

```
div, ul, li, a, p {
  margin: 0;
  padding: 0;
}


ul {
  list-style-type: none;
  margin: 0;
  padding: 0;
  font-size: 14px;
}


div {
```

```
    width: 90px;
}

.menu {
    width: 90px;
    text-decoration: none;
    background-color: #9999FF;
    color: #000;
    border: solid 1px #6666CC;
    display: block;
    height: 30px;
    line-height: 30px;
    text-align: center;
}

.menu-item {
    width: 90px;
    text-decoration: none;
    background-color: #CCCCFF;
    color: #000;
    border: solid 1px #6666CC;
    border-top: none;
    display: block;
    height: 30px;
    line-height: 30px;
    text-align: center;
}
```

위 코드를 담은 JSFiddle URL은 https://jsfiddle.net/flourscent/c8uejn3t/다. 실행하고 수정해 보며 코드를 잘 이해해 보기 바란다.

그럼 동작을 확인해 보자. 현재 노출된 메뉴에 마우스 커서를 호버링하면 불투명도와 높이가 변화하는 애니메이션이 실행되면서 메뉴 아이템이 아래로 펼쳐진다.

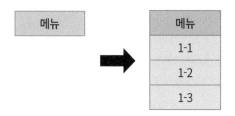

마우스 호버링 전과 후의 변화

각각의 훅에서 어떤 내용이 실행되는지 알아보자. beforeEnter 훅은 애니메이션 초기 상태를 설정한다. 여기서는 높이 0, 투명도를 0(완전 투명)으로 했다.

enter 훅과 leave 훅에서는 Anime.js를 사용해 3초 동안 높이와 불투명도를 변화시킨다. Anime.js는 가볍고 단순한 애니메이션 라이브러리다. enter 훅과 leave 훅은 이벤트가 완료됐음을 Vue.js에 통보하는 콜백 함수를 두 번째 인자로 받는다. Vue.js는 기본적으로 transitionend와 animationend 이벤트를 탐지해서 트랜지션(애니메이션) 종료 여부를 확인하는데, 애니메이션을 CSS 없이 자바스크립트만으로 구현하는 경우에는 이렇게 콜백 함수를 사용해야 한다. ":css=false"를 속성으로 지정하고 뒤에 설명할 애니메이션 종료 탐지를 비활성화한다. 자바스크립트만으로 애니메이션을 구현할 때는 확인도 할 겸 이렇게 설정하는 것이 좋다.

이 예제에서 볼 수 있듯이 enter 훅과 leave 훅을 사용하면 애니메이션 실행 타이밍만 Vue.js가 관리하고 실제 애니메이션 내용은 자유롭게 구현할 수 있다. 애니메이션 구현은 Velocity.js, jQuery 애니메이션 기능, 웹 애니메이션 API 등 마음에 드는 것을 선택하면 된다.

5.2 슬롯

이번 절은 슬롯 기능을 설명한다. 이에 대해서는 3장에서도 간단히 설명한 바 있다.

Vue.js 컴포넌트는 기본적으로 시작 태그와 종료 태그 사이에 오는 콘텐츠(다른 컴포넌트, 요소, 텍스트 노드)를 무시하고 렌더링된다. 그러나 컴포넌트가 사용되는 상황에 따라 외부로부터 콘텐츠를 전달받는 편이 컴포넌트를 재사용하기에 유리한 경우가 있다. 이렇게 외부로부터 콘텐츠를 전달받는 수단을 슬롯이라고 한다.

모달 윈도우 컴포넌트를 예로 들어 보겠다. 모달 윈도우의 내용은 해당 모달 윈도우가 사용되는 상황에 따라 달라진다. 단순히 텍스트로 된 내용만 표시하는 것이라면 프로퍼티를 통해 텍스트를 전달받기만 하면 될 수도 있다.

```
<Modal :message="text">
</Modal>
```

그러나 메시지에 강조 표시를 추가하고 싶다거나 메시지에 삽입된 URL을 링크로 만들어야 하는 경우 등이 있을 수 있다. 단순히 프로퍼티로 값을 전달하는 것만으로는 이런 기능을 구현할 수 없다. 이런 경우에 슬롯을 통해 외부로부터 콘텐츠를 전달받을 수 있다면 유연성도 높아지고 모달 윈도우로 노출할 콘텐츠가 무엇인지 템플릿만 봐도 한눈에 파악할 수 있다.

```
<Modal>
  <p>
    <b>중요 공지</b>
    1월부터 <a href="./terms.html">이용 약관</a>이 변경됩니다.
  </p>
</Modal>
```

또 최근에는 컴포넌트 설계에 아토믹 디자인 원칙을 따르거나 브랜드 통일성을 위해 전사적으로 UI 프레임워크를 적용하는 사례가 늘고 있다. 이런 경우 버튼 등의 기본적인 요소부터 스타일을 통일할 수 있도록 컴포넌트를 정의한다. HTML 표준으로 제공되는 button 요소의 내용은 텍스트 노드로 지정할 수 있는데, 슬롯을 사용하면 컴포넌트에서도 HTML 표준 button 요소처럼 내용을 지정할 수 있다.

```
<!-- 버튼 텍스트를 프로퍼티를 통해 설정 -->
<MyButton text="전송">
</MyButton>
<!-- 버튼 텍스트를 텍스트 노드를 통해 설정 -->
<MyButton>전송</MyButton>
```

이 외에도 다음과 같은 경우에 슬롯을 사용한다.

- 페이지 전체 레이아웃을 나타내는 컴포넌트에 페이지 헤더, 바디, 푸터를 삽입.

- 액션 시트 컴포넌트에 선택 가능한 액션의 선택지를 삽입.

- 슬라이더 컴포넌트에 해당 아이템의 내용을 삽입.

5.2.1 단일 슬롯

슬롯은 크게 단일 슬롯과 이름을 가지는 슬롯의 두 종류로 나뉜다. 단일 슬롯부터 먼저 설명하겠다.

앞서 본 MyButton 구현을 예로 들어 설명한다. 다음 HTML과 스크립트를 각각 파일에 저장한 다음, HTML 파일을 브라우저로 연다.

```html
<!DOCTYPE html>
<title>Vue app</title>
<script src="https://unpkg.com/vue@2.5.17"></script>

<div id="app">
  <!-- 콘텐츠를 포함하는 컴포넌트 마운트 -->
  <my-button>전송</my-button>
  <!-- 콘텐츠 없이 컴포넌트 마운트 -->
  <my-button></my-button>
</div>
<script src="./app.js"></script>
```

```javascript
var MyButton = {
  template: `
    <button>
      <!-- 부모 컴포넌트에서 받아온 콘텐츠로 갈아 끼움 -->
      <slot>OK</slot>
    </button>
  `
}

new Vue({
  el: '#app',
  components: {
    MyButton: MyButton
  }
})
```

브라우저에서 파일을 열어보면 '송신'과 'OK' 버튼, 이렇게 2개의 버튼이 보인다. 표시된 화면의 DOM 트리를 참조하며 슬롯이 어떻게 동작하는지 확인해 보겠다.

전송 OK

단일 슬롯 예제 코드를 실행한 화면

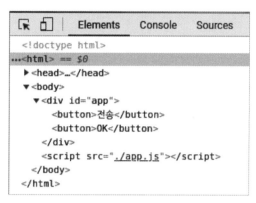

```
<!doctype html>
...<html> == $0
  ▶<head>...</head>
  ▼<body>
    ▼<div id="app">
        <button>전송</button>
        <button>OK</button>
    </div>
    <script src="./app.js"></script>
  </body>
</html>
```

단일 슬롯 예제 코드의 DOM 구조

컴포넌트 템플릿에 포함된 slot 요소가 바로 콘텐츠가 삽입되는 자리다. 이 예제에서는 MyButton의 OK를 감싸고 있는 <slot>...</slot> 부분에 해당한다.

HTML에 첫 번째 <my-button> 요소를 배치하면서 '송신'이라는 문자열을 콘텐츠로 전달했다. 그러면 자식 컴포넌트의 <slot>OK</slot> 부분이 '송신'이라는 문자열로 치환된다. 결국 최종 렌더링 결과는 <button>송신</button>이 된다.

두 번째 <my-button> 요소는 콘텐츠를 지정하지 않았다. 이 경우는 자식 컴포넌트의 slot 요소에 포함된 콘텐츠의 기본값이 사용된다[3]. 그러므로 최종 렌더링 결과는 <button>OK</button>이 된다.

5.2.2 이름을 갖는 슬롯

slot 요소의 name 속성을 이용해 슬롯에 이름을 붙일 수 있다. 이 이름으로 특정한 슬롯을 지정해 콘텐츠를 삽입할 수 있다. 앞서 설명한 단일 슬롯은 고정된 위치 한곳에만 콘텐츠를 전달할 수 있었다.

컴포넌트 중에도 여러 가지 콘텐츠로 구성되는 것들이 있다. 페이지 레이아웃이나 모달 윈도우 등은 헤더와 바디, 푸터 등의 부분으로 이루어진다. 이런 경우 각각의 부분을 개별 슬롯으로 다룰 수 있도록 이름을 붙인다.

---

3   여기서는 콘텐츠 기본값을 사용했으나, '콘텐츠 기본값을 정의하지 않고 부모 컴포넌트에 콘텐츠를 전달하지 않은 경우' 자식 컴포넌트의 <slot>...</slot> 사이의 내용이 폐기된다.

이번에는 페이지 레이아웃을 예제로 살펴보겠다. 먼저 페이지 레이아웃을 다룰 컴포넌트를 표시한다. 이 컴포넌트는 slot 요소를 3개 포함한다. 이 중 헤더와 푸터 슬롯에는 이름이 붙어 있고, 바디는 이름 없는 슬롯, 그러니까 앞서 설명한 단일 슬롯이다. 이런 식으로 단일 슬롯과 이름을 갖는 슬롯을 함께 사용할 수 있다.

```
var MyPage = {
  template: `
    <div>
      <header>
        <!-- 헤더 슬롯(이름을 갖는 슬롯) -->
        <slot name="header"></slot>
      </header>
      <main>
        <!-- 바디 슬롯 -->
        <slot></slot>
      </main>
      <footer>
        <!-- 푸터 슬롯(이름을 갖는 슬롯) -->
        <slot name="footer"></slot>
      </footer>
    </div>
  `
}

new Vue({
  el: '#app',
  components: {
    MyPage: MyPage
  }
})
```

그다음 이 컴포넌트를 배치하고 슬롯에 삽입할 콘텐츠를 전달하는 부분을 살펴보자. <my-page> 요소 안을 보면 3가지 콘텐츠가 있다. 콘텐츠의 slot 속성에 이름을 지정해서 콘텐츠가 삽입될 위치를 지정한다. slot 속성이 지정되지 않은 콘텐츠는 단일 슬롯의 콘텐츠로 간주한다.

```
<!DOCTYPE html>
<title>Vue app</title>
<script src="https://unpkg.com/vue@2.5.17"></script>

<div id="app">
    <my-page>
        <!-- name 속성값이 header의 <slot>과 치환됨 -->
        <h1 slot="header">This is my page</h1>
        <!-- 단일 슬롯과 치환되는 콘텐츠 -->
        <p>
                Lorem ipsum dolor sit amet, duo ex illum debet inermis, putant scaevola id vim, cu
platonem cotidieque vix. At est atqui efficiendi deterruisset. Sed eu solet antiopam, ex hinc errem
altera est. Doming theophrastus ius et, quem latine delicata cum an. Ut aliquid debitis duo, nisl
deleniti sit et.
        </p>
        <!-- name 속성값이 footer의 <slot>과 치환됨 -->
        <p slot="footer">This is footer</p>
    </my-page>
</div>
<script src="./app.js"></script>
```

브라우저에서 보면 각 슬롯에 지정된 콘텐츠가 삽입됐음을 알 수 있다.

This is my page

Lorem ipsum dolor sit amet, duo ex illum debet
inermis, putant scaevola id vim, cu platonem
cotidieque vix. At est atqui efficiendi
deterruisset. Sed eu solet antiopam, ex hinc
errem altera est. Doming theophrastus ius et,
quem latine delicata cum an. Ut aliquid debitis
duo, nisl deleniti sit et.

This is footer

이름을 갖는 슬롯 예제 실행 결과

푸터 부분을 노출하고 싶지 않다면 HTML에서 `<p slot="footer">This is footer</p>` 부분을 삭제하면
된다.

5.2.3 슬롯의 범위

지금까지 직관적으로 알 수 있는 슬롯 사용법을 알아봤다. 그러나 주의해야 할 점이 있다. 슬롯을 사용할 때 실수를 저지르기 쉬운 슬롯의 범위에 관해 설명하겠다.

```html
<!DOCTYPE html>
<title>Vue app</title>
<script src="https://unpkg.com/vue@2.5.17"></script>

<div id="app">
    <!-- "parent"와 "child" 중 어느 것이 참조되는가 -->
    <my-button>{{ textLabel }}</my-button>
</div>
<script src="./app.js"></script>
```

```javascript
var MyButton = {
  data: function() {
    return {
      textLabel: 'child'
    }
  },
  template: `
    <button>
      <slot>OK</slot>
    </button>
  `
}
new Vue({
  el: '#app',
  data: function() {
    return {
      textLabel: 'parent'
    }
  },
  components: {
    MyButton: MyButton
  }
})
```

textLabel은 MyButton을 사용하는 컴포넌트(부모 컴포넌트)와 MyButton(자식 컴포넌트) 중 어느 쪽 데이터와 바인딩될까? 정답은 부모 컴포넌트다. 다시 말해 {{ textLabel }}에 들어갈 내용은 parent가 된다.

슬롯에 삽입되는 콘텐츠는 부모 컴포넌트의 템플릿에 포함된 <my-button>에 있으므로 <my-button>(자식 컴포넌트)의 유효 범위가 적용될 것 같지만, 실제로는 부모 컴포넌트의 유효 범위에 속한다. Vue.js는 부모 컴포넌트의 템플릿에서 일어난 데이터 바인딩은 슬롯으로 삽입되는 콘텐츠라도 부모 컴포넌트의 유효 범위를 적용한다. 마찬가지로 자식 컴포넌트의 템플릿에서는 자식 컴포넌트의 유효 범위가 적용된다.

범위를 가지는 슬롯

앞서 슬롯에 삽입되는 콘텐츠에 대한 데이터 바인딩은 부모 컴포넌트의 유효 범위가 적용된다고 설명했다. 그러나 컴포넌트를 사용하는 쪽에서 컴포넌트의 동작을 제어하려는 상황에서는 자식 컴포넌트의 데이터에 접근할 필요가 있다.

TODO 리스트를 예제로 살펴보겠다. 리스트뷰의 기본 로직은 그대로 두고, 리스트 아이템의 뷰 구조를 리스트 아이템을 배치할 위치에 맞춰 수정하거나 표시할 데이터를 요약해야 하는 경우가 있다.

이런 경우에는 부모 컴포넌트에서 각 리스트 아이템의 데이터(자식 컴포넌트의 데이터)에 접근해야 한다.

다음은 TodoList 컴포넌트의 정의다. 자식 컴포넌트에서 부모 컴포넌트로 데이터를 전달하기 위해 자식 컴포넌트의 slot 요소에 v-bind를 사용했다.

```
var TodoList = {
  props: {
    todos: {
      type: Array,
      required: true
    }
  },
  template: `
  <ul>
    <template v-for="todo in todos">
      <!-- v-bind 디렉티브를 사용해 todo를 부모 컴포넌트에 전달 -->
      <slot :todo="todo">
        <li :key="todo.id">
```

```
          {{ todo.text }}
        </li>
      </slot>
    </template>
  </ul>
  `
}

new Vue({
  el: '#app',
  data: function() {
    return {
      todos: [
        { id: 1, text: 'C++',        isCompleted: true  },
        { id: 2, text: 'JavaScript', isCompleted: false },
        { id: 3, text: 'Java',       isCompleted: true  },
        { id: 4, text: 'Perl',       isCompleted: false }
      ]
    }
  },
  components: {
    TodoList: TodoList,
  }
})
```

그다음으로 데이터를 전달받는 부모 컴포넌트의 템플릿을 살펴보겠다. 데이터를 전달받을 때는 slot-scope 프로퍼티를 사용해 데이터를 범위(객체)로 만들어 한데 합쳐서 전달받는다. 속성값인 slotProps가 이 범위의 이름이 된다.

slotProps를 통해 todo 데이터를 참조할 수 있다. 이 예제는 isCompleted 프로퍼티가 true인 데이터만을 노출하도록 한 것이다.

```
<!DOCTYPE html>
<title>Vue app</title>
<script src="https://unpkg.com/vue@2.5.17"></script>


<div id="app">
```

```
    <todo-list :todos="todos">
        <li slot-scope="slotProps" v-if="slotProps.todo.isCompleted">
            {{ slotProps.todo.text }}
        </li>
    </todo-list>
</div>
<script src="./app.js"></script>
```

예제를 조금 수정해서 개선해 보자. 넘겨받은 데이터를 사용하기 위해 매번 slotProps에 접근하는 것은 번거롭다. ES2015의 분할 대입 문법을 활용해서 매번 slotProps에 접근할 필요 없이 데이터를 사용해 보겠다. 속성값을 분할 대입하는 표현식으로 수정하고 변수 todo를 선언하면 템플릿에서 직접 todo를 참조할 수 있다. 분할 대입은 배열이나 객체에 값을 대입하는 문법을 간략화한 것이다.

```
<!DOCTYPE html>
<title>Vue app</title>
<script src="https://unpkg.com/vue@2.5.17"></script>

<div id="app">
    <todo-list :todos="todos">
        <li slot-scope="{ todo }" v-if="todo.isCompleted">
            {{ todo.text }}
        </li>
    </todo-list>
</div>
<script src="./app.js"></script>
```

React의 Render Props

React.js에서 사용되는 여러 컴포넌트에 적용할 수 있는 범용 동작을 추출하기 위한 구현 패턴으로 Render Props[4]가 있다. Vue.js의 '범위를 갖는 슬롯'을 사용해서 Render Props와 같은 효과를 얻을 수 있다. React.js의 render 프로퍼티가 슬롯이고 render 프로퍼티의 함수 인자로 전달되는 데이터가 slot-scope 프로퍼티로 전달되는 데이터에 해당한다.

---

4 Render Props – React https://reactjs.org/docs/render-props.html

5.3 사용자 정의 디렉티브

이번 절에서는 사용자 정의 디렉티브를 만드는 법을 알아보겠다.

이전 장에서 v-if, v-for, v-on, v-model 등 다양한 디렉티브를 사용했다.

디렉티브가 하는 일을 프로그램의 관점에서 생각해 보자. 디렉티브는 내부적으로 주어진 데이터에 따라 DOM을 조작하는 역할을 한다. 예를 들어 v-show는 값이 참이냐 거짓이냐에 따라 DOM 요소의 스타일에 display 프로퍼티값을 수정한다.

디렉티브라는 기능을 통해 번잡스럽게 DOM 조작을 직접 하지 않고도 동적인 UI를 구현할 수 있다.

자연스럽게 내장된 디렉티브 이외에 새로운 디렉티브(사용자 정의 디렉티브)를 만들 필요도 생겼다.

예를 들어, Vue.js 애플리케이션 구현에서 내장 디렉티브만으로는 구현할 수 없는 깊숙한 곳에 있는 요소에 대한 DOM 조작을 공통화하고 싶다거나 DOM API를 호출하는 라이브러리를 Vue.js 애플리케이션에서 재사용 가능한 형태로 포함시키려는 경우가 이에 해당한다.

사용자 정의 디렉티브는 DOM 요소에 대한 저수준(low-level) 접근을 제공한다. 바꿔 말하면 DOM 요소를 조작해 동작을 원하는 대로 수정하거나 새로운 기능을 추가할 수 있게 해준다.

디렉티브는 지역 디렉티브와 전역 디렉티브의 두 종류로 나뉜다. 전역 디렉티브는 애플리케이션 전체에서 어떤 요소에서든 사용할 수 있다. 일반적으로 디렉티브는 특정 컴포넌트에 국한되지 않는 범용적인 기능을 갖는 경우가 많다. 그래서 대부분의 디렉티브는 전역 디렉티브다.

이와 달리 지역 디렉티브는 해당 디렉티브를 등록한 컴포넌트의 템플릿 안에서만 사용할 수 있다. 그러므로 사용자 정의 디렉티브를 어떤 컴포넌트 안에서만 사용할 때 지역 디렉티브로 정의한다. 한 가지 컴포넌트에서만 동작하는 드롭다운 리스트나 블로그 포스팅에 요소를 추가해주는 UI 등을 예로 들 수 있다.

Column

컴포넌트와 믹스인의 차이점

사용자 정의 디렉티브는 컴포넌트나 5.5절에서 다룰 믹스인과는 별개의 것이다. 이 점에 주의하기 바란다.

믹스인과 사용자 정의 디렉티브, 컴포넌트는 모두 코드 재사용을 돕는 기능이라는 공통점은 있으나, 재사용을 어떤 방식으로 하느냐에 차이가 있다.

컴포넌트는 커다란 Vue 인스턴스(컴포넌트)를 여러 개의 부품으로 분할해 요소로 재사용하는 데 적합하다. 컴포넌트는 여러 개의 HTML 요소로 구성되며 템플릿을 포함한다. 이와 달리 믹스인은 템플릿을 다루지 않는다. 여러 개의 컴포넌트나 인스턴스에서 공유할 수 있도록 로직을 재사용 가능한 덩어리로 분할하는 데 적합하다.

사용자 정의 디렉티브는 앞에서 설명했듯이 저수준 DOM 접근 기능을 요소에 추가하기 위한 기능이다. 이 중 한 가지를 선택하기 전에 해결하려는 문제에 적합한 기능이 무엇인지 충분히 검토해야 한다.

기능	재사용 방법
사용자 정의 디렉티브	DOM 요소에 접근하는 처리를 공통화한 것. **속성으로 지정함.**
컴포넌트	재사용, 관리가 편하도록 Vue 인스턴스를 분할. **요소로 지정함.**
믹스인	Vue 인스턴스와 컴포넌트 간에 공유할 수 있는 기능을 분리하는 용도. **컴포넌트와 달리 템플릿을 포함하지 않음.**

5.3.1 사용자 정의 디렉티브 정의하기

새로 파일을 만들고 간단한 디렉티브를 정의해 보겠다.

이번에는 img 요소를 확장해서 이미지의 URL이 유효하지 않은 경우 대체 이미지로 폴백(fall-back)하는 디렉티브인 v-img-fallback을 만들어 볼 것이다[5]. HTML의 img 요소에 이 사용자 정의 디렉티브를 적용해서 이미지를 받아오지 못한 경우의 로직을 추가한다.

다음 내용을 각각 index.html, app.js라는 이름의 파일에 저장한다. 또한 두 파일과 같은 디렉터리에 Vue.js 로고 이미지 파일을 logo.png라는 이름으로 저장한다.

---

5 모든 사용자 정의 디렉티브는 여느 디렉티브와 마찬가지로 v-로 시작하는 이름을 사용한다.

Vue.js 로고

```
<!DOCTYPE html>
<title>Vue app</title>
<script src="https://unpkg.com/vue@2.5.17"></script>

<div id="app">
    <!-- 앞서 정의한 사용자 정의 디렉티브 사용 -->
    <img v-fallback-image src="./logo.png">
</div>
<script src="app.js"></script>
```

```
Vue.directive('fallback-image', {
  bind: function(el) {
    el.addEventListener('error', function() {
      // 이미지 불러오기에 실패 시 처리
      el.src = 'https://dummyimage.com/400x400/000/ffffff.png&text=no+image'
    })
  }
})

new Vue({
  el: '#app'
})
```

HTML 파일을 브라우저에서 열어보겠다. src 속성에 설정한 대로 Vue.js 로고를 볼 수 있다. 이 상태에서 v-fallback-image에 담긴 로직이 동작하도록 src 속성의 값을 ./logo2.png와 같이 수정한다. 그러면 다음과 같이 no image 이미지가 표시된다.

no image 이미지

이제 스크립트의 내용을 살펴보자.

전역 디렉티브를 등록하려면 Vue.directive라는 API를 사용한다. 이 API의 첫 번째 인자는 디렉티브의 이름이고, 두 번째 인자는 동작을 정의하는 디렉티브 정의 객체다.

디렉티브 정의 객체의 bind에 정의된 함수에서 사용자 정의 디렉티브가 바인딩됐을 때 실행될 함수를 정의한다. 함수의 인자는 디렉티브가 적용되는 요소다. 그러므로 여기서는 img 요소가 된다. 그리고 인자로 받은 요소에 대한 조작을 실행한다.

URL이 유효하지 않아서 이미지를 받아오는 데 실패하면 error 이벤트가 발생한다. error 이벤트에 대한 이벤트 리스너를 등록하고 src 속성에 폴백 이미지 URL을 설정한다[6].

다음과 같은 문법을 사용하면 비교적 간단하게 디렉티브를 만들 수 있다. 이번에는 디렉티브 정의 객체의 내용을 살펴보겠다.

```
Vue.directive('/* 디렉티브명 */', /* 디렉티브 정의 객체 */)
```

5.3.2 디렉티브 정의 객체

디렉티브 정의 객체에 대해 좀 더 자세히 알아보자. 이 객체는 사용자 정의 디렉티브가 DOM 요소와 바인딩되는 시점 등에 실행할 훅 함수를 지정한다.

구체적인 DOM 조작은 해당 함수 안에서 일어난다. 훅이 실행되는 시점은 다음과 같다.

---

6 이 no image 이미지는 Dynamic Dummy Image Generator – DummyImage.com https://dummyimage.com/이라는 더미 이미지 생성 서비스로 만든 것이다.

훅 이름	내용
bind	디렉티브가 대상 요소와 연결됐을 때 단 한 번 호출됨.
inserted	연결된 요소가 부모 요소에 삽입되는 시점에 호출됨(부모 요소의 존재는 보장되나, 요소가 문서에 포함되는지는 보장되지 않음).
update	디렉티브 값의 변화 등에 따라 연결된 요소를 포함하는 컴포넌트의 VNode가 수정될 때 호출됨. 디렉티브 값이 변화하지 않아도 호출될 수 있으므로 디렉티브 값의 이전값과 비교해 불필요한 호출을 방지한다.
componentUpdated	컴포넌트의 VNode와 자식 컴포넌트의 VNode가 수정됐을 때 호출됨.
unbind	디렉티브가 연결된 요소와 분리됐을 때 단 한 번 호출됨. bind로 등록한 이벤트 리스너 삭제 등 뒷정리를 목적으로 사용한다.

앞서 본 예제에서는 bind 훅으로 실행할 함수를 정의했다. 이 함수의 첫 번째 인자는 DOM 요소다. 이 외에도 디렉티브의 동작을 수정하기 위한 인자를 전달받을 수 있다. 더 자세한 내용은 5.3.3항에서 설명한다.

VNode

앞서 훅에 관해 설명할 때 VNode라는 단어를 봤을 것이다.

VNode는 렌더링 시점에 Vue.js가 생성하는 가상 DOM의 컴포넌트 트리(가상 트리)를 구성하는 각 컴포넌트를 가리킨다. VNode는 가상 노드[7]의 약자로 Vue.js가 DOM과 통신하기 위해 생성하는 가상 트리에서 사용된다.

5.3.3 훅 함수의 인자

디렉티브 정의 객체에 옵션값으로 정의되는 함수를 훅 함수라고 한다.

훅 함수는 다음과 같은 인자를 받는다. binding 프로퍼티까지 합하면 상당히 많은 종류의 데이터를 전달받는데, 이 모두를 사용할 필요는 없다. 자신이 구현할 사용자 정의 디렉티브에 필요한 것만 골라 사용하면 된다.

---

7 Virtual Node

인자	내용
el	디렉티브가 연결된 요소. DOM을 조작하기 위해 사용.
binding	뒤에 설명할 프로퍼티를 담는 객체.

binding에서 자주 사용되는 프로퍼티와 그 용도를 정리했다.

binding 프로퍼티	내용
name	v- 접두사(prefix)를 뺀 디렉티브 명.
value	디렉티브에 전달되는 값. v-my-directive="1+1"에서 value는 1이 된다.
expression	문자열로 나타낸 바인딩 표현식. v-my-directive="1+1"에서 expression은 "1+1".
arg	디렉티브에 전달되는 인자를 참조. v-my-directive:foo에서 arg는 "foo".
modifiers	수정자(modifier)를 담은 객체를 참조. v-my-directive.foo.bar에서 modifiers 객체는 { foo: true, bar: true }가 된다.

update 훅을 이용한 값 수정 탐지하기

지금부터는 예제와 함께 훅 함수의 사용법을 살펴보겠다.

DOM 조작은 애플리케이션 실행 시 성능에 영향을 미친다. UI 조작에 위화감을 줄 가능성이 있다는 말이다. 그러므로 DOM 조작은 가능한 한 줄여야 한다.

이를 위해 binding의 value, oldValue 프로퍼티 값을 비교해 값이 수정된 경우에만 DOM을 조작하는 예제를 구현해 보겠다. update 훅 함수에서 자주 사용하는 구현이므로 기억해두면 좋을 것이다.

update 훅은 VNode가 수정될 때 실행되는 훅이다. 이 훅은 binding의 value 프로퍼티를 참조해 DOM을 조작한다. 한 가지 주의해야 할 점이 있는데, update 훅은 디렉티브 값이 수정되지 않았더라도 호출될 수 있다.

```
{
  update: function(el, binding) {
    if (binding.value !== binding.oldValue) {
      // 디렉티브의 값의 변화를 확인했으므로 el에 DOM 조작을 수행한다
    }
  }
}
```

VNode가 수정된다고만 하면 잘 감이 오지 않을 것이다. 자연스러운 예는 아니지만, 속성의 데이터 바인딩에서 VNode를 수정해 update 훅 함수가 실행되는지 확인해 보자. 다음에 나오는 HTML과 자바스크립트를 각각 파일에 저장한 다음, HTML 파일을 브라우저에서 열어본다.

```html
<!DOCTYPE html>
<title>Vue app</title>
<script src="https://unpkg.com/vue@2.5.17"></script>

<div id="app">
    <img v-fallback-image src="./logo.png" :alt="altText">
</div>
<script src="app.js"></script>
```

```javascript
Vue.directive('fallback-image', {
  bind: function(el, binding) {
    console.log('bind', binding)
    el.addEventListener('error', function() {
      el.src = 'https://dummyimage.com/400x400/000/ffffff.png&text=no+image'
    })
  },
  update: function(el, binding) {
    console.log('update', binding)
  }
})
var vm = new Vue({
  el: '#app',
  data: function() {
    return {
      altText: 'logo'
    }
  }
})
```

크롬 개발자 도구 콘솔에서 altText 값을 수정한다. 그러면 img 요소에 해당하는 VNode가 수정되면서 update 훅 함수가 실행된다. 콘솔에 'update'라는 메시지가 출력되는지 확인한다.

```
> vm.altText = 'LOGO';
  update ▶ {name: "fallback-image", rawName: "v-fallback-image", modifiers: {…}, def: {…}, oldValue: undefined}
< "LOGO"
```

update 훅 함수가 실행됐다.

인자와 수정자, 그리고 디렉티브를 설계하는 원칙

훅 함수가 인자로 받는 binding의 arg 프로퍼티(인자)와 modifiers 프로퍼티(수정자)를 살펴보겠다.

인자(arg)는 이름 그대로 디렉티브에 전달되는 인자를 의미한다. 수정자(modifiers)는 사용하는 상황에 따라 디렉티브의 동작을 수정하기 위한 것이다. 이 두 가지 정보는 지금까지 배운 내용에서는 v-on 디렉티브에서 사용된 바 있다.

v-on:click.prevent.stop="foo"라는 코드를 떠올려 보자. 여기서 click은 디렉티브의 인자(arg)이고, prevent와 stop이 수정자(modifiers)다.

이 예제에서 인자(arg)는 어떤 이벤트를 구독할 것인가를 지정하는 역할을 하고, 수정자(modifiers)는 이벤트 리스너로 전달받는 객체를 어떻게 다룰 것인지를 지정하는 역할을 한다.

사용자 정의 디렉티브에서도 인자(arg)와 수정자(modifiers)를 사용하면 디렉티브의 범용성과 표현력을 향상시킬 수 있다. 인자와 수정자를 사용하지 않고 모든 설정을 객체에 담아서 디렉티브 값으로 전달할 수도 있다. 그러나 정적인 내용과 동적인 내용을 한 객체에 섞는 것보다는 따로 구별해 다루는 편이 쉽다. 그렇게 하면 선언적 코드를 작성할 수 있고 가독성도 좋아진다.

"어떤 이벤트를 모니터링할 것인지", "이벤트가 발생했을 때 해당 이벤트를 어떻게 다룰 것인지" 등 디렉티브를 요소에 작성하는 시점에 이미 결정되는 정적인 설정은 인자나 수정자를 통해 설정하는 것이 바람직하다. 반면 작성 시점에 결정되지 않은 정보, 데이터 바인딩에 의해 동적으로 변화하는 내용에 대한 정보는 객체에 담아 디렉티브에 전달하는 것이 좋다. 디렉티브를 구현할 때 인자, 수정자, 값 중 어떤 경로를 통해 정보를 전달받을지 판단할 때 참고할 수 있게 기억해 두기 바란다.

5.3.4 image-fallback 디렉티브에 기능 추가하기

지금까지 배운 내용을 활용해서 image-fallback 디렉티브에 새로운 기능을 추가해 보겠다. 추가할 기능은 다음 2가지다.

- no image 이미지의 URL을 디렉티브에 값으로 지정할 수 있게 함.

- once 수정자를 추가해 폴백을 한 번으로 제한함.

기능을 추가한 예제 코드는 다음과 같다.

```
<!DOCTYPE html>
<title>Vue app</title>
<script src="https://unpkg.com/vue@2.5.17"></script>

<div id="app">
    <!-- src 속성값은 앞에서와 마찬가지로 유효하지 않은 URL -->
    <img v-fallback-image.once="noImageURL" src="./logo2.png" :alt="altText">
</div>
<script src="app.js"></script>
```

```
Vue.directive('fallback-image', {
  bind! function(el, binding) {
    console.log('bind', binding)
    var once = binding.modifiers.once // 수정자
    el.addEventListener('error', function onError() {
      // no image URL을 img 요소의 src 값으로 설정함
      el.src = binding.value
      // once 수정자가 설정되어 있다면 이벤트리스너를 삭제함
      if (once) {
        el.removeEventListener('error', onError)
      }
    })
  },
  update! function(el, binding) {
    console.log('update', binding)
    if (binding.oldValue !== binding.value && binding.oldValue === el.src) {
      el.src = binding.value
    }
  }
})

var vm = new Vue({
```

```
  el: '#app',
  data! function() {
    return {
      altText: 'logo',
      noImageURL: 'https://dummyimage.com/400x400/000/ffffff.png&text=no+image'
    }
  }
})
```

no image 이미지의 URL을 디렉티브에 값으로 지정하는 부분부터 살펴보겠다. noImageURL 프로퍼티에 URL 문자열을 대입하고 속성값을 지정한다.

```
<img v-fallback-image.once="noImageURL" src="./logo2.png" :alt="altText">
```

값은 binding 객체의 value 프로퍼티에서 참조할 수 있다. 이미지를 받아오는 데 실패해서 error 이벤트가 발생하면 해당 이벤트 리스너에서 프로퍼티를 참조해서 img 요소의 src 속성값으로 설정한다.

```
el.src = binding.value
```

그다음으로 once 수정자(modifier)의 구현을 살펴보겠다. 수정자의 지정 여부는 binding 객체의 modifiers 프로퍼티에서 알 수 있다. modifiers는 지정된 수정자를 프로퍼티로 갖는 객체다. 지정된 수정자의 프로퍼티 값은 true다.

예제 코드를 보면 이 값이 참일 때 첫 번째 폴백을 실행하면서 이벤트 리스너를 삭제한다. 그러므로 그다음부터는 이미지를 받아오는 데 실패한다고 해도 폴백이 일어나지 않는다.

```
if (once) {
  el.removeEventListener('error', onError)
}
```

예제 코드를 실행해 확인해 보자. HTML과 스크립트를 각각 파일에 저장한 다음, HTML 파일을 브라우저에서 열어본다. HTML의 img 요소의 src 속성값인 URL(./logo2.png)은 존재하지 않는 URL이므로 폴백 처리가 실행되면서 디렉티브 이용자가 지정한 'no image' 이미지가 표시된다.

img 요소의 src 속성값을 수정해서 once 수정자가 의도한 대로 동작하는지 확인해 보겠다. 의도대로 동작한다면 폴백 처리가 실행되지 않으므로 아무 이미지도 표시되지 않을 것이다. src 속성값을 수정하기 위해 크롬 개발자 도구의 Elements 탭에서 해당 요소를 선택한다.

선택된 요소는 콘솔에서 변수 $0으로 참조할 수 있다. 이 변수를 통해 src 속성값을 변경한다. 콘솔에 404 File not found 오류가 출력되며 화면에는 브라우저에서 기본값으로 사용하는 '이미지 없음' 이미지와 alt 속성값이 표시되는 것을 확인할 수 있다.

once 수정자의 동작을 확인. 이미지가 표시되지 않으면 정상이다.

DOM을 조작하는 라이브러리 래핑하기

사용자 정의 디렉티브는 자신만의 기능을 구현하는 목적 외에도 UI 라이브러리 등 기존에 DOM 조작을 하던 라이브러리를 Vue.js에서 쉽게 사용할 수 있도록 하는 데도 유용하다.

설명을 위해 날짜 선택 라이브러리로 유명한 Pikaday[8]를 예로 들어 보겠다. 이 라이브러리를 사용자 정의 디렉티브를 사용해서 Vue.js에 통합해 보겠다.

Pikaday의 README를 읽어보면 라이브러리를 초기화할 때 다음과 같이 적용 대상 DOM 요소를 인자로 받는다.

```
var picker = new Pikaday({ field: document.getElementById('datepicker')});
```

이 라이브러리를 Vue.js와 통합하려면 어떻게 해야 할까? Vue 인스턴스의 $el 프로퍼티 혹은 $refs 프로퍼티를 통해 DOM 요소를 받아올 수 있다. 이 DOM 요소를 이용해서 각 컴포넌트에서 위와 같은 방법을 사용할 수 있을 것이다. 그러나 라이브러리 버전 업 등의 이유로 API가 변경되거나 날짜 선택 라이브러리를 다른 것으로 교체하게 되면 처리가 까다롭다. 이렇게 작성한 부분을 모두 수정해야 하기 때문이다. 이런 헛수고를 하지 않으려면 라이브러리를 직접 사용한 곳을 한 곳으로 몰아야 한다.

또 컴포넌트의 단위 테스트에서도 실행 환경에 따라 DOM API를 사용하지 않고 직접 DOM을 조작하면 오류가 발생할 가능성이 있다.

이러한 이유로 DOM 요소를 다루는 처리는 사용자 정의 디렉티브에 위임하고 컴포넌트에서 직접 DOM 요소를 다루는 일이 없도록 해야 한다.

유명한 라이브러리 중에는 Vue.js에서 사용할 수 있도록 사용자 정의 디렉티브를 제공하는 라이브러리가 있다. 예를 들어 Pikaday는 vue-pikaday[9]를 제공한다. 직접 사용자 정의 디렉티브를 정의하는 수고를 들이기 번거롭다면 우선 개발 중인 애플리케이션의 요구사항에 적합한 서드파티 래퍼 라이브러리가 제공되는지 확인해 보기 바란다.

```
<!-- import 및 초기화가 필요하지만, v-date만으로 바인딩 가능-->
<input type="text" v-date="date">
```

이번에는 이 래퍼 라이브러리가 어떻게 구현됐는지 살펴보겠다. 다음은 vue-pikaday@v0.0.4 사용자 정의 디렉티브의 정의다.

```
import Pikaday from 'pikaday'
import 'pikaday/css/pikaday.css'
```

---

8   https://github.com/dbushell/Pikaday
9   https://github.com/panteng/vue-pikaday

```
export default {
  bind: (el, binding) => {
    el.pikadayInstance = new Pikaday({
      field: el,
      onSelect: () => {
        var event = new Event('input', {
          bubbles: true
        })
        el.value = el.pikadayInstance.toString()
        el.dispatchEvent(event)
      }
      // add more Pikaday options below if you need
      // all available options are listed on https://github.com/
      dbushell / Pikaday
    })
  },

  unbind: (el) => {
    el.pikadayInstance.destroy()
  }
}
```

정의의 내용은 간단하다. bind 훅에서 Pikaday 인스턴스를 생성한다. Pikaday 생성자의 옵션 객체에서 field 프로퍼티로 bind 훅의 첫 번째 인자로 받은 DOM 요소를 전달한다. onSelect 프로퍼티에는 날짜를 선택했을 때 호출할 콜백 함수를 지정한다. 여기서는 선택된 날짜를 값으로 해서 input 이벤트를 발생시킨다. 컴포넌트에서 이 이벤트를 모니터링 하거나 v-model 디렉티브를 사용해 선택된 값을 전달받는다.

unbind 훅은 디렉티브와 요소의 연결이 해제될 때 호출되는 훅이다. bind 훅에서 생성한 Pikaday 인스턴스를 여기서 정리하지 않으면 Pikaday가 라이브러리 내부적으로 요소에 등록한 이벤트 리스너 등이 메모리를 계속 차지하게 되기 때문에 이 시점에서 Pikaday에서 제공하는 destroy 메서드를 호출해 뒷정리를 한다.

5.4 렌더링 함수

지금까지는 Vue.js 애플리케이션을 개발하기 위해 템플릿을 사용했다.

실제로 대부분의 애플리케이션은 템플릿만으로도 충분히 개발할 수 있다. 그러나 경우에 따라서는 템플릿 같은 선언적 스타일이 아니라 프로그램을 이용한 유연한 스타일을 사용해야 간결하게 구현할 수 있다.

Vue.js에서 이런 스타일을 사용하려면 template 옵션 대신 render 옵션에 렌더링 함수를 지정하면 된다.

렌더링 함수라고 하면 뭔가 특별한 것이 아닌가 하는 생각이 들 수 있는데, 템플릿 역시 Vue.js 컴파일러가 렌더링 함수로 변환한다. 이 컴파일러가 수행하는 컴파일 과정을 생략하고 개발자가 직접 렌더링 함수를 작성하는 것뿐이다.

일반적으로는 선언적 스타일을 사용할 수 있는 템플릿을 사용하는 것이 맞지만, 경우에 따라 직접 렌더링 함수를 정의하는 쪽이 코드를 간결하게 유지할 수 있다.

5.4.1 렌더링 함수 없이는 구현이 까다로운 사례

렌더링 함수가 없으면 구현이 까다로운 사례를 살펴보자. HTML과 자바스크립트 코드는 다음과 같다.

```
<!DOCTYPE html>
<title>Vue app</title>
<script src="https://unpkg.com/vue@2.5.17"></script>

<div id="app">
    <my-button href="https://vuejs.org/">anchor</my-button>
    <my-button tag="span">span</my-button>
    <my-button>button</my-button>
</div>
<script src="./app.js"></script>
```

```
var MyButton = {
  props: ['href', 'tag'],
  template: `
    <a v-if="(!tag && href) || tag === 'a'" :href="href || '#'">
      <slot></slot>
    </a>
    <span v-else-if="tag === 'span'">
```

```
      <slot></slot>
    </span>
    <button v-else>
      <slot></slot>
    </button>
  `
}
new Vue({
  el: '#app',
  components: {
    MyButton: MyButton
  }
})
```

두 코드를 각각의 파일에 저장한 다음 실행해 보면 다음과 같은 내용이 표시된다. 지금은 a, span, button 이렇게 각각의 요소가 스타일 적용 없이 표시되고 있지만, 앞으로 모두 버튼과 같은 스타일을 적용하려고 한다.

MyButton 컴포넌트를 화면에 표시한 결과

애플리케이션에서 사용할 버튼 컴포넌트를 정의한다. 이 컴포넌트는 href와 tag의 두 프로퍼티를 받는다.

HTML에는 버튼을 나타내는 button 요소가 있는데, 버튼의 위치에 따라 button 요소가 아니라 span 요소로 인라인 배치, 혹은 a 요소로 링크 형태로 만들어야 하는 경우가 있다.

이를 구현하려면 tag 프로퍼티에 버튼을 실제로 어떤 요소로 만들지 지정하는 방법을 사용한다. a 요소를 사용하려면 페이지 이동 대상 URL을 함께 지정해야 한다. 대상 URL은 href 프로퍼티로 지정하면 된다.

또한 tag 프로퍼티를 지정하지 않은 경우 기본값은 button 요소가 되지만, href 프로퍼티가 지정돼 있다면 링크로 취급할 의도가 있다고 간주하고 a 요소로 생성하려고 한다.

```
<my-button href="https://vuejs.org/">anchor</my-button>
<my-button tag="span">span</my-button>
<my-button>button</my-button>
```

이렇게 복잡한 요구사항을 컴포넌트 템플릿으로 작성하면 다음과 같은 형태가 된다. props로 전달받은 값을 v-if, v-else-if 같은 조건식에 따라 분기해서 요소를 표시한다.

```
<a v-if="(!tag && href) || tag === 'a'" :href="href || '#'">
    <slot></slot>
</a>
<span v-else-if="tag === 'span'">
  <slot></slot>
</span>
<button v-else>
  <slot></slot>
</button>
```

유지 보수성 및 요구사항 구현 관점에서 보면 이 템플릿에는 몇 가지 문제가 있다.

첫 번째 문제는 앞서 설명한 컴포넌트의 요구사항을 구현하기 위해 분기를 만든 조건식의 가독성이 떨어진다는 점이다.

두 번째 문제는 템플릿에 비슷한 내용이 반복해서 나오기 때문에 코드 중복이 생긴다. 버튼 요소를 감싸고 있는 콘텐츠(<slot></slot>)의 내용에 수정이 필요해지면 이들 모두를 수정해야 한다.

세 번째 문제는 버튼을 나타낼 요소의 종류가 고정된다는 점이다. a, span, button 요소는 지원하지만, 예를 들어 input이나 그 외 요소로 버튼을 나타내야 한다면 어떻게 해야 할까? 지원하는 요소 가지 수를 늘릴 때마다 템플릿을 추가하는 수밖에 없다.

5.4.2 렌더링 함수의 효율성

이 컴포넌트를 렌더링 함수를 사용하도록 다시 구현해 보겠다. 템플릿을 사용하지 않고 컴포넌트의 render 옵션에 렌더링 함수를 정의하는 것만으로 같은 동작을 구현할 수 있다[10].

---

10 앞에서 설명했듯이 Vue 컴포넌트에서 정의한 템플릿은 모두 createElement 함수를 반환하는 렌더링 함수로 변환된다. 그렇기 때문에 렌더링 함수는 템플릿 정의보다 우선한다.

렌더링 함수의 내용을 살펴보자. 렌더링 함수는 createElement 함수를 인자로 받는다.

이 함수를 호출해서 요소를 생성한다. 요소라고는 하나, DOM 요소를 말하는 것이 아니다. 여기서 말하는 요소는 가상 DOM을 구성하는 요소를 의미한다. 이 요소는 내부적으로 VNode라고 불린다.

VNode는 어떤 노드를 렌더링하는지, 자식 노드는 무엇을 렌더링해야 하는지 등의 정보를 갖고 있다. 템플릿을 사용해서 컴포넌트를 정의하는 한 VNode까지 신경 쓸 필요는 없지만, 렌더링 함수나 사용자 정의 디렉티브의 기능을 사용할 때는 VNode라는 단어를 보게 될 것이다.

createElement 함수의 시그너처에서(5.4.3항에서 설명하겠지만) 가장 중요한 것은 요소의 이름을 문자열로 지정할 수 있다는 점이다. 프로퍼티 값을 조사해서 어떤 요소로 버튼을 나타내야 하는지를 프로그램적인 방식으로 작성한다. 전처럼 템플릿 분기 조건을 사용할 필요가 없다.

이는 유연성이 높은 강력한 기능이지만, 그만큼 사용할 때 신중한 판단이 필요하다. 원래 대로라면 컴포넌트를 분할해서 템플릿으로 끝날 일을 프로그램의 힘을 빌려 렌더링 함수로 복잡한 로직을 작성해야 하는 사태가 벌어질 수도 있다.

개인적인 경험으로는 애플리케이션을 개발할 때 템플릿 대신 렌더링 함수를 사용해야 했던 경우가 손에 꼽을 정도였다. 적어도 지금 이 예제처럼 범용으로 여러 케이스에 사용할 만한 컴포넌트거나 설정에 따라 유연하게 커스터마이징이 가능한 라이브러리라야 렌더링 함수가 활약할 여지가 있다.

```javascript
var MyButton = {
  props: ['href', 'tag'],
  render: function(createElement) {
    var tag = this.tag || (this.href ? 'a' : 'button')
    return createElement(tag, {
      attrs: {
        href: this.href || '#'
      }
    }, this.$slots.default)
  }
}
new Vue({
  el: '#app',
  components: {
    MyButton: MyButton
  }
})
```

5.4.3 createElement 함수

createElement 함수의 시그너처를 살펴보자. 생성할 요소의 요소명, 옵션을 포함하는 데이터 객체[11], 그리고 자식 노드 혹은 자식 노드의 배열, 이렇게 3가지 인자를 받는다.

첫 번째 인자는 필수 인자이고, 두 번째, 세 번째 인자는 필수가 아닌 인자다. 속성 객체를 지정하지 않은 경우에는 두 번째 인자로 자식 노드를 지정할 수 있는데, 이를 별도의 시그너처로 보기로 한다.

```
createElement(/* 태그명, 컴포넌트 옵션, 혹은 비동기로 이들 정보를 해소하는 함수 */,
/* 옵션객체 */, /* 자식 노드 */)
```

요소명, 컴포넌트 옵션, 또는 비동기로 옵션을 결정하는 함수

첫 번째 인자는 요소명, 컴포넌트 옵션, 또는 비동기로 이를 결정하는 함수를 받는다. 예를 들어 요소명으로 문자열 "h1"을 받으면 h1 요소를 생성한다.

렌더링 함수는 Vue 인스턴스로서 this로 접근할 수 있다. 이 점을 이용해서 예제에서 본 프로퍼티 외에도 상태(데이터)나 계산 프로퍼티, 메서드 등을 통해 요소명을 설정할 수 있다. 요소명을 동적으로 결정할 수 있다는 점은 템플릿에는 없는 렌더링 함수만의 큰 장점이다.

요소명 외에 컴포넌트 옵션도 지정할 수 있다. 컴포넌트 옵션을 첫 번째 인자로 받으면 components 옵션에 등록하지 않아도 컴포넌트를 사용할 수 있다.

데이터 객체

데이터 객체는 컴포넌트나 요소의 속성을 정의한다.

템플릿으로 치면 요소명을 제외한 모든 내용에 해당한다. 예를 들어 `<my-button tag=a v-bind:href=url>`에서 속성은 tag="a" v-bind:href="url"이다.

createElement 함수로 MyButton 컴포넌트를 배치해 보겠다. href는 컴포넌트에 전달되는 일반적인 HTML 속성이고, bind는 url 변수를 바인딩한 컴포넌트 프로퍼티다. 같은 내용을 createElement를 사용해서 구현하면 다음과 같다. MyButton 컴포넌트를 등록하고 요소명을 'my-button'이라고 지정했다.

---

11 HTML 속성, 프로퍼티, 이벤트 리스너, 클래스 및 스타일 바인딩 등.

```
new Vue({
  el: '#app',
  render: function(createElement) {
    return createElement('my-button', {
      attrs: {
        href: this.url
      },
      props: {
        tag: 'a'
      }
    })
  },
  components: {
    MyButton: MyButton
  }
})
```

첫 번째 인자는 컴포넌트 옵션이며, 컴포넌트 등록은 생략할 수 있다.

```
new Vue({
  el: '#app',
  render! function(createElement) {
    return createElement(MyButton, {
      attrs: {
        href: this.url
      },
      props: {
        tag: 'a'
      }
    })
  }
})
```

템플릿에서 사용했던 v-bind 디렉티브는 사용하지 않는다. 렌더링 함수에서 url 값을 참조할 수 있으므로 데이터 바인딩 자체가 필요 없기 때문이다.

url 값이 변경되면 렌더링 함수가 호출되면서 화면에 변경된 값이 반영된다.

다른 옵션의 사용 예도 살펴보자. 클래스와 스타일은 attrs 프로퍼티에 지정하지 않으므로 주의한다. v-bind:class나 v-bind:style이 객체나 클래스를 다루는 특별한 규격이므로 이를 구현하기 위한 것이다.

createElement 함수의 시그너처는 매우 복잡하므로 여기서 모든 내용을 다룰 수는 없다. 필요에 따라 공식 참조 문서[12]를 참고하라.

```
{
  // HTML 속성
  attrs: {
    type: 'submit'
  },

  // 컴포넌트에 전달되는 프로퍼티
  props: {
    text: '클릭'
  },

  // innerHTML 등 DOM 요소의 프로퍼티
  domProps: {
    innerHTML: 'HTML 콘텐츠'
  },

  // 이벤트 리스너
  on: {
    click: this.handleClick
  },

  // slot="exampleSlot"과 같은 효과
  // 다른 컴포넌트의 자식 컴포넌트로 사용됨
  slot: 'exampleSlot',

  // key="exampleKey"와 같음. 반복을 통해 생성한 컴포넌트에서 사용
  key: 'exampleKey',

  // ref="exampleRef"와 같음
  ref: 'exampleRef',
```

---

12 https://kr.vuejs.org/v2/guide/render-function.html#createElement-%EC%A0%84%EB%8B%AC%EC%9D%B8%EC%9E%90

```
// v-bind:class="['example-class'... 와 같음
class: ['example-class', {
  'conditional-class': true
}],

// v-bind:style="{ backgroundColor: 'red' }" 와 같음
style: {
  backgroundColor: 'red'
},
}
```

자식 노드

마지막 세 번째 인자는 요소의 자식을 지정한다. 이 인자는 문자열이나 배열을 값으로 받는다. 문자열은 텍스트 콘텐츠로 간주돼 렌더링되며, 배열은 배열의 요소마다 createElement가 각각 호출돼 복잡한 트리를 생성한다. 설명은 세 번째 인자라고 했지만, 인자로 데이터 객체를 전달하지 않았다면 자식 노드가 두 번째 인자가 된다.

다음은 카운터를 구현한 예제다. 딱히 특별한 기능은 없는 카운터시만, 함수 코드의 가독성이 낮아서 기능 추가나 구조를 변경하기가 어려운 상태다. 렌더링 함수를 사용하면 유연성은 얻을 수 있지만, 요소가 중첩되거나 형제 관계에 있는 컴포넌트가 있다면 코드가 복잡해진다는 문제가 있다.

```
new Vue({
  el: '#app',
  data: function() {
    return {
      counter: 0
    }
  },
  render: function(createElement) {
    return createElement(
      'div',
      [
        createElement(
          'button', {
            on: {
```

```
          click: () => this.counter += 1
        }
      },
      '클릭 카운트 증가'
    ),
    createElement(
      'p',
      [
        '클릭 횟수: ',
        createElement(
          'b',
          this.counter + ' 번'
        )
      ]
    )
    ]
  )
  }
})
```

```
<!DOCTYPE html>
<title>Vue app</title>
<script src="https://unpkg.com/vue@2.5.17"></script>

<div id="app">
</div>
<script src="./app.js"></script>
```

템플릿 대신에 렌더링 함수를 사용해서 HTML을 구성하는 방법에 대해 알아봤다. 렌더링에는 createElement 함수를 사용한다. 3장의 내용과 비교하며 이해하기 바란다.

h 함수

Vue 커뮤니티에서는 createElement의 앨리어스를 h라고 짓는 관습이 있다. 요소 트리를 만들기 위해 매번 createElement라는 함수명을 입력하기가 번거롭다 보니 한 글자로 축약한 이름을 쓰는 것이다.

이 이름은 JSX에서 유래한 것이다.

JSX

JSX는 XML과 유사한 형태의 자바스크립트 확장 문법으로, React에서 주로 사용한다. 자바스크립트에서 HTML을 그대로 사용할 수 있게 한 것이라고 보면 된다. Vue.js에서도 렌더링 함수로 JSX를 사용할 수 있다.

```
// 작성 예
return <div className='hoge'>fuga</div>
```

렌더링 함수를 JSX로 구현하면 프로그램을 사용할 때의 유연성과 마크업을 사용할 때의 선언적 작성법을 모두 누릴 수 있다. 전체 JSX 규격은 매우 복잡하므로 여기서 다 다루지는 못한다. 자세한 내용은 공식 사이트[13]를 참고하라.

JSX로 작성된 컴포넌트 코드를 보면 자바스크립트 프로그램에 HTML이 끼어든 듯한 느낌이 든다. 그러나 이 HTML처럼 보이는 부분도 결국 자바스크립트 함수 호출로 변환된다[14].

Vue.js에서 JSX를 사용하려면 이 변환 과정을 맡아줄 트랜스파일러인 Babel, 그리고 Vue.js에서 JSX를 처리하는 플러그인인 babel-plugin-transform-vue-jsx[15]이 필요하다.

Babel과 Babel 플러그인을 포함하는 프로젝트를 생성하고, 앞서 본 카운터 애플리케이션을 JSX로 다시 구현해 보겠다. Vue CLI를 사용해 새로운 애플리케이션을 생성한다[16]. 터미널을 열고 jsx-counter라는 이름으로 애플리케이션을 생성한다. preset을 선택하라는 메시지가 나오는데, 여기서는 기본값을 그대로(default (babel, eslint)) 선택한다.

```
$ vue create jsx-counter

? Please pick a preset: (Use arrow keys)
> default (babel, eslint)
Manually select features
```

준비가 끝났으면 src/App.vue 파일을 열어 템플릿을 수정한다[17]. img 노드 등 불필요한 요소와 컴포넌트를 삭제한다. 최종 결과는 다음과 같다.

```
<template>
  <div id="app">
```

---

13 https://reactjs.org/docs/jsx-in-depth.html
14 Vue.js의 경우.
15 https://github.com/vuejs/babel-plugin-transform-vue-jsx
16 Node.js, npm, Vue CLI를 사용한다. 이 도구를 도입하는 방법은 이어지는 6장에서 설명한다.
17 단일 파일 컴포넌트를 사용한다. 자세한 내용은 6장에서 설명한다. 여기서는 JSX로 된 부분만 보면 된다.

```
      <counter/>
  </div>
</template>
<script>
import Counter from './components/Counter'

export default {
  name: 'app',
  components: {
    Counter: Counter
  }
}
</script>
```

그다음에는 src/components/Counter.vue 파일을 새로 만든다. 카운터 로직을 여기에 구현한다.

template은 완전히 삭제한다. 이번에는 JSX를 사용하기 때문에 템플릿은 필요 없다. JSX로 작성한 내용을 살펴보자. createElement 함수를 호출하는 부분이 HTML과 같은 형태로 돼 있다. 이전과 비교하면 꽤 가독성이 향상된 것을 알 수 있다.

```
<script>
export default {
  name: 'counter',
  data: function() {
    return {
      counter: 0,
    }
  },
  // eslint-disable-next-line no-unused-vars
  render: function(h) {
    return <div>
      <button
        on-click = {() => this.counter += 1}
      >
        클릭되었으니 카운트 증가
      </button>
    <p>
```

```
클릭된 횟수:
        <b> {this.counter} 번 </b>
</p>
</div>
  },
}
```

파일을 저장하고 서버를 시작한다. 그리고 src 디렉터리로 이동한 다음, 명령행에서 `vue serve` 명령을 실행하면 http://localhost:8080에서 카운터가 동작하는 웹 페이지를 볼 수 있다.

5.5 믹스인

믹스인은 기능을 재사용하기 위한 메커니즘이다. 객체로 표현한 기능을 각 컴포넌트에 전달할 수 있다.

Vue.js 애플리케이션을 구현하다 보면 컴포넌트를 여러 개 정의하게 된다. 이 중 서로 다른 컴포넌트인데도 같은 기능을 공유하는 경우가 상당히 자주 있다.

UI 조작에 따라 구글 애널리틱스에 이벤트를 전송하는 기능을 예로 들 수 있다. 믹스인은 이렇게 범용기능만을 따로 추출해서 여러 컴포넌트가 공유할 수 있게 한 것이다.

믹스인[18]은 본래 Vue.js뿐만 아니라 객체 지향 프로그래밍 분야에서 널리 사용되는 용어다. 이 용어는 아이스크림에 다양한 토핑을 얹어 섞어 먹는 것에서 유래했다고 한다. 컴포넌트가 기반이 되는 아이스크림이고, 믹스인은 토핑에 해당한다.

프로그래밍의 주요 개념 중 하나로 DRY(Don't Repeat Yourself)를 들 수 있다. 같은 코드는 한곳에 한 벌만 존재해야 나중에 수정하기도 쉽고 유지 보수성도 향상된다. 여러 컴포넌트에 같은 코드를 반복해서 작성하고 있다면 리팩토링을 통해 이 반복되는 코드를 믹스인으로 추출하는 것이 좋다.

Vue.js의 믹스인은 단일 기능을 여러 컴포넌트에서 공유하는 경우뿐만 아니라 여러 책임을 갖는 단일 컴포넌트의 코드를 분할하는 데도 유용한 기능이다.

---

18 SaaS 등을 통해 믹스인이라는 단어가 익숙한 독자도 있을 것이다.

여러 가지 책임을 갖는다는 것은 다시 말하면, 많은 기능을 갖는 '뚱뚱한' 컴포넌트라는 뜻이다. WYSIWYG 에디터나 동영상 플레이어를 떠올려 보라. 여러 가지 컨트롤로 구성되며 이들이 각각 이벤트와 데이터를 주고받는 형태로 기능을 제공한다. 이런 복잡한 요구사항을 구현한 컴포넌트 역시 자신이 갖는 기능을 정리하고 믹스인으로 추출하면 컴포넌트 본체 코드가 간단해지고 유지 보수성이 향상된다.

5.5.1 믹스인으로 기능 재사용하기

간단한 예제와 함께 믹스인에 대해 알아보자.

여기서 소개할 예제는 공유 기능이다. 블로그 등에서 SNS로 포스팅을 공유하는 버튼을 본 적이 있을 것이다. 이 버튼은 페이지마다 모양이 다른 경우가 있다. 버튼의 외양이 SNS 서비스의 로고 모양부터 '–로 공유하기' 같은 레이블이 붙은 형태까지 다양하다. 이번에는 흔하디흔한 아이콘으로 된 버튼과 텍스트로 된 버튼을 정의해 볼 것이다. 코드는 다음과 같다. 적당한 이름의 파일에 저장하라[19].

```
<!DOCTYPE html>
<title>Vue app</title>
<link href="https://use.fontawesome.com/releases/v5.0.6/css/all.css" rel="stylesheet">
<script src="https://unpkg.com/vue@2.5.17"></script>


<div id="app">
    <icon-share-button></icon-share-button>
    <text-share-button></text-share-button>
</div>
<script src="app.js"></script>

var IconShareButton = {
  template: `
    <button @click="share"><i class="fas fa-share-square"></i></button>
  `,
  data: function() {
    return {
      _isProcessing: false
    }
  },
```

---

19 아이콘 버튼 구현을 위해 Font Awesome을 사용했다. Font Awesome은 여러 가지 아이콘을 웹 폰트로 사용할 수 있도록 한 것이다. 공식 사이트에서 사용 가능한 아이콘을 확인할 수 있다. 매우 다양한 아이콘을 갖추고 있다. https://fontawesome.com/

```
  methods: {
    share: function() {
      if (this._isProcessing) {
        return
      }
      if (!window.confirm('공유하시겠습니까?')) {
        return
      }
      this._isProcessing = true
      // 실제 구현이라면 SNS서비스의 API를 호출할 부분
      setTimeout(() => {
        window.alert('공유되었습니다.')
        this._isProcessing = false
      }, 300)
    }
  }
}
var TextShareButton = {
  template: `
<button @click="share">{{ buttonLabel }}</button>
`,
  data: function() {
    return {
      buttonLabel: '공유하기',
      _isProcessing: false
    }
  },
  methods: {
    share: function() {
      if (this._isProcessing) {
        return
      }
      if (!window.confirm('공유하시겠습니까?')) {
        return
      }
      this._isProcessing = true
      // 실제 구현이라면 SNS서비스의 API를 호출할 부분
      setTimeout(() => {
```

```
      window.alert('공유되었습니다.')
      this._isProcessing = false
    }, 300)
  }
}
}

new Vue({
  el: '#app',
  components: {
    IconShareButton,
    TextShareButton
  }
})
```

저장한 HTML 파일을 브라우저에서 열어보자. 공유 아이콘 버튼과 '공유하기' 레이블이 붙은 버튼이 나란히 보인다. 버튼을 클릭해 보면 공유할 것인지를 묻는 대화창이 뜨며 'OK'를 선택하면 잠시 후에 '공유되었습니다'라는 알림창이 나타난다. 버튼의 외관은 다르지만, 버튼을 누른 뒤의 동작은 두 버튼이 모두 같다.

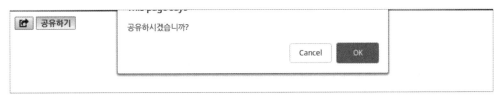

Sharable 믹스인을 적용한 결과

이제 자바스크립트 코드를 살펴보겠다.

아이콘으로 된 버튼은 IconShareButton 컴포넌트이고, 텍스트 레이블이 붙은 버튼은 TextShareButton 컴포넌트다. 두 컴포넌트는 애플리케이션을 실행하는 라우트의 Vue 인스턴스에 로컬 컴포넌트로 등록된다.

컴포넌트의 내용을 살펴보자. 두 컴포넌트 모두 share라는 메서드를 갖고 있다. 이 메서드는 실제로 SNS에 포스팅을 공유하는 대신 타이머를 실행한 다음 '공유되었습니다'라는 알림창을 띄운다[20]. 두 컴포넌트 모두 _isProcessing이라는 상태 값을 갖는다. 이 값은 버튼을 연속으로 누르는 것을 방지하기 위한 것이

---

20 이름 그대로 공유 처리를 해주지만, SNS 소셜 플러그인에 대한 설명을 생략하기 위해 더미 처리를 적용했다.

다. 한 번 버튼이 눌리면 공유 처리가 끝날 때까지 상태 값이 true가 되므로 그동안은 버튼을 다시 클릭해도 메서드가 아무 일도 하지 않고 종료된다.

코드를 보면 알 수 있듯이 IconShareButton 컴포넌트와 TextShareButton 컴포넌트는 UI의 외관은 다르지만, 동작하는 로직은 완전히 같다.

이렇게 중복되는 코드가 생기면 공유 기능 로직에 수정이 발생했을 때 두 컴포넌트를 모두 수정해야 한다. 그리고 또 다른 모양의 공유 버튼을 더 만들어야 하는 상황을 생각해 보자. 또 똑같은 코드를 다른 컴포넌트에 작성해야 하므로 중복 코드가 늘어나고 유지 보수성이 나빠진다.

바로 이때가 믹스인이 등장할 상황이다. 그럼 공통되는 로직을 믹스인으로 추출해 보겠다. 다음은 수정된 자바스크립트 코드다. 템플릿은 수정하지 않아도 된다.

```javascript
// 믹스인 정의
var Sharable = {
  data: function() {
    return {
      _isProcessing: false
    }
  },
  methods: {
    share: function() {
      if (this._isProcessing) {
        return
      }
      if (!window.confirm('공유하시겠습니까?')) {
        return
      }
      this._isProcessing = true
      // 실제 구현이라면 SNS서비스의 API를 호출할 부분
      setTimeout(() => {
        window.alert('공유되었습니다.')
        this._isProcessing = false
      }, 300)
    }
  }
}
```

```
var LogoShareButton = {
  mixins: [Sharable],
  template: `
    <button @click="share"><i class="fas fa-share-square"></i></button>
  `
}

var TextShareButton = {
  mixins: [Sharable],
  template: `
    <button @click="share">{{ buttonLabel }}</button>
  `,
  data: function() {
    return {
      buttonLabel: '공유하기'
    }
  }
}

new Vue({
  el: '#app',
  components: {
    LogoShareButton,
    TextShareButton
  }
})
```

Sharable 믹스인을 정의했다. 코드를 보면 알 수 있듯이 이 믹스인은 컴포넌트의 옵션과 같은 프로퍼티를 갖는 평범한 객체다.

믹스인이 갖는 기능을 컴포넌트에 추가하려면 컴포넌트 옵션의 mixins 프로퍼티의 배열에 믹스인 객체를 요소로 추가한다.

mixins 프로퍼티의 값이 배열인 이유는 컴포넌트에 여러 믹스인의 기능을 추가할 수 있도록 하기 위한 것이다. 아이스크림에 토핑을 여러 가지 올릴 수 있는 것과 마찬가지다.

믹스인 객체는 컴포넌트 옵션과 같은 프로퍼티를 갖는다. 믹스인 옵션에 담긴 정보는 컴포넌트 옵션과 통합된다.

Sharable은 _isProcessing이라는 상태를 갖는다. 또한 TextShareButton 컴포넌트는 buttonLabel이라는 상태를 갖는다. TextShareButton 컴포넌트에 Sharable을 믹스인으로 추가하면 컴포넌트와 믹스인의 상태가 합쳐져 _isProcessing과 buttonLabel 두 값을 모두 상태로 갖는다.

mounted와 create 같은 훅 함수도 믹스인과 컴포넌트에서 정의된 것을 모두 컴포넌트에서 호출할 수 있다. 다음 코드를 실행해 콘솔에서 확인해 보겠다.

```javascript
var Sharable = {
  data: function() {
    return {
      _isProcessing: false
    }
  },
  created: function() {
    console.log('Sharable 믹스인의 훅이 호출됨.')
  },
  methods: {
    share: function() {
      if (this._isProcessing) {
        return
      }
      if (!window.confirm('공유하시겠습니까?')) {
        return
      }
      this._isProcessing = true
      // 실제 구현이라면 SNS 서비스의 API를 호출할 부분
      setTimeout(() => {
        window.alert('공유되었습니다')
        this._isProcessing = false
      }, 300)
    }
  }
}

var IconShareButton = {
  mixins: [Sharable],
  created: function() {
```

```
      console.log('IconShareButton의 훅이 호출되었음.')
  },
  template: `
    <button @click="share"><i class="fas fa-share-square"></i></button>
  `
}

var TextShareButton = {
  mixins: [Sharable],
  created: function() {
    console.log('TextShareButton의 훅이 호출되었음.')
  },
  template: `
    <button @click="share">공유하기</button>
  `
}

new Vue({
  el: '#app',
  components: {
    IconShareButton,
    TextShareButton
  }
})
```

콘솔에서 출력된 내용을 통해 믹스인부터 컴포넌트 순서로 훅 함수가 호출된다는 것을 알 수 있다. 믹스인을 하나 이상 추가했다면 mixins 옵션값 배열에 들어 있는 순서대로 훅이 실행되며 그다음에 컴포넌트 훅 함수가 호출된다.

Sharable 믹스인의 훅이 호출됨.	app.js:9
IconShareButton의 훅이 호출되었음.	app.js:32
Sharable 믹스인의 훅이 호출됨.	app.js:9
TextShareButton의 훅이 호출되었음.	app.js:41

훅 함수가 호출되는 순서

method, components, directives 등의 옵션도 믹스인과 컴포넌트의 옵션이 합쳐져 하나의 옵션으로 취급된다.

여기서 주의할 점은 믹스인과 컴포넌트가 같은 프로퍼티를 갖고 있는 경우다. 실제 메서드를 통해 확인해 보겠다. Sharable 믹스인에는 share라는 메서드가 정의돼 있다. 컴포넌트에도 같은 이름의 메서드를 정의해 보자.

```js
var Sharable = {
  data: function() {
    return {
      _isProcessing: false
    }
  },
  methods: {
    share: function() {
      if (this._isProcessing) {
        return
      }
      if (!window.confirm('공유하시겠습니까?')) {
        return
      }
      this._isProcessing = true
      // 실제 구현이라면 SNS 서비스의 API를 호출할 부분
      setTimeout(() => {
        window.alert('공유되었습니다.')
        this._isProcessing = false
      }, 300)
    }
  }
}

var IconShareButton = {
  mixins: [Sharable],
  template: `
    <button @click="share"><i class="fas fa-share-square"></i></button>
  `
}

var TextShareButton = {
  mixins: [Sharable],
  template: `
```

```
      <button @click="share">공유하기</button>
  `,
  methods: {
    share() {
      // 어느 메서드가 호출될까?
      window.alert('컴포넌트로부터 공유되었습니다.')
    }
  }
}


new Vue({
  el: '#app',
  components: {
    IconShareButton,
    TextShareButton
  }
})
```

TextShareButton을 클릭하면 "컴포넌트에서 공유되었습니다"라는 다이얼로그 창이 나타날 것이다. 이 상황처럼 프로퍼티가 충돌하는 경우 컴포넌트 옵션이 우선한다.

지금까지 컴포넌트 간에 공통되는 처리를 믹스인으로 추출하는 방법을 알아봤다. 다음으로 모든 컴포넌트에 적용되는 전역 믹스인에 관해 알아보자.

5.5.2 전역 믹스인

컴포넌트의 mixins 프로퍼티 값인 배열에 믹스인 객체를 담는 방법으로 컴포넌트의 기능을 추가해 봤다.

이와는 별도로 애플리케이션 전체에 적용되는 믹스인이 있다. 이 믹스인은 애플리케이션에서 생성한 모든 Vue 인스턴스에 영향을 미친다. 이를 전역 믹스인이라고 한다.

각 컴포넌트의 mixins 프로퍼티에 믹스인 객체를 담을 필요 없이 묻지도 따지지도 않고 모든 컴포넌트에 적용된다. 영향 범위가 넓으므로 신중하게 사용해야 한다.

그렇다면 전역 믹스인은 어떤 경우에 사용하는 기능일까? 대표적인 유스 케이스로 모든 Vue.js 컴포넌트와 인스턴스의 옵션 객체에 사용자 정의 옵션을 추가하는 경우를 들 수 있다.

예를 들어 로그인 기능이 있는 애플리케이션에는 비 로그인 상태에서는 보여주고 싶지 않은 페이지가 있을 것이다. 이런 로직을 각 컴포넌트에서 일일이 다시 구현하기는 번거롭다. 그러나 전역 믹스인을 사용하면 로직을 믹스인으로 정의한 다음, 옵션에 auth: true라고 지정하기만 하면 한곳에 있는 로직을 선언적으로 사용할 수 있다.

전역 믹스인을 사용하는 또 한 가지 경우는 애플리케이션 전체에서 참조하는 상태나 프로퍼티가 필요한 경우다. 앞서 언급한 로그인 기능으로 치면 로그인한 사용자를 나타내는 객체가 이에 해당한다.

전역 믹스인을 구현해 보겠다.

```
Vue.mixin({
  data: function() {
    return {
      loggedInUser: null
    }
  },
  created: function() {
    var auth = this.$options.auth
    this.loggedInUser = JSON.parse(sessionStorage.getItem('loggedInUser'))
    if (auth && !this.loggedInUser) {
      window.alert('이 페이지는 로그인이 필요합니다')
    }
  }
})


var LoginRequiredPage = {
  auth: true,
  template: `
    <div>
      <p v-if="!loggedInUser">
        이 페이지는 로그인이 필요합니다
      </p>
      <p v-else>
        {{ loggedInUser.name }}님으로 로그인했습니다
      </p>
    </div>
  `
```

```
}

new Vue({
  el: '#app',
  components: {
    LoginRequiredPage
  }
})
```

```
<!DOCTYPE html>
<title>Vue app</title>
<script src="https://unpkg.com/vue@2.5.17"></script>

<div id="app">
<login-required-page></login-required-page>
</div>
<script src="app.js"></script>
```

전역 믹스인을 등록하려면 `Vue.mixin`에 믹스인 객체를 전달하면 된다. 이 애플리케이션에서는 로그인 과정에서 사용자 정보가 브라우저 세션 스토리지에 저장된다고 가정한다.

`created` 훅으로 스토리지에서 로그인된 사용자의 정보를 받은 다음, 스토리지에 데이터가 없으며 컴포넌트 옵션의 `auth` 프로퍼티가 참인 경우에만 "이 페이지는 로그인이 필요합니다"라는 알림창을 표시한다[21].

로그인한 사용자의 정보는 `loggedInUser`라는 프로퍼티를 통해 접근할 수 있다. 이 프로퍼티를 참조하면 로그인 및 비 로그인 상태의 표시 전환을 구현할 수 있다. 비 로그인 상태에서는 "이 페이지는 로그인이 필요합니다"라는 내용을 표시하고, 로그인 상태에서는 로그인 중인 계정의 사용자 이름을 표시하는 것이다.

HTML과 자바스크립트 코드를 각각 파일에 저장한 다음, HTML 파일을 브라우저로 열어보겠다. 처음에는 비 로그인 상태이므로 알림창이 나타난다.

---

21 여기서는 알림으로 대체했지만, 단일 페이지 애플리케이션에서는 알림 대신에 라우터 객체를 통해 로그인 페이지나 인덱스 페이지로 리다이렉션하는 경우도 있다.

전역 믹스인을 이용한 알림창 표시

그다음에는 로그인 상태에서 확인해 보겠다. 크롬 개발자 도구의 콘솔에서 직접 세션 스토리지에 로그인한 사용자의 정보를 추가하는 방법으로 로그인 상태를 재현한다. 콘솔에 다음과 같은 명령을 입력한다.

```
sessionStorage.setItem('loggedInUser', JSON.strinfigy({name: 'Evan You'}))
```

```
> sessionStorage.setItem('loggedInUser', JSON.stringify({name: 'Evan You'}));
```

스토리지에 직접 정보를 추가하는 방법으로 로그인 상태를 재현

그다음 페이지를 리로드해 보면 입력한 이름이 표시될 것이다.

Evan You님으로 로그인했습니다

로그인 결과 표시

지금까지 전역 믹스인에 대해 알아봤다. 전역 믹스인은 애플리케이션 전체에 적용되므로 신중하게 사용해야 하지만, 바르게 사용하면 코드의 유지 보수성을 향상시킬 수 있다. 컴포넌트나 Vue 인스턴스를 생성할 때 옵션을 확장하거나 애플리케이션에서 광범위하게 공유해야 하는 상태를 제공하는 데 유용하다.

믹스인의 명명 규칙

지금까지 설명했듯이 믹스인은 로직을 공통화시킬 수 있는 편리한 기능이다. 그러나 믹스인을 사용할 때는 주의가 필요하다.

믹스인 하나에 너무 많은 기능을 욱여넣으면 컴포넌트에 불필요한 기능이 들어가 오히려 각각의 기능을 재사용하기 어렵게 되는 등 의도하지 않은 동작의 원인이 된다. 또한 너무 많은 종류의 믹스인을 사용하면 어떤 기능이 어디에 구현됐는지 컴포넌트 코드를 이해하기가 어려워지므로 코드의 유지 보수성을 해치게 된다.

가능한 한 단일하고 작은 기능을 믹스인으로 정의하고, 믹스인의 이름에 어떤 기능을 담고 있는지 한눈에 알 수 있도록 하는 것이 좋다.

믹스인의 이름을 정하는 한 가지 원칙으로 '동사 + able', 즉 '할 수 있는 것'이라는 의미로 이름을 붙이는 방법이 있다. 예를 들어 모달 창을 여는 기능의 openModal 메서드의 기능을 믹스인으로 제공한다면 'ModalOpenable'이라고 이름을 붙이면 된다.

이런 식의 규칙을 정해서 사용하면 믹스인의 이름에서 어떤 기능(메서드)을 갖고 있는지, 반대로 메서드 이름으로부터 어떤 믹스인으로부터 추가된 기능인지 파악하기가 쉬워진다. 이는 나중에 코드를 다시 읽어보거나 리팩토링을 수행할 때 유용한 포인트다.

06

단일 파일 컴포넌트를
활용한 개발

3장에서는 Vue.js API를 사용해 컴포넌트를 만드는 방법을 알아봤다. 그리고 4장에서는 컴포넌트와 Vue Router를 사용해 소규모 단일 페이지 애플리케이션을 만들었다.

지금까지 배운 내용을 통해 특별한 도구가 없어도 컴포넌트를 조합하는 방식으로 웹 사이트나 웹 애플리케이션을 만들 수 있다. 그러나 프로젝트 규모가 일정 크기가 넘으면 다음과 같은 문제에 직면하게 된다.

- 자바스크립트의 전역 유효 범위로 인한 컴포넌트 관리의 어려움
- 자바스크립트 문자열 템플릿은 에디터의 문법 하이라이팅 처리 불가
- 컴포넌트에 적용하는 CSS의 네임스페이스 관리
- 컴포넌트 빌드

이번 장에서는 이러한 문제를 해결할 수 있는 고급 컴포넌트 시스템인 **단일 파일 컴포넌트**에 관해 알아본다.

6.1 필요한 도구 설치하기

이 장 이후로는 Vue.js의 고급 기능을 배운다. 이 고급 기능을 사용하려면 다양한 도구가 필요하므로 밑준비를 먼저 진행한다.

Vue.js에서 제공되는 도구는 Node.js로 개발되고 npm을 통해 배포된다. 그러므로 이들 도구를 사용하는 데도 Node.js와 npm이 필요하다.

Node.js 한국어 공식 사이트[1]에서 Node.js를 설치하겠다. LTS 버전을 클릭해 설치를 진행하면 된다. npm도 Node.js와 함께 설치된다. 이 책의 내용은 집필 시점의 최신 안정 버전인 v8.11.1을 기준으로 한다.

6.1.1 Vue CLI

Vue CLI[2]는 Vue.js용 애플리케이션 개발 환경 설정 등의 기능을 제공하는 공식 명령행 도구다.

1장에서도 설명했듯이 자바스크립트로 개발된 현대적인 웹 프런트 엔드는 모듈화, 번들링 도구와 전처리 도구를 이용한 빌드, 자바스크립트 정적 코드 분석(lint), 단위 테스트 및 E2E 테스트 환경을 갖춰야한다.

이런 조건을 만족하는 개발 환경은 장기적인 유지 보수성과 개발 생산성을 고려할 때 필수적이라고 할수 있다. 다만 이런 환경을 아무것도 없는 상태에서 혼자 갖추려면 너무 수고가 많이 든다. 사전 조사부터 동작 확인까지 거쳐야 하는 경우가 많은 지겨운 작업이다.

Vue.js 개발에서 이렇게 귀찮은 개발 환경 설정 작업을 맡아주는 도구가 바로 Vue CLI다. Vue CLI를 사용하면 곧바로 애플리케이션 개발에 들어갈 수 있다.

npm으로 Vue CLI 및 의존 모듈을 설치한다[3].

```
$ npm install -g @vue/cli@3.0.1 @vue/cli-service-global@3.0.1
```

설치가 끝나면 vue 명령을 사용할 수 있다. 이제 환경이 갖춰졌다. 지금부터는 이렇게 갖춰진 환경을 전제로 진행한다[4].

```
$ vue --version
3.0.1
```

---

1   https://nodejs.org/ko/
2   이전 장에서도 몇 번 사용했다. https://github.com/vuejs/vue-cli
3   여기서는 Vue CLI를 어느 디렉터리에서든 사용할 수 있도록 설치한다. 환경에 따라 관리자 권한이 필요할 수도 있다.
4   이 책의 내용은 Vue CLI 3.0.1을 기준으로 한다. npm install @vue/cli@3.0.1과 같이 버전을 명시해 설치할 수 있다.

6.2 단일 파일 컴포넌트란?

단일 파일 컴포넌트(Single File Components)는 Vue.js 컴포넌트를 하나의 파일로 작성하는 기능이다.

.vue 확장자를 갖는 파일에 정의한 컴포넌트로, 다음에서 보듯이 <template>, <script>, <style> 세 블록으로 구성된 HTML 기반 문법으로 정의된다.

```
<template>
  <div id="app">
    <h1 class="greeting">인사말: {{ msg }}</h1>
    <Content/>
  </div>
</template>

<script>
import Content from './content.vue'

export default {
  components: {
    Content
  },
  data () {
    return { msg: '안녕하세요!' }
  }
}
</script>

<style>
    .greeting { color: #42b983; }
</style>
```

이렇게 하나의 파일에 정의된 컴포넌트를 Vue.js에서는 단일 파일 컴포넌트의 약자인 SFC나 sfc, 혹은 Vue 컴포넌트(Vue Components)라고도 한다.

단일 파일 컴포넌트는 기존 웹 표준을 구성하는 기술(HTML, 자바스크립트, CSS)로만 구성된다. 새로 익혀야 할 개념이 없으므로 학습 비용이 거의 없다[5].

---

5 문법이 HTML을 기반으로 하므로 에디터가 제공하는 문법 하이라이팅 기능을 적용하기 쉽다. 현재는 다양한 에디터 및 IDE가 단일 파일 컴포넌트의 문법 하이라이팅 기능을 제공한다. 마이크로소프트 사의 Visual Studio Code(https://code.visualstudio.com/?wt.mc_id=DX_841432)나 젯브레인 사의 WebStorm(https://www.jetbrains.com/webstorm/) 등이 있다.

이름 그대로 파일 하나에 하나의 컴포넌트만을 정의할 수 있다. 그러나 제약보다는 편리함이 더 크다. 블록 요소로 각 부분의 역할을 명확히 구분할 수 있기 때문에 일관성과 유지 보수성이 높은 컴포넌트를 구현할 수 있다.

3장에서는 Vue.component/components 옵션을 사용해서 UI를 컴포넌트로 만드는 기능을 배웠다. 이때 컴포넌트로 만든 것은 **템플릿**과 **로직**뿐이었다.

단일 파일 컴포넌트는 여기에 다시 컴포넌트의 외관을 결정하는 **스타일**을 포함시킬 수 있다. 그러므로 재사용성이 더 뛰어나며 좀 더 구체적인 UI 컴포넌트를 구현할 수 있다.

6.3 단일 파일 컴포넌트의 형식

단일 파일 컴포넌트를 구성하는 각각의 블록을 확인해 보자. 기본적으로는 HTML과 같은 구조라고 보면 된다.

6.3.1 〈template〉 블록

〈template〉 블록은 템플릿을 기술하는 블록이다. template 옵션에 해당한다.

이것은 컴포넌트에서 HTML과 유사한 UI 시맨틱 구조를 템플릿 형태로 작성하는 블록이다. 단일 파일 컴포넌트는 〈template〉 블록을 하나만 작성할 수 있다.

블록 안에서 사용하는 마크업 언어는 표준 HTML이다. 기본적으로 HTML로 템플릿을 작성한다. 번들링 도구의 설정에 따라 Pug 같은 언어를 사용할 수도 있다.

컴포넌트의 template 옵션과 마찬가지로 Mustache 문법, v-if 등의 Vue.js 제공 문법을 그대로 사용할 수 있다.

6.3.2 〈script〉 블록

〈script〉 블록은 컴포넌트에서 UI의 동작을 제어하는 스크립트가 담긴 블록이다. 지금까지 script 요소에 포함된 자바스크립트 코드로 DOM을 조작해서 동적인 UI를 만들었던 것과 같은 역할을 한다. 표준 스크립트 언어는 자바스크립트다[6].

---

6 자바스크립트를 사용하는 경우, 표준 문법은 웹 브라우저에 의해 결정된다. Babel 등의 트랜스파일러로 ES2015 이후 규격의 문법을 다양한 브라우저에서 쓸 수 있도록 하는 방법이 널리 사용된다. 빌드 도구 설정으로 자바스크립트뿐만 아니라 TypeScript, CoffeeScript 등도 사용할 수 있다.

〈script〉 블록 역시 단일 파일 컴포넌트에 하나만 작성할 수 있다.

라이브러리나 다른 컴포넌트를 임포트하는 코드를 이 블록에 작성한다. 다음 예제에서처럼 ES2015의
import 문법을 사용할 수도 있다[7].

```
<script>
import MyModal from 'my-modal'
// ... 수행하려는 처리
</script>
```

Vue.js 애플리케이션에서 단일 파일 컴포넌트를 사용하려면 먼저 컴포넌트를 익스포트해야 한다. 다음
예제와 같이 ES Modules의 export 문법을 사용하면 된다.

```
<script>
// ... 수행하려는 처리
export default { // 반드시 export 해야 함
  // ... 수행하려는 처리
}
</script>
```

6.3.3 〈style〉 블록

〈style〉 블록은 컴포넌트의 UI 외관을 결정하는 요소다. HTML의 style 요소와 같다고 보면 된다. 표준
스타일 언어는 CSS를 사용한다[8].

단일 파일 컴포넌트에 여러 개의 〈style〉 블록을 작성할 수 있다.

〈style〉 블록은 스타일을 단일 파일 컴포넌트 안에 캡슐화한다.

기존 CSS는 전역 유효 범위를 갖기 때문에 다른 스타일 정의와 간섭을 일으키지 않도록 BEM[9] 같은 문
법을 사용해야 했다.

---

7 Vue CLI로 컴파일하면 사용할 수 있다. 이번 장부터는 ES2015 이후 규격의 문법을 적극적으로 활용한다.
8 번들링 도구의 전처리 설정에 따라 Sass, Less 등의 스타일 언어를 사용할 수도 있다.
9 네임스페이스를 분리하기 위해 사용. http://getbem.com

이와 달리 단일 파일 컴포넌트는 범위가 제한된 CSS 및 CSS 모듈을 사용해 스타일 정의를 컴포넌트 단위로 캡슐화하므로 스타일 정의가 서로 간섭을 일으키지 않는다.

단일 파일 컴포넌트는 다음에서 보듯이 캡슐화된 로컬 스타일이 정의된 〈style〉 블록과 캡슐화되지 않은 전역 스타일이 정의된 〈style〉 블록을 함께 사용할 수 있다.

```
<!-- 캡슐화된 스타일-->
<style scoped>
.message { color: #42b983; }
</style>


<!-- 전역 스타일 -->
<style>
.theme {
  color: ##34495e;
  /* 기타 스타일 */
}
</style>
```

6.4 단일 파일 컴포넌트 빌드하기

단일 파일 컴포넌트는 웹 표준 기술로 구성된 것이므로 코드를 작성하고 이해하기가 쉽다. 그러나 Vue.js의 독자적인 기술이므로 웹 브라우저에서 동작하려면 먼저 변환이 필요하다.

번들링 도구 및 해석용 미들웨어 라이브러리를 사용해 단일 파일 컴포넌트를 빌드(변환)한다. 단일 파일 컴포넌트에 포함된 〈template〉, 〈script〉, 〈style〉의 각 블록의 내용이 추출된 다음 해석된다.

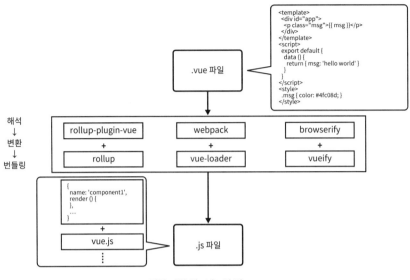

단일 파일 컴포넌트의 빌드

미들웨어 라이브러리가 해석한 각 블록은 HTML, 자바스크립트, CSS로 변환된다. 그리고 최종적으로 웹 브라우저에서 실행 가능한 자바스크립트 코드로 변환된다.

Vue.js는 다양한 번들링 도구[10]에 대해 미들웨어 라이브러리 지원을 제공한다. 집필 시점을 기준으로 단일 파일 컴포넌트의 모든 기능을 지원하는 것은 webpack 용 VueLoader[11]뿐이다[12] [13] [14].

이번 장의 나머지 부분은 webpack과 Vue Loader를 사용한 경우를 기준으로 한다.

6.5 단일 파일 컴포넌트 사용해 보기

단일 파일 컴포넌트의 기초적인 내용을 배웠으니 실제로 사용해 보자.

이번에는 이 장 처음에 설치했던 Vue CLI의 serve 하위 명령을 사용한다[15].

---

10 공식 지원은 아니지만, Parcel이나 FuseBox 같은 번들링 도구로도 단일 파일 컴포넌트를 사용할 수 있다.
11 앞에서 몇 번 언급했다. https://github.com/vuejs/vue-loader
12 https://github.com/vuejs/rollup-plugin-vue
13 https://github.com/vuejs/vueify
14 현재 Vue.js 개발팀은 번들링 도구의 기능에 의존하지 않아도 단일 파일 컴포넌트의 모든 기능을 사용할 수 있는 컴파일러를 개발 중이다. https://github.com/vuejs/vue-component-compiler. 앞으로는 webpack 이외의 번들링 도구로도 단일 파일 컴포넌트의 모든 기능을 사용할 수 있게 할 예정이다.
15 빌드 도구와 미들웨어의 설치 및 설정은 꽤 수고스러운 작업이지만, Vue CLI를 사용하면 부담을 많이 덜 수 있다.

vue serve 명령은 내부적으로 webpack과 Vue Loader를 사용하는데, webpack을 설정하지 않아도 Vue.js 애플리케이션을 빌드할 수 있는 매우 편리한 명령이다. 프로토타입 개발이나 지금처럼 학습에 적합하다. 그럼 시작해 보자.

우선 앞서 단일 파일 컴포넌트 설명에서 소개한 다음 코드를 텍스트 에디터에 작성한 다음, hello.vue라는 이름으로 저장한다. 설명을 위해 이 파일을 /users/vuejs-primer/sfc/ 디렉터리에 저장했다고 가정하겠다. 원하는 디렉터리에 저장한 다음 적당히 바꿔 생각하며 읽으면 된다.

```
<template>
  <p class="message">메시지: {{ msg }}</p>
</template>

<script>
export default {
  data () {
    return { msg: '안녕하세요!' }
  }
}
</script>

<style>
.message { color: #42b983; }
</style>
```

이어서 명령행에서 단일 파일 컴포넌트 파일을 저장한 디렉터리(/users/vuejs-primer/sfc/)로 이동한다. 그리고 단일 파일 컴포넌트를 빌드한 후 브라우저에 띄워주는 명령을 실행한다[16].

```
$ cd /users/vuejs-primer/sfc/
$ vue serve hello.vue --open
```

위 명령은 단일 파일 컴포넌트 hello.vue를 빌드한 다음, Vue.js 본체 및 자바스크립트 의존 라이브러리를 하나의 자바스크립트 파일로 번들링한다.

---

16 윈도우 환경에서는 통신과 관련된 경고가 나타날 수 있으나, 허용을 선택하면 된다.

--open 옵션은 브라우저에서 빌드된 결과를 확인하게 해준다. Vue CLI가 로컬에서 HTTP 서버를 시작한 다음, `http://localhost:8080`에서 빌드된 단일 파일 컴포넌트를 실행한다.

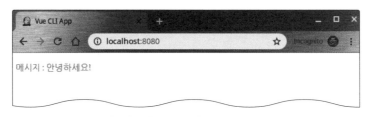

빌드된 단일 파일 컴포넌트를 실행한 결과

`<style>` 블록의 CSS `.message { color: #42b983; }`으로 글꼴 색이 적용되며 `<template>`과 `<script>` 블록에서 "메시지 : 안녕하세요"라는 내용이 표시된다면 잘 동작하는 것이다.

Vue.js의 컴포넌트 문법과 HTML, CSS, 자바스크립트에 대한 기초 지식이 있다면 단일 파일 컴포넌트를 쉽게 만들 수 있다.

크롬 개발자 도구를 사용해 렌더링된 HTML을 살펴보자.

```
<!doctype html>
<html lang="en"> == $0
▼<head>
    <meta charset="utf-8">
    <title>Vue CLI App</title>
    <link href="/app.js" rel="preload" as="script">
    <style type="text/css">
    .message { color: #42b983;     ◀── 3. 삽입된 스타일
    }
    </style>
  </head>
▼<body>
    <p class="message">메시지 : 안녕하세요!</p>   ◀── 2. 렌더링된 템플릿
    <script type="text/javascript" src="/app.js"></script>   ◀── 1. 자바스크립트로 번들링된 파일
  </body>
</html>
```

단일 파일 컴포넌트의 렌더링 결과

6.5.1 단일 파일 컴포넌트의 동작 과정

단일 파일 컴포넌트의 동작 과정의 주요 포인트는 다음 3가지다. 동작 순서대로 따라가 보자.

- 애플리케이션 코드를 자바스크립트 파일로 번들링

- 템플릿을 HTML로 렌더링

- 스타일 삽입

애플리케이션 코드를 자바스크립트 파일로 번들링

단일 파일 컴포넌트와 컴포넌트의 의존 라이브러리[17]를 자바스크립트 파일로 번들링한다.

webpack 같은 번들링 도구는 자바스크립트는 물론이고 HTML, CSS처럼 웹 브라우저에서 웹 페이지를 나타내기 위한 리소스까지 모두 자바스크립트 파일로 묶어낸다.

이번에는 Vue CLI가 webpack과 Vue Loader를 사용해서 번들링을 수행한다. 지금 사용한 vue serve 명령은 자바스크립트 파일 하나로 번들링된 결과를 script 요소에서 임포트해서 단일 파일 컴포넌트를 사용한 Vue.js 애플리케이션으로 실행하는 역할을 한다.

템플릿을 HTML로 렌더링

단일 파일 컴포넌트의 〈template〉 블록에 담긴 템플릿은 HTML로 렌더링돼 body 요소 아래에 배치된다.

페이지 내용이 실제로 HTML 파일에 들어가는 것은 아니고, Vue CLI가 단일 파일 컴포넌트를 우리가 지금까지 사용했던 컴포넌트 객체로 변환한 다음, 자바스크립트를 실행해서 배치하는 것이다. 자바스크립트 코드를 같은 자바스크립트 코드끼리 모아놓는 것은 자연스럽지만, HTML 역시 자바스크립트 형태로 한데 합쳐진다.

스타일 삽입

webpack과 Vue Loader를 사용하면 CSS도 자바스크립트로 만들 수 있다. 자바스크립트가 〈style〉 블록에서 정의한 스타일을 head 요소 안에 위치한 〈style〉로 삽입한다.

Vue Loader는 범위를 갖는 CSS 등을 다룬다. 이에 대한 자세한 설명은 생략하겠다.

이렇게 script, template, style 세 가지 요소가 모두 자바스크립트로 변환된 다음 각각 자바스크립트, HTML, CSS로 동작한다.

---

17 Vue.js 등.

6.6 단일 파일 컴포넌트의 기능

가장 단순한 단일 파일 컴포넌트를 예로 단일 파일 컴포넌트가 어떻게 동작하는지 알아봤다. 단일 파일 컴포넌트는 이 외에도 여러 가지 편리한 기능을 제공한다. 지금부터는 이러한 기능에 대해 알아본다.

6.6.1 외부 파일 임포트

단일 파일 컴포넌트는 블록마다 src 속성을 통해 외부 파일을 다음과 같이 임포트할 수 있다. src 속성을 이용한 외부 파일 임포트는 기존 애플리케이션이 가진 리소스를 빌려다 쓸 수 있기 때문에 매우 유용하다.

```
<template src="./template.html"></template>

<script src="./script.js"></script>

<style src="./style.css"></style>
```

임포트 대상이 되는 외부 파일의 경로를 src 속성값으로 지정하면 된다. 이때 경로는 상대 경로를 사용한다.

위 예제는 모두 src 속성을 통해 외부 파일을 임포트한 경우다. 모든 블록에서 외부 파일을 임포트해야 하는 것은 아니며 블록에 따라 방법을 달리할 수 있다. 다음은 <style> 블록만 src 속성을 사용하고 다른 블록은 내용을 안에 직접 작성한 경우다.

```
<template>
    <p class="message">인사말: {{ msg }}</p>
</template>

<script>
export default {
  data () {
    return { msg: '안녕하세요!' }
  }
}
</script>

<style src="./style.css"></style>
```

6.6.2 범위를 갖는 CSS

`<style>` 블록에 scoped 속성을 부여하면 블록에서 정의된 스타일이 해당 단일 파일 컴포넌트 안에 있는 요소에만 적용되도록 캡슐화할 수 있다[18]. Vue.js 단일 파일 컴포넌트에서는 이를 '범위를 갖는 CSS(scoped CSS)'라고 한다.

CSS는 일반적으로 사용되는 네임스페이스가 없으므로 서로의 간섭을 방지하려면 BEM처럼 CSS 문법을 이용한 트릭을 사용하는 까다로운 방법을 필요로 하는 언어다. 범위를 갖는 CSS를 사용하면서 유사적이나마 네임스페이스(파일 단위 범위)를 가지게 되고, 이를 통해 스타일 간 간섭을 방지한다. 스타일 정의를 직관적으로 할 수 있기 때문에 CSS의 유지 보수성이 향상됨은 물론이고 매우 편리하기까지 하다.

스타일 캡슐화를 구현하는 원리

스타일이 범위를 갖는 CSS를 통해 어떤 방법으로 캡슐화되는지 알아보자.

다음 예제를 단일 파일 컴포넌트로 만들어 vue serve 명령으로 실행한다.

```
<template>
  <p class="message">안녕하세요!</p>
</template>

<style scoped>
.message { color: #42b983; }
</style>
```

```
$ # 에디터로 단일 파일 컴포넌트를 작성하고 저장(설명을 위한 가짜 명령어임)
$ editor index.vue
$ # 단일 파일 컴포넌트를 빌드하고 웹 브라우저로 열기
$ vue serve index.vue --open
```

그러면 다음과 같은 HTML이 렌더링된다[19].

```
<html>
  <head>
```

---

18 자신이 정의된 컴포넌트로 범위를 제한하는 기능은 WebComponents의 Shadow DOM 스타일에 가까운 캡슐화 에뮬레이션을 통해 제공된다.
19 지면 관계상 웹 브라우저에 렌더링된 HTML 중 일부를 발췌했다.

```
    ...
    <style type="text/css">
        .message[data-v-3bcf9374] { color: #42b983; }
        ...
    </style>
    ...
    </head>
    <body>
      <p data-v-3bcf9374 class="message">안녕하세요!</p>
      ...
    </body>
</html>
```

위 HTML을 보면 단일 파일 컴포넌트로 정의한 스타일이 head 요소에 삽입된 것을 볼 수 있다. 그리고 〈template〉 블록의 내용은 body 요소에 렌더링됐다. 여기까지는 이미 확인했던 내용이다.

그보다는 단일 파일 컴포넌트의 렌더링된 요소에 data-v-로 시작하는 해시값으로 구성된 커스텀 데이터 속성이 붙은 것에 주목해야 한다[20]. 이 값은 scoped 속성을 이용해 스타일을 캡슐화하는 데 사용되는 **유효 범위 유일 식별자**다.

head 요소에 삽입된 style 요소의 스타일을 살펴보자. 삽입된 스타일에서도 같은 커스텀 데이터 속성을 볼 수 있다.

범위를 갖는 CSS는 빌드 과정에서 커스텀 데이터 속성으로 부여되는 유효 범위 식별자와 스타일이 CSS 요소에 캐스케이드 방식으로 적용된다는 성질을 이용해 구현된다.

〈style〉 블록을 여러 개 정의한 경우

단일 파일 컴포넌트는 〈style〉 블록을 여러 개 가질 수 있다. 이를테면 캡슐화된 〈style〉 블록에 정의된 로컬 유효 범위를 갖는 스타일과 캡슐화되지 않은 〈style〉 블록에 정의된 전역 유효 범위를 갖는 스타일을 함께 가질 수 있다는 말이다.

예제를 통해 확인해 보자. 앞서 살펴본 단일 파일 컴포넌트 Foo와 Root를 다음과 같이 수정한다.

---

20 data-v- 뒤에 오는 해시값은 사용자 환경에 따라 달라진다.

```
<template>
  <div class="foo">
    <h1 class="header">Foo 컴포넌트</h1>
    <p>이것은 Foo 컴포넌트입니다</p>
  </div>
</template>

<!-- 앞서 본 예제에서 Root 컴포넌트의 스타일 정의에서 정의한 p 요소의 스타일을 Foo 컴포넌트로 가져옴
-->
<style>
    p { text-decoration: underline; }
</style>

<style scoped>
.foo {
  border: solid 1px green;
  margin: 4px;
  padding: 4px;
}
.header { font-size: 150%; }
</style>
```

```
<template>
  <div id="root">
    <h1 class="header">Root 컴포넌트</h1>
    <p>이것은 Root 컴포넌트입니다</p>
    <foo/>
    <bar/>
  </div>
</template>

<script>
import Foo from './foo'
import Bar from './bar'
export default {
  components: {
    Foo,
    Bar
```

```
    }
  }
</script>

<style>
#root {
  border: solid 1px blue;
  margin: 4px;
  padding: 4px;
}
.header { font-size: 200%; }
</style>
```

명령행에서 vue serve root.vue --open 명령을 실행한다. 웹 브라우저에 조금 전과 같은 화면이 나타난다.

외관은 같지만, 렌더링된 HTML의 구조는 조금 다르다. HTML 내용은 다음과 같다. 이해를 돕기 위해 주석을 추가했다.

```
<html>
  <head>
    ...
    <!-- Root 컴포넌트에서 정의한 전역 스타일 -->
    <style type="text/css">
        #root {
        border: solid 1px blue;
        margin: 4px;
        padding: 4px;
        }
        .header { font-size: 200%; }
        ...
    </style>
    <!-- Foo 컴포넌트에서 정의한 전역 스타일 -->
    <style type="text/css">
        p { text-decoration: underline; }
        ...
    </style>
    <!-- Foo 컴포넌트에서 정의한 캡슐화된 스타일 -->
```

```html
    <style type="text/css">
        .foo[data-v-5350b588] {
        border: solid 1px green;
        margin: 4px;
        padding: 4px;
        }
        .header[data-v-5350b588] { font-size: 150%; }
        ...
    </style>
    <!-- Bar 컴포넌트에서 정의한 캡슐화된 스타일 -->
    <style type="text/css">
        .bar[data-v-29f5b3ee] {
        border: 1px solid red;
        margin: 4px;
        padding: 4px;
        }
        .header[data-v-29f5b3ee] { font-size: 125%; }
        ...
    </style>
  </head>

<body>
    ...
    <!-- 이 뒤로 렌더링된 내용은 구조가 같으므로 생략 -->
```

새로 추가된 Foo 컴포넌트의 전역 <style> 블록의 내용이 head 요소에 추가된 것을 확인할 수 있다.

이런 방법으로 각 단일 파일 컴포넌트에서 전역 스타일을 정의할 수 있다.

그러나 실무에서는 스타일 관리 편의상 전역 스타일 정의를 최상위 컴포넌트에 하는 것이 좋다. 이 예제에서처럼 Root 컴포넌트에서 스타일을 정의하는 것이 유지 보수 면에서도 바람직하다.

자식 컴포넌트의 루트 요소에 스타일을 정의할 때 주의할 점

Vue.js의 컴포넌트가 될 요소에 class 속성을 사용하면 이 속성은 **컴포넌트 안의 루트 요소에 추가**된다.

예를 들어 보겠다. <div> 요소로 전개되는 hoge 컴포넌트가 있다고 하자. <hoge class="a">라고 작성하면 <div class="a"></div>와 같이 전개되는 식이다. 직관과 일치한다.

그러나 이 기능에도 한 가지 문제가 있다. 범위를 갖는 CSS가 정의된 컴포넌트에 class 속성을 지정하면 해당 컴포넌트의 스타일에 대한 캡슐화가 무효가 될 가능성이 있다.

앞서 사용했던 단일 파일 컴포넌트 Bar를 다음과 같이 수정해 확인해 보겠다.

```html
<template>
  <div class="bar">
    <h1 class="header">Bar 컴포넌트</h1>
    <p>이것은 Bar 컴포넌트입니다</p>
    <!-- Foo 컴포넌트에 header 클래스를 지정 -->
    <foo class="header"/>
  </div>
</template>

<script>
import Foo from './foo'
export default {
  components: {
    Foo
  }
}
</script>

<style scoped>
.bar {
  border: 1px solid red;
  margin: 4px;
  padding: 4px;
}
.header { font-size: 125%; }
</style>
```

vue serve root.vue --open 명령을 실행해서 결과를 확인해 보자.

이것은 Root 컴포넌트입니다

Foo 컴포넌트

이것은 Foo 컴포넌트입니다

Bar 컴포넌트

이것은 Bar 컴포넌트입니다

Foo 컴포넌트

이것은 Foo 컴포넌트입니다

scoped 속성을 이용한 캡슐화가 동작하지 않게 된 단일 파일 컴포넌트

```html
<!-- body 요소에서 필요한 부분만 발췌 -->
<div id="root">
    <h1 class="header">Root 컴포넌트</h1>
    <p>이것은 Root 컴포넌트입니다</p>
    <div data-v-6a9c143d class="foo">
        <h1 data-v-6a9c143d class="header">Foo 컴포넌트</h1>
        <p data-v-6a9c143d>이것은 Foo 컴포넌트입니다</p>
    </div>
    <div data-v-7f49950a class="bar">
        <h1 data-v-7f49950a class="header">Bar 컴포넌트</h1>
        <p data-v-7f49950a>이것은 Bar 컴포넌트입니다</p>
        <!-- Bar 컴포넌트로 Foo 컴포넌트에 지정된 header 클래스가 Foo 컴포넌트의 루트 요소에 추가됨
-->
        <div data-v-6a9c143d data-v-7f49950a class="foo header">
            <h1 data-v-6a9c143d class="header">Foo 컴포넌트</h1>
            <p data-v-6a9c143d>이것은 Foo 컴포넌트입니다</p>
        </div>
    </div>
</div>
```

위의 HTML 문서 내용를 보면 Bar 컴포넌트의 `<foo class="header">`로부터 `<div data-v... class="foo header">`가 생성됐음을 알 수 있다.

.header와 일치하는 요소가 애초 의도하지 않은 범위까지 미치고 있다. Vue Loader의 기능상 이 모두에 스타일이 적용된다. 이 영향으로 Bar 컴포넌트 안의 Foo 컴포넌트의 스타일은 캡슐화가 깨지게 된다.

이런 영향이 있을 수 있기 때문에 컴포넌트에 class 속성을 외부에서 지정하려면 주의가 필요하다.[21]

범위를 갖는 CSS의 장점

범위를 갖는 CSS에 대한 이해를 돕기 위해 여러 개의 단일 파일 컴포넌트를 함께 사용하는 예제를 살펴보겠다[21]. 먼저 3가지 단일 파일 컴포넌트를 한 디렉터리에 만든다.

Foo 컴포넌트(foo.vue)

```
<h1 class="header">Foo 컴포넌트</h1>
<p>이것은 Foo 컴포넌트입니다</p>
```

Bar 컴포넌트(bar.vue)

```
<h1 class="header">Bar 컴포넌트</h1>
<p>이것은 Bar 컴포넌트입니다</p>
<foo/> <!-- Foo 컴포넌트를 이용. Script 블록도 주목할 것 -->
```

Root 컴포넌트(root.vue)

```
<h1 class="header">Root 컴포넌트</h1>
<p>이것은 Root 컴포넌트입니다</p>
<foo/>
<bar/>
```

위에 언급된 컴포넌트의 템플릿 구성은 각각 다음과 같다.

- 모든 컴포넌트는 class 속성에 header가 포함된 h1 요소와 p 요소를 갖는다.

- Bar 컴포넌트는 Foo 컴포넌트를 포함한다.

- Root 컴포넌트는 Foo 컴포넌트와 Bar 컴포넌트를 포함한다.

스타일은 다음과 같다.

- 모든 컴포넌트의 스타일에는 header 클래스용 스타일(글꼴 크기)이 정의돼 있으나, 정의 내용은 컴포넌트마다 다르다.

- Foo 컴포넌트와 Bar 컴포넌트는 scoped 속성으로 스타일을 캡슐화했다.

- Root 컴포넌트는 p 요소의 스타일(텍스트 밑줄)이 정의돼 있으며, scoped 속성 캡슐화는 적용되지 않았다.

---

21 부모 컴포넌트와 자식 컴포넌트가 모두 단일 파일 컴포넌트인 경우가 여기서 처음 나오므로 주목하라.

같은 디렉터리에서 다음과 같이 vue serve 명령을 실행한다.

```
$ vue serve root.vue --open
```

실행 결과는 다음과 같다.

여러 개의 단일 파일 컴포넌트에서 scoped 속성으로 캡슐화된 스타일

다음은 웹 브라우저에서 렌더링된 HTML이다. 이해를 돕기 위해 주석을 추가했다.

```
<html>
<head>
    ...
    <!--Root 컴포넌트의 스타일 -->
    <style type="text/css">
        #root {
        border: solid 1px blue;
        margin: 4px;
        padding: 4px;
        }
        .header { color: blue; }
        p { text-decoration: underline; }
        ...
    </style>
    <!-- Foo 컴포넌트의 스타일 -->
    <style type="text/css">
        .foo[data-v-4213363b] {
        border: solid 1px green;
```

```
            margin: 4px;

            padding: 4px;

            }

            .header[data-v-4213363b] { color: green; }

            ...

        </style>

    <!-- Bar 컴포넌트의 스타일 -->

    <style type="text/css">

            .bar[data-v-56c0b708] {

            border: 1px solid red;

            margin: 4px;

            padding: 4px;

            }

            .header[data-v-56c0b708] { color: red; }

            ...

    </style>

</head>


<body>

    <!-- Root 컴포넌트 -->

    <div id="root">

        <h1 class="header">Root</h1>

        <p>이것은 Root컴포넌트입니다</p>

        <!--Foo 컴포넌트 -->

        <div data-v-4213363b class="foo">

            <h1 data-v-4213363b class="header">Foo컴포넌트</h1>

            <p data-v-4213363b>이것은 Foo컴포넌트입니다</p>

        </div>

        <!--Bar 컴포넌트 -->

        <div data-v-56c0b708 class="bar">

            <h1 data-v-56c0b708 class="header">Bar컴포넌트</h1>

            <p data-v-56c0b708>이것은 Bar컴포넌트입니다</p>

            <!--Foo 컴포넌트 -->

            <div data-v-4213363b data-v-56c0b708 class="foo">

                <h1 data-v-4213363b class="header">Foo컴포넌트</h1>

                <p data-v-4213363b>이것은 Foo컴포넌트입니다</p>
```

```
            </div>
        </div>
    </div>
    ...
</body>
```

Foo 컴포넌트와 Bar 컴포넌트는 각각 정의된 스타일이 캡슐화돼 있음을 확인할 수 있다. HTML 문서를 봐도 Foo 컴포넌트에서 정의된 스타일과 Bar 컴포넌트에서 정의된 스타일이 style 요소에 커스텀 데이터 속성(위 HTML의 data-v-4213363b와 data-v-56c0b708)을 삽입하는 형태로 캡슐화됐다.

모든 컴포넌트에서 p 요소가 렌더링됐는데, 이 중 Foo 컴포넌트와 Bar 컴포넌트의 p 요소에도 Root 컴포넌트에서 정의한 p 요소의 스타일이 적용된 것을 알 수 있다.

이 두 컴포넌트의 스타일에는 p 요소의 스타일이 따로 정의되지 않았기 때문에 부모 컴포넌트에서 정의된 스타일이 적용되는 것이다.

단일 파일 컴포넌트의 〈style〉 블록에 scoped 속성을 지정하지 않으면 빌드 시에 전역 스타일로 간주된다.

Root 컴포넌트의 〈style〉 블록에 있는 스타일 정의에 scoped 속성이 정의되지 않았으므로 렌더링된 HTML의 Root 컴포넌트에도 커스텀 데이터 속성이 부여되지 않으며 head 요소에 삽입된 Root 컴포넌트의 스타일에도 커스텀 데이터 속성의 범위를 셀렉터로 특정하지 않는다.

Root 컴포넌트의 자식 컴포넌트인 Foo 컴포넌트와 Bar 컴포넌트의 scoped 속성을 삭제하면 이들 컴포넌트에서 정의된 스타일도 전역 스타일로 처리된다. 그러므로 이 컴포넌트에서 p { color: red; }와 같이 스타일을 정의하면 부모에도 이 스타일이 영향을 미치므로 주의가 필요하다.

6.6.3 CSS 모듈

CSS를 모듈화하는 방법으로 네임스페이스 충돌을 방지할 수 있다.

〈style〉 블록에 module 속성을 부여하면 해당 단일 파일 컴포넌트에 정의된 스타일을 모듈로 만들 수 있다. 이 기능은 CSS 모듈[22]의 설계 개념과 지침을 단일 파일 컴포넌트에서 사용하기 위한 것이다.

CSS 모듈의 기능 중 스타일 범위의 기본값을 제공하는 기능이 있다. CSS 모듈은 컴포지션[23] 등의 스타일을 모듈화하는 기능을 제공하므로 범위를 가진 CSS보다 기능이 강력하다.

---

22 CSS를 모듈화하기 위한 메커니즘으로, 웹 표준의 일부는 아니다. https://github.com/css-modules/css-modules
23 composition.

스타일을 모듈화하는 방법

단일 파일 컴포넌트의 CSS 모듈이 어떤 것인지, 범위를 갖는 CSS를 설명할 때와 같은 예제로 확인해 보겠다[24].

```
<template>
  <p :class="$style.message">안녕하세요!</p>
</template>

<script>
export default {
  created () {
    // eslint-disable-next-line no-console
    console.log('css modules: $style', this.$style)
  }
}
</script>

<style module>
    .message { color: #42b983; }
</style>
```

위 예제 코드에서 범위를 갖는 CSS와 비교해 보면 ⟨template⟩ 블록에서 요소의 클래스를 지정해 스타일을 적용하는 방식이 다르다.

범위를 갖는 CSS는 ⟨style⟩ 블록에서 정의했던 스타일을 그대로 요소의 class 속성에 지정하기만 하면 됐다. 그러나 CSS 모듈은 class 속성을 지정하기 위해 Vue.js의 v-bind[25]를 사용한다.

스타일 셀렉터에 사용된 클래스명은 자바스크립트에서 참조 가능한 스타일 식별자 객체로 변환된다. 스타일 식별자 객체는 계산 프로퍼티 $style에서 접근할 수 있다.

그러므로 ⟨template⟩ 블록의 요소에 스타일을 적용하려면 v-bind를 이용해 지정해야 한다. 또한 변환된 스타일 식별자 객체는 계산 프로퍼티 $style이므로 위에 나온 ⟨script⟩ 블록과 마찬가지로 자바스크립트 코드에서 참조할 수 있다.

---

24 이 예제 코드는 학습을 위해 vue serve 명령에서 ESLint 규칙 중 no-console 규칙을 무시하도록 주석을 추가한 것이다.
25 예제에서는 간략문법 :을 사용했다.

$style은 계산 프로퍼티다. 그러므로 Vue.js 클래스에 사용하는 객체 문법이나 배열 문법을 사용할 수 있다. 따라서 리액티브하게 스타일을 변경할 수 있어 상당히 강력한 기능이다.

어떻게 동작하는지 실제로 확인해 보자. 위의 예제를 적당한 이름의 파일에 저장한 다음, vue serve 명령을 실행한다.

```
$ editor index.vue
$ vue serve index.vue --open
```

위 명령을 실행하면 웹 브라우저가 실행되고 다음과 같이 컴포넌트가 렌더링된다[26].

```
<html>
  <head>
    ...
    <style type="text/css">
        ._15Zw8hAKaKZIxMKvofG7GX_0 { color: #42b983; }
        ...
    </style>
  </head>

  <body>
    <p class="_15Zw8hAKaKZIxMKvofG7GX_0">안녕하세요!</p>
    ...
  </body>
</html>
```

화면의 내용은 범위를 갖는 CSS 때와 똑같지만, 렌더링된 HTML의 구조가 약간 다르다[27].

〈style〉 블록에서 정의한 스타일 .message가 ._15Zw8hAKaKZIxMKvofG7GX_0과 같이 알아보기 힘든 식별자로 바뀌었다. 유일 식별자를 생성해서 이름 충돌을 방지하는 것이다. 이 과정은 Vue CLI가 내부적으로 사용하는 webpack과 Vue Loader[28]가 수행한다.

---

26 지면 관계상 일부를 발췌했다.
27 지금까지 단일 파일 컴포넌트의 동작을 확인했을 때와 마찬가지로 단일 파일 컴포넌트에서 정의한 스타일이 head 요소에 삽입되고 〈template〉 블록의 내용이 body 요소 안에 렌더링됨.
28 엄밀히 말하면 Vue Loader가 의존하는 css-loader.

범위를 갖는 CSS는 접두사 data-v-와 그 뒤에 오는 해시값으로 구성된 커스텀 데이터 속성을 사용해서 스타일을 캡슐화했다. CSS 모듈은 바로 이 유일 식별자를 사용해서 스타일을 캡슐화한다.

〈template〉의 p 요소에 v-bind로 지정한 클래스가 _15Zw8hAKaKZIxMKvofG7GX_0로 바뀌어 지정된다. 이런 방법으로 head 요소에 삽입된 style 요소의 스타일이 적용된다.

〈script〉 블록은 console.log로 계산 프로퍼티 $style의 스타일 식별자의 내용을 출력하도록 했다. 크롬 개발자 도구에서 $style의 message 프로퍼티에서 _15Zw8hAKaKZIxMKvofG7GX_0이라는 값을 확인할 수 있었다.

이름을 가진 스타일 식별자의 계산 프로퍼티

같은 단일 파일 컴포넌트 안에 여러 개의 〈style〉 블록에서 CSS 모듈을 사용하면서 같은 이름의 스타일이 존재하는 경우는 $style 계산 프로퍼티에서 어느 한쪽 스타일을 덮어쓰게 된다. 이를 막으려면 module 속성에 모듈명을 지어주면 된다. 그러면 각 스타일이 서로 다른 계산 프로퍼티로 정의된다.

```
<template>
  <form novalidate>
    <p :class="alertValidation">{{ validMessage }}</p>
    <textarea @input="onInput" :class="textboxValidation"></textarea>
  </form>
</template>

<script>
export default {
  data() {
    return {
      valid: false
    }
  },
  computed: {
    validMessage() {
      return this.valid ? '입력된 내용이 없습니다' : '입력된 내용이 있습니다'
    },
    alertValidation() {
      return this.valid ? this.alert.success : this.alert.error
    },
```

```
    textboxValidation() {
      return this.valid ? this.textbox.success : this.textbox.error
    }
  },
  methods: {
    isRequired(avalue) {
      return value.length > 0
    },
    onInput(e) {
      this.valid = this.isRequired(e.target.value)
    }
  }
}
</script>

<style module="alert">
.success {
  color: green;
}
.error {
  font-weight: bold;
  color: red;
}
</style>

<style module="textbox">
.success {
  border: solid 2px green;
}
.error {
  border: solid 2px red;
}
</style>
```

위 코드는 폼을 구성하는 텍스트박스에 입력된 내용이 있는지를 판단하는 간단한 유효성 검사다. 실행해
보겠다.

```
$ editor form.vue
$ vue serve index.vue --open
```

명령을 실행하면 웹 브라우저에 form 요소의 알림창 정보를 표시하는 p 요소와 텍스트 입력을 받는 textarea 요소가 나타난다. 폼에 내용을 입력해 보거나 입력된 텍스트가 전혀 없는 상태에서 키보드 입력을 해보라. 입력된 텍스트가 있는지 아닌지에 따라 동적으로 스타일이 적용되는 것을 볼 수 있다.

이 단일 파일 컴포넌트에는 다음 두 ⟨style⟩ 블록이 module 속성과 함께 정의돼 있다.

- ⟨style module="alert"⟩: 유효성 검사 결과 알림창 메시지를 위한 스타일로, alert 모듈이 됨.

- ⟨style module="textbox"⟩: 유효성 검사 결과 텍스트 박스를 위한 스타일로, textbox 모듈이 됨.

이 두 ⟨style⟩ 블록에는 클래스명이 같은 스타일이 정의돼 있다. module 속성값으로 두 스타일이 각각 alert, textbox라는 식별자가 계산 프로퍼티 형태로 정의돼 있으므로 둘 다 사용할 수 있다.

6.6.4 다른 언어로 된 구현 지원

최근 웹 개발 환경은 애플리케이션 개발 규모에 따라 다음과 같은 웹 표준을 벗어나는 언어도 일반적으로 사용된다.

- HTML로 변환할 수 있는 마크업 언어(Haml, Pug 등).

- CSS 전처리 도구(Sass, Less 등).

- AltJS(TypeScript, Flow 등).

단일 파일 컴포넌트에서도 이 언어를 사용할 수 있다. 번들링 도구를 사용해 단일 파일 컴포넌트를 한데 합쳐 변환할 수 있기 때문이다.

전처리 도구를 이용한 변환

각 블록의 lang 속성으로 기본 구현 언어 외의 언어를 구현에 사용할 수 있다.

다음은 ⟨template⟩ 블록은 Pug, ⟨script⟩ 블록은 TypeScript, ⟨style⟩ 블록은 Stylus를 구현에 사용하는 단일 파일 컴포넌트의 예다.

```
<template lang="pug">
  p.message 메시지: {{ msg }}
</template>

<script lang="ts">
export default {
  data (): Object {
    return { msg: '안녕하세요!' }
  }
}
</script>

<style lang="stylus">
vue-color = #42b983
  .message
    color vue-color
</style>
```

기본 구현 언어 외의 언어를 사용하려면 각 언어를 처리하기 위한 설정을 해야 한다. 수작업으로 이 설정을 하는 것은 매우 번거로우므로 좋지 않다. Vue CLI의 하위 명령 중 개발 환경 최초 설정을 도와주는 create[29]를 사용하자.

작업 디렉터리에서 다음과 같이 vue create 명령을 실행한다.

```
$ vue create other-lang
```

인자 other-lang은 프로젝트 이름이다. 명령을 실행하면 터미널에 다음과 같은 내용이 출력된다.

```
Vue CLI v3.0.0-beta.6
? Please pick a preset: (Use arrow keys)
> default (babel, eslint)
Manually select features
```

---

29 이후 vue create라고 하겠다.

여기서 다른 언어를 선택할 수 있도록 Manually select features를 선택한 다음, 엔터키를 누른다. 그러면 다음과 같이 도구와 라이브러리를 선택하라는 질문이 터미널에 출력된다.

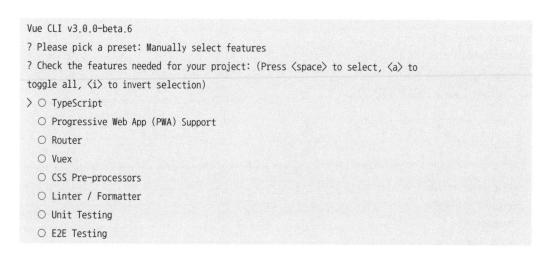

```
Vue CLI v3.0.0-beta.6
? Please pick a preset: Manually select features
? Check the features needed for your project: (Press <space> to select, <a> to
toggle all, <i> to invert selection)
> ○ TypeScript
  ○ Progressive Web App (PWA) Support
  ○ Router
  ○ Vuex
  ○ CSS Pre-processors
  ○ Linter / Formatter
  ○ Unit Testing
  ○ E2E Testing
```

이제 작성해볼 단일 파일 컴포넌트는 TypeScript와 Stylus를 사용할 것이므로 TypeScript와 CSS Pre-processors를 선택하고 엔터키를 누른다. 그러면 다시 몇 가지 설정 사항을 물어보는데, 다음과 같이 설정하면 된다.

질문 항목	의미	선택 내용
Use class-style component syntax?	단일 파일 컴포넌트에서 클래스 스타일 컴포넌트 문법 사용 여부	Yes
Use Babel alongside TypeScript for auto-detected polyfills?	자동 탐지된 폴리필에 TypeScript와 Babel을 사용할 것인가?	Yes
Pick a CSS pre-processor (PostCSS, Autoprefixer and CSS Modules are supported by default)	CSS 전처리 도구 언어 선택	Stylus
Where do you prefer placing config for Babel, PostCSS, ESLint etc.?	각 도구의 설정 내용을 저장할 위치	In dedicated config files
Save this as a preset for future projects	이 설정 내용을 프리셋으로 저장할 것인가?	No

이렇게 설정이 끝나면 Vue CLI가 애플리케이션 프로젝트를 생성한다. 생성이 정상적으로 끝나면 다음과 같은 내용이 터미널에 출력된다.

```
Successfully created project other-lang.
Get started with the following commands:

$ cd other-lang
$ npm run serve
```

터미널의 지시에 따라 cd 명령으로 새로 생성된 other-lang 디렉터리로 이동한다. 이 디렉터리에 다음과 같은 구조로 프로젝트가 생성됐음을 확인할 수 있다[30].

```
$ cd other-lang
$ tree . -a -L 1
.
├──      .babelrc
├──      .git
├──      .gitignore
├──      .postcssrc
├──      node_modules
├──      package-lock.json
├──      package.json
├──      public
├──      src
└──      tsconfig.json

4 directories, 6 files
```

애플리케이션의 초기 소스 코드가 생성된 src 디렉터리에 위치한 최상위 컴포넌트의 소스 코드 App.vue 파일을 에디터로 불러오자.

```
<template>
  <div id="app">
    <img src="./assets/logo.png">
    <HelloWorld msg="Welcome to Your Vue.js + TypeScript App"/>
  </div>
</template>
```

---

30 여기서는 동작 확인이 목적이므로 새로 생성된 other-lang 디렉터리의 내용에 대해서는 설명을 생략하겠다.

```
<script lang="ts">
import { Component, Vue } from 'vue-property-decorator';
import HelloWorld from './components/HelloWorld.vue';

@Component({
  components: {
    HelloWorld,
  },
})
export default class App extends Vue {}
</script>

<style lang="stylus">
#app
  font-family 'Avenir', Helvetica, Arial, sans-serif
  -webkit-font-smoothing antialiased
  -moz-osx-font-smoothing grayscale
  text-align center
  color #2c3e50
  margin-top 60px
</style>
```

단일 파일 컴포넌트 App.vue의 내용에서 〈script〉 블록의 lang 속성값이 TypeScript를 의미하는 ts임을 알 수 있다. 또한 〈style〉 블록의 lang 속성값은 CSS 전처리 도구로 stylus를 사용하게 돼 있다[31].

원래 〈template〉 블록에 사용된 마크업 언어는 웹 표준에 속하는 HTML이지만, 이를 Pug로 바꿔 보겠다. 다음과 같이 HTML을 Pug로 수정한다.

```
-<template>
-   <div id="app">
-     <img src="./assets/logo.png">
-     <HelloWorld msg="Welcome to Your Vue.js + TypeScript App"/>
-   </div>
+<template lang="pug">
+ div#app
+   img(src="./assets/logo.png")
```

---

31   앞으로 기존 코드를 수정한 부분은 행 첫머리에 +, 삭제한 부분은 –로 나타낸다.

```
+    hello-world(msg="Welcome to Your Vue.js + TypeScript App")
</template>

<script lang="ts">
import { Component, Vue } from 'vue-property-decorator';
import HelloWorld from './components/HelloWorld.vue';

@Component({
  components: {
    HelloWorld,
  },
})
export default class App extends Vue {}
</script>

<style lang="stylus">
#app
  font-family 'Avenir', Helvetica, Arial, sans-serif
  -webkit-font-smoothing antialiased
  -moz-osx-font-smoothing grayscale
  text-align center
  color #2c3e50
  margin-top 60px
</style>
```

vue create 명령으로 생성한 프로젝트에 현재 Pug가 필요로 하는 의존 모듈이 설치돼 있지 않으므로 다음과 같이 npm install 명령을 사용해 모듈을 설치한다.

```
$ npm install --save-dev pug
```

이것으로 구현에 다른 언어를 사용한 애플리케이션을 구동할 준비가 끝났다. 다음과 같이 npm run 명령을 실행해서 개발 서버를 띄워보겠다.

```
$ npm run serve
```

명령을 실행하면 웹 브라우저에 다음과 같은 화면이 나타난다.

다른 언어로 구현된 단일 파일 컴포넌트를 실행한 예

이 장에서는 일정 규모 이상의 애플리케이션을 개발하는 데 필수라고 할 수 있는 단일 파일 컴포넌트에 대해 알아봤다. 단일 파일 컴포넌트는 다른 프레임워크에는 없는 Vue.js 고유의 컴포넌트 시스템이다. 컴포넌트를 직관적으로 작성할 수 있으므로 사용하기가 쉽다. 또한 기존 웹 표준 기술만으로 구성되기 때문에 학습 비용도 거의 없다.

⟨template⟩, ⟨script⟩, ⟨style⟩의 세 가지 블록을 사용해서 역할별로 나눈 코드를 구현할 수 있으므로 높은 일관성과 유지 보수성을 얻을 수 있다.

그중에서 특기할 만한 것이 CSS다. 캡슐화한 스타일을 모듈로 만드는 기능이 기본으로 갖춰져 있기 때문에 기존 웹 개발에서 문제가 됐던 CSS 네임스페이스 충돌을 쉽게 방지할 수 있다. 단일 파일 컴포넌트를 사용하면 CSS 네임스페이스를 신경 쓰는 데 드는 비용을 절감하게 되므로 생산성을 극적으로 향상시킬 수 있다.

Column

커스텀 블록

단일 파일 컴포넌트는 ⟨template⟩, ⟨script⟩, ⟨style⟩ 등의 블록 요소 외에 **커스텀 블록**이라는 사용자 정의 블록 요소를 만들 수 있다. 사용자가 직접 원하는 처리나 콘텐츠를 추가해 단일 파일 컴포넌트를 확장하는 것이다.

커스텀 블록을 실제로 사용해 Vue.js용 애플리케이션의 국제화를 지원하는 vue-i18n[32]이라는 라이브러리를 직접 만든 적이 있다. ⟨i18n⟩ 커스텀 블록[33]을 사용하면 국제화 리소스를 단일 파일 컴포넌트 단위로 관리할 수 있다.

---

32 https://github.com/kazupon/vue-i18n
33 https://github.com/kazupon/vue-i18n-loader

커스텀 블록 정의하기

커스텀 블록을 실제로 정의해 보겠다. 단일 파일 컴포넌트에 문서화 콘텐츠를 추가하는 커스텀 블록을 만들어 볼 것이다. 정의 방법은 간단하다. 단일 파일 컴포넌트에 독자적인 HTML 요소로 구성된 블록을 추가하기만 하면 된다. markdown 문법으로 작성된 문서를 다루는 〈docs〉 커스텀 블록을 정의한다.

```
<docs>
# HelloWorld 컴포넌트

## 개요
이 문서는 HelloWorld 컴포넌트의 사용법을 설명하는 문서입니다.

## 사용방법
...
</docs>
```

이런 방법으로 사용자가 직접 커스텀 블록을 정의해서 단일 파일 컴포넌트를 확장할 수 있다.

다만, 이렇게 정의만 해놓고 어떻게 기능해야 하는지를 구현하지 않으면 동작하지 않는다. 동작을 구현하기 위해 **커스텀 로더**[34]를 만들어 새로 만든 커스텀 블록을 다루도록 한 다음, 커스텀 블록의 값을 처리해서 표시해야 한다.

커스텀 블록을 사용한 단일 파일 컴포넌트의 예

앞서 정의한 〈docs〉 커스텀 블록의 커스텀 로더를 구현해 보겠다. 이 커스텀 로더를 사용해서 markdown으로 작성한 콘텐츠를 처리하고 실제 화면에 나타내는 부분까지 알아볼 것이다.

커스텀 로더(이하 로더)는 webpack이 번들링을 수행할 때 파일을 어떻게 처리해야 하는지를 정의하기 위한 기능이다. webpack의 기능에 속하므로 Vue.js에만 해당하는 내용은 아니다.

우선 동작을 확인하는 데 사용할 프로젝트를 생성한다. 프로젝트 생성이 끝나면 터미널의 지시에 따라 애플리케이션 개발 환경이 잘 동작하는지 확인한다.

```
$ vue create custom-block
Vue CLI v3.0.1
? Please pick a preset: (Use arrow keys)
```

---

34 커스텀 로더는 webpack의 기능이며 Vue 본체에 속하는 것이 아니다. Vue.js의 스펙상으로는 존재하지만, 이 책의 집필 시점에는 커스텀 블록을 사용하려면 반드시 번들링 도구인 webpack(과 미들웨어 라이브러리 Vue Loader)이 필요하다.

```
> default (babel, eslint)
Manually select features
...
$ cd custom-block
$ npm run serve
```

동작을 확인하기 위해 필요한 라이브러리를 npm install 명령으로 설치한다.

```
$ npm install --save-dev deepmerge marked
```

커스텀 블록의 콘텐츠를 컴포넌트에 주입하는 역할을 할 커스텀 로더를 loader.js 파일에 다음과 같이 구현한다. 이 파일의 위치는 현재 작업 디렉터리다. webpack과 Vue Loader가 단일 파일 컴포넌트를 해석하고 난 시점에 호출된다.

```
module.exports = function(source, map) {
  this.callback(
    null,
    `export default function (Component) {
      Component.options.__docs = ${
        JSON.stringify(source)
      }
    }`,
    map
  )
}
```

Vue Loader가 커스텀 블록의 콘텐츠를 인자 source를 통해 전달한다[35].

작업 디렉터리에 Vue CLI의 설정 파일인 vue.config.js 파일이 생성된다.

```
const merge = require('deepmerge')
const loader = require.resolve('./loader.js') // 작업 디렉터리에 만든 커스텀 로더를 로딩

module.exports = {
  chainWebpack: config => {
```

---

35 webpack이 번들링을 수행하는 과정 중 webpack의 this.callbackAPI가 평가하는 자바스크립트 함수는 커스텀 로더에서 정의한다. 커스텀 블록의 콘텐츠는 컴포넌트 옵션 Component.options의 source 인자에서 JSON 문자열로 직렬화된 다음 __docs 옵션값을 통해 전달된다.

```
    // Vue Loader의 설정을 커스터마이즈
    config.module
      .rule('vue')
      .use('vue-loader')
      .tap(options =>
        merge(options, {
          loaders: {
            // 앞서 임포트한 커스텀 로더로 <docs> 커스텀 블록을 처리
            docs: loader
          }
        })
      )
      .end()
  }
}
```

Vue CLI[36]에서 wepack이 loader.js를 사용하도록 설정했다. Vue Loader 설정은 커스텀 블록의 설정을 합치는 형태로 커스터마이즈된다. 이렇게 설정하면 커스텀 블록을 처리할 수 있다. 위와 같이 설정이 끝나면 src/components 디렉터리에 이미 존재하는 단일 파일 컴포넌트 HelloWorld.vue를 다음과 같이 수정한다.

```
+<docs>
+# HelloWorld 컴포넌트
+
+## 개요
+이 문서는 HelloWorld 컴포넌트의 사용법을 설명하는 문서입니다.
+
+## 사용방법
+...
+</docs>
+
<template>
  <div class="hello">
-    <!-- 기존 div.hello 안의 내용을 삭제 -->
```

```
-    <!-- 기존 div.hello 안의 내용을 삭제 -->
+    <p class="message">메시지: {{ msg }}</p>
+    <!-- 변환된 커스텀 블록의 콘텐츠를 삽입(주의: XSS 취약점 우려가 있는 'v-html'를 예제
목적으로 사용함) -->
+    <p v-html="docs"></p>
  </div>
</template>


<script>
+// markdown을 HTML로 변환하는 라이브러리 로딩
+import marked from 'marked'

export default {
  name: 'HelloWorld',
- props: {
-    msg: String
- }
+ data () {
+    return {
+      // webpack/Vue Loader가 주입한 커스텀블록의 콘텐츠를 $options를 통해 접근할 수 있음
+      // 여기서는 __docs의 markdown 포맷 콘텐츠를 라이브러리를 이용해 HTML로 변환한 다음
'docs'의 초기 데이터로 삼음
+      docs: marked(this.$options.__docs),
+      msg: '안녕하세요!'
+    }
+ }
}
</script>


<!-- Add "scoped" attribute to limit CSS to this component only -->
<style scoped>
- /* 기존 스타일을 모두 삭제 */
+ .message { color: #42b983; }
</style>
```

모든 준비가 끝났다. npm run serve 명령을 실행해 개발 서버를 띄우고 웹 브라우저에서 확인해 보자. 서버가 정상적으로 시작되고 다음과 같은 화면이 나타나면 잘 된 것이다.

컴포넌트에서 커스텀 블록을 사용해 처리한 콘텐츠

크롬 개발자 도구에서 HTML 구조를 확인해 보겠다.

커스텀 로더가 〈docs〉 커스텀 블록 안의 markdown 형식으로 된 콘텐츠를 처리해 HTML로 출력했음을 확인할 수 있다.

HTML로 렌더링된 커스텀 블록의 콘텐츠

Vuex를 이용한 데이터플로 설계 및 상태 관리

애플리케이션의 규모가 커짐에 따라 상태 관리가 중요하다.

상태란 애플리케이션이 갖는 데이터를 말한다. 이 데이터는 사용자의 조작이나 이벤트 발생에 따라 수정된다. 상태의 대표적인 예로 전자 상거래 사이트의 장바구니를 들 수 있다. 장바구니는 아무 상품도 들어 있지 않은 빈 상태에서 시작해서 상품을 장바구니에 넣는 사용자의 행위를 통해 장바구니에 상품이 추가된다. 미지막에 사용자가 구매를 거치면 다시 빈 상태로 돌아가며 구매 과정이 완료된다.

큰 규모의 애플리케이션은 저장하는 상태의 수도 많고 그 조합의 수는 더더욱 많기 때문에 이를 모두 관리하기가 어렵다. 상태 관리 비용을 제어하기 위해서도 데이터플로를 적절히 설계해야 한다.

데이터플로란 상태를 포함해 애플리케이션이 갖는 데이터의 흐름을 일컫는 말이다. 구체적으로 말하면 데이터를 어디에 저장하고, 데이터를 읽고 쓸 때 어디서부터 어떤 방법으로 해야 하는지 등을 주로 의미한다. 대규모 상태 관리가 필요한 애플리케이션은 데이터플로 설계가 좋고 나쁨에 따라 구현의 복잡도나 난이도가 크게 차이 난다. 현재 프런트 엔드에도 몇 가지 베스트 프랙티스가 있으므로 그에 따라 구현하는 것이 좋다.

프런트 엔드의 상태 관리 및 데이터플로 설계 패턴으로는 페이스북에서 제안한 Flux[1]가 유명하다. 다음은 Flux의 데이터플로를 나타낸 그림이다.

---

1 http://facebook.github.io/flux/

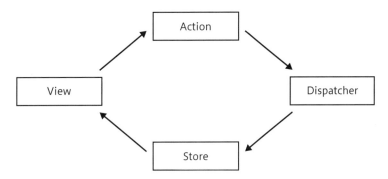

Flux의 데이터플로. 공식 사이트의 자료를 간략화했다.

Flux는 단방향 데이터플로를 갖는 것이 특징이다. 애플리케이션의 외관을 표현하는 뷰가 필요로 하는 상태는 스토어에서 받아오고, 상태 업데이트는 액션이라고 부르는 데이터를 디스패처에 전달하는 형태로 수행한다. 데이터를 받아오고 수정하는 역할이 분담돼 있다.

Flux는 현재 점점 복잡해지는 프런트 엔드 개발에 큰 영향을 끼쳤다. 현재 사용되는 상태 관리 라이브러리 및 프레임워크는 크든 작든 대부분 Flux를 어느 정도 도입한 것이다[2].

Vue.js 생태계에서 사용되는 상태 관리 라이브러리로는 Vuex[3]가 있다. Vuex 역시 Flux로부터 영향을 받은 라이브러리로, 단방향 데이터플로를 갖도록 설계됐다. 데이터플로를 무에서부터 구축하는 것은 어려운 작업이다. Vuex를 사용해서 라이브러리 개발자가 먼저 설계해둔 데이터플로를 사용할 수 있으므로 우선 이를 따라 개발을 시작하는 것이 좋다. 또한 Vuex에서 제공하는 우수한 개발 툴은 복잡한 애플리케이션을 개발할 때 큰 도움이 된다.

이번 장은 먼저 복잡한 상태 관리가 어떤 것인지 태스크 관리 애플리케이션 개발을 예제로 알아본다. 예제를 시작하기 전에 복잡한 상태 관리를 갖는 애플리케이션에서 데이터플로 설계의 필요성과 좋은 데이터플로를 설계하는 방법론에 대해서도 설명한다.

데이터플로에 대한 기초 지식을 몸에 익히고, Vuex의 개념 및 사용 방법, Vue.js 컴포넌트와 Vuex 연동하기, Vue Router와 Vuex를 연동하는 방법도 예제와 함께 설명한다.

---

2 Flux의 영향을 받은 가장 대표적인 예는 Redux다.
3 https://vuex.vuejs.org/kr

7.1 복잡한 상태 관리

복잡한 상태 관리는 어떤 것이며, 어떤 문제를 발생시킬 수 있는지 알아보자.

태스크 관리 애플리케이션을 소재로 어떤 경우에 상태 관리가 복잡해지는지 알아보겠다. 사용자가 태스크 이름을 입력하면 목록에 새 태스크가 추가되고, 해당 태스크를 완료하면 체크가 매겨지는 단순한 애플리케이션이다.

애플리케이션 개발을 진행함에 따라 하나의 상태가 여러 곳에서 참조되고, 각각이 다른 방식으로 표시되는 상황이 생긴다. 이런 현상은 애플리케이션의 상태가 복잡해지고 있다는 징조로, 적절한 데이터플로 설계 없이 개발을 계속하다 보면 결국 유지 보수가 까다로운 애플리케이션이 될 수밖에 없다.

생각 없이 구현하면 같은 종류의 상태를 애플리케이션 여러 곳에서 복제하거나 상태를 수정하는 로직이 애플리케이션 곳곳에 흩어지는 일이 생긴다. 이런 상황에서는 나중에 요구사항 등의 변경으로 구현을 수정할 때마다 문제가 발생한다. 같은 내용의 코드 수정을 여러 곳에서 반복해야 한다거나 수정할 곳을 찾는 작업만으로도 상당한 시간을 소비하게 된다.

태스크 관리 애플리케이션을 통해 태스크마다 레이블을 부여하고 관리하는 기능을 추가하는 과정을 살펴볼 것이다. 크게 고민할 것 없이 태스크 자체에 레이블에 대한 데이터를 갖게 하는 방식으로 구현할 수 있다.

```
// 애플리케이션에 저장된 태스크의 목록
[{
  id: 1,
  name: '우유 사기',
  done: false,

  // 이 태스크에 부여된 레이블
  labels: ['쇼핑', '음료']
}]
```

그러나 이런 방식의 구현은 레이블 이름 수정 기능을 추가할 때 모든 태스크가 가진 레이블 데이터를 수정하는 형태가 된다. 예를 들어 다음에서 보듯이 '우유 사기'와 'Vue.js 관련 책 사기'라는 두 태스크가 '쇼핑' 레이블을 갖고 있는 상황에서 레이블 이름을 '쇼핑'에서 다른 이름으로 수정하려면 두 태스크가 가진 레이블 값을 모두 수정해야 한다. 이 예제는 레이블 데이터가 태스크마다 복제돼 있으므로 '레이블 이름 수정하기' 기능을 추가하는 과정에서 불합리한 부분이 발생한다.

```
[
  {
    id: 1,
    name: '우유 사기',
    done: false,
    labels: ['쇼핑', '음료']
  },
  {
    id: 2,
    name: 'Vue.js 관련 책 사기',
    done: true,
    // '우유 사기'와 마찬가지로 '쇼핑' 레이블이 부여돼 있다
    labels: ['쇼핑', '책']
  }
]
```

이런 경우에는 애플리케이션 안에 정의된 레이블의 목록을 태스크와 별도의 상태로 분리한 다음, 태스크가 레이블을 식별하는 유일 값을 갖도록 해야 한다. 태스크와 레이블의 데이터를 독립시킴으로써 데이터의 실체가 하나만 존재하게 된다. 그리고 데이터 수정도 한곳의 데이터만 수정하면 되므로 유지 보수가 쉬워진다.

```
// 태스크 목록
[{
    id: 1,
    name: '우유 사기',
    done: false,
    // 레이블 대신 레이블 ID를 부여
    // 화면에 나타낼 때는 ID 대신 레이블 문자열을 가져옴
    labelIds: [1, 2]
  },
  {
    id: 2,
    name: 'Vue.js 관련 책 사기',
```

```
      done: true,
      labelIds: [1, 3]
    }
]
// 레이블 목록
[{
      id: 1,
      text: '쇼핑'
    },
    {
      id: 2,
      text: '음료'
    },
    {
      id: 3,
      text: '책'
    }
]
```

관점을 조금 바꿔서, 태스크 목록에 필터를 적용하는 기능을 생각해 보자. 필터링은 목록 화면의 기능이므로 직관적으로 생각했을 때 목록 컴포넌트에서 구현해야 할 것 같다. 아마 다음과 같이 구현하게 될 것이다. input 요소에 필터링 키워드 입력을 받고 filteredTaskList 계산 프로퍼티에서 필터를 적용한다.

```
<template>
  <div>
    <!-- 필터링을 위한 키워드 입력 -->
    <input type="text" v-model="filterWord">
    <ul>
      <!-- 태스크 목록 -->
      <li v-for="task in filteredTaskList" v-bind:key="task.id">
        <Task v-bind:task="task" />
      </li>
    </ul>
  </div>
</template>

<script>
```

```
import Task from './Task.vue'
export default {
  name: 'TaskList',
  components: {
    Task
  },
  props: {
    // 태스크 목록은 프로퍼티에서 받아옴
    taskList: {
      type: Array,
      required: true
    }
  },
  data() {
    return {
      // 필터링 키워드
      filterWord: ''
    }
  },
  computed: {
    // 필터링을 거친 태스크 목록을 반환
    filteredTaskList() {
      const filtered = this.taskList.filter(task => {
        return task.name.includes(this.filterWord)
      })
      return filtered
    }
  }
}
</script>
```

이 기능을 구현한 이후 종료 상태인 태스크만 필터링해서 보는 기능을 추가하게 됐다고 하자. 이 기능을 작업하는 사람은 앞서 필터링 기능을 구현한 사람과 다른 사람이므로 이미 필터링 기능이 구현된 것을 모르고 TaskList 컴포넌트의 부모 컴포넌트에 필터링 기능을 또 구현한다.

```
<template>
  <div>
    <!-- 종류별 필터링 -->
```

```html
    <label>
      <input type="radio" value="all" v-model="filter">모두
    </label>
    <label>
      <input type="radio" value="active" v-model="filter">미완료만
    </label>
    <label>
      <input type="radio" value="done" v-model="filter">완료만
    </label>

    <!-- 태스크 목록 -->
    <TaskList v-bind:task-list="filteredTaskList" />
  </div>
</template>

<script>
import TaskList from './TaskList'
export default {
  // ... 그외 처리 및 태스크 데이터 받아오기 ...
  data() {
    return {
      // 필터링 종류 데이터
      filter: 'all'
    }
  },
  computed: {
    // 완료 상태만 필터링된 태스크 목록을 반환
    filteredTaskList() {
      if (this.filter === 'all') {
        return this.taskList
      }
      const filtered = this.taskList.filter(task => {
        return this.filter === 'active' ?
          !task.done :
          task.done
      })
      return filtered
    }
```

```
  }
}
</script>
```

두 기능 모두 태스크 목록을 필터링하는 기능임에도 두 기능의 구현 코드가 서로 다른 컴포넌트에 위치해 코드를 이해하기 어렵게 만든다. 또 필터링 기능이 두 번에 걸쳐 나눠 수행되는 만큼 비효율적이기도 하다.

이런 상황을 피하려면 데이터를 처리하는 로직이 위치할 장소를 미리 정하고 컴포넌트에서 이 코드를 임포트해서 사용하도록 규칙을 정하는 것이 좋다. 로직이 한곳에 모여 있으면 이미 구현된 기능이 있을 때 이곳에서 발견할 수 있다. 또한 구현 코드의 위치를 찾아 헤맬 필요가 없으므로 코드를 이해하기도 쉽다.

예제에서 봤듯이 상태 관리가 복잡해지면 같은 상태를 복제하지 않고 로직이 애플리케이션 여기저기에 분산되지 않도록 해야 한다.

이런 대책을 실행하려면 개발자 개인이 주의를 기울이는 것만으로는 불충분하며 프로젝트 전체에 적용할 규칙을 세워야 한다. 데이터플로 설계도 이런 규칙 중 하나다. 다음 절에서는 데이터플로를 설계할 때 고려해야 할 사항이 무엇인지 알아본다.

7.2 데이터플로 설계

데이터플로는 애플리케이션의 상태를 읽고 쓰는 과정이 어디서부터 어떻게 이루어지는지를 정의한다.

예를 들어, 버튼을 클릭할 때마다 값이 증가하는 기능을 가진 단순한 카운터 애플리케이션의 데이터플로를 생각해 보자. 전역 변수 store가 애플리케이션의 상태를 관리하며, 그 아래에 위치한 Vue 인스턴스가 이 상태를 받아 애플리케이션의 외관을 렌더링한다.

```
const store = {
  // 상태
  state: {
    count: 0
  },
  // 증가 처리
  increment() {
    this.state.count += 1
```

```
  }
}

new Vue({
  // 뷰
  template: `
<div>
  <p>{{ count }}</p>
  <button v-on:click="increment">+</button>
</div>
`,
  // 상태를 뷰에 전달
  data: store.state,
  methods: {
    // 증가 처리 호출
    increment() {
      store.increment()
    }
  }
})
```

이 카운터 애플리케이션은 상태와 뷰, 그리고 업데이트 처리, 이렇게 3개 요소로 구성된다[4]. 이 3가지 요소가 다음과 같이 서로 엮여 애플리케이션이 동작한다고 볼 수 있다.

- 상태는 애플리케이션을 표현하기 위해 필요한 데이터를 저장함.

- 뷰는 상태 값에 따라 애플리케이션의 외관을 만듦.

- 업데이트 처리는 뷰의 지시에 따라 상태를 수정함.

이러한 관계는 다음과 같은 그림으로 나타낼 수 있는데, 그림을 보면 정보의 흐름이 단방향임을 알 수 있다. 데이터플로는 이렇게 애플리케이션 안의 요소가 서로 데이터를 주고받는 양상을 의미하는 용어라고 볼 수 있다. 카운터 애플리케이션 예제는 뷰가 업데이트 처리에 아무 데이터도 전달하지 않는다고 생각할 수 있으나, 일반적으로 사용자 입력값 같은 어떤 데이터를 주고받게 될 것이다.

---

4   상태, 뷰, 업데이트 처리라는 용어는 필자가 이 예제를 설명하기 위해 만든 것이다. 이러한 개념을 누구나 아는 것은 아니므로 주의하기 바란다.

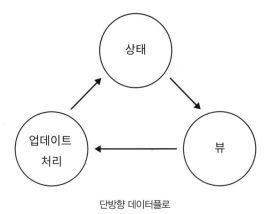

단방향 데이터플로

큰 규모의 애플리케이션을 개발한다면 데이터플로 설계는 필수적이다. 데이터플로를 적절히 설계하지 않은 애플리케이션은 버그가 발생하기 쉽고, 자잘한 수정에도 큰 비용이 든다. 예를 들어 카운터 애플리케이션의 업데이트 처리를 각 컴포넌트 안에 구현했다면, 다시 말해 store.state.count += 1을 직접 컴포넌트 안에 작성했다면 상태와 뷰가 양방향으로 연결되는 데이터플로를 갖게 된다.

```
new Vue({
  // 뷰
  template: `
<div>
  <p>{{ count }}</p>
  <button v-on:click="increment">+</button>
</div>
`,

  // 상태를 뷰에 전달
  data: store.state,
  methods: {
    // 증가 처리는 컴포넌트 안에서 구현
    increment() {
      store.state.count += 1
    }
  }
})
```

이 예제의 데이터플로를 그림으로 나타내면 다음과 같다.

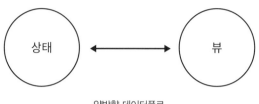

양방향 데이터플로

이렇게 구현해도 동작은 하겠지만, 상태 업데이트 로직이 컴포넌트 안에 위치해 있으므로 다른 컴포넌트에서 해당 로직을 재사용하기가 까다롭다. 더욱이 업데이트 처리를 수정할 경우 수정할 곳이 여러 컴포넌트에 흩어져 있다. 단순한 애플리케이션이라면 이런 구현으로도 괜찮겠지만, 애플리케이션의 규모가 커지면 관리하기가 어려워진다.

다음은 데이터플로를 설계할 때 보기 쉬운 패턴(디자인 패턴)이다. 이 패턴을 의식하며 데이터플로를 설계하면 변경에 강하고 관리하기 쉬운 애플리케이션을 만들 수 있다.

- 신뢰할 수 있는 유일 정보원(single source of truth).
- '상태 읽고 쓰기'를 캡슐화.
- 단방향 데이터플로.

7.2.1 신뢰할 수 있는 유일 정보원

신뢰할 수 있는 유일 정보원이란 관리 대상 데이터를 한곳에 모아 쉽게 관리할 수 있는 설계 패턴을 말한다. 구체적인 이점은 다음과 같다.

- 모든 컴포넌트가 같은 데이터를 참조하므로 데이터의 불일치가 발생하기 어렵다.
- 여러 데이터를 조합하는 처리를 비교적 쉽게 구현할 수 있다.
- 데이터 수정 로그 출력, 현재 데이터 확인 등 개발에 편리한 도구를 만들기 쉽다.

7.2.2 '상태 읽고 쓰기'를 캡슐화

상태 읽고 쓰기를 캡슐화하면 상태 관리 비용을 절감할 수 있다. 앞서 본 카운터 애플리케이션을 예로 들면 업데이트 처리를 store 안에서 구현해 캡슐화하고 컴포넌트에는 업데이트 처리의 구현을 노출하지 않았다. 이러한 캡슐화는 다음과 같은 이점이 있다.

- 상태 읽고 쓰기 로직을 여러 곳에서 사용할 수 있다.

- 구체적인 구현을 뷰에 노출하지 않기 때문에 데이터 구조 및 읽고 쓰기 처리 구현을 최소한의 영향만 미치며 변경할 수 있다.

- 디버깅 시 확인할 코드의 범위가 줄어들므로 디버깅이 쉽다.

7.2.3 단방향 데이터플로

데이터플로를 단방향으로 구성하면 상태를 읽고 쓰는 코드가 간결해진다. 양방향 데이터플로는 데이터 읽기와 쓰기가 동시에 일어날 수 있기 때문에 구현이 복잡해지며 코드를 이해하기가 어렵다. 단방향 데이터플로는 다음과 같은 이점이 있다.

- 데이터 읽고 쓰기를 동시에 할 수 없으므로 구현 및 디버깅이 간단해진다.

- 데이터 읽고 쓰기에 가능한 경우의 수가 줄어들므로 이해하기 쉬운 코드를 작성할 수 있다.

7.3 Vuex를 이용한 상태 관리

Vuex는 Vue.js 애플리케이션용 상태 관리 라이브러리다. Flux, Elm 아키텍처[5] 및 Redux[6]를 참고해 만들어졌다.

상태 관리는 본질적으로 UI와 독립적이기 때문에 Vue.js와 다른 상태 관리 라이브러리를 조합해 사용할 수도 있다. 그러나 개인적으로는 Vue.js의 상태 관리에 Vuex를 사용하기를 권한다. Vuex는 Vue.js에 최적화돼 있어 다른 상태 관리 라이브러리보다 효율적으로 상태 관리를 할 수 있기 때문이다.

Vuex를 사용하면 앞서 살펴본 상태 관리 패턴을 쉽게 구현할 수 있다. Vuex는 애플리케이션 상태 및 그와 부수적인 로직을 한곳에 모아두도록 설계돼 있기 때문에 신뢰할 수 있는 유일 정보원 패턴을 만족한

---

5 웹 프런트 엔드에서 주로 사용되는 프로그래밍 언어인 Elm에서 주창한 아키텍처. https://guide.elm-lang.org/architecture/
6 유명한 상태 관리 라이브러리. 주로 React에서 사용되며, 사실상 표준 지위를 차지하고 있다. https://github.com/reduxjs/redux

다. 또한 Vuex에서 상태를 업데이트하려면 뮤테이션이라는 기능을 반드시 사용해야 하고, 상태를 읽어오는 데는 게터라는 기능을 사용해 구체적인 구현을 숨길 수 있다. 이 두 기능을 통해 상태 읽고 쓰기 캡슐화 패턴을 만족한다. 그리고 데이터를 읽고 쓰는 데 서로 다른 창구를 통하는 만큼 단방향 데이터플로가 강제된다.

상태 관리에 Vuex를 사용하면 애플리케이션 코드가 같은 형태로 통일되며 가독성이 좋아지는 장점이 있다. 이 점은 Vuex가 라이브러리 기능을 제공하는 것뿐만 아니라 공식적인 구현 규칙을 제시[7]하기 때문이다. 예를 들면, 상태 업데이트에 대한 코드는 뮤테이션만 찾아보면 된다. 애플리케이션 개발을 여럿이 함께 수행할 때도 기존 규칙만 따르면 되기 때문에 설계나 커뮤니케이션 비용이 적다는 장점이 있다.

그리고 Vue DevTools[8]와 함께 사용하면 상태 변화 로그를 볼 수도 있으며, 임의의 시점으로 상태를 되돌릴 수도 있다. 도구를 이용한 쉬운 디버깅도 Vuex의 장점 중 하나다.

7.3.1 Vuex 설치하기

Vuex는 npm으로 배포되므로 npm 명령을 사용해 설치할 수 있다.

```
$ npm install vuex
```

설치가 끝나면 import 문으로 Vuex를 임포트한다[9]. Vuex가 임포트됐다면 Vue.js에 Vuex를 등록해야 한다.

```
// Vue, Vuex 임포트
import Vue from 'vue'
import Vuex from 'vuex'

// Vue에 Vuex를 등록
Vue.use(Vuex)

// 스토어 생성
const store = new Vuex.Store({ /* ... */ })
```

---

7 https://vuex.vuejs.org/kr
8 Vue.js 공식 개발 툴. 8장에서 다룬다. https://github.com/vuejs/vue-devtools
9 import 해결(빌드)은 6장을 참고하기 바란다.

script 요소에서도 Vuex를 임포트할 수 있다. 다음은 unpkg.com에서 배포되는 Vuex 코드를 임포트한 예다. script 요소에서 Vuex를 임포트하려면 Vue.js를 먼저 임포트해야 한다는 점에 주의하라. 그리고 import 문을 사용해 임포트 할 때는 Vue.use(Vuex)와 같이 Vue.js에 Vuex를 등록해야 하지만, script 요소에서 임포트한 경우에는 등록이 불필요하다.

```
<!-- Vuex보다 먼저 Vue.js를 로딩해야 함 -->
<script src="https://unpkg.com/vue@latest"></script>

<!-- Vuex 최신 버전 로딩 -->
<script src="https://unpkg.com/vuex@latest"></script>

<!-- 스토어 생성 -->
<script>
// 전역 (window)에 'Vuex'가 로딩됨
const store = new Vuex.Store({ /* ... */ })
</script>
```

Vuex는 비교적 규모가 큰 애플리케이션에서 사용한다. 실무에서는 script 요소를 통한 임포트보다는 npm으로 설치해 사용하는 경우가 많다.

7.4 Vuex의 주요 개념

Vuex를 사용하려면 주요 개념을 이해하고 구현에 이 개념을 활용해야 한다. 그냥 라이브러리를 사용하는 것만으로는 Vuex의 이점을 살릴 수 없다. Vuex는 상태 관리의 베스트 프랙티스를 따라 구현하는 것을 전제로 하기 때문이다.

Vuex는 라이브러리와 함께 구현 패턴을 포함하는 개념이라고 봐야 한다[10]. 지금부터는 실습과 함께 라이브러리 API를 사용해 보면서 패턴을 설명하겠다.

7.4.1 스토어

Vuex에서 확실히 알아둘 것은 스토어의 역할이다. 스토어는 주로 애플리케이션의 상태를 저장하는 역할을 한다. 그 외에도 상태 관리와 관련된 많은 기능이 있어서 Vuex의 기둥이라고 볼 수 있다.

---

10 공식 참조 문서에서도 실제로 "Vuex는 Vue.js 애플리케이션을 위한 상태 관리 패턴 + 라이브러리다"라 밝히고 있다.

```
// 스토어 생성 및 변수 할당
const store = new Vuex.Store({ /* 옵션 */ })
```

Vuex는 신뢰할 수 있는 유일 정보원 패턴을 사용하는 것을 전제로 구현됐다. 애플리케이션은 항상 하나의 스토어만을 가질 수 있다.

항상 스토어가 하나뿐이라는 전제가 지켜져야 개발 툴을 이용한 로그 기능과 디버깅 기능을 모두 사용할 수 있다. 또한 서버 사이드 렌더링[11]을 수행하는 경우 등에 쉽게 애플리케이션 상태를 복원할 수도 있다.

스토어를 구성하는 요소로 다음과 같은 4가지 개념이 있다.

- 애플리케이션의 스테이트(state).

- 스테이트의 일부 혹은 스테이트로부터 계산된 값을 반환하는 게터(getter).

- 스테이트를 업데이트하는 뮤테이션(mutation).

- Ajax 요청 등의 비동기 처리 및 로컬 스토리지를 읽고 쓰는 외부 API와의 통신을 주로 담당하는 액션(action).

스테이트와 뮤테이션은 앞서 설명한 상태와 업데이트 처리에 해당한다. Vuex에는 뷰에 해당하는 개념이 없으므로 Vue.js 컴포넌트가 뷰 역할을 한다.

다음은 스토어의 구성 요소와 모듈, 그리고 Vue.js 컴포넌트의 관계를 그림으로 나타낸 것이다.

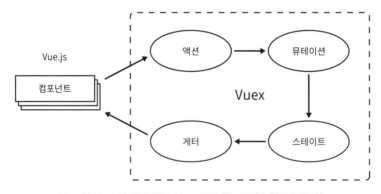

Vuex와 Vue.js의 데이터플로. Vuex 공식 참조 문서를 참고해 작성함.

---

11 서버 사이드 렌더링에 대한 자세한 사항은 부록 C를 참고하라.

규모가 큰 애플리케이션에서는 위 4가지 구성 요소를 **모듈(module)**이라는 단위로 분할해서 쉽게 이해
할 수 있게 한다.

애플리케이션 상태를 모두 모아 한곳에 두면 반대로 관리가 어려워지지 않을까 싶을 수 있지만, 모듈을
사용하므로 신뢰할 수 있는 유일 정보원 패턴을 유지하면서도 상태와 상태에 대한 읽고 쓰기 로직을 여
러 단위로 분할하기 때문에 관리가 단순해진다.

지금부터는 이러한 개념과 그 기능을 구현 예제와 함께 설명하겠다.

스토어 생성하기

Vuex를 임포트했으니 상태를 관리할 스토어를 만들어 보겠다.

다음은 간단한 스토어의 예다. 숫잣값 count를 스테이트로 저장하며 count의 값을 증가시키는 뮤테이션
increment를 정의했다. 스테이트는 store.state에서 읽어올 수 있으며, store.commit을 통해 뮤테이션을
호출해 스테이트를 수정할 수 있다.

```
// 이 주석 생략
import Vue from 'vue'
import Vuex from 'vuex'

Vue.use(Vuex)

// 스토어 생성
const store = new Vuex.Store({
  // 스테이트
  state: {
    count: 0
  },

  // 뮤테이션
  mutations: {
    increment(state, amount) {
      state.count += amount
    }
  }
})
```

```
// 스테이트 참조
console.log(store.state.count) // -> 0

// 뮤테이션을 실행해 스테이트 수정
store.commit('increment', 1)

// 스테이트 수정 확인
console.log(store.state.count) // -> 1
```

스토어를 생성할 때 사용할 수 있는 옵션이 몇 가지 있다[12]. 이 중 특히 중요한 것은 앞에서 소개한 스테이트, 게터, 뮤테이션, 액션을 정의하는 옵션인 state, getters, mutations, actions다. 이번 예제에서는 state와 mutations만 정의했다[13].

지금부터는 스토어의 구성 요소에 관해 설명한다.

7.4.2 스테이트

Vuex 스토어의 **스테이트**는 애플리케이션 전체의 상태를 저장하는 객체다. 모든 스테이트를 하나의 트리 구조로 나타낸다.

애플리케이션의 모든 상태를 하나의 트리 형태로 된 스테이트로 저장함으로써 앞서 설명한 신뢰할 수 있는 유일 정보원 역할을 한다. 스테이트 수가 많아지면 7.6장에서 설명할 모듈을 사용해서 트리 구조를 서브 트리로 분할해서 관리한다. 이런 방법으로 상태 관리의 복잡도를 억제할 수 있다.

Vuex의 스토어가 신뢰할 수 있는 유일 정보원이라고 해서 애플리케이션의 모든 상태를 Vuex로만 관리해야 하는 것은 아니다. 예를 들어 드래그로 끌어온 요소의 좌표 데이터는 대부분 컴포넌트 안에서만 사용된다. 이런 유형의 데이터는 꼭 Vuex로만 관리할 필요가 없다. 억지로 Vuex로 관리하려고 해봐야 구현의 복잡도가 필요 이상으로 올라갈 뿐이다.

특정한 컴포넌트에서만 사용하는 데이터는 지금까지와 마찬가지로 컴포넌트의 data 객체로 관리하면 된다. 반면 로그인한 사용자 정보 등 **전체 애플리케이션에서 사용되는 데이터는 스토어에서 관리**해야 한다. Vuex로 관리할 데이터를 선정하는 기준은 설계 정책이나 애플리케이션의 요구 사항에 따라 달라지

---

12 이 외에도 Vuex의 기능을 확장할 수 있는 plugin과 개발 시 유용한 엄격 모드를 설정하는 strict 등이 있다. 자세한 내용은 Vuex API 참조 문서를 참고하기 바란다. https://vuex.vuejs.org/kr/api/

13 생성자에서 getters와 actions를 정의한 예는 7.4.3, 7.4.5 항을 참고하라.

겠으나, 일반적으로 컴포넌트에서만 사용하는 데이터는 기존 방법대로 두고 여러 컴포넌트에서 읽고 쓰는 데이터는 Vuex로 관리할지를 검토해야 한다고 생각하면 된다.

스테이트에 적합한 데이터

- 서버에서 데이터를 받아오는 중인지 나타내는 플래그
- 로그인한 사용자 정보 등 전체 애플리케이션에서 사용하는 데이터
- 전자 상거래 사이트의 상품 정보처럼 애플리케이션 여러 곳에서 사용될 가능성이 있는 데이터

컴포넌트에 두는 것이 적합한 데이터

- 마우스 포인터가 올라간 요소를 나타내는 플래그
- 드래그로 끌어온 요소의 좌표
- 입력 중인 폼의 입력값

스테이트의 사용 예를 살펴본다. 스테이트의 초깃값은 스토어를 생성할 때 state 옵션으로 지정한다. 스테이트는 store.state를 참조해서 접근한다.

```
import Vue from 'vue'
import Vuex from 'vuex'

Vue.use(Vuex)

const store = new Vuex.Store({
  // state 옵션을 사용해 스테이트의 초깃값 설정
  state: {
    count: 10
  }
})

// store.state로 스테이트를 참조
console.log(store.state.count) // ->
```

컴포넌트의 data 객체에 저장된 값과 마찬가지로 스테이트의 변경 역시 추적이 가능하다. 스테이트에 어떤 변경이 가해지면 변경된 내용이 자동으로 컴포넌트의 계산 프로퍼티나 템플릿에 반영된다. 이것이 가능한 이유는 Vuex가 내부적으로 Vue.js의 리액티브 시스템을 사용해 구현됐기 때문이다. 또한 스테이트 안에 존재하는 의존 관계가 리액티브 시스템에 의해 계산되기 때문에 스테이트가 수정됐을 때 UI의

재렌더링이 최소화된다는 장점이 있다. 불필요한 UI 렌더링을 개발자가 직접 최적화할 필요가 없기 때문에 그만큼 개발 비용이 감소한다.

7.4.3 게터

게터는 스테이트로부터 다른 값을 계산하기 위해 사용한다. 예를 들어 사용자의 조작에 따라 상품 리스트를 필터링하는 기능이 있다면 필터링된 상품 리스트를 계산하는 것이 게터의 역할이다.

게터를 사용하면 컴포넌트 렌더링을 위해 스테이트를 계산하지 않아도 되고 서로 다른 컴포넌트 간에 로직을 재사용할 수 있다. 또한 값을 계산하는 로직을 스토어에 둘 수 있기 때문에 이 코드를 찾거나 테스트하기 쉽다는 이점도 있다.

게터를 정의하려면 옵션 객체의 getters 속성값에 함수가 포함된 객체를 지정하면 된다. 컴포넌트의 계산 프로퍼티와 비슷해 보이지만, 스테이트와 다른 게터를 인자로 받아 이를 사용해 계산한 값을 반환한다는 점이 다르다. 게터는 store.getters로부터 참조할 수 있다.

```
import Vue from 'vue'
import Vuex from 'vuex'

Vue.use(Vuex)

const store = new Vuex.Store({
  state: {
    count: 10
  },

  // getters 옵션에서 게터를 정의
  getters: {
    // 스테이트로부터 값을 계산
    squared: (state) => state.count * state.count,
    // 다른 게터로부터 받은 값도 사용 가능
    cubed: (state, getters) => state.count * getters.squared
  }
})

// store.getters를 통해 게터 참조
console.log(store.getters.cubed) // -> 1000
```

게터는 컴포넌트의 computed와 마찬가지로 계산한 값을 캐싱한다. 이 캐시 값은 이 값을 계산하는 데 쓰인 스테이트의 값이 바뀌지 않는 한 다시 계산되지 않는다.

그러므로 스테이트의 계산 로직 중 자주 사용하는 것을 게터로 만들어 두면 성능을 향상시킬 수 있다. 다만 게터를 참조할 때 정의된 함수가 항상 실행된다는 보장이 없다는 점에서 주의가 필요하다. 이때는 계산된 값을 반환하는 것 말고는 아무 일도 일어나지 않는다.

예를 들어 스테이트가 의존하는 값이 없을 때 서버에서 값을 받아오도록 하는 로직은 게터 대신 뒤에 설명할 뮤테이션이나 액션에 작성한 다음, 받아온 값이 스테이트에 반영되도록 해야 한다.

7.4.4 뮤테이션

뮤테이션은 스테이트를 업데이트하기 위한 것이다. Vuex에서는 뮤테이션만이 스테이트를 수정할 수 있다[14]. 뮤테이션만이 스테이트를 수정할 수 있도록 하면 스테이트 수정이 언제 어디서 일어났는지 추적하기가 쉽다.

이런 원칙 덕분에 이들 정보를 개발 툴에서 시각화할 수 있다는 장점이 있다. 다음 그림은 Vuex에서 발생한 뮤테이션을 Vue DevTools를 사용해 시각화한 것이다. 왼쪽이 실행된 뮤테이션을 시간순으로 늘어놓은 것이고, 오른쪽이 뮤테이션이 실행된 시점의 스테이트와 뮤테이션을 호출했을 때의 인자값을 나타낸 것이다.

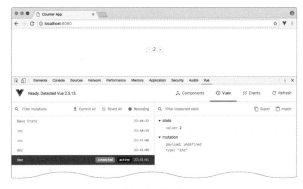

Vue DevTools

---

14 하려고만 하면 뮤테이션 밖에서도 스테이트를 수정하는 코드를 작성할 수 있다. 그러나 이런 코드는 명백한 안티패턴이다. 뮤테이션에서만 스테이트를 수정하도록 한 것은 상태 이력을 추적하기 쉽게 하기 위한 것이다.

애플리케이션 규모가 커지면서 스테이트가 업데이트되는 양상도 복잡해지므로 디버깅이 점점 어려워진다. 예를 들어 스테이트의 값이 기대와 다른 상황에서 스테이트의 수정이 여러 번 거듭됐기 때문에 어디서 잘못된 처리가 있었는지 특정하기가 어려울 수 있다. 이런 경우에 Vue DevTools를 사용하면 스테이트의 변화와 그 변화를 일으킨 뮤테이션을 시간순으로 추적해 볼 수 있으므로 스테이트의 값이 어떤 뮤테이션에 의해 잘못됐는지를 쉽게 판별할 수 있다. 또한 특정 뮤테이션이 발생한 시점으로 상태를 되돌려서 애플리케이션의 표시 내용 역시 특정 시점으로 되돌릴 수 있다. 그러므로 어디서 어떤 처리가 잘못된 것인지 시각적으로 확인할 수 있다.

뮤테이션을 정의하려면 mutations 옵션에 뮤테이션의 이름과 핸들러 함수로 이뤄진 키-값 쌍을 갖는 객체를 정의하면 된다. 이때 핸들러 함수 안에서 첫 번째 인자로 받은 스테이트의 값을 수정한다.

뮤테이션은 직접 호출되지는 않는다. store.commit에 뮤테이션 이름을 지정해 호출한다. 이런 방식은 이벤트 발생과 그에 대한 모니터링 패턴과 유사하다. 예를 들어 increment라는 이벤트가 발생할 때 같은 이름으로 등록된 뮤테이션 핸들러가 실행되도록 하면 코드를 이해하기 쉬울 것이다.

```
import Vue from 'vue'
import Vuex from 'vuex'

Vue.use(Vuex)

const store = new Vuex.Store({
  state: {
    count: 10
  },

  // mutations 옵션에서 뮤테이션을 정의
  mutations: {
    //'increment' 뮤테이션 정의
    increment(state) {
      state.count = state.count + 1
    }
  }
})

// store.commit으로 뮤테이션을 호출
console.log(store.state.count) // -> 10
```

```
store.commit('increment') // 'increment' 뮤테이션을 호출
console.log(store.state.count) // -> 11
```

store.commit의 두 번째 인자가 이 핸들러에 두 번째 인자로 전달된다. 이 값을 페이로드라고 한다. 페이로드를 사용하면 같은 뮤테이션으로도 상황에 따라 다른 스테이트를 수정하도록 할 수 있다.

```
import Vue from 'vue'
import Vuex from 'vuex'

Vue.use(Vuex)

const store = new Vuex.Store({
  state: {
    count: 10
  },

  mutations: {
    // 페이로드에 포함된 'amount'를 사용해 스테이트를 수정
    increment(state, payload) {
      state.count = state.count + payload.amount
    }
  }
})

console.log(store.state.count) // -> 10
store.commit('increment', { amount: 5 }) // 'store.commit'의 두 번째 인자로 페이로드를 전달
console.log(store.state.count) // -> 15
```

뮤테이션 안에서 일어나는 처리는 모두 동기 처리여야 한다. 뮤테이션에서 비동기 처리를 사용하면 스테이트 수정이 어떤 뮤테이션 호출에서 일어났는지 알기가 매우 어렵다. 또한 비동기 처리로 인해 의도하지 않은 동작이 일어날 가능성도 있다. 다음 예를 살펴보자.

```
// 잘못된 예
const store = new Vuex.Store({
  state: {
    count: 10
  },
```

```
  mutations: {
    // 비동기 처리를 포함하면 안 됨!
    incrementAsync(state) {
      setTimeout(() => {
        state.count = state.count + 1
      }, 1000)
    },
    increment(state) {
      state.count = state.count + 1
    }
  }
})
```

이 예제의 incrementAsync는 비동기 처리를 통해 스테이트를 수정한다. 이 때문에 스테이트가 뮤테이션 호출된 직후에 수정되지 않으므로 개발 툴에서 스테이트의 수정을 추적할 수 없다.

incrementAsyc가 호출된 직후 내부 비동기 처리가 실행되기 전에 increment 뮤테이션이 실행됐다고 가정해 보자. 그렇다면 incrementAsyc가 실행된 시점에 state.count === 10임에도 스테이트를 수정할 때는 state.count === 11이 사용된다. 이런 동작이 일어나면 스테이트의 수정 이력을 추적하기가 한층 어려워지며, 때로는 아예 의도하지 않은 동작으로 이어질 수도 있다. 이런 복잡성을 배제하기 위해서라도 **뮤테이션은 모두 동기 처리를 통해 수정해야 한다**는 규칙이 필요하다. 비동기 처리가 필요하다면 다음에 소개할 액션을 사용한다.

7.4.5 액션

액션은 비동기 처리 및 외부 API 통신을 수행하고 마지막에 뮤테이션을 호출하기 위해 사용된다.

액션을 정의하려면 actions 옵션에 액션의 이름과 핸들러 함수로 이뤄진 키-값 쌍을 갖는 객체를 정의하면 된다.

액션 역시 뮤테이션과 마찬가지로 직접 호출할 수 없다. store.dispatch에 액션 이름을 인자로 전달하는 방법으로 호출한다.

```
import Vue from 'vue'
import Vuex from 'vuex'
```

```
Vue.use(Vuex)

const store = new Vuex.Store({
  state: {
    count: 10
  },
  mutations: {
    increment(state) {
      state.count = state.count + 1
    }
  },

  // actions 옵션에서 액션을 정의
  actions: {
    incrementAction(ctx) {
      // 'increment' 뮤테이션을 실행
      ctx.commit('increment')
    }
  }
})

// store.dispatch로 액션을 호출
console.log(store.state.count) // -> 10
store.dispatch('incrementAction') // 'incrementAction' 액션을 호출
console.log(store.state.count) // -> 11
```

액션의 정의는 뮤테이션과 비슷하다. 다만 핸들러 함수의 첫 번째 인자가 스테이트가 아닌 컨텍스트라는 특별한 객체라는 점에 차이가 있다. 컨텍스트의 종류는 다음과 같다.

- state: 현재 스테이트

- getters: 현재 정의된 게터

- dispatch: 다른 액션을 실행할 메서드

- commit: 뮤테이션을 실행할 메서드

state 및 getters는 데이터 로딩 중에는 액션 처리를 멈추는 것처럼 현재 상태에 따라 액션 처리 내용을 다르게 해야 할 때 사용한다. dispatch를 사용하면 기존에 정의된 다른 액션을 호출할 수 있다. 이런 방법

으로 공통으로 사용되는 처리를 액션 하나에 모아놓을 수 있지만, 이를 남용하면 어떤 액션을 어디서 사용하는지 파악하기가 힘들어지므로 주의해야 한다. 액션은 뮤테이션을 실행하기 위한 것이므로 commit가 가장 흔하게 사용된다.

다음은 Ajax로 데이터를 받아온 다음, 그 데이터를 페이로드로 뮤테이션을 호출하는 액션을 정의한 예다. 첫 번째 인자로 받은 컨텍스트를 분할 대입({ commit })[15]하는 축약 문법을 사용했다. 그리고 뮤테이션과 마찬가지로 두 번째 인자로 페이로드를 전달받는다.

```
import Vue from 'vue'
import Vuex from 'vuex'

Vue.use(Vuex)

// 예시로 비동기 처리를 사용한 함수
// 실제 애플리케이션이라면 서버에서 데이터를 받아오는 부분
function getCountNum(type) {
  return new Promise(resolve => {
    // 1초 후 type에 따른 데이터를 반환
    setTimeout(() => {
      let amount
      switch (type) {
        case 'one':
          amount = 1
          break
        case 'two':
          amount = 2
          break
        case 'ten':
          amount = 10
          break
        default:
          amount = 0
      }
      resolve({
        amount
```

---

15 객체의 특정 프로퍼티를 변수로 대입하는 코드를 생략할 수 있게 해주는 표기법이다. incrementAsync를 분할 대입을 사용하지 않고 작성하려면 다음과 같이 하면 된다. incrementAsync의 첫 번째 인자를 ctx라고 할 때 함수 앞부분에서 var commit = ctx.commit라고 하는 것과 같은 의미다.

```
    })
  }, 1000)
  })
}

const store = new Vuex.Store({
  state: {
    count: 10
  },

  mutations: {
    increment(state, payload) {
      state.count += payload.amount
    }
  },

  actions: {
    incrementAsync({commit}, payload) {
      // 비동기로 데이터를 받아옴
      return getCountNum(payload.type)

        .then(data => {
          // 응답 내용을 로그로 출력
          console.log(data)

          // 응답 내용을 페이로드로 전달해 뮤테이션을 실행
          commit('increment', {
            amount: data.amount
          })
        })
    }
  }
})

store.dispatch('incrementAsync', { type: 'one' })
```

액션에서 Promise 객체를 반환하는 경우, store.dispatch가 반환한 Promise를 사용해서 액션 안에서 수행한 비동기 처리 종료 여부를 탐지할 수 있다. 위의 예는 액션에서 Promise 객체를 반환하므로 다음과 같이 store.dispatch가 반환한 Promise 객체에 콜백 메서드 then을 등록해서 액션의 완료 여부를 확인한다.

```
// 앞의 예제에 추가

console.log(store.state.count) // -> 10
store.dispatch('incrementAsync', { type: 'one'}).then(() => {
// 액션이 완료된 다음 실행됨
console.log(store.state.count) // -> 11
})
```

7.5 태스크 관리 애플리케이션의 상태 관리

Vuex 스토어의 기능에 대한 이해를 돕기 위해 태스크 관리 애플리케이션을 구현한다. 애플리케이션을 구현해 보면서 Vuex를 더 깊이 이해해 보자.

7.5.1 애플리케이션 요구 사항 및 준비

이번 절에서 구현할 애플리케이션은 다음과 같은 요구 사항을 갖는다. 예제를 간단히 만들기 위해 태스크 및 레이블 삭제 기능 등을 제외하고 최소한의 기능만을 갖춘다.

- 태스크 목록 표시 기능
- 태스크 추가 기능
- 태스크를 완료 상태로 만드는 기능
- 태스크에 레이블을 부여하는 기능
- 레이블 추가 기능
- 태스크 목록을 레이블로 필터링하는 기능
- 태스크, 레이블을 저장하고 복원하는 기능

태스크 애플리케이션의 스토어가 될 store.js, 애플리케이션 진입점이 될 main.js 파일을 각각 작성한다. 그리고 실제 페이지를 구성하는 App.vue 파일도 만든다.

```js
// store.js
import Vue from 'vue'
import Vuex from 'vuex'

Vue.use(Vuex)

// 스토어 정의
const store = new Vuex.Store({
  // 이 자리에 구현을 작성
})

// 스토어 익스포트
export default store
```

```js
// main.js
import Vue from 'vue'
import App from './App.vue' // App.vue 로딩
import store from './store' // store.js 로딩

new Vue({
  el: '#app',

  // 컴포넌트에서 스토어를 사용할 수 있도록 함
  store,

  render: h => h(App)
})
```

```html
<!-- App.vue -->
<template>
<div>
<!-- 이 자리에 구현을 작성 -->
</div>
</template>

<script>
export default {
// 이 자리에 구현을 작성
}
</script>
```

7.5.2 태스크 목록 표시하기

필요한 파일이 모두 준비됐다. 이제 태스크 목록 표시 기능을 구현해 보자. store.js 파일에 스테이트를 정의한다. tasks 프로퍼티에 태스크 목록을 저장할 것이다.

```
import Vue from 'vue'
  import Vuex from 'vuex'

  Vue.use(Vuex)

  const store = new Vuex.Store({
+    state: {
+      // 태스크 초기 스테이트
+      tasks: [
+        {
+          id: 1,
+          name: '우유 사기',
+          done: false
+        },
+        {
+          id: 2,
+          name: 'Vue.js 관련 책 사기',
+          done: true
+        }
+      ],
+    },
  })

  export default store
```

이 내용을 목록으로 표시하도록 App.vue 파일을 수정한다. 이번에는 스토어에 저장된 tasks 스테이트를 반환해 이를 템플릿 안에서 계산 프로퍼티 tasks로 사용하도록 했다[16].

```
<template>
  <div>
```

---

16 컴포넌트에서 스토어를 사용하는 방법은 7.7절에서 더 자세히 다룬다. 이번 절에서는 컴포넌트에서 스토어에 접근하려면 this.$store를 통한다는 것만 알면 된다.

```
+    <h2>태스크 목록</h2>
+    <ul>
+      <li v-for="task in tasks" v-bind:key="task.id">
+      <input type="checkbox" v-bind:checked="task.done">
+      {{ task.name }}
+      </li>
+    </ul>
   </div>
 </template>

 <script>
 export default {
+  computed: {
+    tasks () {
+      return this.$store.state.tasks // 스토어 읽기
+    },
+  },
 }
 </script>
```

위와 같이 수정하고 나면 다음과 같이 태스크 목록이 표시된다.

태스크 목록

- ☐ 우유 사기
- ☑ **Vue 관련 책 사기**

태스크 목록

7.5.3 새로운 태스크 생성 및 완료 처리

태스크 목록을 표시할 수 있게 됐으니 새로운 태스크를 생성하고 완료 처리하는 기능을 구현해 보자. 이 기능은 스테이트를 수정하는 기능이니 뮤테이션을 사용한다. addTask와 toggleTaskStatue라는 뮤테이션을 각각 정의하겠다.

또 이번 예제는 새로운 태스크에 유일 식별자를 부여한다. 이번에 생성할 식별자 값을 nextTaskId라는 이름으로 스테이트에 저장한다.

store.js와 App.vue 파일을 수정한다. 텍스트 필드에 문자열을 입력하고 엔터키를 누르면 새로운 태스크가 추가된다. 현재로서는 외관상 차이가 없지만, 체크박스의 상태를 바꿀 때마다 스토어에 저장된 태스크의 완료 상태가 함께 바뀐다.

```
import Vue from 'vue'
 import Vuex from 'vuex'

 Vue.use(Vuex)

 const store = new Vuex.Store({
   state: {
     // 태스크 초기 스테이트
     tasks: [{
        id: 1,
        name: '우유 사기',
        done: false
      },
      {
        id: 2,
        name: 'Vue.js 관련 책 사기',
        done: true
      }
    ],
+
+     // 다음에 추가할 태스크의 ID
+     // 실제 애플리케이션이라면 서버에서 생성하거나 UUID 등을 사용함
+     nextTaskId: 3,
   },
+
+   mutations: {
+     // 태스크 추가하기
+     addTask(state, {
+       name
+     }) {
+       state.tasks.push({
```

```
+        id: state.nextTaskId,
+        name,
+        done: false
+      })
+
+      // 다음에 추가할 태스크의 ID 업데이트
+      state.nextTaskId++
+    },
+
+    // 태스크의 완료 상태 토글
+    toggleTaskStatus(state, {
+      id
+    }) {
+      const filtered = state.tasks.filter(task => {
+        return task.id === id
+      })
+
+      filtered.forEach(task => {
+        task.done = !task.done
+      })
+    },
+  },
 })
 export default store
```

```
<template>
  <div>
    <h2>태스크 목록</h2>
    <ul>
      <li v-for="task in tasks" v-bind:key="task.id">
-        <input type="checkbox" v-bind:checked="task.done">
+        <input type="checkbox" v-bind:checked="task.done" v-on:change="toggleTaskStatus(task)">
        {{ task.name }}
      </li>
    </ul>
+
+    <form v-on:submit.prevent="addTask">
+      <input type="text" v-model="newTaskName" placeholder="새 태스크">
+    </form>
```

```
    </div>
  </template>

  <script>
  export default {
+   data() {
+     return {
+       // 입력 중인 새로운 태스크를 임시 저장
+       newTaskName: '',
+     }
+   },
+
    computed: {
      tasks() {
        return this.$store.state.tasks
      },
    },
+
+   methods: {
+     // 태스크 추가
+     addTask() {
+       //'addTask' 뮤테이션 커밋
+       this.$store.commit('addTask', {
+         name: this.newTaskName,
+       })
+       this.newTaskName = ''
+     },
+
+     // 태스크 완료 여부 토글
+     toggleTaskStatus(task) {
+       // 'toggleTaskStatus' 뮤테이션 커밋
+       this.$store.commit('toggleTaskStatus', {
+         id: task.id
+       })
+     },
+   }
  }
  </script>
```

수정 후에는 다음과 같이 태스크를 추가할 수 있는 텍스트 필드가 새로 생긴다.

새로 추가된 텍스트 필드

7.5.4 레이블 기능 구현

이제 태스크에 레이블을 부여할 수 있도록 기능을 추가할 차례다. 레이블 목록 보기, 레이블 추가 기능, 태스크에 레이블을 부여하는 기능을 구현한다.

레이블의 목록은 태스크와 마찬가지로 스테이트에 labels라는 프로퍼티로 저장된다. 이를 보여주는 기능이 레이블 목록 보기 기능이다.

레이블 추가 기능은 addLabel이라는 뮤테이션에 구현한다. 태스크 추가와 마찬가지로 nextLabelId라는 이름으로 스테이트에 다음 추가할 레이블의 유일 식별자를 저장한다.

각 태스크는 자신에게 부여된 레이블의 식별자를 labelIds에 저장하도록 하고 여기에 값을 추가하는 방식으로 레이블을 부여한다. 태스크를 추가할 때 labelIds를 새로 만들도록 뮤테이션을 수정한다.

store.js를 다음과 같이 수정한다.

```
import Vue from 'vue'
import Vuex from 'vuex'

Vue.use(Vuex)

const store = new Vuex.Store({
  state: {
    // 태스크 초기 스테이트
    tasks: [{
```

```
          id: 1,
          name: '우유 사기',
+         labelIds: [1, 2],
          done: false
        },
        {
          id: 2,
          name: 'Vue.js 관련 책 사기',
+         labelIds: [1, 3],
          done: true
        }
      ],

+     // 레이블 초기 스테이트
+     labels: [
+       {
+         id: 1,
+         text: '쇼핑'
+       },
+       {
+         id: 2,
+         text: '음료'
+       },
+       {
+         id: 3,
+         text: '책'
+       }
+     ],

-     // 다음에 추가할 태스크의 ID
+     // 다음에 추가할 태스크, 레이블 ID
      // 실제 애플리케이션이라면 서버에서 생성하거나 UUID 등을 사용함
      nextTaskId: 3,
+     nextLabelId: 4,
    },

    mutations: {
      // 태스크 추가하기
```

```
-    addTask(state, { name }) {
+    addTask(state, { name, labelIds }) {
       state.tasks.push({
         id: state.nextTaskId,
         name,
+        labelIds,
         done: false
       })

       // 다음에 추가할 태스크의 ID 업데이트
       state.nextTaskId++
     },

     // 태스크의 완료 상태 토글
     toggleTaskStatus(state, {
       id
     }) {
       const filtered = state.tasks.filter(task => {
         return task.id === id
       })

       filtered.forEach(task => {
         task.done = !task.done
       })
     },

+    // 레이블 추가하기
+    addLabel(state, { text }) {
+      state.labels.push({
+        id: state.nextLabelId,
+        text
+      })
+
+      // 다음에 추가할 레이블 ID 업데이트
+      state.nextLabelId++
+    },
   },
})
export default store
```

레이블 기능을 사용할 수 있도록 App.vue 파일을 다음과 같이 수정한다. 레이블 목록을 보여주는 기능은 labels 계산 프로퍼티로 스테이트에서 레이블 목록을 받아온 다음, 계산 프로퍼티의 text 값을 li 요소로 출력하는 방법을 사용한다.

레이블 목록 아래에는 폼을 새로 추가해서 여기에 값을 입력하고 엔터키를 누르면 addLabel을 호출한다. 그러면 레이블을 추가하는 뮤테이션인 addLabel이 커밋된다.

```
<template>
  <div>
    <h2>태스크 목록</h2>
    <ul>
      <li v-for="task in tasks" v-bind:key="task.id">
        <input type="checkbox" v-bind:checked="task.done" v-on:change="toggleTaskStatus(task)">
        {{ task.name }}
+       -
+       <span v-for="id in task.labelIds" v-bind:key="id">
+         {{ getLabelText(id) }}
+       </span>
      </li>
    </ul>

    <form v-on:submit.prevent="addTask">
      <input type="text" v-model="newTaskName" placeholder="새 태스크">
    </form>
+
+   <h2>레이블 목록</h2>
+   <ul>
+     <li v-for="label in labels" v-bind:key="label.id">
+       <input type="checkbox" v-bind:value="label.id" v-model="newTaskLabelIds">
+       {{ label.text }}
+     </li>
+   </ul>
+
+   <form v-on:submit.prevent="addLabel">
+     <input type="text" v-model="newLabelText" placeholder="새 레이블">
+   </form>
  </div>
```

```
    </template>

    <script>
    export default {
      data() {
        return {
          // 입력 중인 새로운 태스크를 임시 저장
          newTaskName: '',
+
+         // 새로운 태스크와 연결된 레이블 목록을 임시 저장
+         newTaskLabelIds: [],
+
+         // 입력 중인 새로운 레이블을 임시 저장
+         newLabelText: ''
        }
      },

      computed: {
        tasks() {
          return this.$store.state.tasks
        },
+
+       labels() {
+         return this.$store.state.labels
+       },
      },
      methods: {
        // 태스크 추가하기
        addTask() {
          // 'addTask' 뮤테이션 커밋
          this.$store.commit('addTask', {
            name: this.newTaskName,
+           labelIds: this.newTaskLabelIds
          })
          this.newTaskName = ''
+         this.newTaskLabelIds = []
        },

        // 태스크 완료 상태 토글
```

```
      toggleTaskStatus(task) {
        // 'toggleTaskStatus' 뮤테이션 커밋
        this.$store.commit('toggleTaskStatus', {
          id: task.id
        })
      },
+
+     // 레이블 추가하기
+     addLabel() {
+       // 'addLabel' 뮤테이션 커밋
+       this.$store.commit('addLabel', {
+         text: this.newLabelText
+       })
+       this.newLabelText = ''
+     },
+
+     // 레이블 ID로 레이블명 받아오기
+     getLabelText(id) {
+       const label = this.labels.filter(label => label.id === id)[0]
+       return label ? label.text : ''
+     },
    }
  }
  </script>
```

이렇게 해서 레이블을 화면에 표시할 수 있게 됐다. 각 태스크 뒤로 태스크에 부여된 레이블이 나타난다.
그리고 태스크를 추가할 때 레이블 옆에 달린 체크박스에 체크하면 새로운 태스크에 해당 레이블이 부여
된다.

레이블 목록

7.5.5 레이블로 필터링하기

레이블로 태스크를 필터링하는 기능을 구현해 보자. 필터링이란 현재 태스크 목록 중에서 선택한 레이블이 부여된 태스크로만 된 태스크 목록을 반환하는 것을 말한다. 그러므로 게터로 구현해야 한다. 이 게터가 해야 할 일을 고려하면 필터링 기준이 된 레이블을 저장할 스테이트도 필요할 것이다.

store.js를 수정해서 다음과 같이 filteredTasks 게터를 구현한다. filter 스테이트의 값에 따라 태스크 목록을 필터링한다.

```
import Vue from 'vue'
  import Vuex from 'vuex'

  Vue.use(Vuex)

  const store = new Vuex.Store({
    state: {
      // 태스크 초기 스테이트
      tasks: [{
          id: 1,
          name: '우유 사기',
          labelIds: [1, 2],
```

```
        done: false
      },
      {
        id: 2,
        name: 'Vue.js 관련 책 사기',
        labelIds: [1, 3],
        done: true
      }
    ],

    // 레이블 초기 스테이트
    labels: [
        {
            id: 1,
            text: '쇼핑'
        },
        {
            id: 2,
            text: '음료'
        },
        {
            id: 3,
            text: '책'
        }
    ],

// 다음에 추가할 태스크, 레이블 ID
    // 실제 애플리케이션이라면 서버에서 생성하거나 UUID 등을 사용함
    nextTaskId: 3,
    nextLabelId: 4,
+
+   // 필터링 적용 레이블 ID
+   filter: null
  },
+
+ getters: {
+   // 필터링된 태스크 목록을 반환
+   filteredTasks(state) {
```

```
+    // 레이블이 선택되지 않았다면 태스크 목록을 그대로 반환
+    if (!state.filter) {
+      return state.tasks
+    }
+
+    // 선택된 레이블로 필터링 적용
+    return state.tasks.filter(task => {
+      return task.labelIds.indexOf(state.filter) >= 0
+    })
+  }
+ },

  mutations: {
    // 태스크 추가하기
    addTask(state, { name, labelIds }) {
      state.tasks.push({
        id: state.nextTaskId,
        name,
        labelIds,
        done: false
      })

      // 다음에 추가할 태스크의 ID 업데이트
      state.nextTaskId++
    },

    // 태스크의 완료 상태 토글
    toggleTaskStatus(state, {
      id
    }) {
      const filtered = state.tasks.filter(task => {
        return task.id === id
      })

      filtered.forEach(task => {
        task.done = !task.done
      })
    },
```

```
    // 레이블 추가하기
    addLabel(state, { text }) {
      state.labels.push({
        id: state.nextLabelId,
        text
      })

      // 다음에 추가할 레이블 ID 업데이트
      state.nextLabelId++
    },
+
+    // 필터링 대상 레이블 변경
+    changeFilter(state, { filter }) {
+      state.filter = filter
+    },
+  },
  })
  export default store
```

수정한 내용에 맞춰 App.vue도 수정한다. 태스크 목록을 필터링된 목록으로 바꿔 표시한다. tasks 계산 프로퍼티의 내용을 스테이트 대신 filteredTasks 게터에서 받아오도록 하면 된다. 그리고 필터링 기준 레이블을 바꿀 수 있도록 라디오 버튼으로 레이블을 선택할 수 있도록 한다. filter 계산 프로퍼티로 라디오 버튼의 체크 상태를 설정하고 라디오 버튼이 선택되면 changeFilter 뮤테이션이 커밋되도록 한다.

```
<template>
  <div>
    <h2>태스크 목록</h2>
    <ul>
      <li v-for="task in tasks" v-bind:key="task.id">
        <input type="checkbox" v-bind:checked="task.done" v-on:change="toggleTaskStatus(task)">
        {{ task.name }}
        -
        <span v-for="id in task.labelIds" v-bind:key="id">
          {{ getLabelText(id) }}
        </span>
      </li>
    </ul>
```

```
      <form v-on:submit.prevent="addTask">
        <input type="text" v-model="newTaskName" placeholder="새 태스크">
      </form>
+
+     <h2>레이블로 필터링</h2>
+     <ul>
+       <li v-for="label in labels" v-bind:key="label.id">
+         <input type="radio" v-bind:checked="label.id === filter" v-on:change="changeFilter(label.
id)">
+         {{ label.text }}
+       </li>
+       <li>
+         <input type="radio" v-bind:chcked="filter === null" v-on:change="changeFilter(null)">
+         필터링 없음
+       </li>
+     </ul>

      <h2>레이블 목록</h2>
      <ul>
        <li v-for="label in labels" v-bind:key="label.id">
          <input type="checkbox" v-bind:value="label.id" v-model="newTaskLabelIds">
          {{ label.text }}
        </li>
      </ul>

      <form v-on:submit.prevent="addLabel">
        <input type="text" v-model="newLabelText" placeholder="새 레이블">
      </form>
    </div>
</template>

<script>
export default {
  data() {
    return {
      // 입력 중인 새로운 태스크를 임시 저장
      newTaskName: '',
```

```
        // 새로운 태스크와 연결된 레이블 목록을 임시 저장
        newTaskLabelIds: [],

        // 입력 중인 새로운 레이블을 임시 저장
        newLabelText: ''
      }
    },

  computed: {
    tasks() {
-     return this.$store.state.tasks
+     return this.$store.getters.filteredTasks
    },

    labels() {
      return this.$store.state.labels
    },
+
+   filter() {
+     retrn this.$store.state.filter
+   }
    },
  methods: {
    // 태스크 추가하기
    addTask() {
      // 'addTask' 뮤테이션 커밋
      this.$store.commit('addTask', {
        name: this.newTaskName,
        labelIds: this.newTaskLabelIds
      })
      this.newTaskName = ''
      this.newTaskLabelIds = []
    },

    // 태스크 완료 상태 토글
    toggleTaskStatus(task) {
      // 'toggleTaskStatus' 뮤테이션 커밋
```

```
      this.$store.commit('toggleTaskStatus', {
        id: task.id
      })
    },

    // 레이블 추가하기
    addLabel() {
      // 'addLabel' 뮤테이션 커밋
      this.$store.commit('addLabel', {
        text: this.newLabelText
      })
      this.newLabelText = ''
    },

    // 레이블 ID로 레이블명 받아오기
    getLabelText(id) {
      const label = this.labels.filter(label => label.id === id)[0]
      return label ? label.text : ''
    },
+
+    // 필터링 대상 레이블 변경하기
+    changeFilter(labelId) {
+      // 'changeFilter' 뮤테이션 커밋
+      this.$store.commit('changeFilter', {
+        filter: labelId
+      })
+    },
    }
  }
</script>
```

그러면 다음과 같이 필터링을 위해 레이블을 선택하는 라디오 버튼이 표시된다.

태스크 필터링

7.5.6 로컬 스토리지에서 저장 및 복원하기

이제 애플리케이션의 기본 구현은 끝났다. 그러나 태스크를 영속적으로 저장하는 요구 사항을 만족시키지 못했기 때문에 이 기능을 추가로 구현해야 한다. 태스크와 레이블을 로컬 스토리지에 저장하고, 저장된 태스크와 레이블을 다시 복원할 수 있도록 한다. 로컬 스토리지는 Vuex에서 스테이트를 읽고 쓰는일 외의 사이드 이펙트를 일으키는 요소다[17].

이런 경우에는 액션을 사용한다.

store.js 파일을 수정해서 현재 데이터를 로컬 스토리지에 저장하는 액션 save와 저장된 데이터를 복원하는 액션 restore를 새로 추가한다. 로컬 스토리지에는 문자열만 저장할 수 있으므로 저장할 때는 JSON.stringify로 변환하며, 복원할 때는 JSON.parse로 복원해야 한다는 것에 주의한다.

---

17 사이드 이펙트란 함수에서 인자 외의 값을 사용하는 처리나 반환값 외에 함수 외부에 영향을 미치는 것을 의미한다. 예를 들어 로컬 스토리지에 접근하거나 Ajax 요청은 사이드 이펙트에 속한다.

```javascript
import Vue from 'vue'
import Vuex from 'vuex'

Vue.use(Vuex)

const store = new Vuex.Store({
  state: {
    // 태스크 초기 스테이트
    tasks: [{
        id: 1,
        name: '우유 사기',
        labelIds: [1, 2],
        done: false
      },
      {
        id: 2,
        name: 'Vue.js 관련 책 사기',
        labelIds: [1, 3],
        done: true
      }
    ],

    // 레이블 초기 스테이트
    labels: [
        {
            id: 1,
            text: '쇼핑'
        },
        {
            id: 2,
            text: '음료'
        },
        {
            id: 3,
            text: '책'
        }
    ],
```

```
    // 다음에 추가할 태스크, 레이블 ID
    // 실제 애플리케이션이라면 서버에서 생성하거나 UUID 등을 사용함
    nextTaskId: 3,
    nextLabelId: 4,

    // 필터링 적용 레이블 ID
    filter: null
  },

  getters: {
    // 필터링된 태스크 목록을 반환
    filteredTasks(state) {
      // 레이블이 선택되지 않았다면 태스크 목록을 그대로 반환
      if (!state.filter) {
        return state.tasks
      }

      // 선택된 레이블로 필터링 적용
      return state.tasks.filter(task => {
        return task.labelIds.indexOf(state.filter) >= 0
      })
    }
  },

  mutations: {
    // 태스크 추가하기
    addTesk(state, { name, labelIds }) {
      state.tasks.push({
        id: state.nextTaskId,
        name,
        labelIds,
        done: false
      })

      // 다음에 추가할 태스크의 ID 업데이트
      state.nextTaskId++
    },
```

```
    // 태스크의 완료 상태 토글
    toggleTaskStatus(state, {
      id
    }) {
      const filtered = state.tasks.filter(task => {
        return task.id === id
      })

      filtered.forEach(task => {
        task.done = !task.done
      })
    },

    // 레이블 추가하기
    addLabel(state, { text }) {
      state.labels.push({
        id: state.nextLabelId,
        text
      })

      // 다음에 추가할 레이블 ID 업데이트
      state.nextLabelId++
    },

    // 필터링 대상 레이블 변경
    changeFilter(state, { filter }) {
      state.filter = filter
    },
+
+   // 스테이트 복원
+   restore(state, { tasks, labels, nextTaskId, nextLabelId }) {
+     state.tasks = tasks
+     state.labels = labels
+     state.nextTaskId = nextTaskId
+     state.nextLabelId = nextLabelId
+   }
  },
+
```

```
+    actions: {
+      // 로컬 스토리지에 스테이트를 저장
+      save( { state }) {
+        const data = {
+          tasks: state.tasks,
+          labels: state.labels,
+          nextTaskId: state.nextTaskId,
+          nextLabelId: state.nextLabelId
+        }
+        localStorage.setItem('task-app-data', JSON.stringify(data))
+      },

+      // 로컬 스토리지에 저장된 스테이트를 복원
+      restore({ commit }) {
+        const data = localStorage.getItem('task-app-data')
+        if (data) {
+          commit('restore', JSON.parse(data))
+        }
+      }
+    }
+  })
   export default store
```

App.vue에는 저장 및 복원 기능을 실행할 버튼을 추가한다.

```
<template>
  <div>
    <h2>태스크 목록</h2>
    <ul>
      <li v-for="task in tasks" v-bind:key="task.id">
        <input type="checkbox" v-bind:checked="task.done" v-on:change="toggleTaskStatus(task)">
        {{ task.name }}
        -
        <span v-for="id in task.labelIds" v-bind:key="id">
          {{ getLabelText(id) }}
        </span>
      </li>
    </ul>
```

```html
    <form v-on:submit.prevent="addTask">
      <input type="text" v-model="newTaskName" placeholder="새 태스크">
    </form>

    <h2>레이블 목록</h2>
    <ul>
      <li v-for="label in labels" v-bind:key="label.id">
        <input type="checkbox" v-bind:value="label.id" v-model="newTaskLabelIds">
          {{ label.text }}
      </li>
    </ul>

    <form v-on:submit.prevent="addLabel">
      <input type="text" v-model="newLabelText" placeholder="새 레이블">
    </form>

    <h2>레이블로 필터링</h2>
    <ul>
      <li v-for="label in labels" v-bind:key="label.id">
        <input type="radio" v-bind:checked="label.id === filter" v-on:change="changeFilter(label.id)">
        {{ label.text }}
      </li>
      <li>
        <input type="radio" v-bind:chcked="filter === null" v-on:change="changeFilter(null)">
        필터링 없음
      </li>
    </ul>
+
+   <h2>저장 및 복원</h2>
+   <button type="button" v-on:click="save">저장</button>
+   <button type="button" v-on:click="restore">복원</button>
  </div>
</template>

<script>
export default {
```

```javascript
data() {
  return {
    // 입력 중인 새로운 태스크를 임시 저장
    newTaskName: '',

    // 새로운 태스크와 연결된 레이블 목록을 임시 저장
    newTaskLabelIds: [],

    // 입력 중인 새로운 레이블을 임시 저장
    newLabelText: ''
  }
},

computed: {
  tasks() {
    return this.$store.getters.filteredTasks
  },

  labels() {
    return this.$store.state.labels
  },

  filter() {
    retrn this.$store.state.filter
  }
},
methods: {
  // 태스크 추가하기
  addTask() {
    // 'addTask' 뮤테이션 커밋
    this.$store.commit('addTask', {
      name: this.newTaskName,
      labelIds: this.newTaskLabelIds
    })
    this.newTaskName = ''
    this.newTaskLabelIds = []
  },

  // 태스크 완료 상태 토글
```

```
      toggleTaskStatus(task) {
        // 'toggleTaskStatus' 뮤테이션 커밋
        this.$store.commit('toggleTaskStatus', {
          id: task.id
        })
      },


      // 레이블 추가하기
      addLabel() {
        // 'addLabel' 뮤테이션 커밋
        this.$store.commit('addLabel', {
          text: this.newLabelText
        })
        this.newLabelText = ''
      },


      // 레이블 ID로 레이블명 받아오기
      getLabelText(id) {
        const label = this.labels.filter(label => label.id === id)[0]
        return label ? label.text : ''
      },


      // 필터링 대상 레이블 변경하기
      changeFilter(labelId) {
        // 'changeFilter' 뮤테이션 커밋
        this.$store.commit('changeFilter', {
          filter: labelId
        })
      },

+     // 현재 상태 저장
+     save() {
+       // 'save' 액션을 커밋
+       this.$store.dispatch('save')
+     },
+
+     // 저장된 상태를 복원
+     restore() {
```

```
+      // 'restore' 액션을 커밋
+      this.$store.dispatch('restore')
+    }
  }
}
</script>
```

태스크 목록

- ☐ 우유 사기 - 쇼핑 음료
- ☑ Vue 관련 책 사기 - 쇼핑 책

[새로운 태스크]

레이블 목록

- ☐ 쇼핑
- ☐ 음료
- ☐ 책

[새로운 레이블]

레이블로 필터링

- ◉ 쇼핑
- ◉ 음료
- ◉ 책
- ⦿ 필터링 없음

저장 및 복원

[저장] [복원]

완성된 애플리케이션

태스크를 편집하고 저장 버튼을 누른 다음, 페이지를 새로 고침한다. 그다음 다시 복원 버튼을 누르면 저장된 상태가 복원된다. 여기까지 동작한다면 완성이다. 완성된 코드와 애플리케이션 동작은 https://jsfiddle.net/flourscent/autd12ym/에서 확인할 수 있다.

7.5.7 Vuex를 사용한 애플리케이션

이것으로 Vuex를 사용한 애플리케이션 구현이 끝났다. 애플리케이션을 구현한 과정을 되짚어보며 어떤 특징이 있는지 알아보자.

Vuex 스토어는 애플리케이션의 상태를 스테이트로 나타내며, 기본적으로 이 스테이트의 내용을 읽고 (게터) 수정하는(뮤테이션) 과정을 중심으로 구현한다. 그리고 외부 스토리지에 대한 접근이나 API 통신 등 게터와 뮤테이션만으로 불가능한 처리는 액션으로 구현한다. 실제 애플리케이션을 구현할 때도 이런 내용을 염두에 두면 스토어를 구현하기가 수월할 것이다.

store.js와 App.vue의 내용을 비교해 보면 애플리케이션의 로직은 대부분 store.js에 위치하며 App.vue에는 거의 스토어를 읽고 쓰는 과정만 있는 것을 알 수 있다.

애플리케이션 로직이 Vuex쪽에 집중되면 서로 다른 컴포넌트에서 같은 처리 내용을 호출하게 되므로 처리를 맡은 코드를 찾기 쉽고 그만큼 관리가 용이해지는 장점이 있다.

App.vue에도 newTaskName, newTaskLabelIds, newLabelText처럼 상태를 포함하는 것이 있지만, 이 상태는 폼의 값을 일시적으로 저장한 것에 지나지 않는다. 이 애플리케이션을 확장한다고 해도 App.vue 밖에서는 이 값을 사용할 일이 없으므로 스토어로 옮기지 않고 그대로 컴포넌트의 데이터로 두었다.

App.vue에 구현된 스테이트, 게터에 대한 참조, 액션, 뮤테이션을 호출하는 코드가 불필요하게 장황하다고 느끼는 사람도 있을 것이다. 그러나 이번 예제가 너무 간단하기 때문에 이 코드가 장황하게 느껴지는 것이다. 스토어와 컴포넌트를 연동하는 부분은 좀 더 간결하게 작성할 수 있는 기능이 Vuex 자체에 있다. 이 기능에 대해서는 7.7절에서 다룬다.

7.6 스토어를 모듈 단위로 분할하기

애플리케이션의 규모가 커지면 스토어의 규모도 함께 커진다. 이런 경우 스토어를 적절한 단위로 분할해야 한다.

앞에서 Vuex가 신뢰할 수 있는 유일 정보원임을 반복해서 강조했다. 직관적으로 생각할 때 스토어를 분할하는 것은 이런 개념에 반하는 것이 아닌가 생각될 수도 있다.

스토어를 분할한다 해도 이러한 원칙을 유지할 수 있는 기능이 Vuex에 갖춰져 있다. **모듈**이라는 기능을 사용하면 신뢰할 수 있는 유일 정보원 패턴을 유지하면서도 스토어를 분할할 수 있다. 모듈은 모듈만의 스테이트와 이 스테이트를 위한 게터, 뮤테이션, 액션을 정의할 수 있다. 스토어와 거의 같은 기능이다. 모듈을 통해 스토어를 몇 개의 덩어리로 나눌 수 있다. 모듈은 최종적으로 스토어의 인스턴스로 병합되며 각 스테이트가 서로 충돌하지 않도록 하나의 트리 구조로 합쳐진다. 이런 방법으로 신뢰할 수 있는 유일 정보원을 유지하면서도 스토어를 분할할 수 있는 것이다.

모듈은 객체로 정의되며, `new Vuex.Store()`에서 `modules` 옵션으로 전달된다.

```
import Vue from 'vue'
import Vuex from 'vuex'

Vue.use(Vuex)

// 더미 비동기 처리가 포함된 함수
// 실제 애플리케이션은 서버에서 데이터를 받아옴
function getCountNum(type) {
  return new Promise(resolve => {
    // 1초 후 type에 따른 데이터를 반환
    setTimeout(() => {
      let amount
      switch (type) {
        case 'one':
          amount = 1
          break
        case 'two':
          amount = 2
          break
        case 'ten':
          amount = 10
          break
        default:
          amount = 0
      }
      resolve({
        amount
      })
    }, 1000)
  })
```

```
}

// 카운터 모듈 정의
const counter = {
  // 스테이트
  state: {
    count: 10
  },

  // 게터
  getters: {
    squared: state => state.count * state.count
  },

  // 뮤테이션
  mutations: {
    increment(state, amount) {
      state.count += amount
    }
  },

  // 액션
  actions: {
    incrementAsync({
      commit
    }, payload) {
      return getCountNum(payload.type)
        .then(data => {
          commit('increment', {
            amount: data.amount
          })
        })
    }
  },

  // 모듈은 중첩해서 정의할 수 있다.
  modules: {
    childModule: {
```

```
    // ... 모듈 중첩 정의 ...
    }
  }
}

const store = new Vuex.Store({
  // counter 모듈을 스토어에 등록
  modules: {
    counter
  }
})
```

다음 코드에서 보듯이 각 모듈의 스테이트의 이름은 해당 모듈명을 포함한다. 게터, 뮤테이션, 액션은 기존에 스토어와 같은 방법으로 정의하므로 서로 다른 모듈에서 이름이 충돌할 가능성이 있다. 게터의 이름이 충돌하면 오류가 발생한다. 그리고 같은 이름의 뮤테이션과 액션은 함께 실행된다.

```
// 앞의 예제에 추가

// 스테이트는 모듈명 아래로 등록됨
// 'counter' 모듈이면 store.state.counter
console.log(store.state.counter.count) // -> 10

// 게터, 뮤테이션, 액션은 모듈이 없을 때와
// 같은 방법으로 등록 가능함
console.log(store.getters.squared) // -> 100
store.commit('increment', 5)
store.dispatch('incrementAsync', { type: 'one' })
```

7.6.1 namespaced 옵션을 이용한 네임스페이스 분할

게터와 뮤테이션, 액션은 namespaced 옵션의 유무에 따라 등록되는 이름이 달라진다. 이 옵션을 지정하지 않으면 모두 같은 네임스페이스에 등록된다. 그러나 namespaced: true로 지정하면 게터와 뮤테이션, 액션의 이름 앞에 모듈명이 접두사로 붙는다. namespaced 옵션이 모듈을 스토어에 등록할 때 어떤 변화를 일으키는지 살펴보자. 단순한 모듈이 있다고 가정하겠다.

```javascript
import Vue from 'vue'
import Vuex from 'vuex'

Vue.use(Vuex)

const store = new Vuex.Store({
  modules: {
    // example 모듈 정의
    example: {
      namespaced: true, // 이 플래그 값에 따라 어떤 차이가 있는지 알아보겠다.

      state: {
        value: 'Example'
      },

      getters: {
        upper: state => {
          return state.value.toUpperCase()
        }
      },

      mutations: {
        update(state) {
          state.value = 'Updated'
        }
      },

      actions: {
        update(ctx) {
          ctx.commit('update')
        }
      }
    }
  }
})
```

위 모듈의 namespaced: true 옵션 유무에 따라 스테이트와 게터, 뮤테이션, 액션이 스토어에 어떻게 다르게 등록되는지를 다음 표에 정리했다. 각 셀의 내용은 해당하는 대상을 참조하는 방법을 나타낸다. 스테이트는 namespaced: true 옵션 유무에 의한 차이는 없지만, 스테이트 외에는 namespaced: true 옵션에 의해 이름 앞에 모듈명이 붙는 것을 알 수 있다[18].

분류	namespaced 없음	namespaced:true
스테이트 value	store.state.example.value	store.state.example.value
게터 upper	store.getters.upper	store.getters['example/upper']
뮤테이션 update	store.commit('update')	store.commit('example/update')
액션 update	store.dispatch('update')	store.dispatch('example/update')

namespaced: true 옵션을 지정한 모듈은 게터에 접근하거나 뮤테이션 혹은 액션을 호출할 때 모두 모듈 네임스페이스를 거치게 된다. 같은 모듈에 있는 것을 사용한다면 네임스페이스를 앞에 붙일 필요가 없다. 앞에서 본 예에서는 getters.upper commit('update')와 같이 접두사 없이 게터와 뮤테이션을 호출했다.

namespaced: true 옵션을 지정한 모듈에서 전역 네임스페이스에 있는 대상을 사용하는 방법도 있다. 게터의 세 번째, 네 번째 인자는 각각 rootState, rootGetters인데, 여기에 전역 네임스페이스에 속하는 스테이트와 게터를 지정하면 된다. 액션의 컨텍스트 역시 rootState, rootGetters 인자가 있으며, commit과 dispatch에는 세 번째 인자에 root: true 옵션을 전달해 전역 네임스페이스의 액션과 뮤테이션을 호출할 수 있다.

다음 예제를 통해 동작을 확인해 보자[19]. example 모듈의 multuplyByFive 액션은 전역 네임스페이스의 게터 double, 그리고 같은 모듈 안에 있는 triple을 조합해서 스테이트의 값에 5를 곱한 다음, 전역 네임스페이스의 뮤테이션 update를 호출해 이 값을 적용한다.

```
import Vue from 'vue'
import Vuex from 'vuex'

Vue.use(Vuex)

const store = new Vuex.Store({
  // 전역 네임스페이스에 스테이트, 게터, 뮤테이션 정의
```

---

18 게터 upper가 namespaced: true일 때도 obj['prop']는 obj.prop과 같은 의미다. 표에 나온 예제는 프로퍼티 명에 '/'가 들어 있어서 후자의 문법을 사용해서는 접근할 수 없으므로 이 문법을 사용한다.
19 동작 여부를 확인하기 위한 코드라서 필요 이상으로 장황하게 작성된 부분이 있다.

```
state: {
  count: 1
},

getters: {
  // state.count 값의 2배를 반환
  double: state => state.count + state.count
},

mutations: {
  update(state, payload) {
    state.count = payload
  }
},

modules: {
  // 네임스페이스가 구분된 example 모듈을 정의
  example: {
    namespaced: true,

    getters: {
      // 전역 네임스페이스에 접근하기 위해
      // 3번째, 4번째 인자에 rootState, rootGetters를 전달
      // rootState.count 값의 3배를 반환
      triple: (state, getters, rootState, rootGetters) => {
        return rootState.count + rootGetters.double
      }
    },

    actions: {
      // rootState.count 값을 5배로
      multiplyByFive(ctx) {
        // 전역 double 게터와 example 모듈의 triple 게터를 사용
        const payload = ctx.rootGetters.double + ctx.getters.triple

        // 전역 네임스페이스의 update를 호출하기 위해
        // root: true 옵션을 부여
        ctx.commit('update', payload, {
```

```
        root: true
      })
    }
  }
  }
  }
})

console.log(store.state.count) // -> 1

// example 모듈의 multiplyByFive 액션을 호출
store.dispatch('example/multiplyByFive')

console.log(store.state.count) // -> 5
```

namespaced 옵션 없이 같은 네임스페이스에 게터나 뮤테이션, 액션을 등록하는 방법으로 서로 다른 모듈에서 같은 이름의 액션이나 뮤테이션을 실행할 수 있다. 스테이트를 초기화하는 reset 액션을 각 모듈에 정의하고 특정한 시점에 이 액션을 호출해서 모든 모듈을 초기화하는 데 이런 성질을 활용한다. 다음은 같은 이름의 액션을 함께 호출하는 간단한 예제다. log 액션을 한 번 호출하면 foo와 bar 두 모듈의 스테이트가 콘솔에 출력된다.

```
import Vue from 'vue'
import Vuex from 'vuex'

Vue.use(Vuex)

const store = new Vuex.Store({
  modules: {
    // foo 모듈
    foo: {
      state: {
        value: 123
      },

      action: {
        log(ctx) {
          console.log('모듈 foo의 스테이트', ctx.state)
```

```
        }
      }
    },

    // bar 모듈
    bar: {
      state: {
        message: 'Hello!'
      },

      action: {
        log(ctx) {
          console.log('모듈 bar의 스테이트', ctx.state)
        }
      }
    }
  }
})

// log 액션 호출
// foo 모듈의 스테이트와 bar 모듈의 스테이트 내용을 출력
store.dispatch('log')
```

namespaced 옵션을 사용할지 말지는 애플리케이션의 구조나 설계에 따라 적절히 판단해야 한다. 네임스페이스가 없어서 발생하는 충돌을 방지할 것인지, 네임스페이스로 인한 번거로움을 피할 것인지 등 다양한 관점이 있을 수 있다. 꼭 어떤 것이 맞다고는 할 수 없다.

다만 개인적으로는 대부분 모듈을 분리하는 쪽을 택하기 때문에 namespaced: true 옵션을 사용해서 유일한 이름을 붙이는 편이다. namespaced 옵션을 사용해도 큰 문제는 없다고 본다.

7.7 Vuex 스토어와 Vue 컴포넌트 간의 통신

스토어를 정의했으니 컴포넌트에서 스토어를 사용해 볼 차례다. 컴포넌트에서 스토어를 사용하는 방법과 변경에 강한 애플리케이션을 만들려면 컴포넌트와 스토어 사이를 어떻게 구현해야 하는지 알아보자.

7.7.1 컴포넌트에서 스토어 접근하기

컴포넌트와 스토어의 관계를 그림으로 나타내면 다음과 같다. 애플리케이션은 컴포넌트가 트리 구조를 이룬 것으로, 컴포넌트는 딱 하나만 존재하는 Vuex 스토어를 사용할 수 있다.

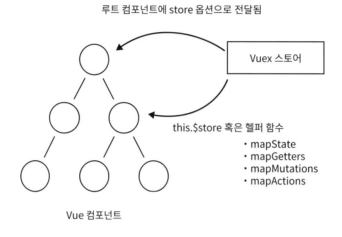

컴포넌트와 스토어의 관계

컴포넌트에서 스토어를 사용하기 위해 루트 Vue 인스턴스를 생성할 때 스토어를 전달한다.

```
import Vue from 'vue'
import Vuex from 'vuex'

Vue.use(Vuex)

const store = new Vuex.Store({ /* ...스토어 정의를 작성... */ })

new Vue({
  el: '#app',
  store // 컴포넌트에 스토어를 전달
})
```

그다음 컴포넌트에서 스토어를 참조하려면 this.$store로 스토어를 직접 사용하는 방법과 Vuex가 제공하는 헬퍼 함수를 사용하는 방법을 사용할 수 있다.

this.$store를 통해 접근하기

this.$store에는 루트 컴포넌트에 store 옵션으로 전달된 스토어 인스턴스가 들어 있다. 그러므로 스테이트에 접근하거나 액션 혹은 뮤테이션을 직접 실행할 수 있다. 다음 예제는 스토어 안에 있는 카운터 값을 화면에 표시하고, 버튼을 눌러 카운터 값을 증가시키는 뮤테이션을 커밋하는 예다.

```
<template>
  <div>
    <p>{{ count }}</p>
    <button v-on:click="increment(1)">+1</button>
  </div>
</template>

<script>
export default {
  computed: {
    count () {
      // 스토어 안의 카운터 스테이트를 반환
      return this.$store.state.count
    }
  },

  methods: {
    increment (value) {
      // 'increment' 뮤테이션 커밋
      this.$store.commit('increment', value)
    }
  }
}
</script>
```

헬퍼 함수를 사용해 접근하기

컴포넌트에서 스토어를 사용하게 해주는 헬퍼 함수로 mapState, mapGetters, mapMutations, mapActions가 있다. 이 헬퍼 함수를 사용해서 스테이트와 게터, 뮤테이션, 액션을 컴포넌트의 계산 프로퍼티와 연결할 수 있다.

예를 들면, 앞서 본 카운터 예제를 mapState와 mapMutations를 사용해 다음과 같이 구현할 수 있다. 헬퍼 함수에 배열을 인자로 전달하면 스토어에 있는 스테이트나 뮤테이션을 그 이름 그대로 접근할 수 있도록 컴포넌트에 연결해 준다.

```
<template>
  <div>
    <p>{{ count }}</p>
    <button v-on:click="increment(1)">+1</button>
  </div>
</template>

<script>
//'mapState'와 'mapMutations'를 임포트
import { mapState, mapMutations } from 'vuex'

export default {
  // '$store.state.count'와 'this.count'를 연결
  computed: mapState([
    'count'
  ]),

  // "this.increment(value)"에서 "$store.commit('increment', value)"를 호출
  methods: mapMutations([
    'increment'
  ])
}
</script>
```

이름을 그대로 사용하면 조금 다루기 까다로운 면도 있다. 헬퍼 함수 인자에서 스토어의 내용물을 컴포넌트에서는 다른 이름으로 사용하게끔 할 수도 있다.

예를 들면, 다음과 같이 mapState 헬퍼 함수에 인자로 전달한 객체를 통해 store.state.count를 컴포넌트에서는 this.value로 참조할 수 있다.

```
import { mapState } from 'vuex'

export default {
  // '$store.state.count'를 'this.value'와 연결
  computed: mapState({
    value: 'count'
  })
}
```

헬퍼 함수를 사용하면 쉽게 컴포넌트에서 스토어를 사용할 수 있다. 그러나 헬퍼 함수가 computed와 methods를 점유하기 때문에 일반적인 방법으로 계산 프로퍼티나 메서드를 정의할 수가 없다. 이런 경우에는 헬퍼 함수의 반환값과 계산 프로퍼티 및 메서드의 정의를 결합하는 방법으로 두 가지를 동시에 사용할 수 있다. 이를 결합하는 데는 객체 스프레드 연산자나 Object.assign 함수를 사용한다. 다음 예제는 mapState를 사용해서 count 스테이트의 매핑과 일반적인 계산 프로퍼티 double을 함께 정의한 것이다.

```
import { mapState } from 'vuex'
export default {
  computed: {
    // 일반적인 계산 프로퍼티 정의
    double() {
      return this.count * 2
    },

    // 객체 스프레드 연산자를 사용해 일반적인 계산 프로퍼티와
    // mapState의 반환값을 결합
    ...mapState([
      'count'
    ])
  }
}
```

또 네임스페이스를 적용한 모듈은 네임스페이스 문자열을 헬퍼 함수의 첫 번째 인자로 전달하는 방법으로 축약 표현이 가능하다. 아니면 createNamespaceHelper 함수를 사용해서 특정 네임스페이스를 대상으로 하는 헬퍼 함수를 새로 만들 수도 있다. 다음 두 가지 예제는 모두 counter 네임스페이스 안에 있는 count를 this.count와 연결하는 코드다.

```
// mapState의 1번째 인자로 네임스페이스를 지정한 예
import { mapState } from 'vuex'

export default {
  // '$store.state.counter.count'를 'this.count'와 연결
  computed: mapState('counter', [
    'count'
  ])
}

// createNamespacedHelpers로 counter 네임스페이스에 mapState를 생성하는 예
import { createNamespacedHelpers } from 'vuex'

//'counter'를 대상으로 하는 헬퍼 함수 생성
const counterHelpers = createNamespacedHelpers('counter')

export default {
  // '$store.state.counter.count'를 'this.count'와 연결
  computed: counterHelpers.mapState([
    'count'
  ])
}
```

7.7.2 스토어에 접근하는 컴포넌트를 최대한 적게 유지하라

스토어와 컴포넌트의 접점을 최소한으로 유지하면 변경에 강인한 애플리케이션을 만들 수 있다.

예를 들어 스토어가 갖는 액션의 이름을 수정해야 한다면 해당 액션을 사용하는 컴포넌트의 수가 적으면 적을수록 수정에 드는 비용이 적어질 것이다. 간단한 이치다.

스토어와 컴포넌트의 점점을 최소한으로 유지하려면 어떻게 해야 할까? 스토어와 통신할 수 있는 컴포넌트를 제한하도록 프로젝트에 규칙을 두는 것도 한 가지 방법이다. 이러한 규칙 중 잘 알려진 것이 컴포넌트의 종류를 프레젠테이션 컴포넌트와 컨테이너 컴포넌트의 두 종류로 나누는 방법, 그리고 아토믹 디자인과 같이 분류하는 방법 등이 있다[20].

---

20 이러한 방법은 모두 React 컴포넌트를 분류하는 방법으로 소개되는 경우가 많다. Vue.js 역시 스토어와 컴포넌트를 사용하므로 Vue.js에도 적용할 수 있다.

프레젠테이션 컴포넌트와 컨테이너 컴포넌트

프레젠테이션 컴포넌트와 컨테이너 컴포넌트[21]는 Redux를 만든 댄 아브라모프(Dan Abramov)가 제안한 React 컴포넌트를 분류하는 패턴이다.

프레젠테이션 컴포넌트는 외관을 나타내는 컴포넌트로, 스토어에 접근하지 않으며 외부 API도 요청하지 않는다. 반면 **컨테이너 컴포넌트**는 동작에 초점을 맞춘 것으로 스토어에 액션을 실행하거나 스토어에서 데이터를 읽어오기도 한다.

이 패턴에 의하면 컨테이너 컴포넌트만이 스토어에 접근할 수 있으며, 프레젠테이션 컴포넌트는 컨테이너 컴포넌트에 이벤트를 전달하거나 컨테이너 컴포넌트가 스토어에서 읽어온 데이터를 props를 통해 전달받을 수만 있다. 이런 제한 덕분에 컴포넌트와 스토어의 접점이 복잡해지는 것을 억제할 수 있으며, 프레젠테이션 컴포넌트의 재사용성이 좋아진다.

다음 그림은 프레젠테이션 컴포넌트와 컨테이너 컴포넌트, 그리고 이들과 스토어의 관계를 나타낸 것이다. 그림의 화살표는 데이터가 전달되는 방향을 의미하므로 컨테이너 컴포넌트만이 스토어와 통신하고 있음을 알 수 있다. 프레젠테이션 컴포넌트는 스토어와 데이터를 직접 주고받지는 않으며 부모 컴포넌트하고만 관계를 갖는다.

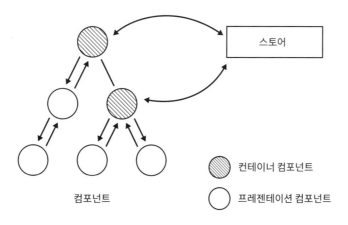

프레젠테이션 컴포넌트와 컨테이너 컴포넌트, 그리고 스토어와의 관계

구체적으로 어떤 컴포넌트가 프레젠테이션 컴포넌트가 되고 어떤 컴포넌트가 컨테이너 컴포넌트가 되는 지 명확한 기준이 있는 것은 아니지만, 댄은 처음부터 제대로 분류하려 하지 말고 단계적으로 나눠가는 것이 좋다고 주장한다. 처음에는 모든 컴포넌트를 프레젠테이션 컴포넌트로 분류한다. 그러면 대부분의 props의 흐름이 부모 컴포넌트에서 자식 컴포넌트를 향하게 된다. 이때 props 흐름의 중간을 차지하는 컴 포넌트를 컨테이너 컴포넌트로 바꿔나가는 방법을 제안했다. 이런 과정을 반복하다 보면 어떤 컴포넌트 가 컨테이너 컴포넌트가 되는지 직관적으로 알 수 있다.

아토믹 디자인을 적용해 컴포넌트와 스토어의 관계 정리하기

아토믹 디자인을 따른 분류를 컴포넌트에 적용하고 특정 종류의 컴포넌트만이 스토어를 사용할 수 있도 록 하는 방법도 있다. 아메바 블로그 개발에 적용된 사례[22]를 소개하겠다. 아토믹 디자인은 UI를 원자, 분자, 유기체, 템플릿, 페이지의 다섯 단계로 구분해 구축하는 방법이다.

아메바 블로그 적용 사례에서는 유기체에 속하는 컴포넌트에 스토어에 접근해서 상태를 저장할 수 있도 록 하는 규칙을 세웠다. 기본 아이디어는 제한된 컴포넌트에만 스토어 접근을 허용하는 것으로, 프레젠 테이션 컴포넌트 및 컨테이너 컴포넌트와 같다.

다만 아토믹 디자인을 따른 컴포넌트 분류가 훨씬 세세하기 때문에 개인적으로는 규모가 큰 애플리케이 션이라면 아토믹 디자인을 따르는 쪽이 더 적합하다고 생각한다.

여기서 다룬 두 가지 방법은 모든 애플리케이션 개발에 적용할 수 있는 것은 아니므로 주의해야 한다. 예 를 들면 그리 규모가 크지 않은 애플리케이션에서 아토믹 디자인을 따라 컴포넌트를 분류하려고 하면 코 드가 장황해지기만 할 뿐 그리 큰 이점을 누리지 못할 것이다. 자신이 개발하는 애플리케이션의 규모나 요구 사항에 맞춰 적합한 방법을 고르는 것이 중요하다.

7.8 Vuex와 Vue Router 연동하기

데이터 관리에 Vuex 스토어를 사용하다 보면 Vue Router에 저장된 라우팅 데이터를 어떻게 다뤄야 할 지에 대한 고민이 생긴다.

---

22 https://developers.cyberagent.co.jp/blog/archives/636/

예를 들어 전자 상거래 사이트[23]의 상품 상세 페이지를 만든다고 하면 URL에 상품 ID를 포함시키고 이 ID를 사용해 해당 상품의 데이터를 받아오도록 구현할 것이다. 그러나 이 시점에서 상품 ID 정보는 라우터가 갖고 있으므로 단순히 게터를 통해 원하는 상품의 정보를 받아올 수가 없다. 다음 예제 코드에서 ???에 들어갈 내용, 즉 라우터에서 ID 정보를 받아오려면 어떻게 해야 할까?

```
// 상품 목록을 스테이트로 저장하는 모듈
export default {
  state: {
    // 상품 목록
    products: [
      { id: 1, name: 'Apple' },
      { id: 2, name: 'Orange' },
      { id: 3, name: 'Banana' }
    ]
  },

  getters: {
    // 현재 페이지와 연결된 상품을 반환하는 게터
    currentProduct(state) {
      return state.products.find(product => {
        // 정보를 표시할 상품의 ID가 스토어에 없으므로
        // 대상 상품을 찾을 수 없음
        return product.id === ???
      })
    }
  }
}
```

vuex-router-sync[24]를 사용하면 라우팅 쪽 데이터를 스토어와 동기화할 수 있다. vuex-router-sync를 사용하려면 sync 함수에 Vuex 스토어와 Vue Router의 라우터 인스턴스를 전달하면 된다. 그러면 스토어에 라우팅 데이터를 스테이트로 동기화할 수 있다.

---

23 4장에서 전자 상거래 사이트는 Vuex에 적합하지 않다고 설명했으나, 여기서 설명하는 내용에 맞는 사례라서 전자 상거래 사이트를 언급했다.
24 https://github.com/vuejs/vuex-router-sync

```
// Vue, Vue Router, Vuex 임포트
import Vue from 'vue'
import VueRouter from 'vue-router'
import Vuex from 'vuex'

// $ npm install vuex-router-sync
// vuex-router-sync의 sync 함수를 임포트
import { sync } from 'vuex-router-sync'

Vue.use(VueRouter)
Vue.use(Vuex)

// 라우터 생성
const router = new VueRouter({
  routes: [
    // ... 라우팅 정의 ...
  ]
})

// 스토어 생성
const store = new Vuex.Store({
  // ... 스토어 정의 ...
})

// 라우터와 스토어를 동기화
sync(store, router)
// store.state.route 아래에 라우팅 데이터를 저장
console.log(store.state.route)
```

게터나 액션에서는 rootState를 통해 라우팅 데이터에 접근할 수 있다. 게터에서 현재 페이지와 연결된 상품 정보를 반환하려면 다음과 같이 하면 된다.

```
// 상품 목록을 스테이트로 저장하는 모듈
export default {
  state: {
    // 상품 목록
    products: [
      { id: 1, name: 'Apple'  },
```

```
      { id: 2, name: 'Orange' },
      { id: 3, name: 'Banana' }
    ]
  },

  getters: {
    // 게터의 3번째 인자는 루트 스테이트
    currentProduct(state, getters, rootState) {
      // 라우팅 데이터로부터 ID를 받음
      const productId = Number(rootState.route.params.id)

      // 상품 ID와 일치하는 상품을 반환
      return state.products.find(product => {
        return product.id == productId
      })
    }
  }
}
```

<router-link> 대신 다른 수단을 이용해서 페이지를 전환하고 싶다면 액션에서 라우터 인스턴스를 사용하면 된다. 다음은 상품을 검색해서 일치하는 검색 결과가 있으면 페이지를 이동하고 검색 결과가 없으면 오류를 출력하는 코드다.

```
// 라우터 인스턴스 임포트
import router from '../router'

// 상품 목록을 스테이트로 저장하는 모듈
export default {
  state: {
    // 상품 목록
    products: [
      { id: 1, name: 'Apple'  },
      { id: 2, name: 'Orange' },
      { id: 3, name: 'Banana' }
    ],

    // 상품 검색 키워드
    keyword: '',
```

```
    // 상품 검색 결과
    result: []
  },

  actions: {
    search({
      state,
      commit,
      dispatch
    }) {
      // 키워드와 일치하는 상품을 검색
      const result = state.products.filter(product => {
        return product.name.includes(state.keyword)
      })

      if (result.length === 0) {
        // 검색 결과가 없으면 오류 알림
        dispatch('showError', '키워드와 일치하는 상품이 없습니다')
      } else {
        // 결과가 있으면 스테이트에 반영
        commit('setSearchResult', result)

        // 페이지 이동
        router.push('/search')
      }
    }
  },

  mutations: {
    // 검색 결과를 스테이트에 설정
    setSearchResult(state, result) {
      state.result = result
    }
  }
}
```

이번 장에서는 대규모 애플리케이션에서 반드시 고려해야 할 데이터플로 설계와 상태 관리를 주제로 Vue.js에서 Vuex를 사용해 여러 문제를 해결하는 방법을 알아봤다. 대규모 애플리케이션은 그만큼 상태 수도 많기 때문에 세심하게 설계하지 않으면 유지 보수에서 어려움을 겪을 수 있다. 데이터플로 및 상태 관리 설계는 이미 여러 사례를 통해 최적의 패턴이 확립돼 있다. 이 패턴을 잘 활용하면 대규모 애플리케이션 역시 쉽게 유지 보수가 가능하다. Vuex를 사용하면 이러한 설계 패턴을 따른 구현을 쉽게 할 수 있다. 이번 장에서 소개한 사용법과 개념을 잘 기억해두기 바란다.

08

중규모 및 대규모 애플리케이션 개발 1
– 개발 환경 갖추기

이번 장과 이어지는 9장, 10장에서는 다음 내용을 다룬다. 중규모 및 대규모 애플리케이션[1]을 Vue.js로 구축하는 것을 목표로 한다.

- 애플리케이션 개발 환경 구축

- 애플리케이션 설계

- 애플리케이션 개발
    - 애플리케이션의 오류 처리
    - 애플리케이션 빌드와 배포
    - 애플리케이션의 성능

특히, 애플리케이션 설계와 개발에 대한 설명은 대규모 애플리케이션을 전제로 한 내용이다. 대규모 애플리케이션을 감당할 수 있는 Vue.js 프로젝트를 만드는 방법을 알아보자.

8.1 Vue.js 프로젝트의 특징

Vue.js는 유연성을 갖춘 프로그레시브 프레임워크다. 소규모 웹 사이트는 물론이고 대규모 애플리케이션에 이르기까지 복잡한 비즈니스 요구 사항과 프로덕트 성장에 단계적으로 부응할 수 있다.

---

1 이 책에서는 중규모 애플리케이션을 1~2명이 개발 가능하며 10개 화면 내외로 구성되고 상태 관리가 불필요한 애플리케이션, 대규모 애플리케이션은 3명 이상이 개발하며 20개 화면 이상, 그리고 화면 이동 및 상태 관리가 필요한 애플리케이션으로 각각 정의한다.

일반적으로 실무에서 사용 가능한 웹 프레임워크는 애플리케이션 자체의 기본 동작 외에도 개발을 보다 편리하게 하는 기능이나 디자인 패턴 등을 포함한다[2]. 예를 들면 개발 생산성 및 장기 유지 보수성 향상을 위해 다음과 같은 항목을 지원한다.

- 개발 툴
- 코딩 가이드라인
- 타입 시스템
- 디자인 패턴
- 데이터 퍼시스턴시

- 테스트
- 디버깅
- 빌드
- 국제화

그러나 이러한 항목을 구현하기 위한 방향성은 각기 다르다. 플러그인을 무엇이든 사용해도 되는 것이 있는가 하면[3], 풀스택 프레임워크처럼 특정한 기능이나 라이브러리의 사용을 강제하는 경우도 있다[4].

Vue.js는 일부 용도는 추천하는 라이브러리가 있으나, 플러그인으로 무엇을 사용해도 무방하며 굳이 쓰지 않아도 무방한 유연한 스타일이다.

Vue.js를 넓은 의미의 프레임워크로 보면[5] 다음과 같은 내용을 지원한다. 다만 다양한 규모의 개발 프로젝트를 지원할 수 있는 유연성[6] [7]을 제공하므로 사용을 강제하는 경우는 없다.

- 단일 파일 컴포넌트를 이용한 세련된 컴포넌트 관리
- 애플리케이션의 데이터플로 설계와 상태 관리 디자인 패턴(Vuex)
- Visual Studio Code용 확장 기능
- 번들링 관련 도구
- 테스트 유틸리티

---

2 이 기능은 프레임워크 자체에서 제공하기도 하고, React와 Redux의 관계처럼 서드파티에 의존하기도 한다.
3 이렇게 여러 구성 요소를 자유롭게 조합할 수 있다면 프레임워크라기보다는 한 가지 기능만을 갖는 라이브러리의 집합으로 봐야 할지도 모른다.
4 이것도 라이브러리를 선택하느라 고민하지 않아도 된다는 장점이 있으며, 대부분의 기능을 이미 갖춰진 대로 사용할 수 있다. 그러나 요구 조건에 맞지 않는 경우에는 큰 어려움을 겪는다.
5 본체 외에 공식적으로 제공하는 라이브러리를 모두 합쳐 프레임워크로 보는 관점.
6 1장에서도 설명했듯이 Vue.js는 script 태그에서 불러오기만 해도 사용할 수 있으므로 랜딩 페이지처럼 소규모로도 적용할 수 있다. 물론 이때는 최소한의 기능만 사용할 수 있다.
7 서서히 기능을 도입할 수 있다는 특징을 이용해서 jQuery 같은 다른 라이브러리로 구현된 부분을 단계적으로 교체하는 데 적합하다. 그러한 사례로 VueConf 2017에서 발표된 GitLab 사의 사례가 유명하다. https://about.gitlab.com/2017/06/29/gitlab-at-vue-conf/

Vue.js는 모든 기능을 처음부터 지원하는 풀스택 스타일의 프레임워크는 아니다. 그러므로 앞서 언급한 '개발 지원까지 포함하는 프레임워크'로서 활용하려면 공식 라이브러리를 사용하고 각자 환경을 구축해야 한다.

8.1.1 Vue.js로 본격적인 개발을 시작하기 위한 마음가짐

Vue.js의 유연성과 저렴한 최초 도입 비용은 매우 매력적이다. 그러나 중규모 이상의 개발이 예상되는 경우, 든든한 개발 환경을 갖춰야 한다. 프로젝트를 안정적으로 수행하려면 Vue.js를 script 태그에서 불러오는 방법만으로는 곧 한계에 부딪친다.

높은 생산성과 유지 보수성을 확보하고 프로덕트의 품질을 높이려면 프로젝트를 시작할 때부터 애플리케이션 개발 환경을 잘 갖춰야 한다.

앞에서 Vue.js가 어떤 면에서 개발을 지원하는지 언급했다. 이번 장에서는 그중 주요 요소를 갖춘 개발 환경을 구축해 본다. 디자인 패턴을 적용한 설계, 테스트, 디버거 등의 도구를 적극적으로 도입해서 생산성을 높여보자.

8.2 이번 장에서 만들 애플리케이션

개발 환경을 갖추기에 앞서, 이번 장에서 만들어 볼 애플리케이션이 어떤 것인지 설명하겠다.

8.2.1 애플리케이션의 주요 요구 사항

우리가 만들어 볼 애플리케이션은 프로젝트 관리에 많이 사용되는 칸반 방식의 태스크 관리 애플리케이션이다. 트렐로[8]나 깃허브 프로젝트[9]같은 것이라고 보면 된다.

이번 장에서 구축한 애플리케이션 개발 환경을 활용해서 다음과 같은 태스크 관리 애플리케이션을 무에서부터 만들어 볼 것이다. 이 애플리케이션의 요구 사항은 다음과 같다.

---

8 https://trello.com
9 https://help.github.com/articles/adding-issues-and-pull-requests-to-a-project-board/

- 로그인을 통해 태스크 관리 애플리케이션 사용을 시작할 수 있음.

- 사전에 등록된 사용자만 로그인할 수 있음.

- 태스크 관리 애플리케이션에서 사용 가능한 보드는 기본으로 생성된 1개뿐임.

- 보드에 존재하는 태스크는 다른 사용자와도 공유됨.

- 보드에는 태스크의 상태를 나타내는 다음 태스크 목록만 사용할 수 있음.

    – TODO : 해야 할 일 목록

    – WIP[10] : 진행 중인 일 목록

    – DONE : 완료된 일 목록

- 태스크 목록을 추가하거나 삭제할 수 없음.

- 태스크 목록에 태스크를 추가할 수 있음.

- 태스크 목록에 있는 기존 태스크를 드래그 앤드 드롭으로 다른 태스크 목록으로 옮길 수 있음.

- 태스크는 태스크 이름과 설명으로 구성되며 수정할 수 있음.

- 태스크를 삭제할 수 있음.

- 보드의 내비게이션 메뉴의 로그아웃 항목을 통해 태스크 관리 애플리케이션 사용을 종료할 수 있음.

이런 요구 사항을 만족하는 UI를 그림으로 나타내면 다음과 같다.

태스크 관리 애플리케이션의 로그인 페이지

---

10 Work In Progress의 약자.

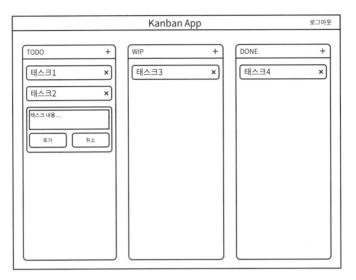

태스크 관리 애플리케이션의 보드 페이지

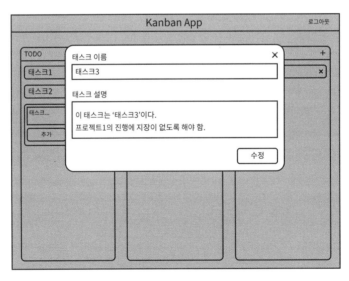

태스크 관리 애플리케이션의 태스크 상세 정보 페이지

다음은 각 UI 이미지별로 구현한 요구 사항을 정리한 것이다.

로그인 페이지

- 로그인을 통해 태스크 관리 애플리케이션 사용을 시작할 수 있음.

- 사전에 등록된 사용자만이 로그인할 수 있음.

보드 페이지

- 태스크 관리 애플리케이션에서 사용 가능한 보드는 기본으로 생성된 1개뿐임.

- 보드에 존재하는 태스크는 다른 사용자와도 공유됨.

- 보드에는 태스크의 상태를 나타내는 다음 태스크 목록만 사용할 수 있음.

- 태스크 목록을 추가하거나 삭제할 수 없음.

- 태스크 목록에 태스크를 추가할 수 있음.

- 태스크 목록에 있는 기존 태스크를 드래그 앤드 드롭으로 다른 태스크 목록으로 옮길 수 있음.

- 태스크를 삭제할 수 있음.

- 보드의 내비게이션 메뉴의 로그아웃 항목을 통해 태스크 관리 애플리케이션 사용을 종료할 수 있음.

태스크 상세 정보 페이지

- 태스크는 태스크 이름과 설명으로 구성되며 수정할 수 있음.

8.2.2 애플리케이션의 아키텍처

예제 애플리케이션의 아키텍처는 다음과 같다.

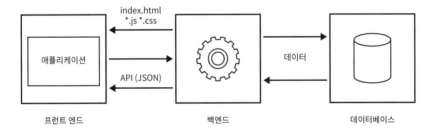

태스크 관리 애플리케이션의 아키텍처

이 예제 애플리케이션은 단일 페이지 애플리케이션이다. 클라이언트에서는 초기 화면을 위한 HTML 페이지를 웹 브라우저에 로딩하고, 링크 클릭으로 인한 페이지 이동 시점에 서버에 있는 API에서 정보를 받아와 동적으로 HTML 페이지를 업데이트한다.

프런트 엔드 및 백 엔드 구현

Vue.js를 중심으로 프런트 엔드를 구현하고, 백 엔드 API 서버와 통신을 구현하는 방식으로 단일 페이지 애플리케이션을 구축하겠다.

프런트 엔드[11]에는 다음과 같은 라이브러리를 사용한다. 이를 이용해서 이후 대규모로 확장 가능한 애플리케이션을 구현할 것이다.

- 리액티브한 UI를 구현하기 위한 Vue.js 본체

- 데이터플로 라이브러리, 설계를 제공하는 Vuex

- 단일 페이지 라우팅을 제공하는 Vue Router

- 백 엔드와의 통신을 담당하는 axios

이번 장은 웹 프런트 엔드 애플리케이션 개발에 초점을 맞춘다. 백 엔드 API 서버는 다음 기술을 활용해 간이 목업으로 구현하며 데이터베이스는 생략한다.

Mode.js

- Express[12]

Column

백 엔드 설계

백 엔드 역할을 할 서버에는 사실 고려해야 할 사항이 많다.

- 애플리케이션의 특성
- 유스 케이스
- 사용자 이용 규모

그리고 이러한 사항에 따라 기술을 선정해야 한다.

- 아키텍처
- 프로그래밍 언어
- 프레임워크

그리고 단일 페이지 애플리케이션의 특성으로 인해 고려해야 할 점도 있다. SEO나 초기 콘텐츠 표시시간 단축 등의 요구 사항에 대응해야 하는 경우라면 서버 사이드 렌더링 구현도 필요할 것이다. 이런 기술적인 검토 및 검증 역시 개발 시 중요하다. 다만 이에 대한 내용은 자신의 숙련도 및 개발팀 멤버의 스킬 세트, 기존 리소스를 감안해야 하므로 여기서는 생략한다.

---

11 클라이언트 혹은 웹 브라우저
12 Node.js에서 가장 인기 있는 웹 애플리케이션 프레임워크다. https://expressjs.com

8.3 애플리케이션 개발 환경 구축하기

지금까지 우리가 만들 애플리케이션이 어떤 것인지 알아봤다. 이제 개발 환경을 구축해 보자. 이번 절에서는 Vue CLI를 사용해 애플리케이션 개발 환경을 구축하는 방법을 알아본다.

8.3.1 개발 환경 구축 지원 도구 Vue CLI

복잡도가 일정 수준을 넘는 애플리케이션을 개발하려면 적절한 도구의 지원이 필요하다. IDE[13] 혹은 이와 동등한 개발 환경을 구축 및 지원하는 전용 명령행 도구[14]를 사용해서 애플리케이션을 개발한다. 이러한 도구를 사용해서 다음과 같은 일을 할 수 있다.

- 코딩 지원(자동 완성, 코드 스니핏, 문법 하이라이팅, 정적 분석, 리팩터링)

- UI 빌더(GUI 기반 UI 설계, 구현 도구)

- 테스트 및 CI(지속적 통합)

- 디버거

- 프로파일러

- 빌더

- 시뮬레이터

- 코드 관리

- 애셋 관리

- 설정 통합 관리

- 국제화

iOS 개발을 예로 들면, IDE인 Xcode[15]가 이 대부분의 기능을 제공할 수 있다. 루비 온 레일즈[16]라면 함께 딸려오는 명령행 도구를 사용해서 애플리케이션 및 모델을 생성할 수 있다.

---

13 Integrated Development Environment의 약자로 통합 개발 환경이라는 뜻이다. 자바의 이클립스와 인텔리제이, C#은 비주얼 스튜디오 등이 개발에 필요한 기본 기능을 갖추고 있다.
14 넓게 보면 npm 등도 명령행 도구에 포함되나, 여기서는 Vue CLI처럼 각 프레임워크가 제공하는 전용 명령행 도구를 가리킨다.
15 https://developer.apple.com/kr/xcode
16 서버 사이드 웹 애플리케이션용 프레임워크. rails 명령으로 서버 시작 등의 작업을 할 수 있다. http://rubyonrails.org

이렇듯 벤더나 프레임워크에서 제공하는 개발 지원 도구를 사용하는 것이 일반적이다. 특히 대규모 개발에서는 이러한 도구 없이는 개발 자체가 불가능하다.

8.3.2 자바스크립트 환경 구축과 Vue CLI

자바스크립트는 npm을 중심으로 다양한 라이브러리와 도구를 조합해 개발 환경을 구축하는 것이 일반적이다. 이 개발 환경을 직접 처음부터 손으로 만들려면 제법 큰 수고가 든다. 여러 종류의 라이브러리를 비교하며 설치했다 지우고 하는 시행착오 과정은 생각보다 피로도가 높은 작업이다.

Vue.js를 사용하면 이런 개발 환경 구축에 들어가는 수고를 최소한으로 줄일 수 있다. Vue CLI가 개발 환경 구축을 지원하기 때문이다.

Vue CLI는 Vue.js 개발 환경 구축 등을 지원하기 위한 공식 명령행 도구다. 여기서는 init 하위 명령[17] 을 사용할 것이다. vue init 명령의 기본 사용법은 다음과 같다.

```
$ vue init <template-name> [project-name]
```

<template-name>은 애플리케이션 개발 환경 구축에 사용할 템플릿을 지정한다. Vue.js에서 공식적으로 제공하는 템플릿이나 직접 작성한 템플릿, 그리고 깃허브에 공개된 Vue.js 사용자 커뮤니티 제공 템플릿을 사용할 수 있다.

[project-name]은 애플리케이션을 개발할 프로젝트의 이름을 지정한다. 지정한 이름과 같은 이름의 디렉터리에 <template-name>에서 지정한 템플릿을 따라 프로젝트가 생성된다. 템플릿은 simple, pwa 등 다양한 종류가 있다. 이 책에서처럼 중규모 및 대규모 애플리케이션을 개발하는 데는 webpack 템플릿을 사용하는 경우가 많다.

---

vue init 명령

Vue CLI 버전 3부터 vue init 명령은 더는 사용을 권장하지 않으며(deprecated)며 그 대신 vue create 명령을 추천한다. 이 책에서는 현재 쓰이는 개발 환경을 고려하고 버전 3에도 아직 사용할 수 있기 때문에 vue init 명령을 사용한다. 실무에서 vue init이나 vue create 중 어느 것을 사용할지 각자 직접 검증하기 바란다. 지금부터 다룰 내용은 vue create 명령을 사용해도 무방하다.

---

17 이하 vue init

8.4 Vue CLI로 개발 환경 구축하기

지금까지 Vue CLI를 사용해 애플리케이션 개발 환경을 구축하는 방법을 설명했다. 이제 Vue CLI를 사용해서 실제로 개발 환경을 구축해 보겠다.

디버깅과 E2E 테스트에 필요하므로 다음과 같은 소프트웨어를 미리 설치하기 바란다.

- 구글 크롬 : https://www.google.co.kr/chrome/

- JDK 최신 버전 : http://www.oracle.com/technetwork/java/javase/downloads/index.html

8.4.1 애플리케이션 프로젝트 생성하기

vue init 명령을 사용해서 애플리케이션 개발 환경을 구축하겠다. 이 책은 중규모 및 대규모 애플리케이션 개발을 목표로 하기 때문에 webpack 템플릿을 사용한다. 다음 명령을 입력해서 webpack 템플릿을 기반으로 kanban-app이라는 이름의 애플리케이션 프로젝트를 생성한다.

```
$ npm install -g @vue/cli-init@3.0.1 # init를 사용하기 위해 필요
$ vue init webpack kanban-app
```

위 명령을 실행해서 프로젝트 생성을 시작하면 프롬프트에서 다음과 같은 사항을 묻는다[18]. 여기서는 다음과 같이 설정한다.

항목	설명
Project name	프로젝트 이름. vue init 명령으로 프로젝트 생성과 함께 만들어지는 package.json 파일의 name 필드 값이 된다. vue init 명령에서 지정한 값이 기본값이다.
Project description	애플리케이션 프로젝트 설명. package.json 파일의 description 필드 값이 된다. 기본값은 'A Vue Project'.
Author	애플리케이션 저자명. package.json 파일의 author 필드 값이 된다. 기본값은 gitconfig의 이름 및 이메일 주소다.
Vue build	전체 빌드, 혹은 런타임만 사용할 것인지 선택.
Install vue-router?	Vue Router 설치 여부. 기본값은 Y.
Use ESLint to lint your code?	ESLint 사용 여부. 기본값은 Y.

---

18 템플릿에 따라 질문하는 내용이 달라질 수 있다.

항목	설명
Pick an ESLint preset	ESLint 프리 세트. Standard, Airbnb, none 중에 선택.
Setup unit tests?	단위 테스트 환경 구축 여부. 기본값은 Y.
Pick a test runner	테스트 러너 선택. Jest, Karma and Mocha, none (configure it yourself) 중에 선택.
Setup e2e tests with Nightwatch?	Nightwatch E2E 테스트 환경 구축 여부. 기본값은 Y.
Should we run 'npm install' for you after the project has been created?(recommended)	프로젝트 생성 후 의존 모듈 설치 진행 여부. 여기서는 설치하지 않았음.

```
? Project name kanban-app
? Project description A Kanban Application
? Author kazuya kawaguchi <your_address@domain.com>
? Vue build runtime
? Install vue-router? Yes
? Use ESLint to lint your code? Yes
? Pick an ESLint preset Standard
? Set up unit tests Yes
? Pick a test runner karma
? Setup e2e tests with Nightwatch? Yes
? Should we run `npm install` for you after the project has been created?
(recommended) npm
```

모든 입력을 마치면 kanban-app 디렉터리가 생성되면서 의존 모듈 설치가 진행되는 형태로 애플리케이션 개발 환경 구축이 시작된다.

```
vue-cli · Generated "kanban-app".

# Installing project dependencies ...
# ===================
```

의존 모듈 설치가 끝나고 다음과 같은 내용이 출력되면 개발 환경 구축이 끝난 것이다.

```
Running eslint --fix to comply with chosen preset rules...
# ===================
```

```
> kanban-app@1.0.0 lint /Users/user1/path/to/kanban-app
> eslint --ext .js,.vue src test/unit test/e2e/specs "--fix"

# Project initialization finished!
# ============================

To get started:

cd kanban-app
npm run dev

Documentation can be found at https://vuejs-templates.github.io/webpack
```

8.4.2 프로젝트 구조

vue init 명령으로 개발 환경 구축이 끝났다. 애플리케이션 개발을 실제로 시작하기 전에 프로젝트가 어떻게 구성돼 있는지 확인해 보자. cd kanban-app 명령으로 프로젝트 디렉터리로 이동해 보면 프로젝트가 다음과 같은 구조를 갖고 있다.

```
.
├── build/                      # webpack 설정 파일 디렉터리
│   └── ...
├── config/
│   ├── index.js                # 애플리케이션 프로젝트 주 설정 파일
│   └── ...
├── src/
│   ├── main.js                 # 애플리케이션 진입점 스크립트 파일
│   │── App.vue                 # 실행 진입점 컴포넌트
│   ├── router/
│   │   └── index.js             # Vue Router 라우팅 파일
│   ├── components/             # UI 컴포넌트(단일 파일 컴포넌트)
│   │   └── ...
│   └── assets/                 # webpack으로 처리되는 애셋 저장 디렉터리
│       └── ...
├── static/                     # webpack으로 처리되지 않는 애셋 저장 디렉터리
├── test/
│   ├── unit/                   # 단위 테스트 관련 파일 디렉터리
```

```
|       |       ├── specs/              # 단위 테스트 코드 디렉터리
|       |       ├── index.js            # 단위 테스트 진입점 파일
|       |       ├── karma.conf.js       # 테스트 러너 Karma 설정 파일
|       |       └── .eslintrc           # 단위 테스트 코드용 ESLint 설정 파일
|       └── e2e/                        # E2E 테스트 코드 관련 파일 디렉터리
|           ├── specs/                  # E2E 테스트 코드 디렉터리
|           ├── runner.js               # 테스트 러너 Nightwatch 설정 파일
|           ├── nightwatch.conf.js      # 테스트 러너 Nightwatch 설정 파일
|           └── custom-assertions/      # 커스텀 어설션 디렉터리
├── .postcssrc.js                       # PostCSS 설정 파일
├── .babelrc                            # Babel 설정 파일
├── .eslintrc.js                        # ESLint 정적 분석 설정 파일
├── .eslintignore                       # ESLint 정적 분석 대상 제외 설정 파일
├── .editorconfig                       # 에디터 공통 설정
├── .gitignore                          # Git 관리 대상 제외 설정 파일
├── package.json                        # npm 모듈, 태스크 정의
├── index.html                          # index.html 템플릿
└── README.md                           # 프로젝트 README 문서
```

디렉터리	용도
build/	webpack 설정 정보를 저장. 개발 환경 및 운영 환경용 번들링 설정, 개발용 서버 설정 등 애플리케이션 빌드와 관련된 설정 정보가 위치한다.
config/	애플리케이션 설정 정보를 저장. 테스트 환경, 개발 환경, 운영 환경을 NODE_ENV 환경 변수를 통해 정의함. 이 디렉터리의 index.js에 환경별 설정이 가능하며 그 외 일반적인 빌드 설정도 가능.
src/	애플리케이션 코드가 위치함.
static/	webpack이 처리하지 않는 애셋이 위치함. 빌드 시에는 dist/static으로 복사된다.
test/unit	단위 테스트 관련 파일이 위치함.
test/e2e	E2E 테스트 관련 파일이 위치함.
index.html	단일 페이지 애플리케이션 템플릿. 운영 환경 타깃으로 빌드 시 이 템플릿 파일에 번들링된 JS 파일이 삽입돼 각종 애셋 파일과 함께 dist 디렉터리로 복사된다.

애플리케이션 코드는 src 디렉터리 아래에 위치하며, 단위 테스트 및 E2E 테스트 코드는 test 디렉터리 아래에 위치한다. 프로젝트 내 구조는 일반적인 네이밍 규칙을 따라 파일 및 디렉터리가 배치되므로 어떤 코드가 어디에 있는지 유추하기 쉬우며, 애플리케이션의 전체 구조를 파악하기 쉽게 돼 있다.

라이브러리 및 각종 도구는 프로젝트를 생성한 후 npm install 명령으로 한 번에 도입된다. 이 도구[19]의 설정 역시 템플릿에 포함돼 있으므로 별도로 설정할 필요가 없다.

8.4.3 태스크 명령

Vue.js에서 공식적으로 제공되는 템플릿은 애플리케이션 개발을 효율적으로 수행할 수 있는 태스크 명령을 제공한다[20].

태스크	태스크 내용
npm run dev	로컬 환경에서 개발 서버를 시작하고 웹 브라우저에서 애플리케이션을 실행.
npm run build	애플리케이션을 프로덕션 모드로 빌드.
npm run unit	애플리케이션 단위 테스트 실행.
npm run e2e	애플리케이션 E2E 테스트 실행.
npm run lint	애플리케이션 코드 정적 분석 실행.

또한, webpack 템플릿에는 npm에서 제공하는 다음과 같은 명령이 정의돼 있다.

명령	내용
npm start	npm run dev의 앨리어스.
npm test	애플리케이션 단위 테스트(npm run test) 및 E2E 테스트(npm run e2e)를 실행.

8.4.4 애플리케이션 실행 확인

Vue CLI를 사용해 webpack 템플릿으로 애플리케이션 프로젝트 생성을 마쳤다. 애플리케이션 프로젝트가 정상적으로 생성됐는지 확인할 겸 애플리케이션을 개발 모드(npm run dev)로 실행해 보자.

```
$ cd kanban-app      # 애플리케이션 프로젝트로 이동
$ npm install        # 애플리케이션 의존 모듈 설치
$ npm run dev        # 애플리케이션을 개발 모드로 실행
```

---

19 Mocha나 Karma 같은 테스트 관련 라이브러리나 테스트 러너, Babel 등 ES2015 문법을 따르는 자바스크립트 코드를 ES5 코드로 변환하는 트랜스파일러, 그리고 ESLint 등의 정적 분석 도구 등을 말한다. 예를 들어 Babel이나 ESLint의 설정 파일은 템플릿에 설정된 내용에 따라 애플리케이션에 이미 있으므로 이러한 도구를 곧바로 사용할 수 있다.
20 이후 애플리케이션 태스크 명령. 애플리케이션 태스크 명령은 npm run-script를 통해 명령으로 실행될 수 있도록 package.json 파일에 정의된다.

대상 애플리케이션 프로젝트 안에서 npm run dev 명령을 실행하면 개발 서버가 시작된 다음, 웹 브라우저가 실행되며 다음과 같은 화면이 나타난다.

npm run dev 명령을 실행한 후 나타나는 화면

실행한 개발 서버를 종료하려면 키보드에서 Ctrl+C 키를 누른다.

8.4.5 애플리케이션의 환경 변수

애플리케이션에서 운영, 개발, 테스트 등의 실행 환경에 따라 처리 혹은 메시지를 일부 바꾸는 경우가 있다. webpack 템플릿으로 생성한 애플리케이션 프로젝트에는 다음과 같은 환경 변수가 정의돼 있어서 이들을 사용해서 환경에 따른 변경을 추가할 수 있다. 이 환경 변수는 config/ 디렉터리 아래 다음 파일에 정의돼 있다.

환경 변수	정의 파일
production	config/prod.env.js
development	config/dev.env.js
testing	config/test.env.js

위에 나온 환경 변숫값은 NODE_ENV 환경 변수에 저장되며 애플리케이션 코드에서 다음과 같이 애플리케이션을 실행할 때 process.env를 통해 환경 설정을 전환할 수 있다[21].

```
Vue.config.productionTip = process.env.NODE_ENV === 'production'
```

---

21 또한 이 process.env의 환경 변수 NODE_ENV를 이용한 애플리케이션 환경 전환은 Vue.js 본체, Vue Router, Vuex 같은 공식 지원 라이브러리에서도 쓰인다. 그러므로 환경 변수 NODE_ENV는 이들 라이브러리에도 영향을 미친다. 라이브러리뿐만 아니라 애플리케이션에서도 이 환경 변수를 사용하므로 일관성 있는 환경 전환을 제공한다.

위 환경 변수는 다음 그림과 같이 상속 관계를 가지므로 설정을 효율적으로 관리할 수 있다.

환경 변수의 상속 관계

다음은 이 상속 관계를 활용한 애플리케이션 설정 예다[22].

```
// config/prod.env.js
// 운영 환경 : 기반 설정 정의
module.exports = {
  NODE_ENV: '"production"',
  DEBUG_MODE: false,
  API_KEY: '"..."'
}


// config/dev.env.js
// 개발 환경 : 개발 환경 설정. 운영 환경 변숫값을 상속.
module.exports = merge(prodEnv, {
  NODE_ENV: '"development"',
  DEBUG_MODE: true // 'true'로 덮어씀.
})


// config/test.env.js:
// 테스트 환경: 테스트 환경 설정. 개발 환경 변숫값을 상속.
module.exports = merge(devEnv, {
  NODE_ENV: '"testing"'
})
```

---

22 환경 변수의 각종 키값에서 boolean(false 혹은 true) 외의 값은 JSON.stringify를 통해 직렬화해야 한다.

8.5 애플리케이션 빌드

웹 애플리케이션의 프런트 엔드는 일반적으로 다음과 같은 파일로 구성된다. 이 파일을 웹 브라우저에서 동작시키려면 webpack 같은 번들링 도구[23]로 빌드해야 한다.

- 여러 개의 HTML 템플릿

- CSS 혹은 Sass로 된 스타일시트

- 자바스크립트 파일

번들링 도구를 사용한 빌드가 일반적이기는 하지만, 수고가 많이 드는 작업이므로 꺼리는 경향도 있다. 번들링 도구로 애플리케이션을 빌드하는 데도 설정이 필요하기 때문이다. 이 설정은 애플리케이션 개발 환경을 구축하는 작업 중에서도 매우 귀찮은 일 중 하나다.

더구나 Vue.js로 큰 규모의 애플리케이션을 개발하려면 단일 파일 컴포넌트를 이용한 컴포넌트 관리가 필수적이다. 단일 파일 컴포넌트를 사용하려면 먼저 컴파일을 해야 한다. 이 컴파일을 위해 각종 번들링 도구용 라이브러리[24]를 사용해야 하며 빌드 설정도 필요하다.

Vue.js에서 공식적으로 제공하는 템플릿은 이런 빌드 설정까지 포함한다. 추가 설정 없이[25] 개발 중인 애플리케이션을 빌드할 수 있다.

다음은 build 디렉터리에 위치한 설정 파일의 내용이다[26].

파일	역할
build.js	애플리케이션을 운영 환경에 배포하기 위한 빌드 스크립트. 운영 환경용 webpack 설정 파일인 webpack.prod.config.js, 역시 운영 환경용 빌드 설정 파일인 config/index.js 의 내용을 따라 애플리케이션을 빌드한다.
check-versions.js	빌드 환경의 Node.js 및 npm 버전이 애플리케이션의 package.json 파일에 정의된 버전을 만족하는지 확인하는 스크립트.
utils.js	빌드 설정에 쓰이는 유틸리티 스크립트 모듈
vue-loader.conf.js	Vue Loader 설정. PostCSS, Sass, Stylus 등 각종 CSS 전처리 도구와 img 요소, video 요소 등 src 속성과 연결된 외부 리소스를 번들링하는 설정이 들어 있다.

---

23 HTML, CSS, 자바스크립트 파일을 합쳐주는 도구로, webpack과 Rollup 등이 있다.
24 vue-template-compiler와 Vue Loader(webpack용)를 조합해서 사용하는 경우 등이 있다.
25 zero config
26 앞서 Vue CLI를 사용해 webpack 템플릿으로 만든 애플리케이션 프로젝트일 경우.

파일	역할
webpack.base.conf.js	webpack 번들링에 대한 공통 설정 파일. webpack.dev.conf.js, webpack.test.conf.js, webpack.prod.conf.js 등 모든 환경에서 사용되는 webpack 공통 설정이 들어 있다. 애플리케이션 진입점 같은 기본 설정 외에도 Babel을 사용한 트랜스파일, ESLint를 사용한 정적 분석, 그리고 이미지 같은 애셋을 Data URI로 만들지에 대한 설정 등을 포함한다.
webpack.dev.conf.js	개발 환경용 webpack 설정 파일. 개발 생산성을 높이기 위한 webpack 플러그인 설정이 들어 있다. 이를테면 디버깅을 위해 번들링 전에 코드에 삽입되는 소스맵(sourcemap) 설정이나, 핫 리로딩을 위한 웹 브라우저 새로 고침, webpack 컴파일러의 오류 무시 및 오류 내용을 알기 쉽게 출력하는 기능 외에도 커스터마이징 가능한 다양한 설정이 들어 있다.
webpack.test.conf.js	테스트 환경용 webpack 설정 파일. 단위 테스트 관련 설정이 들어 있다. 소스맵은 번들링 과정에서 인라인되도록 설정됐다.
webpack.prod.conf.js	운영 환경용 webpack 설정 파일. 운영 환경 배포를 위한 최적화 설정이 들어 있다. 번들링 대상이 되는 자바스크립트, CSS, HTML의 압축, 번들에서 CSS 추출하는 기능, 파일 분할 등 성능을 최적화할 수 있는 다양한 설정이 포함된다.

애플리케이션 빌드 설정은 위에서 보듯이 여러 개의 파일로 나뉘어 있다. 기본적으로 이 파일을 건드릴 필요는 없지만, 개발 생산성 제고를 위해 도구를 도입하거나 운영 환경만을 위한 성능 튜닝을 할 때는 파일을 수정해야 할 수도 있다. 특히 webpack과 관련된 설정 파일은 한번 훑어보는 편이 좋다.

8.5.1 애셋 처리

개발 규모가 일정 수준을 넘어서면 이미지나 동영상, 글꼴 등의 애셋 관리도 중요해진다.

webpack 템플릿으로 생성한 프로젝트는 static/ 디렉터리와 src/assets/ 디렉터리가 애셋용 디렉터리로 할당된다. 이 디렉터리는 webpack이 처리를 맡는지 아닌지에 따라 애셋을 분류한 것이다(static 아래 있는 것이 webpack이 처리하지 않는 애셋).

좀 더 자세히 설명하면 static 아래의 애셋은 CDN(contents delivery network)으로 배포되는 정적 파일이며, src/assets 아래의 애셋은 데이터 URI로 변환하거나 파일 크기 조건에 따라 다른 처리가 이뤄지는 등 동적으로 최적화되는 파일에 해당한다.

애셋은 일반적으로 HTML 안에서 src 속성으로 불러오거나 css 안에서 url() 함수로 URL을 지정해 사용한다. 그러면 webpack이 이 정보를 모두 해석한 다음, 독자적인 방법으로 처리한다. 데이터 용량에 따라 데이터 URI로 변환해서 인라인으로 삽입하는 것도 가능하다.

다음은 webpack 템플릿에서 webpack이 애셋 URL을 해석하는 규칙이다.

URL 유형	예	규칙
상대 URL	./assets/logo.png	webpack이 의존 모듈로서 처리. webpack의 출력 설정(output)을 따라 자동 생성된 URL로 치환된다.
접두사가 없는 URL	assets/logo.png	상대 URL과 같음.
~ 접두사가 있는 URL	~assets/logo.png	webpack 의존 모듈 해소(require)로 처리됨.
루트 상대 URL	/assets/logo.png	webpack에서 처리하지 않음. 애플리케이션 설정 config/index.js(assetsPublicPath, assetsSubDirectory)을 따르는 완전한 정적 애셋 URL.

8.5.2 정적 분석 도구

webpack 템플릿에서 사용되는 정적 분석 도구는 ESLint[27]다. 여러 규칙 프리 세트 중 하나를 선택해서 적용하는 방식이므로 규칙을 모두 직접 설정하지 않아도 된다. vue init 명령을 사용했을 경우, 세미콜론 미사용 등의 코딩 스타일 규칙이 포함된 standard[28] 프리 세트가 적용된다[29].

프로젝트 고유의 규칙을 추가하려면 .eslintrc.js 파일에서 rules 부분을 커스터마이징하면 된다. 다음은 webpack 템플릿으로 생성한 애플리케이션 프로젝트의 해당 부분이다[30].

```
module.exports = {
  // ...
  // add your custom rules here
  'rules': {
    // allow async-await
    'generator-star-spacing': 'off',
    // allow debugger during development
    'no-debugger': process.env.NODE_ENV === 'production' ? 'error' : 'off'
  }
}
```

---

27 자바스크립트 정적 분석 도구. 사실상 표준으로 쓰인다.

28 https://standardjs.com/

29 에반 유가 선호하는 자바스크립트 코딩 스타일 역시 이 standard다. Vue.js 프로젝트에도 적용 중이다. 에반 유의 standard 스타일에 대한 고집은 다음 슬라이드에서도 알 수 있다. http://slides.com/evanyou/semicolons

30 rules 부분을 커스터마이징 할 수 있다. https://eslint.org/docs/rules/

8.6 테스트 환경

Vue.js에서 공식적으로 제공하는 템플릿은 테스트 환경도 포함한다. 웹 애플리케이션에서 일반적으로 쓰이는 단위 테스트 및 E2E 테스트를 바로 시행할 수 있다.

8.6.1 단위 테스트

단위 테스트에 필요한 테스트 라이브러리 및 테스트 러너도 한 번에 설정이 끝난다. 개발된 컴포넌트와 모듈을 곧바로 테스트할 수 있는 환경을 제공한다[31].

다음은 webpack 템플릿에 기본 설정된 테스트 라이브러리 및 러너를 정리한 것이다[32] [33] [34] [35].

테스트 라이브러리/러너	내용
Chai	어설션 문법을 제공하는 어설션 라이브러리.
Mocha	어설션 검증 실행 환경을 제공하는 테스트 라이브러리.
Sinon	단위 테스트에 사용되는 스파이, 스텁, 목업을 제공하는 테스트 유틸리티 라이브러리.
Karma	테스트 실행 결과를 웹 브라우저로 볼 수 있는 보고 작성 기능을 갖춘 테스트 러너.

그리고 다음은 webpack 템플릿으로 생성한 프로젝트의 test/unit/ 디렉터리의 내용이다.

파일	역할
index.js	단위 테스트 진입점 역할을 하는 파일. 테스트 러너인 Karma가 실행한 웹 브라우저에서 이 파일을 불러오면 테스트가 실행된다.
specs/	단위 테스트 코드가 위치하는 디렉터리. Babel을 사용하면 ES2015 이후 문법으로도 단위 테스트를 구현할 수 있다.
karma.conf.js	테스트 러너 Karma의 설정 파일. 테스트를 실행할 웹 브라우저를 지정하거나 커버리지 보드, webpack 설정이 가능하다. webpack은 build/webpack.test.conf.js의 설정을 사용하며 환경 변수는 config/test.env.js에 정의된 것이 적용된다.

---

31 테스트 코드는 직접 작성해야 한다.
32 Chai http://chaijs.com
33 Mocha https://mochajs.org/
34 Sinon http://sinonjs.org/
35 Karma https://karma-runner.github.io/

specs/ 디렉터리에 테스트 코드를 배치하고 npm run unit 명령을 실행하면 단위 테스트가 실행된다. 기본 설정으로 헤들리스(headless) 브라우저인 PhantomJS[36]에서만 테스트를 실행한다. 실제 웹 브라우저에서 테스트를 실행하려면 Karma가 공식 지원하는 브라우저[37]를 설치하고 karma.conf.js 파일에서 browsers 항목을 수정한다.

8.6.2 E2E 테스트

webpack 템플릿의 기본 설정은 Selenium[38] 및 그 위에서 동작하는 NightWatch[39]를 사용해 E2E 테스트 환경[40]을 제공한다. webpack 템플릿에서 생성한 test/e2e/ 디렉터리의 내용은 다음과 같다[41] [42] [43].

파일	역할
runner.js	E2E 테스트 진입점 역할을 하는 파일. 로컬 환경에서 개발 서버와 NightWatch를 시작해 테스트를 실행한다.
specs/	E2E 테스트 코드가 위치하는 디렉터리. NightWatch에서 제공하는 API를 사용해 E2E 테스트를 구현할 수 있다.
nightwatch.conf.js	NightWatch 설정 파일. 자세한 내용은 NightWatch 설정 문서를 참고하라.
custom-assertions/	E2E용 사용자 정의 어설션이 위치하는 디렉터리. 자세한 내용은 사용자 정의 어설션 참조 문서를 참고하라.

specs/ 디렉터리에 E2E 테스트 케이스를 구현하고 npm run e2e 명령을 실행하면 E2E 테스트를 시작한다. NightWatch가 동작하는 웹 브라우저 환경은 기본적으로 구글 크롬만 사용할 수 있다. 다른 웹 브라우저를 사용하려면 nightwatch.conf.js 파일에서 test_settings 항목을 추가하고 runner.js 파일의 --env 옵션에 사용할 브라우저를 지정하면 된다. 다음은 파이어폭스를 사용하도록 설정한 예다.

```
// ...
if (opts.indexOf('--env') === -1) {
```

---

36 PhantomJS는 개발이 종료됐으나, 아직 사용은 가능하다. http://phantomjs.org/(영문). 이번 장에서는 webpack 템플릿의 설정이 Karma 테스트 러너를 사용하게 돼 있어서 이 설정을 그대로 사용하지만, 헤들리스 브라우저를 구글 크롬으로 바꾸는 것도 가능하다.

37 https://karma-runner.github.io/1.0/config/browsers.html

38 https://docs.seleniumhq.org/

39 http://nightwatchjs.org/

40 E2E는 end-to-end의 약자로. 웹 프런트 엔드 분야에서는 Selenium 등을 사용해 실제 클라이언트(브라우저)와 동등한 환경에서 테스트하는 것을 가리킨다. 단위 테스트가 소프트웨어의 특정 모듈이 기대한 대로 동작하는지 확인하는 테스트인데 비해, E2E 테스트는 애플리케이션 수준에서 사용자가 브라우저를 통해 기능을 실행했을 때 기대대로 동작하는지를 확인하는 테스트다.

41 NightWatch의 테스트 구현 참조 문서 http://nightwatchjs.org/guide/#writing-tests

42 NightWatch 설정 참조 문서 http://nightwatchjs.org/gettingstarted#settings-fire

43 NightWatch의 어설션 참조 문서 http://nightwatchjs.org/guide/#writing-custom-assertions

```
  opts = opts.concat(['--env', 'chrome,firefix'])
}
// ...
```

8.7 프런트 엔드와 백 엔드 연동

프런트 엔드와 백 엔드를 매끄럽게 연동하기 위한 설정은 이미 대부분 프로젝트를 생성함과 동시에 제공된다. 우리가 만들 애플리케이션은 이 설정을 수정할 필요가 없지만, 완전히 처음부터 설정을 만드는 상황을 대비해서 설정 방법을 알아보자.

8.7.1 API 프락시

일정 규모를 넘는 애플리케이션은 Vue.js를 사용한 프런트 엔드와 API를 제공하는 백 엔드(서버)가 필수적으로 통신을 주고받아야 한다. 그러나 개발 중에는 운영용 서버를 사용할 수 없거나 API가 확정되지 않기 때문에 개발에 실제 서버를 사용하기가 어렵다.

그러므로 다음과 같은 방법으로 서버를 대체해서 개발을 진행하는 것이 일반적이다.

- API를 흉내 내는 목업 서버 혹은 로컬 백 엔드를 사용

- API 통신 목업 모듈을 사용

그러나 이 방법으로도 로컬 환경에서 백 엔드를 구동하기 어렵거나 API 통신 목업 모듈 혹은 목업 서버 자체를 구현하는 데 시간이 걸린다는 어려움이 있다. 최종 산출물이 아닌 부분에 시간과 노력을 낭비하게 되는 것이다.

webpack 템플릿으로 생성한 프로젝트는 개발 환경(development)에 개발 서버를 갖추고 있으므로 우선 이를 사용하면 된다. 그리고 나중에는 이 개발 서버가 제공하는 백 엔드 프락시로 전환한다. 이런 방법으로 실제 백 엔드 API를 사용할 수 있도록 언제든지 전환할 수 있다. API 프락시 설정은 config/index.js 파일에서 dev 항목에 있는 proxyTable에 기술한다. 다음은 /api/posts/1을 http://api.yourservice.com/posts/1로 프락싱하도록 설정한 예다.

```
module.exports = {
  // ...
  dev: {
```

```
proxyTable: {
  // /api로 시작하는 모든 요청은 api.yourservice.com으로 프락싱
  '/api': {
    target: 'http://api.yourservice.com',
    changeOrigin: true,
    pathRewrite: {
      '^/api': ''
    }
  }
}
}
```

개발 환경에서 제공하는 API 프락시 기능에서 개발 서버는 익스프레스 미들웨어인 `http-proxy-middleware`[44]를 사용한다. 그러므로 이 미들웨어의 옵션 설정을 사용할 수 있다.

8.7.2 백 엔드 통합

Vue.js는 각종 서버 사이드 프레임워크를 유연하게 받아들일 수 있다. RoR, 장고, 라라벨, 익스프레스 등과 함께 사용할 수 있다.

이러한 프레임워크는 HTML을 생성하는 형태로 주로 사용되는데, Vue.js와 조합하는 경우에는 애플리케이션의 진입점이 되는 웹 페이지의 렌더링을 제외하면 백 엔드가 JSON 응답만을 제공하는 API 서버로서 기능한다.

Vue.js와 조합할 때는 애플리케이션 진입점이나 애셋 관리처럼 기존에 백 엔드가 담당했던 부분을 Vue.js와 어떻게 통합시킬지 고민해 봐야 한다. 백 엔드에는 기존 프레임워크가 여러 가지 있으며 그 모두가 제각각 설계 사상을 갖고 있기 때문에 어느 것을 선택하느냐에 따라 프로젝트 구조 및 애셋 관리 형태가 달라진다.

`webpack` 템플릿으로 생성한 프로젝트는 백 엔드와 유연하게 통합할 수 있는 설정을 제공한다. 앞서 설명한 API 프락시도 그 방법 중 하나다. 그 외에도 `config/index.js` 파일에 다음과 같은 내용을 설정할 수 있다. 예제 애플리케이션에서는 사용하지 않지만, 그래도 한 번 봐두기 바란다.

---

44 https://github.com/chimurai/http-proxy-middleware

설정 항목	설명
build.index	webpack으로 번들링된 자바스크립트 파일 및 애셋이 포함된 index.html 파일이 생성되는 위치. 백 엔드에서 사용하려면 프로젝트 최상위 디렉터리에 있는 템플릿 index.html 파일을 적당히 수정한 다음, 이 설정값이 가리키는 경로를 백 엔드가 렌더링한 뷰 파일의 경로로 바꿀 수 있다. RoR의 경우 app/view/layouts/applications.html.erb, 라라벨은 resources/views/index.blade.php다. 로컬 환경은 절대 경로를 지정해야 한다.
build.assetsRoot	애플리케이션의 모든 정적 애셋이 위치한 디렉터리. RoR/라라벨은 public/을 지정한다. 로컬 환경은 절대 경로를 지정해야 한다.
build.assetsSubDirectory	build.assertRoot 디렉터리 안에서 webpack으로 생성한 애셋을 저장할 디렉터리를 지정한다. build.assetsRoot가 path/to/dist이고, 이 설정값이 static이라면 실제 애셋 파일의 경로는 path/to/dist/static이 된다. 이 디렉터리는 빌드할 때마다 비워지므로 애셋 파일만 저장해야 한다.
build.assetsPublicPath	build.assetRoot가 HTTP로 제공되는 URL일 경우 하위 경로를 지정한다. 대부분의 경우 /로 설정하면 된다. 백 엔드에서 접두사가 붙은 URL로 정적 애셋을 제공한다면 적절한 경로를 지정해야 한다. 이 값은 webpack 설정의 output.publicPath 필드에 전달된다.
build.productionSourceMap	운영 환경 빌드에서 소스 맵을 생성할지 여부. 기본값은 true다.
build.productionGzip	webpack의 compression-webpack-plugin(npm install로 설치 필요) 플러그인을 사용해 Gzip 압축 적용 여부. 기본값은 false다.
build.productionGzipExtensions	build.productionGzip 대상 파일의 확장자. 기본값은 js, css다.
build.bundleAnalyzerReport	webpack으로 번들링한 결과 파일을 분석하는 옵션. npm run build 명령에 --report 옵션을 붙여 확인할 수 있다.
dev.port	로컬 개발 환경에서 동작하는 서버의 포트 번호.
dev.autoOpenBrowser	로컬 개발 환경에서 서버를 시작할 때 웹 브라우저를 실행할지 여부. 기본값은 true다.
dev.proxyTable	로컬 환경에서 동작하는 개발 서버의 프락시 설정. http-proxy-middleware 프락시 설정을 지정할 수 있다. 기본값은 {}.

8.8 개발 환경 보강하기

지금까지 Vue CLI의 webpack 템플릿으로 애플리케이션 프로젝트를 생성하고 애플리케이션을 실행할 수 있는 상태까지 만들었다.

이 상태로도 애플리케이션 개발을 시작할 수 있지만, Vue CLI로 딱 개발 환경만 구축하는 것은 어딘가 부족한 감이 있다.

이번 장의 목표는 대규모 애플리케이션 개발도 감당할 수 있는 환경 구축이므로 다음 사항을 보강해 보겠다.

- 코딩 환경 구축

- Vue.js 공식 정적 분석 도구인 ESLint 도입

- 디버깅 및 프로파일링 환경 구축

- 백 엔드 API 서버 환경 구축

- 상태 관리 라이브러리 도입

- HTTP 클라이언트 라이브러리 도입

- 단위 테스트 유틸리티 도입

- E2E 테스트 명령 등록

8.8.1 Vue.js 코딩 환경 구축

Vue.js로 HTML, CSS, 자바스크립트 등 웹 표준 기술만 사용해도 애플리케이션을 개발할 수 있다. 현재 일반적으로 널리 사용되는 에디터 혹은 IDE는 이들 언어에 대한 문법 하이라이팅과 자동 완성 기능을 대부분 제공한다.

이번 장은 6장에서 배운 단일 파일 컴포넌트를 사용해 개발을 진행한다. 파일 확장자가 .vue인 단일 파일 컴포넌트는 대부분의 에디터 및 IDE에서 문법 하이라이팅 및 자동 완성 기능이 활성화돼 있지 않다[45].

Vue.js는 단일 파일 컴포넌트의 .vue 파일의 문법 하이라이팅과 자동 완성 기능을 제공하는 확장 기능을 다음과 같은 에디터에 공식 제공한다.

에디터/IDE	확장 기능	설치 방법/제공 URL
Visual Studio Code	Vetur	https://marketplace.visualstudio.com/items?itemName=octref.vetur
Sublime Text	Vue Syntax Highlight	https://github.com/vuejs/vue-syntax-highlight

---

45 최근에는 WebStorm 등의 IDE에서 표준으로 지원한다. https://www.jetbrains.com/help/webstorm/vue-js.html

개인적으로는 Visual Studio Code와 Vetur를 함께 사용하는 것을 추천한다. Vetur는 Vue.js 코어 팀이 개발 및 유지 보수를 맡아 마이크로소프트 사의 팀과 협력 하에 개발 중이다. 높은 품질은 물론이고 앞으로의 지원도 풍부할 것이다.

그 외 에디터나 IDE용 확장 기능을 커뮤니티에서 제공하기도 한다. Awesome Vue[46]에 에디터 관련 정보가 잘 정리돼 있으니 자신이 선호하는 에디터의 확장 기능을 찾아보기 바란다.

Visual Studio Code와 Vetur가 제공하는 문법 하이라이팅과 자동 완성 기능을 통해 생산성을 높이도록 한다.

8.8.2 Vue.js 공식 제공 정적 분석 도구 도입

큰 규모의 애플리케이션 개발은 여러 명이 함께 진행하는 경우가 많다. 여러 명이 작성한 애플리케이션 코드가 일관성을 가지려면 코딩 가이드라인이 중요하다.

자바스크립트 정적 분석 도구인 ESLint가 기본 설정돼 있으나, 여기에 eslint-plugin-vue[47] [48]를 추가해 보겠다.

```
$ npm install --save-dev eslint-plugin-vue@4.7.1
```

설치가 끝나면 ESLint 설정 파일인 .eslintrc.js를 수정한다. ESLint 설정은 eslint-plugin-vue 플러그인의 참조 문서의 내용을 따랐다.

```
// https://eslint.org/docs/user-guide/configuring
  module.exports = {
    root: true,
    parserOptions: {
      parser: 'babel-eslint',
      sourceType: 'module'
    },
    env: {
      browser: true,
```

---

46 https://github.com/vuejs/awesome-vue#source-code-editing
47 공식 플러그인. 지금 사용하는 템플릿에는 포함돼 있지 않다. https://github.com/vuejs/eslint-plugin-vue
48 집필 시점의 최신 버전인 4.7.1을 기준으로 한다.

```
  },
  extends: [
    // https://github.com/vuejs/eslint-plugin-vue#priority-a-essential-error-prevention
      // consider switching to `plugin:vue/strongly-recommended` or `plugin:vue/recommended ` for
stricter rules.
-    'plugin:vue/essential',
+    'plugin:vue/recommended',
    // https://github.com/standard/standard/blob/master/docs/RULES-en.md
    'standard'
  ],
  // required to lint *.vue files
  plugins: [
    'vue'
  ],
  // add your custom rules here
  rules: {
    // allow async-await
    'generator-star-spacing': 'off',
    // allow debugger during development
-    'no-debugger': process.env.NODE_ENV === 'production' ? 'error' : 'off'
+    'no-debugger': process.env.NODE_ENV === 'production' ? 'error' : 'off',
+    'import/no-webpack-loader-syntax': process.env.NODE_ENV === 'production' ? 'error' : 'off'
  }
}
```

extends에서 eslint-plugin-vue에서 정의된 plugin:vue/recommended[49] 규칙을 수정한다. 집필 시점을 기준[50]으로 다음과 같이 분류되는 Vue.js 공식 가이드라인 규칙이 eslint-plugin-vue로 제공된다.

ESLint 설정 표기	eslint-plugin-vue에서 정의된 규칙 카테고리	설명
plugin:vue/base	Base Rules	ESLint 분석을 위한 기본 규칙
plugin:vue/essential	Essential	위 규칙에 더해 오류나 의도치 않은 동작을 방지하기 위한 규칙

---

49 https://github.com/vuejs/eslint-plugin-vue#priority-c-recommended-minimizing-arbitrary-choices-and-cognitive-overhead
50 eslint-plugin-vue의 버전은 4.7.1

ESLint 설정 표기	`eslint-plugin-vue`에서 정의된 규칙 카테고리	설명
`plugin:vue/strongly-recommended`	Strongly Recommended	위 규칙에 더해 코드 가독성과 개발을 개선하기 위한 규칙
`plugin:vue/recommended`	Recommended	위 규칙에 더해 Vue.js 애플리케이션 개발자 및 커뮤니티의 이해를 돕는 일관성을 확보하기 위한 규칙

Vue.js 공식 참조 문서에도 스타일 가이드[51]가 제공되고 있지만, 이는 아직 베타 단계로 완성된 상태가 아니다[52].

이 가이드 규칙은 프로젝트 상황에 따라 원하는 규칙을 취사선택할 수 있다. 이번 장에서는 여러 명이 함께 개발을 진행하는 중규모 이상의 애플리케이션을 상정하고 있으므로 Recommended로 코드 정적 분석을 수행하도록 설정을 수정했다.

ESLint 설정을 수정하고 나면 정적 분석이 정상적으로 이뤄지는지 `npm run lint` 명령을 실행해 보자. 이 명령을 실행하면 `eslint-plugin-vue` 플러그인에 정의된 규칙을 적용했으므로 ESLint가 오류를 출력할 것이다. 이 오류를 적절히 수정한다.

8.8.3 디버깅 및 프로파일링 환경 구축

일반적인 프로그래밍 언어에서 디버깅과 프로파일링[53]은 IDE에서 제공하는 기능이나 해당 언어용 명령행 도구를 사용한다.

그러나 자바스크립트로 개발한 웹 프런트 엔드 애플리케이션에서는 웹 브라우저에서 제공하는 개발자 도구가 그 역할을 대신한다. 디버깅과 프로파일링 기능을 제공하는 웹 브라우저로는 구글 크롬, 모질라 파이어폭스, 사파리, 마이크로소프트 엣지 등이 있다.

Vue.js에서 효율적인 디버깅 환경을 제공하도록 Vue DevTools[54]라는 웹 브라우저 확장 기능이 공식 제공된다. Vue DevTools는 크롬 개발자 도구와 통합된 디버깅 도구다. 사용하기 쉬우며 기능도 강력하다. 애플리케이션의 컴포넌트 트리 구조를 확인할 수 있으며 컴포넌트의 상태 역시 그래픽을 통해 시각적으로 보여준다.

---

51 https://kr.vuejs.org/v2/style-guide
52 집필 시점을 기준으로 최신 버전인 4.7.1에 일부가 제공되고 있으며, ESLint 설정을 통해 각자 추가할 수 있다. 스타일 가이드 규칙은 아직 미분류 상태다. https://github.com/vuejs/eslint-plugin-vue#uncategorized
53 성능 개선을 위한 분석.
54 https://github.com/vuejs/vue-devtools

Vue DevTools를 이용해 디버깅하는 모습

Vue DevTools에 대한 자세한 내용은 뒤에 나올 애플리케이션 디버깅에서 설명한다. Vue.js로 개발한 애플리케이션에서 컴포넌트 상태[55]를 console.log 등 콘솔에 출력하지 않아도 확인할 수 있기 때문에 디버깅 생산성을 높여준다.

Vue DevTools는 구글 크롬과 모질라 파이어폭스에서 동작한다. 사용하기 쉽고 지원되는 기능이 많은 구글 크롬에서 사용할 것을 추천한다[56].

웹 브라우저	링크
구글 크롬	https://chrome.google.com/webstore/detail/vuejs-devtools/nhdogjmejiglipccpnnnanhbledajbpd
모질라 파이어폭스	https://addons.mozilla.org/en-US/firefox/addon/vue-js-devtools/

8.8.4 백 엔드 API 서버 환경 구축

이번에 만들어 볼 애플리케이션은 서버에서 제공되는 API를 사용하는 단일 페이지 애플리케이션이다. 그러므로 로컬 개발 환경에서도 백 엔드 API 서버 환경을 구축해야 한다. 이를 위해 익스프레스 서버를 구축해 보겠다. vue init 명령으로 생성한 프로젝트는 서버 사이드에서 동작하는 코드를 프로젝트 안에서 함께 관리할 수 있다. 여기서는 이 스타일을 따른다. 익스프레스 역시 Vue.js와 마찬가지로 구현에 자바스크립트를 사용하므로 각종 패키지를 함께 쓸 수 있다.

---

55 컴포넌트 옵션의 props/data 값
56 Vue DevTools는 Electron을 사용해 스탠드얼론 형태로도 사용할 수 있다. https://github.com/vuejs/vue-devtools/blob/master/shells/electron/README.md

익스프레스 자체는 webpack-dev-server에서 내부적으로 사용하기 때문에 프로젝트(kanban-app)에 이미 도입된 상태다. 다만, API 서버로 사용하기에는 부족한 기능이 몇 가지 있다. 따라서 미들웨어[57]를 추가로 도입하겠다.

```
$ npm install --save-dev body-parser
```

build 디렉터리에 dev-server.js 파일을 만든다. 이것이 서버 본체 역할을 할 파일이다.

```
$ touch ./build/dev-server.js

// Node.js의 require를 사용해 임포트
const bodyParser = require('body-parser')

// 'Express' 애플리케이션 인스턴스를 받는 함수를 익스포트
module.exports = app => {
  // HTTP 요청의 body 내용을 JSON으로 파싱하는 미들웨어를 설치
  app.use(bodyParser.json())

  // TODO: 이 부분 뒤로 API 구현을 추가
}
```

webpack-dev-server가 백 엔드 API 역할을 할 수 있도록 build/webpack.dev.conf.js 파일을 다음과 같이 수정한다.

```
  // ...
    const portfinder = require('portfinder')
+ const backend = require('./dev-server')
  // ...
      devServer: {
        // ...
+       before: backend,
        proxy: config.dev.proxyTable,
        // ...
      },
  // ...
```

---

57 익스프레스는 서버 코어 기능과 별도로 확장 기능을 추가할 수 있도록 설계됐다. 여기서는 요청 바디를 파싱해주는 body-parser를 추가한다.

이것으로 로컬 개발 환경용 API 서버를 구현할 준비가 끝났다.

8.8.5 상태 관리 라이브러리 도입

애플리케이션 규모가 커짐에 따라 애플리케이션의 상태도 복잡해진다.

이런 문제를 해결하기 위해 이번에는 Vuex를 사용한다. webpack 템플릿으로 생성한 프로젝트는 Vuex가 포함돼 있지 않다. Vuex를 프로젝트에 도입해 보겠다. npm install 명령으로 Vuex를 설치한다. Vuex 는 Promise를 사용하는 API가 있기 때문에 이를 지원하지 않는 웹 브라우저를 위한 폴리필(polyfill) 라 이브러리도 설치해야 한다.

```
$ npm install --save vuex es6-promise
```

설치가 끝나면 Vuex 참조 문서[58]의 내용에 따라 Vuex 관련 구현 코드가 위치할 store 디렉터리를 만들 어 다음과 같은 구조를 만든다.

```
$ mkdir -p src/store              # Vuex 관련 구현 코드가 위치할 디렉터리를 생성
$ touch src/store/index.js         # Vuex 진입점 코드 파일을 생성
$ touch src/store/mutation-types.js  # 뮤테이션 유형을 정의할 파일을 생성
$ touch src/store/mutations.js     # 뮤테이션 구현 파일 생성
$ touch src/store/getters.js       # 게터 구현 파일 생성
$ touch src/store/actions.js       # 액션 구현 파일 생성
$ tree ./src/store                 # 'src/store' 디렉터리 내용 확인
./src/store
├── actions.js
├── getters.js
├── index.js
├── mutation-types.js
└── mutations.js

0 directories, 4 files
```

58 https://vuex.vuejs.org/kr/structure.html

설정이 끝나면 Vuex의 엔트리 포인트 역할을 하는 src/store/index.js 파일에 다음과 같은 코드 템플릿을 작성한다. import 문으로 라이브러리에서 전역 변수를 임포트하고, export 문을 사용해 코드를 외부로 노출한다[59].

```
import Vue from 'vue'
import Vuex from 'vuex'
import actions from './actions'
import getters from './getters'
import mutations from './mutations'


Vue.use(Vuex)


export default new Vuex.Store({
  getters,
  actions,
  mutations,
  strict: process.env.NODE_ENV !== 'production'
})
```

Vuex와 Promise 폴리필 등록하기

다음과 같이 src/main.js 파일을 수정해서 Vue.js 애플리케이션의 진입점 역할을 할 Vue 인스턴스에 store로 Vuex 스토어 인스턴스를 지정한다[60].

```
  import Vue from 'vue'
+ import 'es6-promise/auto' // Promise 폴리필
  import App from './App'
  import router from './router'
+ import store from './store' // Vuex 스토어 인스턴스 임포트


  Vue.config.productionTip = process.env.NODE_ENV === 'production'
```

---

59 webpack 템플릿으로 생성한 프로젝트는 Babel을 사용하기 때문에 ES2015 이후 규격에서 지원하는 문법도 사용할 수 있다. 그러므로 이렇게 ES Modules를 사용해 모듈을 임포트/익스포트 할 수 있다. 이 책에서는 ES2015는 다루지 않는다. ES2015 이후 규격에서 지원하는 문법에 대해 자세히 알고 싶다면 MDN(https://developer.mozilla.org/ko/)을 검색해 보라.

60 객체를 지정하는 방법이 지금까지와 다른 것을 발견했을 것이다. 이번에는 ES2015의 객체 표기법(var obj = {prop})을 사용했다. 이 경우 new Vue({store})가 new Vue({store: store})와 같이 동작한다.

```
  /* eslint-disable no-new */
  new Vue({
    el: '#app',
    router,
+   store, // 임포트한 스토어 인스턴스를 'store' 옵션으로 지정
    render: h => h(App)
  })
```

단위 테스트 역시 Promise 폴리필이 필요하다. `test/unit/karma.conf.js` 파일을 다음과 같이 수정한다.

```
// ...
  module.exports = function(config) {
    // ...
    config.set({
      // ...
-     files: ['./index.js'],
+     files: [
+       '../../node_modules/es6-promise/dist/es6-promise.auto.js',
+       './index.js'
+     ],
      // ...

  }
```

이제 Vuex를 사용할 초기 설정이 끝났다. `npm run dev`, `npm run unit` 명령을 실행해서 오류가 발생하는지 확인한다.

8.8.6 HTTP 클라이언트 라이브러리 도입

이번에 만들 애플리케이션은 HTTP 기반 RESTful API를 제공하는 백 엔드와 통신을 해야 한다. 이 통신을 통해 데이터를 받아오고 서버에 저장하기 때문이다.

백 엔드와 HTTP를 통해 원활히 통신하려면 이 부분을 추상화해주는 HTTP 클라이언트 라이브러리가 필요하다. 여기서는 axios[61]를 사용한다.

---

61 웹 브라우저와 Node.js에서 동작하며 자바스크립트 환경에도 같은 API 인터페이스를 제공한다. Vue.js에서 많이 쓰는 라이브러리다.

```
$ npm install --save axios
```

설치가 끝나면 API 모듈을 구조화할 api 디렉터리를 만든다.

```
$ mkdir -p src/api          # API 관련 구현 코드를 둘 디렉터리 생성
$ touch src/api/index.js     # API 관련 구현 코드의 진입점 파일 생성
$ tree ./src/api             # 'src/api' 디렉터리의 내용 확인
./src/api
└── index.js

0 directories, 1 file
```

API 엔드 포인트의 리소스 유형별로 모듈화[62]한다.

8.8.7 단위 테스트 유틸리티 도입

Vue CLI를 사용해서 단위 테스트를 즉시 실행하는 환경을 구축할 수 있다. 테스트 라이브러리 및 테스트 러너 도입과 테스트 코드를 저장할 디렉터리 구조를 자동으로 만들어주기 때문에 직접 설정할 것이 거의 없다. 이미 이만큼 준비가 돼 있으니 단위 테스트를 실행하는 것은 간단하다. 다만 Vue.js 애플리케이션에서 단위 테스트 케이스를 작성하는 것이 조금 까다롭다.

Vue.js로 구현한 애플리케이션은 테스트가 어렵기 십상이다. Vue.js 애플리케이션은 웹 브라우저에서 동작하며 UI가 있고 DOM과 밀접한 관계를 맺는다. 그러므로 단위 테스트 역시 DOM 상태 변경 및 확인 과정이 한데 섞인 코드가 되기 때문이다[63].

이렇게 DOM에 의존적인 귀찮은 코드를 피하려면 E2E 테스트를 사용할 수도 있다. 다만 E2E 테스트는 테스트 실행 비용이 크기 때문에 억지로 E2E 테스트만으로 해결하려고 하면 효율이 나빠지는 경우가 많다.

---

62 이를테면 사용자 관련 정보를 다루는 부분은 users.js 파일로 분할한다.
63 예를 들면, 어떤 컴포넌트가 전역 DOM 요소에 마운트된 상태에서 렌더링됐다면 이 DOM을 초기화하기 위해 DOM 조작을 통해 전처리 및 후처리가 필요하다. 또 마운트된 컴 포넌트에 대해서도 DOM을 조작해서 DOM 상태를 확인하는 코드를 작성해야 한다.

Vue Test Utils를 사용해 테스트 효율 개선하기

Vue.js는 이런 단위 테스트의 효율을 개선하기 위해 Vue Test Utils를 제공한다. 바로 설치해 보자[64]. webpack 템플릿을 생성한 프로젝트에서 단위 테스트 코드가 담긴 test/unit/specs/HelloWorld.spec.js 파일을 다음과 같이 수정한다[65]. Vue Test Utils를 사용하면 코드가 상당히 깔끔해지는 것을 느낄 수 있을 것이다.

```
$ npm install --save-dev @vue/test-utils@1.0.0-beta.24

- import Vue from 'vue'
+ import { mount } from '@vue/test-utils'
  import HelloWorld from '@/components/HelloWorld'

  describe('HelloWorld.vue', () => {
    it('should render correct contents', () => {
-     const Constructor = Vue.extend(HelloWorld)
-     const vm = new Constructor().$mount()
-     expect(vm.$el.querySelector('.hello h1').textContent)
-       .to.equal('Welcome to Your Vue.js App')
+     expect(mount(HelloWorld).find('.hello h1').text())
+       .to.equal('Welcome to Your Vue.js App')
    })
  }))
```

Vue Test Utils가 querySelector 같이 DOM 조작에 의존적인 코드나 컴포넌트 인스턴스를 만들고 마운트하는 코드를 추상화해서 실질적인 테스트 코드에 집중할 수 있게 해준다. 단위 테스트 코드 수정이 끝났으면 확인을 위해 npm run unit 명령으로 단위 테스트를 실행한다.

8.8.8 E2E 테스트 명령 등록

Vue CLI는 E2E 테스트를 즉시 실행할 수 있는 환경도 제공한다. 이번에도 앞서 본 내용과 마찬가지로 구현 생산성을 높이는 방향으로 설정하고자 한다.

---

[64] 직접 하려면 번거로운 DOM 조작이나 컴포넌트 API 스텁/목업 등의 기능을 공식 라이브러리에서 제공한다. 이를 활용하면 테스트 코드를 구현하는 생산성이 향상된다. 집필 시점의 최신 버전인 1.0.0-beta.24를 기준으로 한다.

[65] 테스트 코드를 보면 따로 단위 테스트 라이브러리를 임포트 하지도 않았는데 describe, it, expect 같은 단위 테스트 라이브러리 API를 그냥 사용하고 있다. 이게 가능한 이유는 webpack에서 라이브러리를 전역으로 임포트했기 때문이다.

8.6.2항에서 NightWatch의 사용자 정의 어설션[66]을 test/e2e/custom-assertions 디렉터리에서 등록할 수 있다고 설명했다. NightWatch는 사용자 정의 어설션 외에도 명령[67]을 확장하는 사용자 정의 명령도 제공한다[68] [69]. 이를 사용해서 쾌적하게 E2E 테스트를 실행하는 NightWatch 환경을 설정해 보겠다. 먼저 사용자 정의 명령을 등록할 디렉터리를 생성한다.

```
$ mkdir -p test/e2e/custom-commands
```

그다음 NightWatch 설정 파일 test/e2e/nightwatch.config.js를 수정해서 test/e2e/custom-commands 디렉터리를 경로에 추가해준다.

```
require('babel-register')
  var config = require('../../config')

  // http://nightwatchjs.org/gettingstarted#settings-file
  module.exports = {
    src_folders: ['test/e2e/specs'],
    output_folder: 'test/e2e/reports',
    custom_assertions_path: ['test/e2e/custom-assertions'],
+   custom_commands_path: ['test/e2e/custom-commands'],

    // ...
```

NightWatch 설정 파일 수정이 끝나면 다음과 같이 사용자 정의 명령을 2가지 등록한다.

```
$ touch test/e2e/custom-commands/trigger.js # 이벤트 트리거
$ touch test/e2e/custom-commands/enterValue.js # input 요소에 대한 키보드 입력을 에뮬레이션

+ exports.command = function(selector, event, keyCode) {
+   return this.execute(function(selector, event, keyCode) {
+     var e = document.createEvent('HTMLEvents')
+     e.initEvent(event, true, true)
+     if (keyCode) {
```

---

66 사용자 정의 어설션이란 NightWatch에서 사용하는 어설션 중 사용자가 직접 정의한 것을 말한다.
67 NightWatch 명령은 웹 브라우저에서 실행되는 일련의 사용자 조작을 말한다. 예를 들어 웹 브라우저에 표시된 버튼 클릭, 폼에 내용을 입력하는 것이 이에 해당한다.
68 NightWatch는 명령보다 저수준인 웹 드라이버 프로토콜이라는 API를 제공한다. 이 API로도 사용자 정의 명령을 정의할 수 있다. http://nightwatchjs.org/api#protocol
69 NightWatch 웹 드라이버 프로토콜은 Selenium 웹 드라이버를 통해 API를 제공한다. Selenium을 능숙하게 다루는 사용자라면 사용자 정의 명령을 쉽게 만들 수 있을 것이다.

```
+        e.keyCode = keyCode
+    }
+    document.querySelector(selector).dispatchEvent(e)
+  }, [selector, event, keyCode])
+ }

+ exports.command = function (selector, value) {
+   return this.clearValue(selector)
+     .setValue(selector, value)
+     .trigger(selector, 'keyup', 13)
+ }
```

trigger.js는 DOM을 다루기 위한 이벤트를 발생시키는 데 사용하며, enterValue.js는 input 요소에 키
보드 입력을 에뮬레이션 하기 위한 것이다[70]. 이것으로 NightWatch 사용자 정의 명령 환경에 추가하는
작업이 끝났다.

사전 준비가 끝났으니 지금부터 설계 및 구현으로 넘어간다. 준비 작업이 복잡하므로 이해가 가지 않는
부분이 있다면 예제 코드와 함께 다시 읽어보기 바란다.

---

70 NightWatch가 제공하는 API를 이용해 구현했다. 자세한 내용은 NightWatch 공식 참조 문서를 보기 바란다. http://nightwatchjs.org/guide/#writing-custom-commands

중규모 및 대규모
애플리케이션 개발 2 - 설계

앞 장에서 애플리케이션 개발 환경을 갖췄다.

요구 사항과 UI 설계가 끝났으니 얼른 구현에 들어가고 싶을 것이다. 그러나 구현을 시작하기 전에 설계를 제대로 마쳐야 한다. 이번 장은 애플리케이션 설계를 다룬다.

복잡한 UI 구조를 갖는 애플리케이션은 요구 사항으로부터 구체적인 설계 단계를 반드시 거쳐야 한다. 제대로 된 설계는 개발 효율과 유지 보수성 확보에 기여하는 바가 크다. 또한 Vue.js 같은 라이브러리 사용 경험이 적은 사람에게는 참고할 부분이 많을 것이다.

여기서는 태스크 관리 애플리케이션을 통해 다음과 같은 사항을 설계해 볼 것이다.

- 컴포넌트 설계
- 상태 모델링 및 데이터플로 설계
- 라우팅 설계

9.1 컴포넌트 설계

우선 컴포넌트 설계부터 시작한다. 컴포넌트 설계란 애플리케이션을 어느 정도 크기의 컴포넌트로 나눌 것인지, 그리고 각 컴포넌트가 다른 컴포넌트와 어떻게 연관되는지에 대한 설계를 말한다.

이 정도 규모의 애플리케이션 개발에서는 와이어프레임 수준에서 UI 이미지를 작성한 다음, 구현 전에 미리 컴포넌트를 설계해야 한다. 미리 컴포넌트를 설계하는 경우의 이점은 다음과 같다.

- 일관성: 전체 애플리케이션에서 통일감 있는 컴포넌트를 개발할 수 있다.

- 중복 방지: 같은 기능을 갖는 컴포넌트를 다시 개발하지 않는다.

- 생산성 향상: 팀 개발일 경우 컴포넌트의 큰 틀을 공유함으로써 개발 효율을 높일 수 있다.

먼저 와이어프레임 수준으로 구성한 애플리케이션의 UI 이미지로부터 아토믹 디자인을 따른 설계 방식으로 컴포넌트를 추출하는 과정을 설명하겠다. 그다음 추출된 각 컴포넌트의 설계에 들어간다. 다른 컴포넌트와 어떻게 협조하는지, 재사용을 전제로 한 컴포넌트 API 설계에 대해서도 설명한다.

9.1.1 아토믹 디자인 원칙에 따른 컴포넌트 추출

아토믹 디자인 원칙에 따라 원자부터 페이지까지 애플리케이션 UI를 분해해 보면 다음과 같은 컴포넌트를 얻을 수 있다. 페이지는 템플릿에 실제 콘텐츠를 채워 인스턴스로 만든 상태를 말하며, 앞 장에서 설명한 애플리케이션 그 자체, 또는 애플리케이션 UI 이미지에 해당한다. 따라서 원자부터 페이지에 이르기까지 추출된 컴포넌트에 대해 설명하겠다.

종류	컴포넌트
원자(Atoms)	레이블, 텍스트 박스, 버튼, 아이콘
분자(Molecules)	로그인 폼, 보드 내비게이션, 태스크 목록 헤더, 태스크 폼, 태스크 카드, 태스크 상세 정보 폼
유기체(Organisms)	태스크 목록, 보드 태스크
템플릿(Templates)	로그인 뷰, 보드 뷰, 태스크 상세 정보 모달
페이지(Pages)	로그인 페이지, 보드 페이지, 태스크 상세 정보 페이지

9.1.2 원자

원자는 UI를 구성하는 기본 요소이며, 기능적으로 더 이상 분할할 수 없는 대상이다. 앞 장에서 설명한 애플리케이션 UI 이미지에서 다음과 같은 컴포넌트를 추출할 수 있다.

컴포넌트	설명
레이블	폼에서 입력을 받는 요소(예: input 요소)의 캡션에 해당하는 컴포넌트
텍스트 박스	폼에서 키보드 입력을 받는 컴포넌트
버튼	클릭 또는 터치로 어떤 내용을 실행하는 컴포넌트
아이콘	간단한 이미지를 기호화해 나타내는 컴포넌트

태스크 상세 정보 모달을 예로 들어 살펴보면, 원자는 다음과 같이 구성된다.

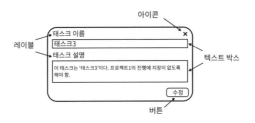

추출된 원자(태스크 상세 정보 모달)

9.1.3 분자

분자는 원자를 조합해 만든 요소다.

컴포넌트	설명
로그인 폼	로그인을 위한 폼 컴포넌트. 이메일 주소와 패스워드로 인증을 거치는 데 필요한 원자 컴포넌트로 구성된다(레이블, 텍스트 박스, 버튼).
보드 내비게이션	로그인한 다음에 나오는 보드 내비게이션 컴포넌트. 애플리케이션 이름이 쓰인 원자(h1 요소)와 로그아웃 버튼 컴포넌트(텍스트 레이블 버튼)로 구성된다.
태스크 목록 헤더	태스크 목록 헤더 컴포넌트. 태스크 목록 이름을 나타내는 원자(h2 요소)와 태스크 추가 버튼 컴포넌트(아이콘 버튼)로 구성된다.
태스크 폼	태스크를 생성하기 위한 폼 컴포넌트. 태스크 이름을 입력하는 텍스트 박스, 태스크 생성 버튼, 태스크 생성 취소 버튼으로 구성된다.
태스크 카드	태스크를 칸반 형식으로 보여주는 컴포넌트. 태스크 이름이 쓰인 원자(h3 요소)와 태스크 삭제 버튼 컴포넌트(아이콘 버튼)로 구성된다.
태스크 상세 정보 폼	태스크 이름과 태스크 설명을 보여주고 태스크 수정에 사용되는 폼 컴포넌트. 태스크 이름과 태스크 설명을 수정하는 데 필요한 원자 컴포넌트(레이블, 텍스트 박스 버튼)로 구성된다.

다음은 추출한 각 분자 요소를 나타낸 그림이다.

로그인 페이지에서 추출한 분자

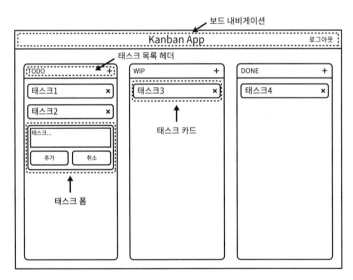

보드 페이지에서 추출한 분자

태스크 상세 정보 페이지에서 추출한 분자

9.1.4 유기체

유기체는 원자, 분자, 유기체가 모여 구성되는 요소다.

컴포넌트	설명
태스크 목록	태스크를 여러 개 포함하는 목록 컴포넌트. 태스크 목록 헤더와 하나 이상의 태스크 카드 컴포넌트로 구성된다.
보드 태스크	태스크 정보를 보드에 나타내는 컴포넌트. 3개의 태스크 목록으로 구성된다.

다음은 추출한 각 유기체 요소를 나타낸 그림이다.

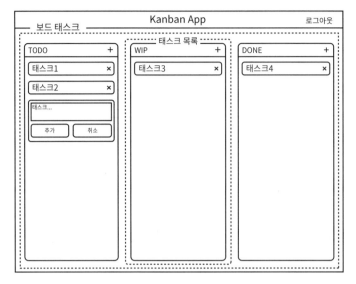

보드 페이지에서 추출한 유기체

9.1.5 템플릿

템플릿은 분자와 유기체가 조합돼 만들어진 페이지의 템플릿이다. 쉽게 말해 와이어프레임이라고 보면 된다.

컴포넌트	설명
로그인 뷰	애플리케이션에 로그인하기 위한 뷰 컴포넌트. 로그인 폼과 보드 내비게이션, 보드 태스크로 구성된다.
보드 뷰	애플리케이션의 메인 뷰가 되는 보드 뷰 컴포넌트. 보드 내비게이션과 보드 태스크로 구성된다.
태스크 상세 정보 모달	태스크 상세 정보를 보여주고 수정하는 데 사용되는 모달 컴포넌트. 태스크 상세 정보 폼, 그리고 모달 창을 닫기 위한 버튼(아이콘 버튼)으로 구성된다.

로그인 뷰

로그인 페이지에서 추출한 템플릿

보드 뷰

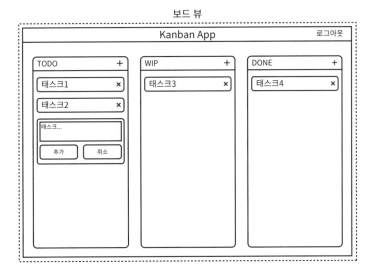

보드 페이지에서 추출한 템플릿

태스크 상세 정보 페이지에서 추출한 템플릿

9.2 단일 파일 컴포넌트 만들기

예제 애플리케이션에서 아토믹 디자인 원칙을 따라 컴포넌트를 추출했다. 아토믹 디자인 원칙 덕분에 자칫 까다롭기 쉬운 컴포넌트 분할 및 정의 작업을 무난히 마칠 수 있었다. 또한 명확히 확립된 명명 규칙이 있기 때문에 개발팀에 새 멤버가 들어와도 적응하기 쉽다.

앞서 추출한 컴포넌트를 실제 동작하는 단일 파일 컴포넌트로 만들어 보겠다.

9.2.1 디렉터리 구조 생성 및 파일 배치하기

Vue CLI와 webpack 템플릿으로 애플리케이션 프로젝트를 생성했다. 애플리케이션의 소스 코드가 담길 src 디렉터리 아래에 컴포넌트 파일을 위한 src/components 디렉터리가 있다. 이 디렉터리에 우리가 만든 단일 파일 컴포넌트를 둘 것이다.

앞서 제법 여러 개의 컴포넌트를 설계를 통해 추출했다. 향후 유지 보수를 고려하면 src/components 디렉터리를 잘 정리해서 쉽게 파악할 수 있도록 해야 한다.

이번 설계는 아토믹 디자인을 따르고 있으므로 아토믹 디자인에서 사용하는 원자 등의 단위로 디렉터리를 구분해 보겠다.

아토믹 디자인을 따라 추출해서 단일 파일 컴포넌트로 만든 컴포넌트를 다음과 같이 src/components 디렉터리 아래에 배치한다.

추출된 컴포넌트	레벨	단일 파일 컴포넌트 이름
레이블	원자	–
텍스트 박스	원자	–
버튼	원자	KbnButton
아이콘	원자	KbnIcon
로그인 폼	분자	KbnLoginForm
보드 내비게이션	분자	KbnBoardNavigation
태스크 목록 헤더	분자	KbnTaskListHeader
태스크 폼	분자	KbnTaskForm
태스크 카드	분자	KbnTaskCard
태스크 상세 정보 폼	분자	KbnTaskDetailForm
보드 태스크	유기체	KbnBoardTask
태스크 목록	유기체	KbnTaskList
로그인 뷰	템플릿	KbnLoginView
보드 뷰	템플릿	KbnBoardView
태스크 상세 정보 모달	템플릿	KbnTaskDetailModal

```
# 단일 파일 컴포넌트 배치
$ mkdir -p src/components/{atoms,molecules,organsms,templates}
$ touch src/components/atoms/Kbn{Button,Icon}.vue
$ touch src/components/molecules/Kbn{LoginForm,BoardNavigation,TaskListHeader,TaskForm,TaskCard,Task
DetailForm}.vue
$ touch src/components/organisms/Kbn{BoardTask,TaskList}.vue
$ touch src/components/templates/Kbn{LoginView,BoardView,TaskDetailModal}.vue

# Templates 컴포넌트에 플레이스홀더 HTML 구현
$ echo '<template>\n <p>로그인 페이지</p>\n</template>' >> src/components/templates/KbnLoginView.vue
```

```
$ echo '<template>\n <p>보드 페이지</p>\n</template>' >> src/components/templates/KbnBoardView.vue
$ echo '<template>\n <p>태스크 상세 정보 페이지</p>\n</template>' >> src/components/templates/
  KbnTaskDetailModal.vue
```

컴포넌트 이름 및 파일명은 파스칼 케이스를 따라 명명하며 Kbn 접두사[1]를 사용한다. 이렇게 이름을 붙이
는 이유는 HTML 표준 요소 및 서드파티 라이브러리에서 제공하는 컴포넌트 이름과 충돌을 막기 위해
서다[2].

단일 파일 컴포넌트로 만들 필요 없는 컴포넌트

일부는 단일 파일 컴포넌트로 만들지 않았다.

먼저 아토믹 디자인의 페이지 단위는 컴포넌트로 만들지 않았다. 그 이유는 지금 만들고 있는 애플리케
이션에서 이들의 실체가 아토믹 디자인의 템플릿 단위에 콘텐츠가 삽입돼 구체화된 것에 지나지 않기 때
문이다.

레이블과 텍스트 박스 역시 단일 파일 컴포넌트로 만들지 않았다. HTML 표준에 이미 label 요소와
input 요소, textarea 요소 등이 있기 때문이다[3].

9.2.2 컴포넌트 API

단일 파일 컴포넌트를 분할하는 과정까지 마쳤다. 애플리케이션이 실제 동작하려면 이 각 컴포넌트가 데
이터를 주고받으며 협조적으로 동작해야 한다. 또한 버튼 등 범용성 높은 컴포넌트는 재사용이 쉽게 구
현해야 한다.

재사용 가능한 컴포넌트를 구현하려면 API로 다음과 같은 것을 구현해야 한다.

- 프로퍼티

- 이벤트

- 슬롯(slot 요소)

---

[1]　kanban의 약자

[2]　Vue.js 공식 가이드라인에서는 단일 파일 컴포넌트 및 파일명에 파스칼 케이스나 케밥 케이스를 따르는 접두사를 사용하는 것을 권장한다. 다른 개발자와 원활한 협업을 위해서
　　도 이 가이드라인을 준수하는 것이 좋다.

[3]　새로운 기능을 추가하는 등의 요건에 따라 단일 파일 컴포넌트를 만들 수도 있다. 그러나 이번 예제 애플리케이션에는 해당하지 않는다. 버튼은 텍스트 및 아이콘을 포함할 수 있
　　는 범용 버튼이 필요하므로 button 요소 대신 단일 파일 컴포넌트를 새로 만들었다.

컴포넌트 구현 원칙에 따라 프로퍼티, 이벤트, 슬롯 API를 설계해 보자.

9.2.3 KbnButton 컴포넌트의 API

이번 애플리케이션에서 만들 컴포넌트 중 가장 범용적이라고 할 수 있는 KbnButton 컴포넌트를 예제로 컴포넌트의 API 설계 과정을 살펴보자[4].

프로퍼티

프로퍼티	설명	타입	가질 수 있는 값	기본값
type	버튼의 종류	문자열	text / button	button
disabled	버튼의 활성 상태	부울	false / true	false

type 프로퍼티는 text와 button의 두 가지 값을 가질 수 있다. 이 프로퍼티의 값이 text이면 a 요소 같은 클릭할 수 있는 텍스트가 된다. 일반적인 버튼에서 볼 수 있는 외곽틀이나 배경색 등 스타일이 적용되지 않는 것이라고 보면 된다. 보드 내비게이션에 위치할 로그아웃 버튼처럼 스타일을 필요로 하지 않는 버튼에 사용된다.

type 프로퍼티 값이 button이면 HTML 표준에서 정의된 button 요소와 거의 유사한 버튼이 된다. disabled 프로퍼티는 disabled 속성값을 단순히 래핑한 것이다.

이벤트

이벤트는 DOM에서 사용하는 click 이벤트와 같다. disabled 프로퍼티와 마찬가지로 단순한 래퍼다.

이벤트	설명
click	버튼이 클릭됨

슬롯

다음과 같은 슬롯을 정의한다. -는 이름이 없는 슬롯(단일 슬롯)을 가리킨다.

---

4 원래 대로라면 모든 컴포넌트의 API를 살펴봐야겠지만, 이미 확립된 애플리케이션 요구 사항을 그대로 구현하는 과정이기 때문에 생략했다.

슬롯	설명
-	버튼에 들어갈 콘텐츠

지금 정의한 슬롯은 단일 슬롯이다. 버튼에는 텍스트 외에도 아이콘이 콘텐츠로 들어갈 수 있다. 이를 `<KbnButton><KbnIcon name="close" /></KbnButton>`과 같이 HTML 요소 형태로 삽입할 수 있도록 단일 슬롯을 정의했다.

KbnButton을 예제로 컴포넌트 API를 정의하는 방법에 대해 알아봤다. 같은 방법으로 다른 컴포넌트 역시 API를 정의한다[5]. 그 구현 역시 잘 문서화해서 다른 개발자가 참고할 수 있도록 하는 것이 좋다[6].

9.3 상태 모델링 및 데이터플로 설계

지금까지 컴포넌트를 중심으로 UI 모듈화 작업 과정을 설명했다.

이번 장에서 다루는 예제 같은 대규모 웹 프런트 엔드 애플리케이션은 상태 관리 및 적절한 데이터 설계가 필수적이다. 이번에는 이 상태 관리 및 데이터플로 설계를 설명하겠다.

사용자가 애플리케이션을 사용하기 위해 필요한 애플리케이션 고유의 데이터인 상태 모델링, 그리고 이렇게 모델링된 상태를 기반으로 Vuex를 사용한 데이터플로 설계를 진행할 것이다.

9.3.1 상태 모델링

애플리케이션의 요구 사항과 앞서 추출한 컴포넌트를 통해 애플리케이션에 필요한 상태를 모델링한다[7]. 다음은 모델링을 통해 추출한 상태 목록이다.

상태	설명
Auth	인증 정보. 로그인 후에 서버가 생성한 인증 관련 정보를 저장.
Task	태스크 정보. 태스크 이름과 설명 등의 정보를 저장.
TaskList	태스크 목록 정보. 목록 이름 및 하나 이상의 태스크 정보를 저장.
Board	보드 정보. 태스크 목록 정보를 저장.

---

5 앞에서 언급했듯이 이 부분에 대한 설명은 생략한다. 코드를 참고하라.
6 부록 B에서 개발 도구와 함께 소개하겠지만, Storybook을 사용하면 팀 내에서 컴포넌트를 카탈로그 형태로 만들어 UI 동작 확인 및 컴포넌트 API 문서로 공유할 수 있다.
7 모델링이란 업무 구조 및 흐름을 도표나 문서로 정리하는 작업을 말한다. 이는 소프트웨어 개발 분야에서 자주 등장하는 개념이다. Vuex를 사용하는 애플리케이션에서는 각각의 상태를 먼저 모델링해야 한다. 이 작업을 상태 모델링이라고 한다.

Auth 상태의 설계

Auth 상태는 애플리케이션의 로그인/로그아웃 기능 요구 사항으로부터 모델링되는 상태다. Auth 상태의 자세한 요구 사항은 다음과 같이 정의된다[8].

로그인 상태 여부는 다음 정보의 유무로 결정된다.

속성명	타입	설명	예
token	문자열	로그인 후 API와 통신하기 위해 필요한 토크. 길이는 16글자.	'1234567890abcdef'
userId	숫자	로그인된 사용자의 식별자. 서버에서 생성함.	1

Task 상태의 설계

Task 상태는 각 태스크가 갖는 정보다. 태스크 카드(KbnTaskCard 컴포넌트)와 태스크 폼(KbnTaskForm 컴포넌트), 태스크 상세 정보 폼(KbnTaskDetailForm)에서 사용한다.

속성명	타입	설명	예
id	숫자	태스크의 식별자. 서버에서 생성함.	1
name	문자열	태스크 이름.	'태스크1'
description	문자열	태스크 설명. 기본값은 빈 문자열.	'이것은 태스크 2입니다'
listId	숫자	이 태스크가 저장된 태스크 목록 식별자.	2

id는 태스크의 식별자다. 태스크 폼(KbnTaskForm)에서 사용자가 추가 버튼을 조작하면서 태스크 정보가 생성될 때 발행된다.

id는 x 버튼을 눌러 태스크 카드(KbnTaskCard)를 삭제하거나 태스크 상세 정보 폼(KbnTaskDetailForm)에서 태스크 이름 및 설명을 수정할 때도 사용되며, 사용될 때 API 서버를 거친다.

TaskList 상태의 설계

TaskList 상태는 태스크 목록 컴포넌트(KbnTaskList)에서 사용된다.

---

8 인증 정보에 해당하는 상태인 Auth의 상세한 요구 사항은 실제 운영 환경이라면 token의 유효 기간 등 보안상 고려해야 할 점이 남아있지만, 여기서는 개발 과정에 초점을 맞추고 있기 때문에 문제 삼지 않는다.

속성명	타입	설명	예
id	숫자	태스크 목록의 식별자.	1
Name	문자열	태스크 목록의 이름.	'TODO'
Items	배열	저장된 태스크.	[{id: 1, name: '태스크1', …}, …]

items는 Task 상태를 여러 개 저장할 수 있다. 또한 이 개수는 애플리케이션에서 사용자가 태스크 카드(KbnTaskCard)를 이동하거나 삭제함에 따라 변화한다.

Board 상태의 설계

Board 상태는 보드 태스크(KbnBoardTask) 컴포넌트에서 사용된다[9].

속성명	타입	설명	예
lists	배열	저장된 태스크 목록	[{id: 1, name: 'TODO', …}, …]

lists 속성은 보드 태스크(KbnBoardTask) 안에 여러 개 저장된 태스크 목록(KbnTaskList)의 상태에 해당하는 TaskList를 여러 개 저장한다.

모델링한 상태를 스토어로 관리하기

이것으로 상태 모델링이 끝났다. 이 모델링을 기반으로 Vuex를 사용해 상태를 한곳에서 관리하게 한다.

하지만 모든 상태를 꼭 Vuex를 사용해 한곳에서 관리해야 하는 것은 아니다. 컴포넌트가 직접 들고 있게 하는 쪽이 나은 데이터도 있다. 먼저 Vuex 스토어에서 관리해야 할 데이터가 무엇인지 생각해 보자. 애플리케이션의 요구 사항과 전반적인 동작 내용을 고려해 보면 다음과 같은 데이터를 Vuex 스토어에서 관리하는 것이 적절해 보인다.

Auth 상태	애플리케이션의 로그인 상태 확인, API 호출에 사용됨.
Board 상태	로그인 후 메인 화면인 보드 뷰(KbnBoardView) 안의 컴포넌트에서 사용됨.

---

9 이 애플리케이션의 요구 사항에서 보드 태스크(KbnBoardTask)는 데이터베이스에 영속화할 필요가 없으므로 id 속성은 정의하지 않는다.

이 상태를 Vuex 스토어에서 관리할 수 있도록 src/store/index.js 파일을 다음과 같이 수정한다. Vuex. Store 생성자에 전달하는 state 옵션을 수정하면 된다.

```
// ...

  Vue.use(Vuex)

+ // 상태 'Auth'와 상태 'Board'의 Vuex state를 한곳에서 관리할 수 있도록 정의
+ const s:tate = {
+   auth: { // 상태 'Auth'
+     token: null, // 'token'을 null로 초기화
+     userId: null // 'userId'를 null로 초기화
+   },
+   board: { // 상태 'Board'
+     lists: [] // 상태 'TaskList'는 빈 배열로 초기화
+   }
+ }

  export default new Vuex.Store({
+   state, // 앞서 정의한 state를 'state' 옵션으로 지정
    getters,
    actions,
    mutations,
    strict: process.env.NODE_ENV !== 'production'
  })
```

9.3.2 데이터플로

Vuex를 사용해 한곳에서 관리해야 하는 데이터를 스토어에 등록했다. 이 상태를 적절히 다루려면 데이터플로가 필요하다. Vuex 액션을 기점으로 일어나는 데이터플로를 설계해 보겠다[10].

---

10 애플리케이션에서 말하는 데이터플로는 버튼 클릭 또는 폼 입력 등 사용자의 입력에 의해 발생하는 데이터의 일련의 흐름을 말한다. 이 데이터플로를 통해 애플리케이션의 상태가 변화하며, 변화된 상태는 결국 애플리케이션 UI 요소에 렌더링된다. 이는 입력된 파라미터로부터 함수 안에서 모종의 처리를 거쳐 그 결과 어떤 값이 출력된다는 점에서 프로그래밍 언어의 함수 개념과 같다. 필자를 포함한 일반적인 애플리케이션 개발자는 이런 입출력(Input/Output) 개념에 익숙하기 때문에 Vuex를 사용한 데이터플로는 사용자 입력에 해당하는 액션으로 시작하도록 설계하는 경우가 많다.

액션 도출하기

데이터플로 설계를 위해 먼저 Vuex 액션을 도출한다. Vuex 액션은 주로 Ajax 요청 같은 비동기 처리와 로컬 스토리지 읽고 쓰기 같은 외부 API와의 통신을 수행하는 부분이다[11]. 애플리케이션의 요구 사항으로부터 다음과 같은 액션을 도출할 수 있다.

login 액션	사용자 로그인
fetchLists 액션	모든 태스크 목록의 정보를 받아옴
addTask 액션	태스크 추가
updateTask 액션	태스크 수정
removeTask 액션	태스크 삭제
logout 액션	사용자 로그아웃

login 액션이 일으키는 데이터플로

이어서 앞서 도출한 Vuex의 login 액션이 일으키는 데이터플로를 설계하겠다. login 액션이 일으키는 데이터플로는 다음 그림과 같이 설계할 수 있다[12].

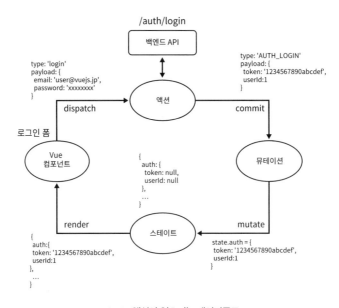

login 액션이 일으키는 데이터플로

---

11 7장을 참고하라.
12 Vuex 데이터플로 설계에 익숙하지 않다면, 처음에는 위와 같은 개념도를 그려 검토하라. 사용자 조작을 통해 Vuex 각 요소가 어떻게 데이터를 주고받아야 하는지 이해하기 쉽기 때문에 설계에 유리하다.

login 액션은 KbnLoginView 컴포넌트의 로그인 처리에서 스토어에 dispatch가 일어나며 시작된다. 그 뒤에 일어나는 과정은 다음과 같다.

1. login 액션의 dispatch를 통해 받아온 인증 정보로부터 백 엔드 API 엔드 포인트 /auth/login에 대해 로그인 처리를 실행한다.

2. 백 엔드 API 서버에서 인증 정보인 API 토큰과 사용자 ID인 userId를 AUTH_LOGIN 뮤테이션에 커밋한다.

3. AUTH_LOGIN 뮤테이션이 커밋 받은 인증 정보를 스토어의 상태 Auth(state.auth)에 저장한다.

4. 리액티브 시스템이 스토어의 상태 변경을 탐지하고, 렌더링 함수 render를 실행해서 화면의 표시 내용을 업데이트한다.

fetchList 액션이 일으키는 데이터플로

같은 방법으로 fetchList 액션이 일으키는 데이터플로를 설계하겠다. 이 데이터플로는 KbnBoardTask의 내용을 불러오는 처리에서 dispatch가 일어나며 시작된다.

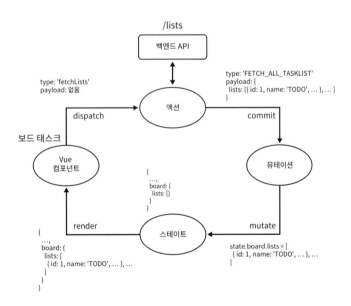

fetchLists 액션이 일으키는 데이터플로

1. fetchLists 액션에서 백 엔드 API /lists 엔드 포인트에서 TaskList 상태의 모든 데이터를 받아온다.

2. 백 엔드 API에서 받아온 모든 태스크 리스트를 FETCH_ALL_TASKLISTS 뮤테이션에 커밋한다.

3. FETCH_ALL_TASKLIST 뮤테이션이 커밋 받은 모든 태스크 리스트 정보를 스토어의 상태 Board의 lists(state. board.lists)에 저장한다.

4. 리액티브 시스템이 스토어의 상태 변경을 탐지하고, 렌더링 함수 render를 실행해서 화면의 표시 내용을 업데이트 한다.

addTask 액션이 일으키는 데이터플로

이번에는 addTask 액션이 일으키는 데이터플로를 설계하겠다. 이 데이터플로는 KbnTaskList 컴포넌트에 서 태스크를 추가하기 위한 dispatch가 일어나며 시작된다.

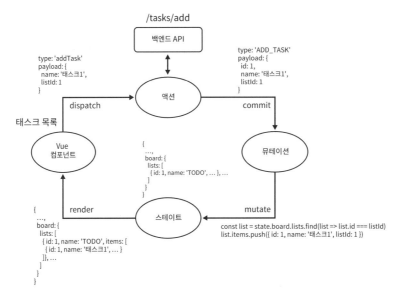

addTask 액션이 일으키는 데이터플로

1. addTask 액션의 dispatch에서 받아온 태스크 이름인 name, 그리고 저장될 태스크 목록의 식별자인 listId를 백 엔 드 API 엔드 포인트 /tasks/add에 전달해서 태스크를 추가한다.

2. 백 엔드 API에서 추가된 태스크의 id, name, listId를 ADD_TASK 뮤테이션에 커밋한다.

3. ADD_TASK 뮤테이션이 커밋 받은 태스크 정보를 스토어 상태 Board의 lists(state.board.lists)에서 해당 태스 크 목록을 찾아 새로운 태스크로 추가한다.

4. 리액티브 시스템이 스토어의 상태 변경을 탐지하고, 렌더링 함수 render를 실행해서 화면의 표시 내용을 업데이트한다.

updateTask 액션이 일으키는 데이터플로

updateTask 액션이 일으키는 데이터플로를 설계하겠다. 이 데이터플로는 KbnTaskDetailForm 컴포넌트에서 태스크 상세 정보 업데이트를 위한 dispatch가 일어나며 시작된다.

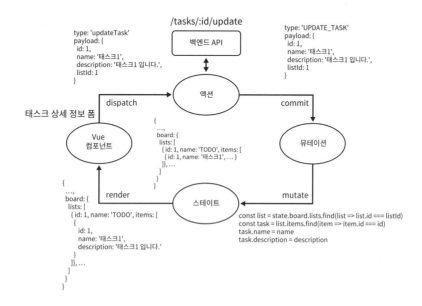

1. updateTask 액션의 dispatch에서 받아온 태스크 이름인 name, 수정할 태스크의 설명인 description, 그리고 수정할 태스크의 식별자인 listId를 백 엔드 API 엔드 포인트 /tasks/:id/update에 전달해서 태스크를 수정한다.

2. 백 엔드 API에서 수정된 태스크의 id, name, description, listId를 UPDATE_TASK 뮤테이션에 커밋한다.

3. UPDATE_TASK 뮤테이션이 커밋 받은 태스크 정보로 스토어 상태 Board의 lists(state.board.lists)에서 해당 태스크를 찾아 태스크의 이름 및 설명 정보를 수정한다.

4. 리액티브 시스템이 스토어의 상태 변경을 탐지하고, 렌더링 함수 render를 실행해서 화면의 표시 내용을 업데이트한다.

removeTask 액션이 일으키는 데이터플로

removeTask 액션이 일으키는 데이터플로를 설계하겠다. 이 데이터플로는 KbnTaskCard에서 태스크 삭제를 위한 dispatch가 일어나며 시작된다.

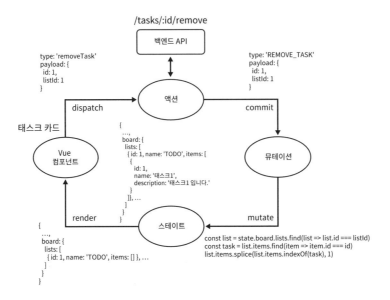

1. removeTask 액션의 dispatch에서 받아온 태스크 식별자인 id와 태스크 목록 식별자인 listId를 백 엔드 API 엔드 포인트 /tasks/:id/remove에 전달해서 태스크를 삭제한다.

2. 백 엔드 API에서 삭제된 태스크의 id, listId를 REMOVE_TASK 뮤테이션에 커밋한다.

3. REMOVE_TASK 뮤테이션이 커밋 받은 태스크 식별자와 일치하는 태스크를 스토어 상태 Board의 lists(state. board.lists)에서 삭제한다.

4. 리액티브 시스템이 스토어의 상태 변경을 탐지하고, 렌더링 함수 render를 실행해서 화면의 표시 내용을 업데이트한다.

logout 액션이 일으키는 데이터플로

logout 액션이 일으키는 데이터플로를 설계하겠다. 이 데이터플로는 KbnBoardNavigation 컴포넌트에서 로그아웃 처리를 위한 dispatch가 일어나며 시작된다.

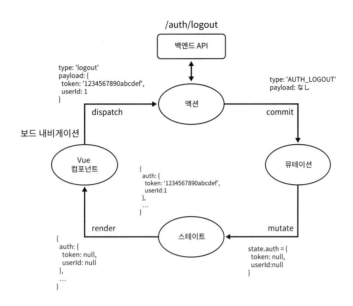

logout 액션이 일으키는 데이터플로

1. `logout` 액션의 `dispatch`에서 받아온 인증 정보를 백 엔드 API 엔드 포인트 `/auth/logout`에 전달해 로그아웃 처리를 실행한다.

2. 백 엔드 API에서 로그아웃 처리가 끝난 후, AUTH_LOGOUT 뮤테이션에 커밋한다.

3. AUTH_LOGOUT 뮤테이션이 스토어의 상태 Auth(`state.auth`)를 초기화한다.

4. 리액티브 시스템이 스토어의 상태 변경을 탐지하고, 렌더링 함수 `render`를 실행해서 화면의 표시 내용을 업데이트한다.

이것으로 데이터플로 설계가 끝났다.

9.3.3 데이터플로 관련 스텁 코드 작성

데이터플로 설계가 끝났으니 이 설계를 구현하기 위한 스텁 코드를 만들어보겠다. Vuex에서 중요한 것은 뮤테이션과 액션을 처리할 핸들러 정의다.

- 뮤테이션 핸들러

  – 뮤테이션 종류에 관한 정보

- 액션 핸들러

src/store/mutation-types.js를 다음과 같이 수정해 설계에서 도출된 뮤테이션 종류를 정의한다.

```
+export const AUTH_LOGIN = 'AUTH_LOGIN'
+export const FETCH_ALL_TASKLIST = 'FETCH_ALL_TASKLIST'
+export const ADD_TASK = 'ADD_TASK'
+export const UPDATE_TASK = 'UPDATE_TASK'
+export const REMOVE_TASK = 'REMOVE_TASK'
+export const AUTH_LOGOUT = 'AUTH_LOGOUT'
```

src/store/mutations.js를 다음과 같이 수정해 뮤테이션별 핸들러 스텁 코드를 만든다. state와 payload[13]
를 인자로 받는 뮤테이션 핸들러를 함수 형태로 정의했다[14].

뮤테이션 핸들러는 액션에서 커밋이 일어났을 때 호출된다.

```
+ import * as types from './mutation-types'
+
+ export default {
+   [types.AUTH_LOGIN] (state, payload) {
+   // TODO:
+   throw new Error('AUTH_LOGIN mutation should be implemented')
+   },
+
+   [types.FETCH_ALL_TASKLIST] (state, payload) {
+   // TODO:
+   throw new Error('FETCH_ALL_TASKLIST mutation should be implemented')
+   },
+
+   [types.ADD_TASK] (state, payload) {
+   // TODO:
+   throw new Error('ADD_TASK mutation should be implemented')
+   },
+
+   [types.UPDATE_TASK] (state, payload) {
```

---

13 AUTH_LOGOUT 뮤테이션에는 필요 없으므로 생략함.

14 이 코드에는 ES2015부터 사용할 수 있는 계산 프로퍼티 이름(computed property names)과 단축 메서드 이름(shorthand method names)이 사용됐다. 이 개념을 간단히 설명하면 계산 프로퍼티 이름은 객체의 프로퍼티명을 변수로 사용할 수 있게 해주는 기능이며, 단축 메서드 이름은 메서드 정의의 축약 표기법이다. 이 코드에서는 mutation-types.js에서 정의한 문자열을 메서드 명으로 사용하고, 객체 안에서 메서드를 정의했다. https://developer.mozilla.org/kr/docs/Web/JavaScript/Reference/Operators/Object_initializer

```
+   // TODO:
+   throw new Error('UPDATE_TASK mutation should be implemented')
+   },
+
+   [types.REMOVE_TASK] (state, payload) {
+   // TODO:
+   throw new Error('REMOVE_TASK mutation should be implemented')
+   },
+
+   [types.AUTH_LOGOUT] (state) {
+   // TODO:
+   throw new Error('AUTH_LOGOUT mutation should be implemented')
+   }
+ }
```

각각의 뮤테이션 핸들러는 아직 구현이 없으므로 의도적으로 Error가 발생하도록 했다.

이것으로 데이터플로와 관련된 스텁 코드 작성이 끝났다. 이어서 액션의 스텁 코드를 정의해 보겠다.

9.3.4 액션 스텁 코드 작성

액션의 스텁 코드를 작성해 보겠다. src/store/actions.js를 다음과 같이 수정한다[15]. 액션마다 액션 핸들러 함수를 정의한다[16].

```
+ /* eslint-disable no-unused-vars */
+ import * as types from './mutation-types'
+ import { Auth, List, Task } from '../api'
+ /* eslint-enable no-unused-vars */
+
+ export default {
+   login: ({ commit }) => {
+   // TODO:
+   throw new Error('login action should be implemented')
+   },
```

---

15 ESLint 경고를 억제하기 위한 주석을 포함한다.

16 commit 객체를 인자로 전달받는다. 분할 대입으로 각 프로퍼티를 따로 처리한다. 분할 대입은 ES2015 이후 도입된 문법이다. MDN 등을 참고하기 바란다. https://developer.
mozilla.org/kr/docs/Web/JavaScript/Reference/Operators/Destructuring_assignment

```
+
+ fetchLists: ({ commit }) => {
+ // TODO:
+ throw new Error('fetchLists action should be implemented')
+ },
+
+ addTask: ({ commit }) => {
+ // TODO:
+ throw new Error('addTask action should be implemented')
+ },
+
+ updateTask: ({ commit }) => {
+ // TODO:
+ throw new Error('updateTask action should be implemented')
+ },
+
+ removeTask: ({ commit }) => {
+ // TODO:
+ throw new Error('removeTask action should be implemented')
+ },
+
+ logout: ({ commit }) => {
+ // TODO:
+ throw new Error('logout action should be implemented')
+ }
+ }
```

이 역시 아직 구현이 없으니 우선 Error가 발생하도록 했다.

백 엔드 API와 통신할 준비

일부 액션은 백 엔드 API와 통신하기 위해 src/store/api.js 파일에 있는 API 모듈을 임포트해야 한다. 이 API 모듈은 아직 구현되지 않았으므로 이 시점에서 스텁 코드를 작성한다. src/api 디렉터리에 다음 과 같은 API 모듈을 작성한다.

모듈	설명
Auth	애플리케이션에 로그인/로그아웃 등 인증과 관련된 기능을 제공.
List	태스크 목록과 관련된 데이터 받아오기, 저장 기능을 제공.
Task	태스크와 관련된 데이터 받아오기, 저장 기능을 제공.

```
$ touch src/api/{auth,list,task}.js # auth.js, list.js, task.js 파일을 한꺼번에 생성
```

API 모듈의 진입점 역할을 하는 src/api/index.js 파일을 다음과 같이 수정해서 API 모듈을 익스포트한다.

```
+ import Auth from './auth'
+ import List from './list'
+ import Task from './task'
+
+ export {
+   Auth,
+   List,
+   Task
+ }
```

이것으로 데이터플로 관련 스텁 코드 작성이 끝났다. 다음 장에서 진짜 구현 내용을 추가한다.

9.4 라우팅 설계

우리가 만드는 태스크 관리 애플리케이션은 단일 페이지 애플리케이션이다. 설계의 마지막 단계로 애플리케이션의 핵심이 되는 라우팅을 설계한다.

9.4.1 라우트 플로

우리가 만들 애플리케이션은 크게 로그인 페이지, 보드 페이지, 태스크 상세 정보 페이지의 3가지 UI로 구성된다. 이 UI 구성과 애플리케이션 요구 사항으로부터 다음과 같은 라우트 플로를 구성할 수 있다.

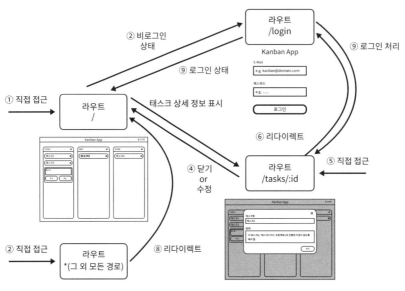

애플리케이션의 라우트 플로

사용자가 애플리케이션을 사용하기 위해 메인 페이지에 해당하는 보드 페이지 라우트 /에 직접 접근 (1)

- 사용자가 아직 로그인하지 않은 경우

  – 사용자를 로그인 페이지의 라우트 /login으로 리다이렉트 (2)

- 사용자가 로그인한 상태인 경우

  – 그대로 보드 페이지 라우트 /로 이동, API에서 정보를 받아와 UI를 생성해서 사용자에게 보여줌

사용자가 보드 페이지에서 태스크 카드를 클릭함

- 태스크 상세 페이지 라우트 /tasks/:id로 이동, 태스크 카드의 상세 정보를 모달창으로 보여줌 (3)

- 사용자가 태스크 상세 페이지 라우트 /tasks/:id에서 모달창을 닫거나 태스크 정보를 수정함 (4)

  – 보드 페이지 라우트 /로 돌아가 애플리케이션을 계속 사용

사용자가 태스크 상세 정보 페이지 라우트 /tasks/:id에 직접 접근 (5)

- 사용자가 아직 로그인하지 않은 경우

  – 사용자를 로그인 페이지의 라우트 /login으로 리다이렉트 (6)

- 사용자가 로그인한 상태인 경우

  – 그대로 태스크 상세 정보 페이지 라우트 /tasks/:id에서 태스크 카드의 상세 정보를 모달창으로 보여줌

사용자가 애플리케이션이 제공하지 않는 URL에 직접 접근 (7)

- 보드 페이지 라우트 /로 리다이렉트 (8)

사용자가 로그인 페이지 라우트 /login에서 인증 정보를 입력해서 로그인 (9)

- 로그인 성공 후 보드 페이지 라우트 / 혹은 태스크 상세 페이지 라우트 /tasks/:id로 리다이렉트한 다음 애플리케이션 사용 시작

위 라우트 플로는 페이지 이동에 몇 가지 조건이 있기는 하지만, 기본적으로 다음과 같은 UI에 해당하는 라우트를 정의한다.

- 라우트 /: 보드 페이지(로그인 필수)

- 라우트 /login: 로그인 페이지

- 라우트 /tasks/:id: 태스크 상세 정보 페이지(로그인 필수)

사용자가 브라우저에 직접 URL을 입력하는 방법을 통해 위와 다른 흐름으로 접근할 가능성이 있으므로 위와 다른 흐름을 통해 접근하는 경우 라우트 /로 리다이렉트하도록 설계한다.

9.4.2 라우트 정의

설계가 끝났으니 라우팅을 구현할 준비를 한다. 앞서 UI(아토믹 디자인의 템플릿에 해당하는 컴포넌트) 와 라우트가 각각 대응하도록 라우트 플로를 설계했다.

Vue Router는 컴포넌트와 라우트를 연결하는 스타일이므로 (아토믹 디자인의) 템플릿 컴포넌트와 라우트를 매핑해주면 된다[17].

라우트 정의가 위치할 src/router/routes.js 파일을 다음과 같이 작성한다.

src/router/routes.js 파일의 내용은 앞서 src/router/index.js 파일에 구현했던 라우트 정의를 그대로 옮겨오면 된다. 이렇게 라우트 정의를 분리함으로써 프로젝트 코드가 정돈되고 이후 라우트를 추가 구현할 때 단위 테스트가 용이해진다.

---

17 지금까지 거쳐 온 컴포넌트 설계, 라우팅 설계가 모두 Vue Router로 단일 페이지 애플리케이션을 만들기 위한 준비였다.

import 문에서 대상 컴포넌트를 @를 사용해 임포트한다. 이 연산자는 ES Modules 규격에서 정의되지 않은 것으로, webpack의 앨리어스 기능을 독자적으로 구현한 것이다. @와 src를 서로 매핑하는 방법으로 import 문이 간결해진다[18].

Vue Router의 라우트 정의는 기본적으로 라우트 레코드에서 컴포넌트와 라우트를 매핑하기만 하면 된다. 다만 보드 페이지와 태스크 상세 정보 페이지는 로그인이 필수이므로 Vue Router에서 로그인 여부를 체크하기 위한 라우트 메타 필드(meta: { requiresAuth: true })를 정의한다.

```
$ touch src/router/routes.js
```

```
+ import KbnBoardView from '@/components/templates/KbnBoardView.vue'
+ import KbnLoginView from '@/components/templates/KbnLoginView.vue'
+ import KbnTaskDetailModal from '@/components/templates/KbnTaskDetailModal.vue'
+
+ export default [{
+   path: '/',
+   component: KbnBoardView,
+   meta: { requiresAuth: true }
+ }, {
+   path: '/login',
+   component: KbnLoginView
+ }, {
+   path: '/tasks/:id',
+   component: KbnTaskDetailModal,
+   meta: { requiresAuth: true }
+ }, {
+   path: '*',
+   redirect: '/'
+ }];
```

src/router/index.js 파일을 다음과 같이 수정한다. 라우트 정의가 담긴 src/router/routes.js 파일을 불러온다. 이 라우트 정의를 기반으로 구현을 진행한다.

---

18 webpack의 설정 파일인 build/webpack.base.conf.js의 resolve.alias 항목에서 설정한다. @는 src 디렉터리와 대응되므로 그 아래의 디렉터리에 든 컴포넌트 및 모듈의 경로를 찾아갈 수 있다. webpack을 이용한 스타일 외에 기존 방법 그대로 상대 경로(../../src/components/templates/KbnLoginView.vue 처럼)를 사용해서도 모듈을 임포트할 수 있다.

```
 import Vue from 'vue'
   import Router from 'vue-router'
- import HelloWorld from '@/components/HelloWorld'
+ import routes from './routes'

   Vue.use(Router)

- export default new Router({
-   routes: [{
-     path: '/',
-     name: 'HelloWorld',
-     component: HelloWorld
-   }]
- })
+ export default new Router({ routes })
```

이것으로 애플리케이션 설계 및 앞으로 구현을 진행할 스텁 코드 준비가 끝났다. 이제 실제 구현에 들어
갈 차례다.

10

중규모 및 대규모
애플리케이션 개발 3 - 구현

지금까지 스텁 코드 준비 과정 및 설계를 다뤘다. 앞으로는 본격적인 구현에 들어간다. 우리가 만들 애플리케이션은 크게 3가지 UI로 구성된다.

- 로그인 페이지

- 보드 페이지

- 태스크 상세 정보 페이지

이번 장은 위 페이지 중 로그인 페이지를 중심으로 설명한다. 다음과 같은 내용을 구현하게 될 것이다[1].

- 로그인 페이지를 구성하는 컴포넌트

- 로그인 페이지에서 일어나는 데이터플로

- 애플리케이션 전체 라우팅

이와 함께 개발 과정에서 필수적인 테스트, 디버그, 빌드, 배포, 튜닝, 오류 처리 등에 대해서도 다룬다. 여기서 실무에 Vue.js를 활용하는 데 꼭 필요한 지식을 익히게 될 것이다.

---

1 지면 관계상 보드 페이지와 태스크 상세 정보 페이지의 구현은 다루지 못한다. 전체 구현 내용은 예제 코드를 내려받아 확인하기 바란다.

10.1 개발 정책 확립

이번 장은 테스트 주도 개발을 적용한 개발 과정을 다룬다[2].

최근 웹 애플리케이션이 고도화되면서 웹 기반 중규모 및 대규모 애플리케이션은 일정 이상의 품질을 요구한다. 테스트 주도 개발은 애플리케이션의 높은 품질을 확보할 수 있는 수단 중 하나다. 테스트 주도 개발 스타일을 습관으로 들이면 유용할 것이다[3][4].

10.1.1 애플리케이션 구현을 시작하기 전에

애플리케이션 구현에 들어가기 전에 webpack 템플릿으로 생성한 프로젝트 스텁 코드에 몇 가지 수정이 필요하다.

HelloWorld.vue 컴포넌트는 사용하지 않으므로 관련된 파일을 삭제한다.

```
$ rm src/components/HelloWorld.vue test/unit/specs/HelloWorld.spec.js
```

애플리케이션의 진입점 역할을 할 App.vue 파일에서는 Vue.js의 로고를 삭제한다.

```
<template>
   <div id="app">
-    <img src="./assets/logo.png">
     <router-view/>
   </div>
 </template>
 <!-- ... -->
```

마지막으로 단위 테스트 코드의 진입점이 될 test/unit/index.js 파일을 다음과 같이 수정해 단위 테스트의 테스트 대상에 라우팅 관련 코드가 담긴 src/router 디렉터리를 제외한다[5].

---

2   테스트 주도 개발에서는 용어를 처음 듣는 사람도 이해할 수 있도록 설명할 것이다. 그러나 책의 내용을 이해할 수 있는 최소한의 개념만 설명할 것이므로 관심 있는 사람은 《테스트 주도 개발》(인사이트 2014)을 참고하기 바란다.

3   UI가 있는 애플리케이션에 테스트 주도 개발을 도입하는 것은 웹 개발자, 그중에서도 특히 프런트 엔드 엔지니어 사이에서 화두가 되고 있다. UI 설계 변경이 잦은 프로젝트에서는 단위 테스트 케이스를 작성하는 비용이 지나치다는 의견이 우세하다. 이러한 배경 탓에 부록 B에서 소개할 Storybook을 이용하는 방식이 주목받고 있다.

4   중규모 및 대규모 애플리케이션에서는 이런 개발 스타일을 반드시 적용할 필요는 없다.

5   라우팅 관련 코드를 제외하는 이유는 Vue Test Utils로는 Vue Router 관련 테스트를 실행할 수 없기 때문이다. 라우팅 구현에 대한 단위 테스트는 단위 테스트 라이브러리를 명시적으로 임포트하는 방법으로 수행한다.

```
import Vue from 'vue'

  Vue.config.productionTip = false

  // require all test files (files that ends with .spec.js)
  const testsContext = require.context('./specs', true, /\.spec$/)
  testsContext.keys().forEach(testsContext)

- // require all src files except main.js for coverage.
+ // require all src files except main.js or router/*.js for coverage.
  // you can also change this to match only the subset of files that
  // you want coverage for.

- const srcContext = require.context('../../src', true, /^\.\/(?!main(\.js)?$)/)
+ const srcContext = require.context('../../src', true, /^\.\/( ? !.*( ? : main | router)).*(\.js) ?
$ / )
  srcContext.keys().forEach(srcContext)
```

10.2 컴포넌트 구현

이번 절에서는 컴포넌트를 구현한다. 컴포넌트를 구현할 파일은 이미 만들었으므로 각 파일에 코드를 추가하면 된다. 애플리케이션 UI는 여러 개의 컴포넌트로 구성된다. 예를 들어 로그인 페이지는 다음과 같이 구성된다.

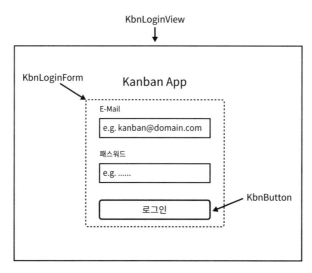

로그인 페이지를 구성하는 컴포넌트

로그인 페이지를 구성하는 컴포넌트를 모두 풀어헤쳐 보면 다음과 같은 컴포넌트로 구성된다.

1. 버튼 KbnButton

2. 이메일 주소, 패스워드를 입력받는 로그인 폼 KbnLoginForm

    – 레이블, 텍스트 박스

    - KbnButton

3. 로그인 페이지의 최상위 컴포넌트 KbnLoginView

    – 애플리케이션 로고 역할을 할 헤더

    - KbnLoginForm

로그인 페이지를 구성하는 HTML 요소는 다음과 같은 트리 구조를 갖는다.

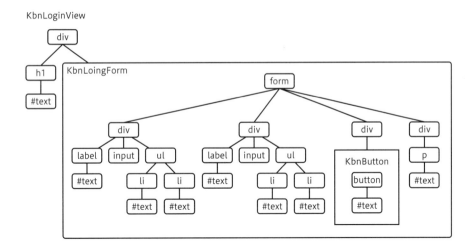

컴포넌트를 구현하는 순서에 절대적인 기준은 없으나, 개인적으로는 바텀업 방식을 추천한다. 이번 예제 애플리케이션 구현 역시 바텀업 방식으로 트리 구조의 가장 아래층부터 구현해 나갈 것이다. 가장 아래 층부터 구현하면 단위 테스트에서 각 부분의 동작 여부를 확실히 검증하며 UI를 구축해나갈 수 있다[6].

10.2.1 KbnButton 컴포넌트

우선 KbnButton 컴포넌트부터 구현하겠다. 이것은 애플리케이션 전반의 여러 컴포넌트에서 활용되는 버튼이다. 컴포넌트 API는 이미 설계했으니 그대로 구현하기만 하면 된다. 이번에는 테스트 주도 개발 스

---

6 탑다운 방식을 취할 경우 미구현된 의존 컴포넌트를 스텁 코드로 채워야 하므로 더 많은 수고가 든다.

타일을 적용하므로 설계에 맞춰 이를 검증하는 테스트 케이스를 작성한 다음, 이 테스트를 통과하는 애플리케이션 코드를 작성한다.

다음과 같이 KbnButton 컴포넌트의 단위 테스트 코드가 위치할 디렉터리를 만든 다음, 이 디렉터리에 단위 테스트를 작성한다[7].

```
$ mkdir -p test/unit/specs/components/atoms
$ touch test/unit/specs/components/atoms/KbnButton.spec.js
```

KbnButton 컴포넌트의 단위 테스트 케이스를 작성한다.

```
+ import { mount } from '@vue/test-utils'
+ import KbnButton from '@/components/atoms/KbnButton.vue'
+
+ describe('KbnButton', () => {
+   describe('프로퍼티', () => {
+     describe('type', () => {
+       describe('기본값', () => {
+         it('kbn-button 클래스를 갖는 button 요소로 구성됨', () => {
+           const button = mount(KbnButton)
+           expect(button.is('button')).to.equal(true)
+           expect(button.classes()).to.include('kbn-button')
+         })
+       })
+
+       describe('button', () => {
+         it('kbn-button 클래스를 갖는 button 요소로 구성됨', () => {
+           const button = mount(KbnButton, {
+             propsData: {
+               type: 'button'
+             }
+           })
+           expect(button.is('button')).to.equal(true)
+           expect(button.classes()).to.include('kbn-button')
+         })
```

---

7 단위 테스트 코드는 다른 개발자도 쉽게 찾을 수 있도록 애플리케이션 코드가 담긴 src 디렉터리 아래의 구조와 똑같은 구조를 만들어 배치한다.

```
+      })
+
+      describe('text', () => {
+        it('kbn-button-text 클래스를 갖는 button 요소로 구성됨', () => {
+          const button = mount(KbnButton, {
+            propsData: {
+              type: 'text'
+            }
+          })
+          expect(button.is('button')).to.equal(true)
+          expect(button.classes()).to.include('kbn-button-text')
+        })
+      })
+    })
+
+    describe('disabled', () => {
+      describe('기본값', () => {
+        it('disabled 속성이 부여되지 않음', () => {
+          const button = mount(KbnButton)
+          expect(button.attributes().disabled).to.be.an('undefined')
+        })
+      })
+
+      describe('true', () => {
+        it('disabled 속성이 부여됨', () => {
+          const button = mount(KbnButton, {
+            propsData: {
+              disabled: true
+            }
+          })
+          expect(button.attributes().disabled).to.equal('disabled')
+        })
+      })
+
+      describe('false', () => {
+        it('disabled 속성이 부여되지 않음', () => {
+          const button = mount(KbnButton)
+          expect(button.attributes().disabled).to.be.an('undefined')
```

```
+          })
+        })
+      })
+    })
+
+    describe('이벤트', () => {
+      describe('click', () => {
+        it('일어나지 않음', () => {
+          const button = mount(KbnButton)
+          button.trigger('click')
+          expect(button.emitted().click.length).to.equal(1)
+        })
+      })
+    })
+
+    describe('슬롯', () => {
+      describe('콘텐츠 있음', () => {
+        it('콘텐츠가 삽입됨', () => {
+          const button = mount(KbnButton, {
+            slots: {
+              default: '<p>hello</p>'
+            }
+          })
+          expect(button.text()).to.equal('hello')
+        })
+      })
+
+      describe('콘텐츠 없음', () => {
+        it('콘텐츠가 삽입되지 않음', () => {
+          const button = mount(KbnButton)
+          expect(button.text()).to.equal('')
+        })
+      })
+    })
+  })
```

테스트 코드를 간단히 설명하겠다. Mocha에서 기본 설정으로 사용되는 BDD 스타일로 코드가 어떻게 동작해야 하는지를 규정한다. describe는 테스트 유형을 구분하고 it()에 개별 테스트 대상의 동작을 정의한 다음, except에서 기대하는 동작 결과를 정의한다[8]. 다음 코드는 KbnButton의 type 프로퍼티가 기본 값일 때 kbn-button 클래스를 갖는 button 요소로 렌더링되는지 확인하는 테스트 코드다. 코드를 읽어보면 자연스러운 문장처럼 이해할 수 있을 것이다.

```
describe('KbnButton', () => { // KbnButton의
  describe('프로퍼티', () => { // 프로퍼티의
    describe('type', () => { // type은
      describe('기본값', () => { // 기본값이
        // kbn-button 클래스를 갖는 button 요소로 구성됨
        it('kbn-button 클래스를 갖는 button 요소로 구성됨', () => {
          // kbn-button 클래스를 갖는 button 요소로 구성됨을 확인하는 코드
          const button = mount(KbnButton)
          expect(button.is('button')).to.equal(true)
          expect(button.classes()).to.include('kbn-button')
        })
      })
    })
  })
})
```

수정이 끝나면 파일을 저장한 다음, npm run init 명령으로 단위 테스트를 실행한다. 그러면 KbnButton 컴포넌트가 아직 구현되어 있지 않으므로 테스트가 실패하는 것을 확인할 수 있다.

테스트 주도 개발은 테스트를 구현 및 실행, 테스트 실패(테스트 동작 확인), 테스트 대상 코드 구현, 테스트 실행, 테스트 성공(대상 코드 정상 동작 확인)의 과정을 통해 구현을 진행한다[9]. 이후에 진행할 개발 과정 역시 테스트 코드를 먼저 작성하고, 테스트 실패를 확인한 다음에 실제 코드가 테스트를 통과할 때까지 수정을 반복하는 과정을 따른다.

KbnButton 컴포넌트의 API 동작을 확인하는 단위 테스트 코드를 구현했으니 KbnButton 컴포넌트를 src/components/atoms/KbnButton.vue 파일에 구현한다. 요구 사항을 담은 테스트가 이미 있으므로 이 테스트를 통과하는 코드를 작성하기만 하면 된다.

---

8 describe(), it(), except()는 모두 Mocha가 제공한다.

9 테스트를 먼저 작성하고 테스트 실패를 확인한 다음, 구현을 진행하는 방법은 RED/GREEN/REFACTOR로 대변되는 테스트 주도 개발의 주요 아이디어에 기초한 것이다. 바꿔 말하면, 테스트를 먼저 올바로 구현한 다음에 애플리케이션 코드를 작성하는 것이다. 그러나 이 책에서 테스트 주도 개발을 엄격히 따르지는 않는다. 간략화한 테스트 주도 개발 스타일이라고 보면 된다.

```
+ <template>
+   <button
+     :class="classes"
+     :disabled="disabled"
+     type="button"
+     @click="handleClick"
+   >
+     <slot />
+   </button>
+ </template>
+
+ <script>
+ export default {
+   name: 'KbnButton',
+
+   props: {
+     type: {
+       type: String,
+       default: 'button'
+     },
+     disabled: {
+       type: Boolean,
+       default: false
+     }
+   },
+
+   computed: {
+     // 'type' 값에 따라 동적으로 클래스를 생성
+     classes() {
+       const cls = this.type === 'text' ? ('-' + this.type) : ''
+       return [`kbn-button${cls}`]
+     }
+   },
+
+   methods: {
+     // 'click' 이벤트 발생
+     handleClick(ev) {
+       this.$emit('click', ev)
```

```
+    }
+  }
+ }
+ </script>
+
+ <style scoped>
+ .kbn-button {
+   padding: .6em 1.3em;
+ }
+ .kbn-button-text {
+   border: none;
+   padding-right: 0;
+   padding-left: 0;
+ }
+ </style>
```

수정이 끝나면 파일을 저장한 다음, `npm run init` 명령으로 단위 테스트를 실행한다. 이번에는 `KbnButton` 컴포넌트가 구현돼 단위 테스트가 성공하는 것을 확인할 수 있다.

`KbnButton` 설계 시점에 정의한 API는 만족스럽다. 다음 컴포넌트 구현으로 넘어간다.

10.2.2 KbnLoginForm 컴포넌트

이번에는 로그인 폼 역할을 할 `KbnLoginForm` 컴포넌트를 구현하겠다. 이 컴포넌트는 사용자가 입력한 정보의 유효성 검사를 수행한다.

인증을 맡는 백 엔드가 존재한다는 전제하에 로그인 버튼을 클릭하면 동작하는 `onlogin` 프로퍼티를 외부로 노출하는 API[10]를 갖는다. 또한 `props`를 사용해서 실제 로그인 처리는 외부에 위임한다. 여기서는 10.3.3항에서 설명할 Auth API 모듈에 이 작업을 맡긴다.

그럼 `KbnLoginForm` 컴포넌트의 테스트 코드부터 구현하겠다.

```
$ mkdir -p test/unit/specs/components/molecules
$ touch test/unit/specs/components/molecules/KbnLoginForm.spec.js
```

---

10 `onlogin` 프로퍼티는 본래 `$emit` 메서드에서 발생시키는 `login` 이벤트 형태로 KbnLoginForm 컴포넌트의 인터페이스를 통해 노출되는 게 맞지만, 이번에는 의도적으로 프로퍼티 형태를 취했다. `$emit`로 이벤트를 발생시키고 `$on`에다 콜백 함수를 지정하면 이벤트로 처리가 가능하지만, 이 방법으로는 이벤트를 발생시킨 곳에 처리 결과를 전달할 수가 없다. 그러므로 로그인 시도 결과를 전달받을 수 있도록 프라미스를 반환하는 함수를 프로퍼티로 삼는다. 이런 방법으로 데이터플로 설계 시에 도출했던 Vuex의 login 액션을 KbnLoginForm에서 깔끔하게 발라냄으로써 컴포넌트와 로그인 구현 코드의 결합을 느슨하게 할 수 있다.

```
+ import { mount } from '@vue/test-utils'
+ import KbnLoginForm from '@/components/molecules/KbnLoginForm.vue'
+
+ describe('KbnLoginForm', () => {
+   describe('프로퍼티', () => {
+     describe('validation', () => {
+       let loginForm
+       beforeEach(done => {
+         loginForm = mount(KbnLoginForm, {
+           propsData: {
+             onlogin: () => {}
+           }
+         })
+         loginForm.vm.$nextTick(done)
+       })
+
+       describe('email', () => {
+         describe('required', () => {
+           describe('아무것도 입력하지 않음', () => {
+             it('validation.email.required가 invalid임', () => {
+               loginForm.setData({
+                 email: ''
+               })
+               expect(loginForm.vm.validation.email.required).to.equal(false)
+             })
+           })
+
+           describe('입력 내용 있음', () => {
+             it('validation.email.required가 valid임', () => {
+               loginForm.setData({
+                 email: 'foo@domain.com'
+               })
+               expect(loginForm.vm.validation.email.required).to.equal(true)
+             })
+           })
+         })
+
+         describe('format', () => {
```

```
+          describe('이메일 주소 형식이 아닌 값', () => {
+            it('validation.email.format이 invalid임', () => {
+              loginForm.setData({
+                email: 'foobar'
+              })
+              expect(loginForm.vm.validation.email.format).to.equal(false)
+            })
+          })
+
+          describe('이메일 주소 형식인 값', () => {
+            it('validation.email.required이 valid임', () => {
+              loginForm.setData({
+                email: 'foo@domain.com'
+              })
+              expect(loginForm.vm.validation.email.format).to.equal(true)
+            })
+          })
+        })
+      })
+
+      describe('password', () => {
+        describe('required', () => {
+          describe('아무 것도 입력하지 않음', () => {
+            it('validation.password.required이 invalid임', () => {
+              loginForm.setData({
+                password: ''
+              })
+              expect(loginForm.vm.validation.password.required).to.equal(false)
+            })
+          })
+
+          describe('입력 내용 있음', () => {
+            it('validation.password.required이 valid임', () => {
+              loginForm.setData({
+                password: 'xxxx'
+              })
+              expect(loginForm.vm.validation.password.required).to.equal(true)
+            })
```

```
+          })
+        })
+      })
+    })
+
+    describe('valid', () => {
+      let loginForm
+      beforeEach(done => {
+        loginForm = mount(KbnLoginForm, {
+          propsData: {
+            onlogin: () => {}
+          }
+        })
+        loginForm.vm.$nextTick(done)
+      })
+
+      describe('모든 항목 유효성 검사 OK', () => {
+        it('유효성 검사 결과 valid', () => {
+          loginForm.setData({
+            email: 'foo@domain.com',
+            password: '12345678'
+          })
+          expect(loginForm.vm.valid).to.equal(true)
+        })
+      })
+
+      describe('유효성 검사 NG 항목 있음', () => {
+        it('유효성 검사 결과 invalid', () => {
+          loginForm.setData({
+            email: 'foo@domain.com',
+            password: ''
+          })
+          expect(loginForm.vm.valid).to.equal(false)
+        })
+      })
+    })
+
+    describe('disableLoginAction', () => {
```

```
+       let loginForm
+       beforeEach(done => {
+         loginForm = mount(KbnLoginForm, {
+           propsData: {
+             onlogin: () => {}
+           }
+         })
+         loginForm.vm.$nextTick(done)
+       })
+
+       describe('유효성 검사 NG 항목 있음', () => {
+         it('유효하지 않은 로그인 처리', () => {
+           loginForm.setData({
+             email: 'foo@domain.com',
+             password: ''
+           })
+           expect(loginForm.vm.disableLoginAction).to.equal(true)
+         })
+       })
+
+       describe('유효성 검사 모든 항목 OK이고 로그인 처리 중이 아님', () => {
+         it('유효한 로그인 처리', () => {
+           loginForm.setData({
+             email: 'foo@domain.com',
+             password: '12345678'
+           })
+           expect(loginForm.vm.disableLoginAction).to.equal(false)
+         })
+       })
+
+       describe('유효성 검사 모든 항목 OK이고 로그인 처리 중', () => {
+         it('유효하지 않은 로그인 처리', () => {
+           loginForm.setData({
+             email: 'foo@domain.com',
+             password: '12345678',
+             progress: true
+           })
+           expect(loginForm.vm.disableLoginAction).to.equal(true)
```

```
+         })
+       })
+     })
+
+     describe('onlogin', () => {
+       let loginForm
+       let onloginStub
+       beforeEach(done => {
+         onloginStub = sinon.stub()
+         loginForm = mount(KbnLoginForm, {
+           propsData: {
+             onlogin: onloginStub
+           }
+         })
+         loginForm.setData({
+           email: 'foo@domain.com',
+           password: '12345678'
+         })
+         loginForm.vm.$nextTick(done)
+       })
+
+       describe('resolve', () => {
+         it('resolve 됨', done => {
+           onloginStub.resolves()
+
+           // 퀵 이벤트
+           loginForm.find('button').trigger('click')
+           expect(onloginStub.called).to.equal(false) // 아직 resolve되지 않음
+           expect(loginForm.vm.error).to.equal('') // 오류 메시지 초기화
+           expect(loginForm.vm.disableLoginAction).to.equal(true) // 로그인 액션 불가
+
+           // 상태 반영
+           loginForm.vm.$nextTick(() => {
+             expect(onloginStub.called).to.equal(true) // resolve 됨
+             const authInfo = onloginStub.args[0][0]
+             expect(authInfo.email).to.equal(loginForm.vm.email)
+             expect(authInfo.password).to.equal(loginForm.vm.password)
+             loginForm.vm.$nextTick(() => { // resolve 에서 상태 반영
```

```
+                expect(loginForm.vm.error).to.equal('') // 오류 메시지는 초기화된 그대로
+                expect(loginForm.vm.disableLoginAction).to.equal(false) // 로그인 액션 가능
+                done()
+              })
+            })
+          })
+        })
+
+        describe('reject', () => {
+          it('reject 됨', done => {
+            onloginStub.rejects(new Error('login error!'))
+
+            // 퀵 이벤트
+            loginForm.find('button').trigger('click')
+            expect(onloginStub.called).to.equal(false) // 아직 reject 되지 않음
+            expect(loginForm.vm.error).to.equal('') // 오류 메시지 초기화
+            expect(loginForm.vm.disableLoginAction).to.equal(true) // 로그인 액션 불가
+
+            // 상태 반영
+            loginForm.vm.$nextTick(() => {
+              expect(onloginStub.called).to.equal(true) // reject 됨
+              const authInfo = onloginStub.args[0][0]
+              expect(authInfo.email).to.equal(loginForm.vm.email)
+              expect(authInfo.password).to.equal(loginForm.vm.password)
+              loginForm.vm.$nextTick(() => {
+                expect(loginForm.vm.error).to.equal('login error!') // 오류 메시지가 설정됨
+                expect(loginForm.vm.disableLoginAction).to.equal(false) // 로그인 액션 가능
+                done()
+              })
+            })
+          })
+        })
+      })
+    })
+  })
+ })
```

여기에 나오는 $nextTick은 Vue.js가 DOM을 수정한 다음에 수행할 코드를 끼워넣기 위한 것이다.

KbnLoginForm 컴포넌트는 복잡한 로직을 갖기 때문에 세심하게 테스트해야 한다. 다음과 같은 프로퍼티를 검증한다.

프로퍼티	내용
validation	v-model과 연결된 폼의 입력값에 대한 유효성 검사
valid	폼에 입력된 모든 값이 유효한지 여부
disableLoginAction	로그인 처리가 가능한지 여부를 나타내는 플래그
onlogin	로그인 버튼이 클릭됐을 때 호출되는 콜백

validation, valid, disabledLoginAction 프로퍼티는 계산 프로퍼티로 구현한다. 이 프로퍼티는 로그인 버튼이 클릭 가능한 상태인지, 입력된 정보가 유효한지 검증하기 위해 사용된다.

경험이 많은 개발자라면 알겠지만, 로그인 처리에 대한 테스트는 유효성 검사 및 각 상태에 따라 가능 여부를 판단하는 요소가 많기 때문에(라이브러리를 사용한다 해도) 코드가 길어지기 쉽다.

onlogin 프로퍼티의 실제 처리 부분은 외부 컴포넌트가 담당한다. 그러므로 호출한 후 상태를 확인하는 테스트만 작성한다.

컴포넌트 구현

KbnLoginForm 컴포넌트는 src/components/molecules/KbnLoginForm.vue 파일에 구현한다. 테스트 케이스도 작성했으나, 길이가 너무 길기 때문에 애플리케이션 코드로만 설명한다.

validation, valid, disableLoginAction은 입력 내용에 따라 로그인 가능 여부를 판단하는 계산 프로퍼티다. 보기 쉽게 적절히 분할한다.

onlogin은 props 형태로만 정의된다. 구체적인 로그인 처리 과정은 이 컴포넌트의 부모 컴포넌트에 구현된다. 로그인 처리 결과는 onlogin 콜백을 통해 전달되므로 이에 따른 UI 동작을 구현하면 된다.

```
+ <template>
+   <form novalidate>
+     <div class="form-item">
+       <label for="email">이메일 주소</label>
+         <input
+           id="email"
```

```
+          v-model="email"
+          type="text"
+          autocomplete="off"
+          placeholder="예: kanban@domain.com"
+          @focus="resetError">
+        <ul class="validation-errors">
+          <li v-if="!validation.email.format">이메일 주소 형식에 어긋납니다</li>
+          <li v-if="!validation.email.required">이메일 주소가 입력되지 않았습니다</li>
+        </ul>
+      </div>
+      <div class="form-item">
+        <label for="passowrd">패스워드</label>
+        <input
+          id="password"
+          v-model="password"
+          type="password"
+          autocomplete="off"
+          placeholder="예: xxxxxxxx"
+          @focus="resetError">
+        <ul class="validation-errors">
+          <li v-if="!validation.password.required">패스워드가 입력되지 않았습니다</li>
+        </ul>
+      </div>
+      <div class="form-actions">
+        <KbnButton
+          :disabled="disableLoginAction"
+          @click="handleClick"
+        >
+          로그인
+        </KbnButton>
+        <p
+          v-if="progress"
+          class="login-progress"
+        >
+          로그인 중...
+        </p>
+        <p
+          v-if="error"
```

```
+         class="login-error"
+       >
+         {{ error }}
+       </p>
+     </div>
+   </form>
+ </template>
+
+ <script>
+ // KbnButton 임포트
+ import KbnButton from '@/components/atoms/KbnButton'
+ // 이메일 주소 형식 정규표현식
+ const REGEX_EMAIL = /^(([^<>()[\]\\.,;:\s@"]+(\.[^<>()[\]\\.,;:\s@"]+)*)|(".+"))@((\[[0-
9]{1,3}\.[0-9]{1,3}\.[0-9]{1,3}\.[0-9]{1,3}\])|(([a-zA-Z\-0-9]+\.)+[a-zA-Z]{2,}))$/
+ const required = val => !!val.trim()
+
+ export default {
+   name: 'KbnLoginForm',
+
+   components: {
+     KbnButton
+   },
+
+   props: {
+     onlogin: {
+       type: Function,
+       required: true
+     }
+   },
+
+   data() {
+     return {
+       email: '',
+       password: '',
+       progress: false,
+       error: ''
+     }
+   },
```

```
+
+    computed: {
+      validation() { // email, password 유효성 검사
+        return {
+          email: {
+            required: required(this.email),
+            format: REGEX_EMAIL.test(this.email)
+          },
+          password: {
+            required: required(this.password)
+          }
+        }
+      },
+
+      valid() {
+        const validation = this.validation // 앞서 정의한 validation을 사용해 유효 여부 반환
+        const fields = Object.keys(validation)
+        let valid = true
+        for (let i = 0; i < fields.length; i++) {
+          const field = fields[i]
+          valid = Object.keys(validation[field])
+            .every(key => validation[field][key])
+          if (!valid) {
+            break
+          }
+        }
+        return valid
+      },
+
+      disableLoginAction() { // valid를 사용해 로그인 처리 가능 여부, progress는 뒤에 설명
+        return !this.valid || this.progress
+      }
+    },
+
+    methods: {
+      resetError() {
+        this.error = ''
+      },
```

```
+
+    handleClick(ev) {
+      if (this.disableLoginAction) { return } // 사유가 있을 시 로그인 처리가 안 되도록 막는 가드
+
+      this.progress = true // 로그인 처리 중임을 나타냄
+      this.error = ''
+
+      this.$nextTick(() => {
+        this.onlogin({
+          email: this.email,
+          password: this.password
+        })
+        .catch(err => {
+          this.error = err.message
+        })
+        .then(() => {
+          this.progress = false
+        })
+      })
+    }
+  }
+}
+ </script>
+
+ <style scoped>
+ form {
+   display: block;
+   margin: 0 auto;
+   text-align: left;
+ }
+ label {
+   display: block;
+ }
+ input {
+   width: 100%;
+   padding: .5em;
+   font: inherit;
+ }
```

```
+ ul {
+   list-style-type: none;
+   padding: 0;
+   margin: 0.25em 0;
+ }
+ ul li {
+   font-size: 0.5em;
+ }
+ .validation-errors {
+   height: 32px;
+ }
+ .form-actions p {
+   font-size: 0.5em;
+ }
+ </style
```

10.2.3 KbnLoginView 컴포넌트

마지막 컴포넌트로 KbnLoginView를 구현한다. 이 컴포넌트는 로그인 페이지를 구체화하는 역할을 한다. 헤더(h1 요소)와 KbnLoginForm 컴포넌트로 구성된다. KbnLoginForm 컴포넌트가 로그인 과정을 시작하면 유효성 검사를 마친 이메일 주소 및 패스워드를 통해 서버에서 인증이 이뤄진다. 인증이 끝나면 애플리케이션의 메인 페이지에 해당하는 보드 페이지로 이동하도록 구현한다.

그럼 KbnLoginView 컴포넌트의 구현에 앞서 테스트를 작성한다.

```
$ mkdir -p test/unit/specs/components/templates
$ touch test/unit/specs/components/templates/KbnLoginView.spec.js
```

```
+ import { mount, createLocalVue } from '@vue/test-utils'
+ import Vuex from 'vuex'
+ import KbnLoginView from '@/components/templates/KbnLoginView.vue'
+
+ // 로컬 Vue 생성자를 생성
+ const localVue = createLocalVue()
+
+ // 로컬 Vue 생성자에 Vuex를 설치
```

```
+ localVue.use(Vuex)
+
+ describe('KbnLoginView', () => {
+   let actions
+   let $router
+   let store
+   let LoginFormComponentStub
+
+   // 'KbnLoginForm' 컴포넌트의 로그인 버튼 클릭을 일으키는 헬퍼 함수
+   const triggerLogin = (loginView, target) => {
+     const loginForm = loginView.find(target)
+     loginForm.vm.onlogin('foo@domain.com', '12345678')
+   }
+
+   beforeEach(() => {
+     // KbnLoginForm 컴포넌트 스텁 설정
+     LoginFormComponentStub = {
+       name: 'KbnLoginForm',
+       props: ['onlogin'],
+       render: h => h('p', ['login form'])
+     }
+
+     // Vue Router 목업 설정
+     $router = {
+       push: sinon.spy()
+     }
+
+     // login 액션 동작 확인을 위한 Vuex 관련 설정
+     actions = {
+       login: sinon.stub() // login 액션 목업
+     }
+     store = new Vuex.Store({
+       state: {},
+       actions
+     })
+   })
+
+   describe('로그인', () => {
```

```
+      let loginView
+      describe('성공', () => {
+        beforeEach(() => {
+          loginView = mount(KbnLoginView, {
+            mocks: {
+              $router
+            },
+            stubs: {
+              'kbn-login-form': LoginFormComponentStub
+            },
+            store,
+            localVue
+          })
+        })
+
+        it('홈페이지 루트로 리다이렉트', done => {
+          // login 액션을 성공함
+          actions.login.resolves()
+
+          triggerLogin(loginView, LoginFormComponentStub)
+
+          // 프라미스 리프레시
+          loginView.vm.$nextTick(() => {
+            expect($router.push.called).to.equal(true)
+            expect($router.push.args[0][0].path).to.equal('/')
+            done()
+          })
+        })
+      })
+
+      describe('실패', () => {
+        beforeEach(() => {
+          loginView = mount(KbnLoginView, {
+            stubs: {
+              'kbn-login-form': LoginFormComponentStub
+            },
+            store,
+            localVue
```

```
+        })
+        sinon.spy(loginView.vm, 'throwReject') // spy를 이용해 래핑
+      })
+
+      afterEach(() => {
+        loginView.vm.throwReject.restore() // spy 래핑 해제
+      })
+
+      it('오류 처리가 호출됨', done => {
+        // login 액션이 실패함
+        const message = 'login failed'
+        actions.login.rejects(new Error(message))
+
+        triggerLogin(loginView, LoginFormComponentStub)
+
+        // 프라미스 리프레시
+        loginView.vm.$nextTick(() => {
+          const callInfo = loginView.vm.throwReject
+          expect(callInfo.called).to.equal(true)
+          expect(callInfo.args[0][0].message).to.equal(message)
+          done()
+        })
+      })
+    })
+  })
+})
```

KbnLoginView 컴포넌트의 단위 테스트는 로그인 처리를 검증한다. KbnLoginView 컴포넌트는 KbnLoginForm 컴포넌트를 포함하는 형태로 구성된다. 그러므로 단위 테스트에 KbnLoginForm 컴포넌트의 스텁 코드를 이용한다.

스텁이란 테스트를 위해 사용하는 테스트 대상이 아닌 것의 대체물을 의미한다. 이렇게 스텁을 이용하는 이유는 테스트 대상이 아닌 부분에 영향을 받지 않기 위해서다.

로그인에 사용되는 onlogin은 KbnLoginForm 컴포넌트 내부의 상태에 의해 동작이 결정된다. 그러므로 테스트를 나이브하게 작성하면 이 상태를 고려해야 한다. 그러나 이러한 상태를 고려하다 보면 테스트 코드가 복잡해져서 수정에 취약해지며, 단위 테스트에서 관련된 인접 부분까지 테스트에 포함시키

면 테스트 구현 범위가 점점 넓어진다. 단위 테스트는 각 컴포넌트를 따로따로 테스트하므로 여기서는 KbnLoginView 컴포넌트의 동작만 테스트하면 된다.

KbnLoginView에서는 KbnLoginForm의 내부 구현을 알 필요가 없다. onlogin과 동등한 인터페이스를 통해 컴포넌트에 정보를 전달할(혹은 받거나) 수 있으면 된다. 그러므로 login 액션에 목업을 사용해서 인증이 성공한 경우와 실패한 경우의 테스트 케이스를 모두 만든다. 이렇게 더미 구현을 사용하면 KbnLoginView 컴포넌트만 테스트할 수 있다.

로그인 인증이 성공했다면 라우팅 설계에 따라 보드 페이지로 이동한다. 이 부분 역시 Vue Router의 목업을 사용해 페이지 이동을 테스트한다.

컴포넌트 구현

KbnLoginView 컴포넌트를 src/components/templates/KbnLoginView.vue 파일에 구현한다.

```
- <template>
-   <p>로그인 페이지</p>
- </template>
+ <template>
+   <div class="login-view">
+     <h1>Kanban App</h1>
+     <KbnLoginForm :onlogin="handleLogin" />
+   </div>
+ </template>
+
+ <script>
+ import KbnLoginForm from '@/components/molecules/KbnLoginForm.vue'
+
+ export default {
+   name: 'KbnLoginView',
+
+ components: {
+   KbnLoginForm
+ },
+
+ methods: {
+   handleLogin (authInfo) {
```

```
+    return this.$store.dispatch('login', authInfo)
+      .then(() => {
+        this.$router.push({ path: '/' })
+      })
+      .catch(err => this.throwReject(err))
+    },
+    throwReject (err) { return Promise.reject(err) }
+  }
+ }
+ </script>
+
+ <style scoped>
+ .login-view {
+   width: 320px;
+   margin: auto;
+ }
+ </style>
```

이것만으로는 애플리케이션으로서는 불완전하며 단순한 로그인 페이지로만 동작한다[11]. npm run dev 명령으로 서버를 시작한 다음, 브라우저 주소창에 http://localhost:8080/#/login을 입력하면 다음과 같은 로그인 페이지가 나타난다.

구현이 끝난 로그인 페이지

---

11   라우팅 처리, 그 외 컴포넌트 구현, login 액션에 따르는 데이터플로가 아직 구현되지 않았으므로 사용자가 사용할 수 있는 수준이 되지 못한다.

10.3 데이터플로 구현

이렇게 해서 컴포넌트 구현이 끝났다. 이제 로그인 페이지에 대한 데이터플로를 구현한다.

10.3.1 login 액션 핸들러

Vuex를 이용한 데이터플로의 진입점인 login 액션 핸들러를 구현한다.

```
$ mkdir -p test/unit/specs/store/actions
$ touch test/unit/specs/store/actions/login.spec.js
```

```
+ import Vue from 'vue'
+ import * as types from '@/store/mutation-types'
+
+ // login 액션 안에서 사용되는 의존성의 목업을 만듦
+ const mockLoginAction = login => {
+   // inject-loader를 사용해 액션 내 의존성을 주입할 함수를 얻음
+   const actionsInjector = require('inject-loader!@/store/actions')
+
+   // 주입 함수를 사용해 Auth API 모듈의 목업을 만듦
+   const actionsMocks = actionsInjector({
+     '../api': {
+       Auth: {
+         login
+       }
+     }
+   })
+
+   return actionsMocks.default.login
+ }
+
+ describe('login 액션', () => {
+   const address = 'foo@domain.com'
+   const password = '12345678'
+   let commit
+   let future
+
```

```
+   describe('Auth.login 성공', () => {
+     const token = '1234567890abcdef'
+     const userId = 1
+
+     beforeEach(done => {
+       const login = authInfo => Promise.resolve({
+         token,
+         userId
+       })
+       const action = mockLoginAction(login)
+       commit = sinon.spy()
+
+       // login 액션 실행
+       future = action({
+         commit
+       }, {
+         address,
+         password
+       })
+       Vue.nextTick(done)
+     })
+
+     it('성공함', () => {
+       // commit이 호출됐는지 확인
+       expect(commit.called).to.equal(true)
+       expect(commit.args[0][0]).to.equal(types.AUTH_LOGIN)
+       expect(commit.args[0][1].token).to.equal(token)
+       expect(commit.args[0][1].userId).to.equal(userId)
+     })
+   })
+
+   describe('Auth.login 실패', () => {
+     beforeEach(done => {
+       const login = authInfo => Promise.reject(new Error('login failed'))
+       const action = mockLoginAction(login)
+       commit = sinon.spy()
+
+       // login 액션 실행
```

```
+      future = action({
+        commit
+      })
+      Vue.nextTick(done)
+    })
+
+    it('실패함', done => {
+      // commit이 호출됐는지 확인
+      expect(commit.called).to.equal(false)
+
+      // 오류가 throw됐는지 확인
+      future.catch(err => {
+        expect(err.message).to.equal('login failed')
+        done()
+      })
+    })
+  })
+ })
```

login 액션 핸들러에 대한 단위 테스트는 백 엔드에 인증을 수행하는 AuthAPI 모듈의 login 메서드의 성공 여부에 따라 두 경우로 나뉜다.

login 액션 핸들러는 아직 구현되지 않은 AuthAPI 모듈에 의존하므로 mockLoginAction 함수에서 inject-loader를 사용해서 이 모듈의 목업을 만든다.

단위 테스트 구현이 끝났으니 src/store/actions.js 파일에 login 액션 핸들러를 구현한다.

```
// ...
  export default {
-   login: ({ commit }) => {
-     // TODO:
-     throw new Error('login action should be implemented')
+   login: ({ commit }, authInfo) => {
+     return Auth.login(authInfo)
+       .then(({ token, userId }) => {
+         commit(types.AUTH_LOGIN, { token, userId })
+       })
+       .catch(err => { throw err })
```

```
  },
  // ...
```

10.3.2 AUTH_LOGIN 뮤테이션 핸들러

AUTH_LOGIN 뮤테이션 핸들러를 구현한다. 이 핸들러는 login 액션에서 AUTH_LOGIN 뮤테이션에 커밋이 일
어나면 실행된다. login 액션에 커밋된 페이로드 값이 상태 auth에 반영됐는지 테스트하면 된다.

```
$ mkdir -p test/unit/specs/store/mutations
$ touch test/unit/specs/store/mutations/auth_login.spec.js
```

```
+ import mutations from '@/store/mutations'
+
+ describe('AUTH_LOGIN 뮤테이션', () => {
+   it('뮤테이션의 페이로드 값에 auth가 있을 것', () => {
+     const state = {}
+
+     const token = '1234567890abcdef'
+     const userId = 1
+     mutations.AUTH_LOGIN(state, { token, userId })
+
+     expect(state.auth.token).to.equal(token)
+     expect(state.auth.userId).to.equal(userId)
+   })
+ })
```

AUTH_LOGIN 뮤테이션 핸들러를 src/store/mutations.js 파일에 구현한다. state.auth에 페이로드를 전달
하기만 하면 되는 간단한 코드다.

```
// ...
  export default {
    [types.AUTH_LOGIN] (state, payload) {
-     // TODO:
-     throw new Error('AUTH_LOGIN mutation should be implemented')
+     state.auth = payload
    },
    // ...
```

10.3.3 AuthAPI 모듈

`login` 액션 핸들러와 `AUTH_LOGIN` 뮤테이션 핸들러의 구현이 끝났다. 이것으로 로그인 페이지에서 일어나는 Vuex 데이터플로는 거의 완성이다. 그러나 `login` 액션 핸들러 안에서 사용되는 AuthAPI 모듈의 구현이 아직 끝나지 않았다. 이 모듈은 백 엔드 API와 통신해 실질적인 인증을 수행하기 때문에 꼭 필요하다. 이를 구현해 보자[12].

```
$ mkdir -p test/unit/specs/api
$ touch test/unit/specs/api/auth.spec.js
```

AuthAPI 모듈의 단위 테스트를 살펴보자. 백 엔드 API에 보낸 요청이 정상적으로 처리된 경우와 실패한 경우로 나누어 동작을 테스트한다. `login` 액션 핸들러와 마찬가지로 `inject-loader`를 사용해 axios의 adapter 기능을 목업으로 대체한다[13].

```
+ import axios from 'axios'
+
+ // Auth API 모듈을 사용하는 HTTP 클라이언트 목업을 만듦
+ const mockAuth = adapter => {
+   const injector = require('inject-loader!@/api/auth')
+   const clientMock = injector({
+     './client': axios.create({ adapter })
+   })
+   return clientMock.default
+ }
+
+ describe('Auth API 모듈', () => {
+   describe('login', () => {
+     const token = '1234567890abcdef'
+     const userId = 1
+     const address = 'foo@domain.com'
+     const password = '12345678'
+
+     describe('성공', () => {
```

---

12 백 엔드 API와 통신하는 API 모듈은 본래 Vuex 데이터플로의 영역이 아니다. 그러나 일반적인 애플리케이션은 데이터플로 자체에 백 엔드와 통신이 필요한 부분이 있다. 그러므로 대체로 이를 한꺼번에 구현한다.
13 단위 테스트 환경에서 백 엔드를 모방하는 서버를 사용하는 대신, 자바스크립트 코드 수준에서 API 규격에 맞는 통신 결과를 반환하는 목업을 구현해서 테스트의 효율을 높였다.

```
+     it('token,userId를 받아옴', done => {
+       const adapter = config => {
+         return new Promise((resolve, reject) => {
+           resolve({ data: { token, userId }, status: 200 })
+         })
+       }
+
+       const auth = mockAuth(adapter)
+       auth.login({
+           address,
+           password
+         })
+         .then(res => {
+           expect(res.token).to.equal(token)
+           expect(res.userId).to.equal(userId)
+         })
+         .then(done)
+     })
+   })
+
+   describe('오류', () => {
+     it('오류 메시지를 받아옴', done => {
+       const message = 'failed login'
+       const adapter = config => {
+         return new Promise((resolve, reject) => {
+           const err = new Error(message)
+           err.response = { data: { message }, status: 401 }
+           reject(err)
+         })
+       }
+
+       const auth = mockAuth(adapter)
+       auth.login({ address, password })
+         .catch(err => {
+           expect(err.message).to.equal(message)
+         })
+         .then(done)
+     })
```

```
+     })
+   })
+ })
```

AuthAPI 모듈을 src/api/auth.js 파일에 구현한다. client 객체를 사용해 엔드 포인트 /auth/login에 인증정보를 담은 POST 요청을 보낸다. 통신은 비동기로 이뤄지므로 프라미스를 사용해 성공한 경우와 실패한 경우를 각각 작성했다.

```
+ import client from './client'
+
+ export default {
+   login: authInfo => {
+   return new Promise((resolve, reject) => {
+     client.post('/auth/login', authInfo)
+       .then(res => resolve({ token: res.data.token, userId: res.data.userId}))
+       .catch(err => {
+         reject(new Error(err.response.data.message || err.message))
+       })
+     })
+   }
+ }
```

HTTP 클라이언트를 별도의 모듈 ./client로 분리했다. 이렇게 하면 auth.js 파일에서 인증과 관계없는 부분이 제거되므로 앞으로 통신과 관련된 코드를 추가하기에 유리하다. 이 파일 역시 다음과 같이 구현한다.

```
$ touch src/api/client.js
```

```
+ import axios from 'axios'
+
+ export default axios.create()
```

10.4 라우팅 구현

Vue Router를 사용한 라우팅을 구현한다. 기본 라우팅 구현[14]은 이미 돼 있으므로, 이번에는 로그인/비로그인 상태에 따라 라우팅을 전환하는 방법을 알아본다.

10.4.1 beforeEach 가드를 활용한 내비게이션 가드

로그인 여부에 따라 페이지 이동을 차단하는 내비게이션 가드를 구현한다. Vue Router가 제공하는 beforeEach 가드를 활용한다.

라우팅과 마찬가지로 테스트 주도 개발 방식을 택한다[15].

```
$ mkdir -p test/unit/specs/router
$ touch test/unit/specs/router/guards.spec.js
```

beforeEach 가드에 대한 단위 테스트는 인증 토큰[16]이 존재하는 경우와 아닌 경우로 나뉜다.

이 단위 테스트는 login 액션 핸들러와 마찬가지로 inject-loader를 사용해 헬퍼 함수 mockAuthorizeToken을 beforeEach 가드 내부에서 사용하는 Vuex 스토어의 목업으로 삼아 대체한다. Vue Router와 Vuex가 설정된 애플리케이션 코드는 사용하지 않는다. 테스트 코드 내부적으로 별도의 Vue Route 라우팅 정의 및 Vuex 상태를 설정하는 방법으로 로컬 Vue 환경을 만든다. 이중 작업 같지만, 트러블을 방지할 수 있는 방법이다[17].

```
+ import { mount, createLocalVue } from '@vue/test-utils'
+ import VueRouter from 'vue-router'
+ import Vuex from 'vuex'
+
+ // App 컴포넌트
+ const App = {
+   name: 'app',
+   render: h => h('router-view')
```

---

14 템플릿과 라우트 지원
15 라우팅을 위한 단위 테스트 역시 src 디렉터리 아래 구조와 같게 만든다.
16 로그인 과정에서 백 엔드가 발행하는 토큰.
17 Vue Router와 Vuex가 설정된 애플리케이션 코드를 사용하는 방법도 있으나, 테스트 대상이 아닌 부분이 단위 테스트 코드 환경에 함께 설정하는 불필요한 작업이 발생하므로 단위 테스트가 실패했을 때 이 테스트가 실패한 원인을 특정하기가 어렵고 그만큼 디버깅이 어려워진다. 이런 문제를 방지하기 위해 테스트 대상이 아닌 코드와 모듈을 최대한 테스트 환경에서 배제하는 것이 바람직하다. 지금까지 작성한 테스트 코드에서도 매번 Vue를 새로 설정하는 방법을 사용했다.

```
+ }
+ // Top 컴포넌트
+ const Top = {
+   name: 'top',
+   render: h => h('p', ['top'])
+ }
+ // Login 컴포넌트
+ const Login = {
+   name: 'login',
+   render: h => h('p', ['login'])
+ }
+
+ // 내비게이션 가드 구현 파일 안에서 사용할 Veux 스토어 목업을 만드는 헬퍼 함수
+ const mockAuthorizeToken = store => {
+   const injector = require('inject-loader!@/router/guards')
+   const storeMock = injector({
+     '../store': store
+   })
+   return storeMock.authorizeToken
+ }
+
+ // Vue 애플레케이션을 초기화해주는 헬퍼 함수
+ const setup = state => {
+   // Vuex 스토어 생성
+   const store = new Vuex.Store({
+     state
+   })
+
+   // Vue Router 생성
+   const router = new VueRouter({
+     routes: [{
+       path: '/',
+       component: Top,
+       meta: {
+         requiresAuth: true
+       }
+     }, {
+       path: '/login',
+       component: Login
+     }]
```

```
+   })
+
+   // 내비게이션 가드 역할을 하는 authorizeToken 훅을 설치
+   router.beforeEach(mockAuthorizeToken(store))
+
+   // 마운트 및 래퍼 함수 반환
+   return mount(App, {
+     localVue,
+     store,
+     router
+   })
+ }
+
+ // 생성자로 로컬 Vue 인스턴스 생성
+ const localVue = createLocalVue()
+
+ // 로컬 Vue 인스턴스에 Vue Router 및 Vuex를 설치
+ localVue.use(VueRouter)
+ localVue.use(Vuex)
+
+ describe('beforeEach 가드 훅', () => {
+   describe('인증 토큰 있음', () => {
+     it('그대로 진행함', () => {
+       const app = setup({
+         auth: {
+           token: '1234567890abcdef',
+           userId: 1
+         }
+       })
+       expect(app.text()).to.equal('top')
+     })
+   })
+
+   describe('인증 토큰 없음', () => {
+     it('/login 으로 리다이렉트', () => {
+       const app = setup({})
+       expect(app.text()).to.equal('login')
+     })
+   })
+ })
```

애플리케이션 코드 작성

src/router 디렉터리에 내비게이션 가드와 관련된 구현을 담을 guard.js 파일을 생성하고 이 파일에 구현을 추가한다.

```
$ touch src/router/guards.js
```

authorizeToken 함수가 로그인 여부를 체크해서 처리를 분기한다. 로그인 여부는 인증 토큰 유무로 확인하며 그 결과에 따라 해당 라우트대로 페이지를 이동할지, 로그인 페이지로 이동할지를 결정한다[18]. 또한, 일치하는 라우트 레코드의 메타 필드에 requiredAuth가 부여돼 있다면 인증이 필요한 페이지이고 그렇지 않다면 인증이 불필요한 페이지다. authorizeToken 함수가 이 구분을 수행한다.

```
+ import store from '../store'
+
+ export const authorizeToken = (to, from, next) => {
+   if (to.matched.some(record => record.meta.requiresAuth)) {
+     // 일치하는 라우트에 'requiredAuth' 메타 필드가 있으면
+     // 로그인 시 발행되는 인증 토큰 유무를 확인함
+     // 주의 :
+     // 여기서는 편의상 'auth.token'이 있는지만 확인하지만
+     // 원래는 인증 토큰의 유효성 자체를 서버에 확인해야 함.
+     if (!store.state.auth || !store.state.auth.token) {
+       next({
+         path: '/login'
+       })
+     } else {
+       next()
+     }
+   } else {
+     next()
+   }
+ }
```

---

18 코드 주석에서 밝혔듯이 예제에서는 authorizeToken 함수를 간략화해 구현했다. 여기서는 단순히 인증 토큰의 유무만을 확인하지만, 실제 애플리케이션에서는 백 엔드 API를 통해 인증 토큰이 유효한지까지 확인해야 한다.

guards.js 임포트 추가

이제 beforeEach 가드의 구현이 끝났다. src/router/index.js 파일을 다음과 같이 수정해서 guard.js 파일을 사용할 수 있도록 임포트한다. 라우터 인스턴스의 beforeEach 메서드에 authorizeToken 함수를 전달하면 로그인 여부에 따라 내비게이션을 통제하는 기능이 동작한다. 그러면 일단 내비게이션 가드는 완성이다.

```
  import Vue from 'vue'
    import Router from 'vue-router'
    import routes from './routes'
+ import { authorizeToken } from './guards'

    Vue.use(Router)

- export default new Router({ routes })
+ const router = new Router({ routes })
+ router.beforeEach(authorizeToken)
+
+ export default router
```

10.5 개발 서버와 디버깅

구현이 모두 끝났다. 웹 프런트 엔드 개발은 로컬 환경에서 개발 서버를 띄우고 웹 브라우저에서 구현 내용을 확인하며 진행하는 것이 일반적이다. UI를 구현하고 브라우저에서 확인한 다음, 수정하는 과정을 반복하는 것이다.

이 책에서는 다른 방법을 사용한다. 단위 테스트를 중심으로 구현을 진행하며 화면을 통한 동작 검증은 거의 하지 않는다. 이런 테스트 주도 개발 방식은 동작이 확인된 모듈을 모아 바텀업 방식으로 애플리케이션을 개발할 수 있는 장점이 있다.

그러나 이 방법은 애플리케이션의 실제 동작을 확인할 수 없다는 문제가 있다. UI 레이아웃, 글꼴, 색, 애니메이션 등의 외관과 상호작용하는지 그 동작 여부를 확인할 수 없다. 더욱이 웹 브라우저의 디버깅 역시 불가능하다[19].

---

19 애플리케이션을 구성하는 컴포넌트에 대한 디버깅 역시 콘솔 출력 및 어설션을 통해서만 컴포넌트 및 Vuex 스토어 등의 상태를 확인할 수 있다. 값을 확인할 때마다 단위 테스트를 실행해야 하므로 효율이 매우 안 좋다.

이런 문제 때문에 Vue.js를 사용하는 웹 애플리케이션은 서버[20]와 브라우저를 사용하는 기존 방법을 통한 확인이 필요하다. 이번에는 로컬 환경에서 개발 서버를 실행하는 태스크 명령인 npm run dev를 사용한다. 이 명령으로 로컬 개발 서버를 간단히 갖출 수 있다. 또한 Vue.js는 개발자용 웹 브라우저 확장 기능인 Vue DevTools을 제공한다. 이 도구를 사용하면 쉽게 브라우저 디버깅과 성능을 확인할 수 있다. 이 도구를 사용해 보자.

10.5.1 개발 서버를 사용해 개발하기

npm run dev 명령으로 로그인 페이지의 동작을 확인해 보자.

npm run dev 명령을 사용해 로컬에서 개발 서버를 시작한다. 서버가 시작된 후 웹 브라우저에서 http://localhost:8080에 접근해 보면 보드 페이지가 화면에 나타난다. 그러나 아직 로그인 상태가 아니므로 보드 페이지에서 로그인 페이지로 리다이렉트된다. 이 동작을 통해 지금까지 구현한 로그인 페이지를 구성하는 컴포넌트와 Vue Router로 구현한 라우팅이 정상적으로 동작하는지 확인할 수 있다.

그다음으로 로그인 페이지의 입력 폼에 이메일 주소와 패스워드를 입력하고 로그인 버튼을 눌러 로그인을 실행한다. 다음 화면과 같이 HTTP 상태 코드 404가 출력될 것이다.

로그인 에러(404)

---

20 대개는 로컬 개발 서버.

이 HTTP 상태 코드는 백 엔드 API의 /auth/login에 통신을 취한 결과다. 개발 서버에는 이 엔드 포인트가 없기 때문에 HTTP 요청에 404를 반환한다. 이 문제를 해결하려면 크게 2가지 방법이 있다.

- API 프락시 기능을 통해 백 엔드와 통합

- 로컬에 위치한 개발 서버에 해당 엔드 포인트의 목업을 구현

이번 장에서 백 엔드 API 서버를 실제 구현하지는 않을 것이므로 두 번째 방법인 목업을 사용한다[21]. 로컬 환경에서 백 엔드 API를 제공하도록 build/dev-server.js 파일을 준비했다. 이 파일에 /auth/login 엔드 포인트의 목업을 구현한다.

```
+ const bodyParser = require('body-parser')
+ // 'Express' 애플리케이션 인스턴스를 전달받을 함수를 익스포트함
+ module.exports = app => {
+   // HTTP 요청의 body에 담긴 JSON을 파싱할 미들웨어 설치
+   app.use(bodyParser.json())
+   // TODO: 이 뒤로 API 구현을 추가
+   // 사용자 정보
+   const users = {
+     'foo@domain.com': {
+       password: '12345678',
+
+       userId: 1,
+       token: '1234567890abcdef'
+     }
+   }
+
+   // 로그인 API 엔드 포인트는 '/auth/login'
+   app.post('/auth/login', (req, res) => {
+     const {
+       email,
+       password
+     } = req.body
+     const user = users[email]
+     if (user) {
+       if (user.password !== password) {
```

웹 프런트 엔드 개발용 백 엔드가 제공된다면 webpack 템플릿에서 제공하는 API 프락시 기능을 사용해 백 엔드를 개발 환경에 통합하는 것이 가장 좋다. 그러나 지금처럼 백 엔드가 없거나 프런트 엔드와 함께 백 엔드가 개발되는 도중이라면 API 프락시 기능을 사용할 수 없다. 그러므로 로컬 개발 서버에 API 엔드 포인트를 개발용 목업으로 구현해야 한다.

```
+        res.status(401).json({ message: '로그인에 실패했습니다.' })
+      } else {
+        res.json({ userId: user.userId, token: user.token })
+      }
+    } else {
+      res.status(404).json({ message: '등록된 사용자가 아닙니다.' })
+    }
+  })
+ }
```

로컬 개발 서버에 구현한 엔드 포인트 목업은 간이로 구현한 것이다. 사용자 정보는 개발 서버 메모리에 저장하며, 클라이언트인 웹 브라우저에서 요청이 들어오면 다음과 같은 처리를 수행한다[22].

HTTP 상태 코드	설계된 내용
200	사용자의 인증 토큰과 ID를 JSON 포맷으로 반환함.
401	사용자가 입력한 패스워드가 불일치하는 경우, 인증 실패 메시지를 JSON 포맷으로 반환함.
404	입력된 사용자가 등록돼 있지 않은 경우, 등록된 사용자가 없다는 메시지를 JSON 포맷으로 반환함.

위 코드를 저장하고 나서 npm run dev 명령을 실행해 개발 서버를 재시작한다. 그러면 웹 브라우저가 새로 고침되며 수정된 상태가 반영된다.

고의로 존재하지 않는 사용자의 이메일 주소와 패스워드를 입력해 로그인에 실패하면 다음 화면에서 보든 개발 서버에서 구현한 오류 메시지 404가 표시된다.

개발 서버에 목업으로 구현된 엔드 포인트의 오류 메시지

---

22 실제 백 엔드는 사용자 정보를 데이터베이스에서 받아오며, 유효성 검사, 오류 및 예외 처리 등 다양한 처리를 수행하도록 구현된다. 그러나 지금처럼 로컬에서 동작하는 백 엔드는 애플리케이션 개발에 사용하는 것이 목적이므로 웹 프런트 엔드와 함께 동작하기만 하면 된다. 그러므로 위 코드와 같이 최소한 필요한 기능만 구현하고 애플리케이션 개발에 주력하는 것이 좋다.

오류 메시지를 확인했다면 이번에는 개발 서버에 등록된 사용자의 이메일 주소와 패스워드를 입력해 보겠다. 다음 화면에서 로그인이 성공하면 보드 페이지로 리다이렉트된다.

로그인에 성공해 보드 페이지로 리다이렉트된 화면

이렇게 백 엔드 엔드 포인트 목업을 로컬에 구현하는 방법으로 웹 브라우저에서 애플리케이션을 동작시켜보며 개발을 진행할 수 있다.

10.5.2 Vue DevTools로 디버깅하기

예제와 함께 Vue DevTools를 사용한 디버깅을 알아보겠다.

`npm run dev` 명령으로 개발 서버를 시작하고 애플리케이션 동작을 확인한다. 아직은 로그인 과정에서 발행된 인증 토큰이 웹 브라우저에 저장되도록 하는 구현이 없기 때문에 다시 로그인 페이지가 나타날 것이다[23].

웹 페이지에서 Vue DevTools가 Vue.js를 탐지하면 개발자 도구에 Vue 탭이 활성화되며 Vue.js 디버깅이 가능해진다. 확장 기능 메뉴에 있는 아이콘도 함께 활성화된다.

Vue DevTools가 Vue.js를 탐지한 경우

---

23 인증 토큰의 저장 및 검증은 각자 해결할 과제로 남겨 놓겠다. 여기서는 간이 구현으로 대체한다.

Vue 탭을 선택해 보면 다음 화면과 같이 Vue 탭의 내용이 나타난다[24].

Vue DevTools의 디버깅 화면

Vue 탭에는 Vue DevTools의 디버깅 기능이 제공된다. Vue DevTools의 기능을 npm run dev 명령과 함께 실제로 사용하며 확인해 보겠다.

탭	설명
Components	애플리케이션의 모든 컴포넌트를 트리 구조로 나타낸 컴포넌트 트리를 보여준다. 트리에서 컴포넌트를 선택하면 해당 컴포넌트의 데이터(data), 프로퍼티(props), 계산 프로퍼티(computed)의 정보를 컴포넌트 인스펙터에 보여준다.
Vuex	애플리케이션에서 Vuex를 사용하고 있다면 뮤테이션 커밋 히스토리를 보여주며, 뮤테이션 커밋을 선택하면 Vuex 스테이트(state)의 상태 값 및 게터의 반환값, 뮤테이션의 종류 및 페이로드 정보를 Vuex 스테이트 인스펙터에 보여준다. 뮤테이션 커밋 히스토리에서 특정 커밋 시점의 Vuex 상태로 만드는 타임 트래블 디버깅도 가능하다.
Events	애플리케이션에서 $emit에서 발생시킨 이벤트 히스토리를 보여준다. 특정 이벤트를 선택하면 해당 이벤트의 종류, 발생 위치, 페이로드 등 다양한 상세 정보를 보여준다.

Components 탭

모든 컴포넌트가 <root>로 시작하는 트리 형태로 나타난다. 컴포넌트 트리를 전부 펼쳐보겠다. 트리를 펼쳐보면 다음과 같은 화면이 나타난다.

---

24 이 그림에서는 개발자 도구를 오른쪽에 도킹한 상태다.

로그인 페이지를 구성하는 모든 컴포넌트

로그인 페이지를 구성하는 모든 컴포넌트를 확인할 수 있다. <KbnLoginView> 컴포넌트 부분에서 router-view: /login이라고 나와 있는 부분이 보이는가? 이렇게 라우트 정의를 확인할 수 있다. Vue Router의 라우트 정의가 컴포넌트와 매핑된 경우 Vue Router 컴포넌트 router-view가 이 컴포넌트를 렌더링하면 이렇게 표시된다.

컴포넌트 <KbnLoginForm>을 선택해 보자. 컴포넌트 트리 패널 오른쪽의 컴포넌트 인스펙터에서 <KbnLoginForm> 컴포넌트의 데이터, 프로퍼티, 계산 프로퍼티 정보를 확인할 수 있다.

선택된 컴포넌트의 정보를 보여주는 컴포넌트 인스펙터

컴포넌트를 선택한 상태에서 로그인 페이지의 이메일 주소 필드에 아무 값이나 입력해 보자. 값을 입력하면 컴포넌트 인스펙터에도 입력한 내용이 실시간으로 반영되는 것을 볼 수 있다. v-model로 이메일 주소 필드와 바인딩된 email 데이터의 값, 그리고 계산 프로퍼티 validation의 값 역시 실시간으로 변화한다.

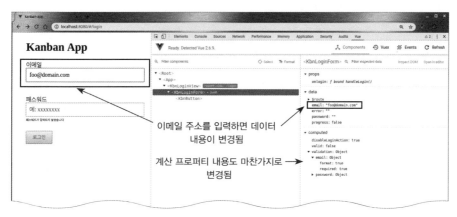

실시간으로 변화하는 컴포넌트 인스펙터의 내용

컴포넌트 인스펙터에서 데이터를 수정한 다음, 컴포넌트의 동작을 확인할 수도 있다. 다음과 같이 컴포넌트 인스펙터에서 email 데이터에 마우스 커서를 위치시키고 연필 아이콘을 클릭해서 email 데이터의 내용을 빈 문자열로 수정한다. 그러면 이메일 주소 필드의 내용 역시 아무 내용도 없는 상태가 되는 것을 확인할 수 있다.

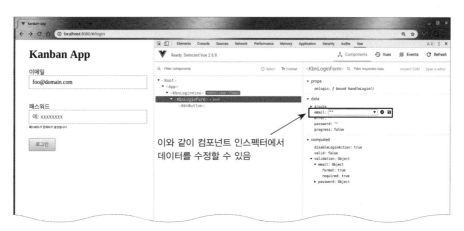

컴포넌트 인스펙터에서 데이터를 수정하는 디버깅

지금까지 봤듯이 Components 탭에서는 컴포넌트에 대한 정보 전반을 확인할 수 있다.

컴포넌트 트리에서 컴포넌트 구조를, 컴포넌트 인스펙터에서는 컴포넌트 상태 값을 확인할 수 있으며 반대로 개발자 도구 쪽에서 데이터를 수정해서 동작을 확인할 수도 있어 매우 편리하다. DevTools를 사용하면 console.log 같은 콘솔 출력을 사용할 필요가 없다.

Vuex 탭

Vuex탭은 Vuex 데이터플로 등을 확인할 수 있다.

확인을 위해 로그인 페이지에서 이메일 주소와 패스워드를 입력한 다음, 로그인 버튼을 클릭해 로그인을 진행한다. 그러면 login 액션의 데이터플로를 통해 로그인 처리가 실행되며 로그인에 성공하면 최상위 페이지인 보드 페이지로 이동한다.

이때 Vue DevTools의 Vuex 탭을 클릭한다. 그러면 다음과 같은 화면을 볼 수 있다. Vuex 히스토리를 보면 Vuex에 커밋된 뮤테이션의 히스토리를 볼 수 있다. Vuex 인스펙터는 이 뮤테이션의 각 상태 값을 보여준다.

로그인에 성공한 시점의 Vuex 탭 내용

Vuex 히스토리를 보면 마지막에 커밋된 AUTH_LOGIN 뮤테이션이 선택된 상태다. Vuex 스테이트 인스펙터에는 해당 뮤테이션의 Vuex 상태 값이 나타난다. AUTH_LOGIN 뮤테이션을 보면 inspected 레이블[25]과 active 레이블[26]이 붙어 있다.

inspected 레이블은 현재 Vuex 스테이트 인스펙터에서 내용을 보고 있는 중이라는 의미다. active 레이블은 가장 최근에 뮤테이션이 커밋된 상태를 나타내는 레이블이다.

Vuex 스테이트 인스펙터는 Vuex 히스토리의 뮤테이션마다 커밋 시점의 Vuex 상태 정보를 확인할 수 있다. 여기서는 AUTH_LOGIN 뮤테이션이 커밋된 상태다. 해당 시점의 Vuex 스테이트, 뮤테이션의 페이로드 정보를 볼 수 있다.

---

25 Vuex 히스토리에서 다른 뮤테이션을 선택해도 이 레이블이 부여되며 해당 뮤테이션이 커밋된 시점의 Vuex 상태 정보가 Vuex 스테이트 인스펙터에 나타난다.

26 Vuex 탭을 선택하면 애플리케이션의 뮤테이션 중 가장 최근에 커밋된 것이 선택된다. Vuex 히스토리 목록에 있는 뮤테이션에 마우스 커서를 올리면 타임트래블 아이콘(시계 모양 아이콘)이 뮤테이션 위에 나타나는데, 이때 이 아이콘을 클릭하면 해당 뮤테이션에 대해 커밋을 실행해 애플리케이션의 Vuex의 상태를 수정해 반영할 수 있다 active 레이블은 바로 이렇게 된 뮤테이션에 붙는다.

Vuex 히스토리의 초기 상태 Base State[27]에 마우스 커서를 올린 후 이때 나타나는 타임트래블 아이콘을 클릭한다. 그러면 active 레이블과 inspected 레이블이 Base State로 이동한다.

타임트래블을 실행한 상태

Vuex 스토어에서 관리되는 상태가 초기 상태로 돌아가 있다. 이 기능을 타임트래블이라고 한다. 상태는 Vuex 스테이트 인스펙터로 확인할 수 있으므로 해당 시점의 상태 역시 확인할 수 있다.

Vuex 히스토리의 AUTH_LOGIN을 마우스 오버했을 때 나타난 타임트래블 아이콘을 클릭해 보자. 이번에는 AUTH_LOGIN 시점, 다시 말해 로그인 버튼을 눌렀을 때로 돌아간 것을 알 수 있다.

이렇듯 Vuex 탭은 Vuex 상태 정보를 시간 순서로 된 뮤테이션 커밋 단위로 확인할 수 있다[28].

Event 탭

마지막으로 이벤트 이력을 추적할 수 있는 Events 탭이다.

로그인에 성공한 시점의 Event 탭 내용

이벤트 히스토리를 보면 $emit가 발생시킨 이벤트 이력을 볼 수 있다. 이벤트 인스펙터에는 이벤트 히스토리에서 선택한 이벤트 정보가 나타난다.

---

27 Vuex 히스토리에서 처음에 나타나는 Base State는 초기 상태이며, 애플리케이션 쪽 코드에서 일어난 뮤테이션 실행이 아니다. 이것은 Vuex 디버그를 위해 Vue DevTools가 내부적으로 사용하는 특별한 뮤테이션으로, 플레이스홀더 역할을 한다. 이 뮤테이션은 애플리케이션의 Vuex에서 스토어로 관리되는 상태의 초기 상태를 기억한다.

28 지금까지 Vuex 스토어의 상태에 의존적으로 렌더링되는 컴포넌트가 없었기 때문에 타임트래블의 장점을 실감하기 어려울 수도 있다.

이렇듯 Event 탭은 컴포넌트 안에서 $emit가 발생시킨 이벤트를 추적함으로써 이벤트 히스토리로 이벤트 발생 순서를 시간순으로 확인할 수 있다. 이벤트 인스펙터로는 $emit에서 발생시킨 이벤트 이름 및 종류, 이벤트가 일어난 컴포넌트, 그리고 이벤트 정보가 담긴 페이로드[29]를 확인할 수 있다.

Vue Tools를 이용한 디버깅에 대해 대강 설명했다. 이 툴은 Vue.js로 개발한 애플리케이션 디버깅에 매우 유용하다. 본격적인 개발에 앞서 갖춰두는 것이 좋다. 그리고 npm run build 명령을 사용해 애플리케이션을 프로덕션 모드로 빌드하면 DevTools의 Vue 탭을 사용할 수 없다는 점[30]에 주의하기 바란다.

10.6 E2E 테스트

지금까지는 애플리케이션이 바르게 동작하는지 확인하기 위해 단위 테스트를 수행했다. 그러나 단위 테스트만으로는 실제 동작을 확인할 수 없다. GUI 애플리케이션에서는 간과할 수 없는 단점이다.

개발 서버와 브라우저를 사용하는 디버깅을 위한 간단한 테스트 방법도 소개했으나, 이 방법은 본격적인 테스트(E2E 테스트)[31]에 적용하기는 어렵다. 각 요구 사항을 만족하는지 직접 테스트해야 하므로 상당한 노력이 필요하다[32]. 웹 애플리케이션이라면 더욱 사람이 직접 테스트하기 곤란하다. 브라우저 종류에 모바일/데스크톱으로 환경이 매우 다양하게 갈리기 때문이다. API 변경으로 인한 회귀 테스트라도 하게 된다면 작업량이 더욱 폭증할 것이다.

이러한 연유로 웹 애플리케이션 테스트는 E2E 테스트를 코드로 작성해 테스트 프레임워크로 구동하는 방법이 일반적이다. 웹 브라우저상의 동작을 코드로 시뮬레이션하는 방법으로 테스트를 자동화하는 것이다.

이번 절은 이 E2E 테스트를 수행하는 방법을 설명한다.

10.6.1 E2E 테스트 구현하기

환경 설정은 따로 더 준비할 필요가 없다. E2E 테스트 코드만 구현하면 된다.

로그인 기능에 대한 테스트 코드를 구현해 보겠다[33].

---

29 $emit 실행 시 전달받는 인자
30 Vue.cofig.devtools의 값을 true로 설정한 상태에서 프로덕션 모드로 빌드하면 개발자 도구의 Vue 탭으로 디버깅이 가능하다.
31 프런트 엔드부터 백 엔드까지 시스템의 모든 부분을 거치는 테스트이기 때문에 End-to-End 테스트라고 한다. 시스템 테스트라고도 한다.
32 QA 담당자가 있다고 해도 모든 테스트를 맡길 수는 없다.
33 E2E 테스트는 단위 테스트에 비해 실행 비용이 높으므로 중요도가 높은 기능을 중심으로 테스트를 구현한다. 로그인 기능은 그중에서도 E2E 테스트 구현이 꼭 필요한 부분이다.

```
$ rm test/e2e/specs/test.js # 불필요한 파일 삭제
$ touch test/e2e/specs/login.js # 로그인 테스트
```

테스트 코드를 보면 NightWatch의 browser 명령 API를 사용해 웹 브라우저를 조작한다. 로그인 후 보드 페이지로 리다이렉트되는지를 NightWatch 어설션으로 확인한다. 소스 코드에 자세히 주석을 달아 뒀으니 이해가 안 되는 부분이 있다면 주석을 참고하기 바란다. NightWatch의 더 자세한 사용법은 공식 사이트의 API 참조 문서를 참고하라.

```
+ module.exports = {
+   '로그인': function(browser) {
+     const devServer = browser.globals.devServerURL
+
+     browser
+       // 애플리케이션 최상위 페이지로
+       .url(devServer)
+       // 애플리케이션이 렌더링될 때까지 대기
+       .waitForElementVisible('#app', 1000)
+       // 이메일 주소 입력
+       .enterValue('input#email', 'foo@domain.com')
+       // 패스워드 입력
+       .enterValue('input#password', '12345678')
+       // 로그인 버튼이 활성화될 때까지 대기
+       .waitForElementPresent('form > .form-actions > button', 1000)
+       // 로그인
+       .click('form > .form-actions > button')
+       // 로그인 성공 후 리다이렉트돼 보드 페이지가 나올 때까지 대기
+       .waitForElementPresent('#app > p', 1000)
+       // 현재 페이지가 보드 페이지인지 확인
+       .assert.urlEquals('http://localhost:8080/#/')
+       // 끝
+       .end()
+   }
+ }
```

10.6.2 테스트 실행하기

테스트 코드 작성이 끝났다면 npm run e2e 명령을 실행한다. 테스트 러너(test/e2e/runner.js)가 실행되고 NightWatch가 웹 브라우저에서 테스트 코드를 실행한다. 테스트 결과는 콘솔로 출력된다.

```
$ npm run e2e
> kanban-app@1.0.0 e2e /Users/user1/path/to/kanban-app
> node test/e2e/runner.js


Starting selenium server... started - PID: 8872


[Login] Test Suite
============================


Running: 로그인
  Element <#app> was visible after 44 milliseconds.
  Element <form > .form-actions > button> was present after 22 milliseconds.
  Element <#app > p> was present after 548 milliseconds.
  Testing if the URL equals "http://localhost:8080/#/".


OK. 4 assertions passed. (7.924s)
```

10.7 애플리케이션 오류 처리

지금까지 설명한 내용을 통해 구현 방법 및 구현이 올바로 됐는지 확인하는 테스트 방법을 배웠다. 그러나 이것만으로는 실제 애플리케이션을 유지 보수하기 어렵다. 간단한 구현과 테스트만으로는 모두 커버할 수 없는 예상하지 못한 오류가 발생할 수도 있다. 애플리케이션에는 때때로 의도하지 않은 이상 동작이 일어나게 마련이다.

Vue.js로 만든 애플리케이션처럼 컴포넌트를 조합해 만든 UI를 가진 애플리케이션은 오류 처리가 특히 중요하다. 발생한 오류를 포착하고 적절히 처리(에러 핸들링)하지 못하면 UI가 조작 불능 상태[34]에 빠질 수 있다. 그러므로 오류는 적절히 처리해야 한다. Vue.js는 오류를 처리하기 위해 다음과 같은 기능을 제공한다. 지금부터 이 기능에 관해 설명하겠다.

---

34 조작 불능까지는 가지 않는다고 하더라도 좋지 않은 사용자 경험을 주게 된다.

- 자식 컴포넌트에서 발생한 오류 처리

- 전역 오류 처리

10.7.1 자식 컴포넌트에서 발생한 오류 처리

자식 컴포넌트에서 발생한 오류를 포착하기 위해 errorCaptured[35]라는 컴포넌트 생애주기 훅이 제공된다. 이 훅은 훅이 구현된 컴포넌트를 제외한 컴포넌트 하위 트리 안에서 발생한 오류를 포착한다[36].

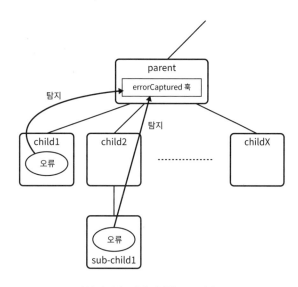

자식 컴포넌트에서 발생한 오류 처리

자식 컴포넌트와 부모 컴포넌트에 모두 errorCaptured 훅이 구현돼 있다면 자식 컴포넌트에서 포착한 오류가 부모 컴포넌트로도 전파된다[37]. 그리고 부모 컴포넌트의 부모 컴포넌트에 대해서도 마찬가지다[38].

---

35 https://kr.vuejs.org/v2/api/#errorCaptured
36 컴포넌트 하위 트리 안에서 발생한 오류 중 비동기 콜백 함수에서 발생한 오류는 포착할 수 없다.
37 부모 컴포넌트의 훅으로 전달됨.
38 DOM에서 발생하는 이벤트 버블링과 유사하다.

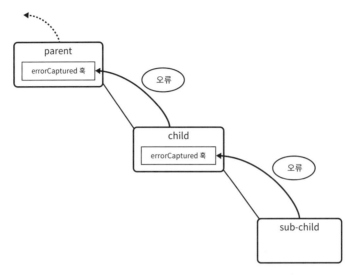

상위 컴포넌트로 전파되는 오류

다만, errorCapture 훅이 false를 반환하는 경우에는 errorCaptured 훅이 구현된 상위 컴포넌트로 오류가 전파되지 않으며 해당 훅에서 전파가 멈춘다.

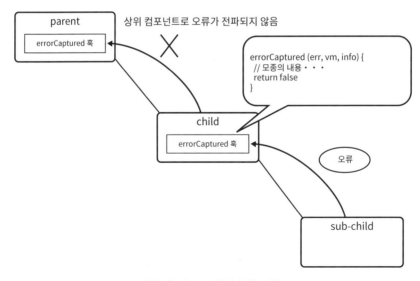

상위 컴포넌트로 전파되지 않는 경우

컴포넌트 하위 트리에서 발생한 오류를 처리하고 정상적인 동작으로 되돌아갈 수 있는 경우라면 훅에서 false를 반환해도 무방하다. 그러나 그렇지 않은 경우라면 메시지를 통해 사용자에게 이상이 발생했음을 알려야 한다.

자식 컴포넌트에서 발생한 오류 처리 구현

errorCaptured 훅을 사용하면 오류를 컴포넌트 단위로 처리할 수 있다. 오류가 발생하는 곳에 일일이 처리를 구현하기보다는 유틸리티 역할을 할 컴포넌트에 오류 처리 구현을 모아두고 오류를 이 컴포넌트에 전파하는 방식을 추천한다. 이 방식을 사용하면 대상 컴포넌트를 래핑하기만 해도 오류를 처리할 수 있다. 이러한 구현의 예를 살펴보겠다.

자식 컴포넌트에서 발생한 예기치 못한 오류를 포착하는 간이 컴포넌트인 ErrorBoundary를 구현한다. src/ErrorBoundary.vue 파일을 만들고 여기에 구현을 작성한다.

```
$ touch src/ErrorBoundary.vue
```

```
+ <template>
+   <div>
+     <div
+       v-if="error"
+       class="error"
+     >
+       <p class="display">예기치 못한 오류가 발생했습니다. 애플리케이션 개발자에게 다음 정보와 함께 문의하세요.</p>
+       <hr>
+       <p class="messsage">오류 메시지: {{ error.message }}</p>
+       <p class="info">오류 정보: {{ info }}</p>
+       <p class="stack">오류 상세 정보: {{ error.stack }}</p>
+     </div>
+     <template v-else>
+       <slot/>
+     </template>
+   </div>
+ </template>
+
+ <script>
```

```
+ export default {
+   name: 'ErrorBoundary',
+
+   data () {
+     return {
+       error: null,
+       info: null
+     }
+   },
+
+   errorCaptured (err, vm, info) {
+     this.error = err
+     this.info = info
+   }
+ }
+ </script>
+
+ <style scoped>
+ .error {
+   color: red;
+   text-align: left;
+ }
+ </style>
```

ErrorBoundary 컴포넌트는 오류가 발생하면 errorCaptured 훅에서 포착된 오류의 상세 정보를 렌더링하며 오류가 발생하지 않으면 포함하는 자식 컴포넌트를 렌더링한다.

ErrorBoundary 컴포넌트를 구현한 다음, src/main.js 파일을 수정해 ErrorBoundary 컴포넌트를 사용할 수 있도록 한다.

```
import Vue from 'vue'
  import 'es6-promise/auto' // 프라미스를 폴리필
  import App from './App'
+ import ErrorBoundary from './ErrorBoundary.vue' // 오류를 포착하는 컴포넌트
  import router from './router'
  import store from './store' // Vuex 스토어 인스턴스 임포트
```

```
  Vue.config.productionTip = false

+ // ErrorBoundary 컴포넌트 설치
+ Vue.component(ErrorBoundary.name, ErrorBoundary)

  /* eslint-disable no-new */
  new Vue({
    el: '#app',
    router,
    store, // 임포트한 스토어 인스턴스를 'store' 옵션으로 전달
    render: h => h(App)
  })
```

마지막으로 컴포넌트의 진입점이 되는 src/App.vue 파일에서 <router-view/> 컴포넌트를 래핑한다. 이런 방법으로 라우트마다 렌더링된 컴포넌트 안에서 발생한 오류를 포착할 수 있다.

```
  <template>
-   <div id="app">
-     <router-view/>
-   </div>
+   <ErrorBoundary id="app">
+     <router-view/>
+   </ErrorBoundary>
  </template>
  ...
```

잘 동작하는지 확인해 보자. 확인을 위해 보드 페이지 컴포넌트인 src/components/templates/KbnBoardView.vue 파일을 다음과 같이 수정[39]하고 npm run dev 명령을 실행한다.

```
- <template>
-   <p>보드 페이지</p>
- </template>
+ <script>
+ /* eslint-disable */
+ export default {
```

---

39 고의로 오류를 발생시켰으므로 코드 정적 분석 결과의 render 함수에서 지적 사항이 발생한다. 지금은 이 지적 사항을 억제하는 주석이 추가된 상태다.

```
+    name: 'KbnBoardView',
+
+    render (h) {
+      throw new Error('렌더링에 실패했습니다.')
+    }
+ }
+ /* eslint-enable */
+ </script>
```

개발 서버가 실행되면 로그인을 시도한다. 정상적으로 로그인하면 다음과 같이 ErrorBoundary 컴포넌트가 포착한 오류의 상세 정보가 출력된다.

예기치 못한 오류가 발생했습니다. 애플리케이션 개발자에게 다음 정보와 함께 문의하세요.

오류 메시지: 렌더링에 실패했습니다.

오류 정보: render

오류 상세 정보: Error: 렌더링에 실패했습니다. at Proxy.render (webpack-internal:///./node_modules/babel-loader/lib/index.js!./node_modules/vue-loader/lib/selector.js?type=script&index=0!./src/components/templates/KbnBoardView.vue:13:11) at VueComponent.Vue._render (webpack-internal:///./node_modules/vue/dist/vue.runtime.esm.js:3541:22) at VueComponent.updateComponent (webpack-internal:///./node_modules/vue/dist/vue.runtime.esm.js:4036:22) at Watcher.get (webpack-internal:///./node_modules/vue/dist/vue.runtime.esm.js:4455:25) at new Watcher (webpack-internal:///./node_modules/vue/dist/vue.runtime.esm.js:4444:12) at mountComponent (webpack-internal:///./node_modules/vue/dist/vue.runtime.esm.js:4054:3) at VueComponent.Vue.$mount (webpack-internal:///./node_modules/vue/dist/vue.runtime.esm.js:8390:10) at init (webpack-internal:///./node_modules/vue/dist/vue.runtime.esm.js:3117:13) at createComponent (webpack-internal:///./node_modules/vue/dist/vue.runtime.esm.js:5954:9) at createElm (webpack-internal:///./node_modules/vue/dist/vue.runtime.esm.js:5901:9)

ErrorBoundary 컴포넌트가 렌더링한 오류의 상세 정보

errorCaptured 훅을 이용하면 컴포넌트 단위로 오류를 처리할 수 있다. 이 기능을 활용해 오류 처리 코드를 컴포넌트에 구현하는 것도 유용한 방법이다.

10.7.2 전역 오류 처리

Vue.js는 컴포넌트 안에 국한되지 않는 전역 오류 처리 기능도 제공한다. 모든 컴포넌트의 렌더링, 와처, 생애주기에서 발생한 오류는 전역 오류로 간주한다. 이러한 오류를 포착하려면 Vue.config.errorHandler[40] 훅을 사용한다.

---

40 https://kr.vuejs.org/v2/api/#errorHandler

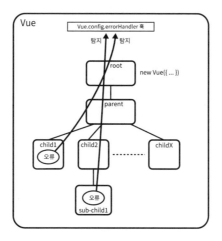

전역 오류 처리

Vue.config.errorHandler 훅은 컴포넌트 생애주기 훅 errorCaptured와 같은 인터페이스로 오류 정보를 포착한다.

이미 설명했다시피 컴포넌트 생애주기 훅 errorCaptured와 Vue.config.errorHandler 훅을 같이 사용할 수도 있다. 이런 경우, 컴포넌트 하위 트리에서 발생한 오류는 먼저 errorCaptured 훅에 포착된 다음, 상위 컴포넌트로 전파되며 마지막에 Vue.config.errorHandler 훅에 포착된다.

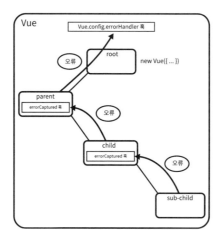

컴포넌트 하위 트리에서 발생한 오류의 전파 과정

errorCaptured 훅이 false를 반환했다면 이 시점에서 오류 전파는 정지되기 때문에 Vue.config. errorHandler 역시 오류를 포착할 수 없다.

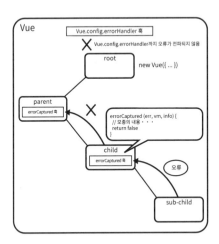

오류의 전파가 정지되면 Vue.config.errorHandler 역시 오류를 포착할 수 없음

errorCaptured 훅 자체에서 발생한 오류는 Vue.config.errorHandler 훅에서 포착되며, errorCaptured 훅에서 포착된 오류는 상위 컴포넌트의 errorCaptured 훅으로 전파되다가 마지막에 Vue.config.errorHandler 훅에서 포착된다.

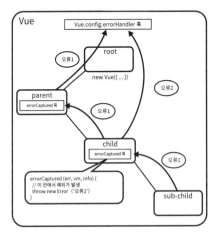

errorCaptured

이렇듯 Vue.config.errorHandler 혹은 어떤 컴포넌트에서 발생하는 오류라도 모두 한곳에서 포착할 수 있기 때문에 애플리케이션 오류를 효율적으로 추적할 수 있다. 이 혹을 사용하면 애플리케이션에서 발생하는 모든 오류를 Fluentd[41] 등을 통해 모니터링할 수 있다.

Sentry[42] 등의 오류 추적 서비스에서 Vue.config.errorHandler를 이용한 플러그인을 제공하기도 한다. 이걸 사용하면 애플리케이션의 오류를 쉽게 추적할 수 있다.

전역 오류 처리 구현하기

Vue.config.errorHandler 혹을 사용해 보자. src/main/js 파일에 다음 코드를 추가한다.

```
// ...
  // ErrorBoundary 컴포넌트 설치
  Vue.component(ErrorBoundary.name, ErrorBoundary)

+ Vue.config.errorHandler = (err, vm, info) => {
+   console.error('errorHandler err:', err)
+   console.error('errorHandler vm:', vm)
+   console.error('errorHandler info:', info)
+ }
  // ...
```

혹에 전달된 각각의 인자 정보를 console.error로 출력했다.

npm run dev 명령으로 개발 서버를 시작한 다음, 로그인을 시도한다. 보드 페이지에서 고의로 오류를 발생하게 했으므로 로그인한 후 ErrorBoundary 컴포넌트가 오류 내용을 렌더링한다. Vue.config.errorHandler 혹이 포착한 오류 역시 콘솔을 통해 출력되는 것을 확인할 수 있다.

---

41 로그 수집 및 관리 도구. https://www.fluentd.org/
42 https://sentry.io/for/vue/

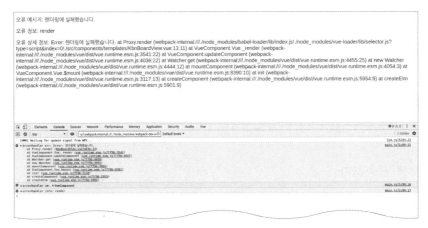

Vue.config.errorHandler 훅에서 콘솔로 출력한 오류 정보

이런 방식으로 Vue.config.errorHandler 훅을 사용해 전역 오류를 처리할 수 있다.

10.8 빌드 및 배포

지금까지 애플리케이션 구현을 완성하고 테스트 및 디버깅 방법도 배웠다. 요구 사항 대로 동작하는 애플리케이션이 완성됐으니 이제 애플리케이션을 출시할 준비를 해야 한다.

지금까지 단일 파일 컴포넌트를 이용해 애플리케이션을 구현했으니 애플리케이션을 출시하려면 빌드 과정이 필요하다. 빌드와 배포 방법을 알아보자.

10.8.1 애플리케이션 빌드

애플리케이션을 빌드해 보겠다. 빌드 준비는 환경 구축과 함께 이미 돼 있다. npm run build 명령을 실행해 보자. 필자의 환경에서는 다음과 같은 내용이 콘솔에 출력된다. 빌드에 webpack 등이 사용됨을 알수 있다.

```
$ npm run build
> kanban-app@1.0.0 build /path/to/my/projects/kanban-app
> node build/build.js

Hash: 9323e74291110d224243
Version: webpack 3.8.1
```

```
Time: 7460ms

Asset Size Chunks Chunk Names
static/js/vendor.f4d9b432d33eb8ea3596.js 140 kB 0 [emitted] vendor
static/js/app.97b0ee47c437c3917b99.js 7.15 kB 1 [emitted] app
static/js/manifest.f8f5efb8d08d9947dc82.js 1.49 kB 2 [emitted] manifest
static/css/app.5ba731fdb06923360200cc31556abc56.css 778 bytes 1 [emitted] app
static/css/app.5ba731fdb06923360200cc31556abc56.css.map 1.48 kB [emitted]
static/js/vendor.f4d9b432d33eb8ea3596.js.map 1.13 MB 0 [emitted] vendor
static/js/app.97b0ee47c437c3917b99.js.map 62.4 kB 1 [emitted] app
static/js/manifest.f8f5efb8d08d9947dc82.js.map 14.2 kB 2 [emitted] manifest
index.html 512 bytes [emitted]

  Build complete.

  Tip: built files are meant to be served over an HTTP server.
  Opening index.html over file:// won't work.
```

npm run build 명령으로 빌드된 애셋 파일[43]은 dist 디렉터리로 출력된다[44]. dist 디렉터리의 내용을 확인해 보자. 정상적으로 애셋 파일이 출력된 것을 확인할 수 있다.

```
$ find ./dist
dist
dist/index.html
dist/static
dist/static/css
dist/static/css/app.5ba731fdb06923360200cc31556abc56.css
dist/static/css/app.5ba731fdb06923360200cc31556abc56.css.map
dist/static/js
dist/static/js/app.97b0ee47c437c3917b99.js
dist/static/js/app.97b0ee47c437c3917b99.js.map
dist/static/js/manifest.f8f5efb8d08d9947dc82.js
dist/static/js/manifest.f8f5efb8d08d9947dc82.js.map
dist/static/js/vendor.f4d9b432d33eb8ea3596.js
dist/static/js/vendor.f4d9b432d33eb8ea3596.js.map
```

---

43 Assets

44 애플리케이션 빌드 설정 파일인 build/index.js의 build.assetsRoot 항목에 설정된 디렉터리로 출력된다. 예제 애플리케이션 개발 환경에 설정된 build.assetsRoot
의 값은 기본값인 dist다.

npm run build 명령은 webpack의 프로덕션 모드로 빌드를 수행하므로 설정 파일 build/webpack.prod.conf의 내용을 따른다.

공식 참조 문서[45]에도 나와 있듯이 코드 압축 및 flash of unstyled content[46]을 막기 위한 CSS 파일 추출 등 성능 최적화가 적용된 애플리케이션을 빌드하는 설정이다.

10.8.2 애플리케이션 배포

애플리케이션 배포는 npm run build 명령으로 빌드된 애셋 파일 세트를 HTTP 서버 도큐먼트 루트에 복사하기만 하면 된다.

일반적으로 이런 웹 애플리케이션을 동작시키려면 백 엔드 API가 필요하다. 그러나 프런트 엔드 부분만 독립된 형태이기 때문에 백 엔드 배포 플로와 무관하게 애플리케이션을 그대로 배포할 수 있다[47].

루비 온 레일즈처럼 프런트 엔드 개발 환경이 백 엔드 개발 환경과 통합된 환경에서는 배포가 까다로울 것 같지만, 사실 특별히 더 까다로울 것은 없다.

npm run build 명령에서 빌드 결과를 백 엔드 정적 리소스가 위치한 디렉터리로 출력되게 하면 그 결과를 그대로 배포하면 된다. Capistrano[48] 같은 배포 도구나 Docker[49] 등의 컨테이너 소프트웨어, Heroku[50] 같은 클라우드 애플리케이션 플랫폼을 사용하면 백 엔드를 함께 배포할 수 있다.

Column

Vue.js의 백 엔드

이 책은 Vue.js 입문서라는 특성상 지금까지 백 엔드와 관련된 부분은 생략했다.

앞으로 Vue.js를 사용해 본격적인 백 엔드와 연동하는 애플리케이션을 개발하고 싶다면 Firebase 같은 mBaaS를 사용하거나 이 책에서도 다루는 Express를 사용한 구현을 고도화하는 방법이 현실적인 선택지다.

---

45 https://kr.vuejs.org/v2/guide/deployment.html
46 콘텐츠가 CSS가 적용되지 않은 상태로 잠시 나타나는 현상.
47 이번 장에서는 예외적으로 Express를 같은 프로젝트 에서 함께 다뤘다.
48 http://capistranorb.com
49 https://www.docker.com
50 https://www.heroku.com

10.9 성능 측정 및 개선

빌드 및 배포 방법을 배웠으니 적당한 서비스를 통해 출시하면 애플리케이션이 완성된다. 이제 개발에서 한발 더 나아가 애플리케이션 성능 개선에 대해 알아보자.

웹 애플리케이션에서 성능 튜닝은 필수적이다. 성능이 낮으면 좋은 사용자 경험을 제공할 수 없으며 비즈니스적인 지표에도 악영향을 미친다. 애초 Vue.js를 도입한 이유부터가 페이지 이동을 없애서 더 나은 사용자 경험을 제공하기 위한 것이었다.

전체 웹 애플리케이션을 고려한 일반적인 기법은 서버의 위치나 응답 속도, 렌더링을 방해하는 스크립트 제거에 이르기까지 다양하다. 이 모두를 다룰 수는 없으므로 Vue.js와 관련이 깊은 부분에 한정한 내용을 설명한다.

Vue.js로 개발된 애플리케이션은 자바스크립트로 렌더링된 UI를 갖는다. 성능과 직결되는 부분은 여기서 가장 기본적이고 자주 발생하는 과정에 있다. Vue.js로 개발한 애플리케이션에서 더 나은 사용자 경험을 제공하려면 자바스크립트의 UI 렌더링 속도를 개선하는 것이 중요하다.

Vue.js 애플리케이션의 성능 측정과 렌더링 성능 개선에 대해 알아보자.

10.9.1 성능 측정 설정 방법

성능을 개선하려면 적절한 성능 측정 방법이 필요하다. Vue.js는 웹 브라우저의 개발자 도구를 통해 성능 측정 기능을 제공한다. 이 기능을 이용하려면 Vue.config.performance[51]를 true로 설정해야 한다. src/main.js 파일을 다음과 같이 수정한다.

```
import Vue from 'vue'
  import 'es6-promise/auto' // 프라미스를 폴리필
  import App from './App'
  import ErrorBoundary from './ErrorBoundary.vue' // 오류를 포착하는 컴포넌트
  import router from './router'
  import store from './store' // Vuex 스토어 인스턴스 임포트


  Vue.config.productionTip = false
+ Vue.config.performance = true // NODE_ENV == 'development' 옵션, 프로파일링 활성화
```

---

51 https://kr.vuejs.org/v2/api/#performance

```
// ErrorBoundary 컴포넌트 설치
Vue.component(ErrorBoundary.name, ErrorBoundary)

/* eslint-disable no-new */
new Vue({
  el: '#app',
  router,
  store, // 임포트한 스토어 인스턴스를 'store' 옵션으로 전달
  render: h => h(App)
})
```

수정이 끝나면 npm run dev 명령을 실행해서 개발 서버를 시작한 다음, 구글 크롬에서 애플리케이션 최상위 페이지로 접근한다[52]. 그다음 구글 개발자 도구에서 Performance 탭을 선택하고 애플리케이션을 새로 고침하면 성능이 측정된다.

성능 측정이 끝나면 Performance 탭의 액티비티 항목에 측정 결과가 나타난다. User Timing 세션을 보면 Vue.js에서 자바스크립트 실행에 소요된 시간이 시간 순서로 시각화돼 나타난다.

크롬 개발자 도구를 통한 Vue.js 성능 측정

이 내용에서 접두사 vue가 붙은 레이블명을 확인하면 된다. 측정명은 다음과 같이 정의된다.

---

52 성능을 측정하려면 Performance API를 사용할 수 있는 웹 브라우저로 개발 모드로 실행(npm run dev)된 애플리케이션에 접근해야 한다.

형식	vue〈컴포넌트명〉 함수명
컴포넌트명: KbnButton, 함수명: render	vue〈KbnButton〉 render

이 레이블로 User Timing 세션에서 Vue.js 이외의 부분이 동작한 부분을 구분할 수 있다. 또한 컴포넌트별로도 실행 소요 시간을 확인할 수 있으므로 개선이 필요한 부분이 어디인지 범위를 좁힐 수 있다.

10.9.2 측정 가능한 처리

이 방법으로 측정할 수 있는 컴포넌트의 종류는 다음과 같다.

함수명	내용	측정명(컴포넌트명이 Comp1일 때)의 예
init	컴포넌트 인스턴스가 생성될 때 내부적으로 실행됨. 컴포넌트의 data, props, computed 옵션 등 컴포넌트 상태와 beforeCreate 훅, create 훅을 실행하는 초기화 과정.	vue 〈Comp1〉 init
compile	컴포넌트 템플릿(컴포넌트의 template 옵션, el 옵션, 단일 파일 컴포넌트의 〈template〉 부분)을 렌더링 함수로 컴파일하는 과정	vue 〈Comp1〉 compile
render	템플릿을 컴파일해 만든 렌더링 함수나 컴포넌트 옵션의 render에 정의된 함수를 이용한 가상 DOM 구축 과정	vue 〈Comp1〉 render
patch	컴포넌트 렌더링 함수로 구축한 가상 DOM을 수정하는 과정	vue 〈Comp1〉 patch

주목할 점은 컴포넌트 렌더링 구현과 관계된 render다. render는 라이브러리 사용자(애플리케이션 개발자)가 실제 사용할 일이 많으므로 그만큼 개선의 여지가 많은 부분이다.

10.9.3 렌더링 성능 개선

성능 측정은 했으나, 어떻게 개선해야 할지 막막하다. 중복 처리가 일어나는 곳은 없는지 확인해 개선하는 방법이 정석이다[53].

Vue.js에도 성능 개선의 여지가 많은 주요 포인트가 있다. 그 포인트가 무엇인지 알아보자.

렌더링 성능을 향상시키려면 다음과 같은 포인트를 검토한다.

- v-if와 v-show를 구분해서 사용.

---

53 일반론이므로 구체적인 설명은 생략한다.

- 데이터바인딩은 메서드보다는 계산 프로퍼티를 사용.

- 계산 프로퍼티와 와처를 구분해서 사용.

- v-for를 사용해 리스트를 렌더링할 때는 되도록 key 속성을 사용.

- v-once로 컴포넌트 콘텐츠를 캐싱.

- 함수형 컴포넌트를 사용.

- 템플릿을 미리 컴파일하기.

- 템플릿 컴파일러 옵션을 사용.

'v-if와 v-show를 구분해서 사용'하는 방법은 2.9절에서 다뤘으며 '데이터 바인딩은 메서드보다 계산 프로퍼티를 사용'은 '2장의 칼럼 계산 프로퍼티의 캐싱 메커니즘'에서 다뤘다. 이 방법을 통해 렌더링 비용을 절감하고 캐싱을 통해 오버헤드를 줄일 수 있다. 자세한 내용은 해당 부분을 참고하기 바란다.

나머지 방법에 대해 순서대로 설명하겠다.

계산 프로퍼티와 와처를 구분해서 사용

템플릿 렌더링에는 메서드보다는 계산 프로퍼티가 유리하다. 다만, 전부 계산 프로퍼티로 만든다고 해서 최선의 성능이 나오는 것은 아니다. 성능 관점에서 계산 프로퍼티가 바람직하지 않은 예도 있다. 반복문처럼 연산 비용이 높거나 비동기 처리가 따르는 경우에는 계산 프로퍼티 대신 와처를 사용하는 것이 낫다.

다음은 기온을 입력받아 평균 기온을 계산하는 코드다. 렌더링에 처리 비용이 높은 계산 프로퍼티가 사용된 예다.

```
<template>
  <div>
    <p>오늘 기온: {{ temperature }} 도</p>
    <p>평균 기온: {{ average }} 도</p>
  </div>
</template>


<script>
export default {
```

```
  name: 'TemperatureCalculator',

  data() {
    const temperature = 20
    return {
      temperature,
      series: [temperature]
    }
  },

  computed: {
    average() { return this.sum / this.counter },
    counter() { return this.series.length },
    sum() { return this.series.reduce((prev, cur) => prev + cur) }
  },

  mounted() {
    // 기온 측정
    setInterval(() => {
      const temp = this.generateTemp()
      this.temperature = temp
      this.series.push(temp)
    }, 1)
  },

  methods: {
    generateTemp() {
      return Math.floor(Math.random() * 40)
    }
  }
}
</script>
```

이 코드를 보면 generateTemp 함수에서 측정된 기온을 배열 series에 데이터로 저장한다. 데이터가 저장되면 계산 프로퍼티 average가 평균 기온을 계산한다.

setInterval이 비동기로 계산 프로퍼티를 자주 호출하는 것을 알 수 있다. 계산 프로퍼티의 캐시가 활용되지 않기 때문에 렌더링 성능이 명백하게 떨어진다.

이런 경우에는 다음과 같이 와처를 사용한다. 와처를 사용하면 비동기로 변경이 일어났을 때만 최소의 비용으로 호출이 일어나기 때문에 렌더링 성능이 개선된다.

```
<!-- ... -->
  <script>
  export default {
    name: 'TemperatureCalculator',

    data() {
      const temperature = 20
-     return {
-       temperature,
-       series: [temperature]
-     }
+     return {
+       temperature,
+       counter: 1,
+       sum: temperature,
+       average: temperature
+     }
    },

-   computed: {
-     average() { return this.sum / this.counter },
-     counter() { return this.series.length },
-     sum() { return this.series.reduce((prev, cur) => prev + cur) }
-   },
+   watch: {
+     temperature: function(newTemp) {
+       this.sum += newTemp
+       this.counter += 1
+       this.average = this.sum / this.counter
+     }
+   },

    mounted() {
      // 기온 측정
      setInterval(() => {
```

```
      const temp = this.generateTemp()
      this.temperature = temp
    }, 1)
  },

  methods: {
    generateTemp() {
      return Math.floor(Math.random() * 40)
    }
  }
}
</script>
```

v-for를 사용해 리스트를 렌더링할 때는 되도록 key 속성을 사용

v-for를 사용해 리스트를 렌더링할 때는 key 속성을 사용[54]해야 한다. 대부분의 경우 key 속성을 사용해서 렌더링 성능을 향상시킬 수 있다[55].

```
<template>
  <ul>
    <li v-for="todo in todos" :key="todo.id">
      {{ todo.text }}
    </li>
  </ul>
</template>

<script>
export default {
  // ...
  data () {
    todos: [
      { id: 1, text: '태스크 1' },
      { id: 2, text: '태스크 2' },
  // ...
    ]
```

---

54 Vue.js 공식 가이드에서는 v-for에는 반드시 key 속성을 사용하라고 밝히고 있다. https://kr.vuejs.org/v2/style-guide/#v-for-에-key-지정-필수
55 Vue.js 가상 DOM의 diff/patch에서 key 속성으로 연결된 DOM 요소를 재사용하므로 DOM 조작 연산 비용이 최소한으로 억제된다.

```
  },
  // ...
  }
</script>
```

그러나 전체 리스트 내용이 자주 바뀌는 경우라면 성능 향상을 크게 기대할 수 없다[56]. 이 방법으로도 성능이 개선되지 않는다면 v-for 대신 다른 방법으로 리스트를 렌더링해서 성능이 떨어지지 않도록 한다.

v-once로 컴포넌트 콘텐츠를 캐싱

Vue.js 컴파일러는 정적 콘텐츠[57]를 처리할 때 가상 DOM 트리를 컴포넌트 안에 캐싱한다[58]. 바로 이 부분이 렌더링 비용을 절감하는 데 도움을 준다.

v-once를 사용하면 동적 콘텐츠에도 캐싱을 적용할 수 있다. v-once는 렌더링 대상 콘텐츠의 값을 처음 한 번만 평가하므로 두 번째부터는 캐시된 값을 사용한다. 이 캐시 덕분에 가상 DOM의 diff 연산을 생략할 수 있는 것이다. 처음 한 번은 렌더링이 필요하지만, 두 번째 이후부터는 렌더링할 필요가 없는 요소는 실제 애플리케이션에도 있다. 따라서 이 요소는 매번 렌더링하고 싶지 않은 경우 유용하다.

```
<template>
  <div v-once class="root">
    <p>메시지: {{ message }}</p>
  </div>
</template>

<script>
export default {
  // ...
}
</script>
```

위 예제는 message가 바인드돼 있는데, message의 내용이 바뀌어도 가상 DOM이 다시 렌더링되지 않는다.

---

56 key 속성을 사용해도 가상 DOM diff/patch 알고리즘 특성상 성능이 오히려 떨어질 가능성도 있다. 이럴 때 key 속성을 사용하지 않으면 최소한의 DOM 요소만 이동하도록 하는 in-place patch 알고리즘이 적용되므로 렌더링 성능이 향상되는 경우가 있다.
57 템플릿에서 데이터 바인딩이 없는 부분.
58 가상 DOM의 diff 연산을 생략해서 연산 비용을 절감하는 것이 목적임.

함수형 컴포넌트를 사용

함수형 컴포넌트는 Vue.js 컴포넌트의 한 종류다. 일반적인 컴포넌트와 달리, 인스턴스를 생성하지 않고 렌더링 함수(render)만 실행한다. 그러므로 인스턴스를 생성하는 데 드는 오버헤드가 없으며 렌더링 함수만 실행할 수 있다[59].

그러므로 컴포넌트 내부의 상태 없이 프로퍼티만으로 컴포넌트를 렌더링하는 경우의 성능을 개선하는 데 활용할 수 있다[60].

함수형 컴포넌트는 컴포넌트 옵션을 functional: true로 하고 render에 적절한 함수를 자바스크립트로 구현하면 된다. 다음은 이번 장에서 만든 KbnButton 컴포넌트를 함수형 컴포넌트로 구현한 것이다.

```
// ...

<script>
export default {
  name: 'KbnButton',

  functional: true, // 함수형 컴포넌트로 선언

  props: {
    type: {
      type: String,
      default: 'button'
    },
    disabled: {
      type: Boolean,
      default: false
    }
  },

  // render 함수의 인자가 2개
  render(h, { data, props, children }) {
    const cls = ['kbn-button' + (
```

---

59 데이터, 계산 프로퍼티, 데이터 모니터링 등 컴포넌트 내부 상태가 없으므로 상태 관리가 필요 없다. 생애주기 메서드도 호출하지 않는다. 컴포넌트에 지정된 프로퍼티로부터 데이터를 입력받고 가상 DOM 트리를 렌더링해서 반환하는 특성을 가진 컴포넌트다.

60 집필 시점을 기준으로 함수형 컴포넌트는 개발자 도구의 Components 탭에 나타나지 않는다. 그러므로 디버깅이 어려울 수 있다. 주의해서 사용하기 바란다.

```
      props.type === 'text' ? ('-' + props.type) : ''
   )]
   const newData = {
     class: cls,
     attrs: { type: 'button' }
   }
   if (props.disabled) {
     newData.attrs.disabled = 'disabled'
   }
   if (data.on) {
     newData.on = data.on
   }
   return h('button', newData, children)
  }
}
</script>

// ...
```

단일 파일 컴포넌트라면 다음과 같이 `<template>` 블록에 functional 속성을 추가해 선언적으로 구현하는 방법도 있다. 이 방법을 사용하면 앞서 본 것처럼 자바스크립트로 함수를 구현할 필요가 없다[61]. FuncComp.vue와 App.vue 파일을 예제로 살펴보자.

```
<!-- '<template functional>' 를 이용해 선언적으로 함수형 컴포넌트를 구현 -->
<template functional>
  <div class="func-component">
    <h1>{{ props.header }}</h1>
    <p>{{ props.message }}</p>
  </div>
</template>

<template>
  <div class="app">
    <FuncComp
      :header="content.header"
```

---

61 함수형 컴포넌트의 프로퍼티는 이 예제에서 보듯이 props 옵션으로 정의하지 않고 해당 컴포넌트에서 사용하기만 하면 된다. 그러나 컴포넌트 프로퍼티를 다른 개발자가 파악하기 쉽도록 명시적으로 정의하는 것이 좋다.

```
      :message="content.message"
    />
  </div>
</template>


<script>
import FuncComp from './FuncComp.vue'

export default {
  name: 'App',

  data () {
    return {
      content: {
        header: '인사말',
        message: '안녕하세요!'
      }
    }
  },

  components: {
    FuncComp
  }
}
</script>
```

템플릿 미리 컴파일하기

Vue.js 템플릿은 먼저 자바스크립트로 컴파일돼야만 브라우저 화면에 나타낼 수 있다. 이 컴파일 과정을 미리[62] 수행해두면 실행 시에 컴파일 비용을 줄일 수 있다.

단일 파일 컴포넌트의 <template> 블록에 담긴 템플릿은 Vue Loader 같은 번들링 도구의 미들웨어 라이브러리를 사용하면 빌드 시점에 렌더링 함수로 컴파일된다. 이번 장의 내용처럼 webpack 템플릿으로 생성한 프로젝트에는 이미 Vue Loader가 설정돼 있다. 다시 말해 특별한 추가 설정 없이도 사전 컴파일이 적용된다.

---

62 ahead of time compile, AoT 컴파일이라고도 함.

환경을 따로 구축했다면 사전 컴파일이 적용되는지 확인하는 것이 좋다.

8장부터 이번 장까지 3장에 걸쳐 Vue.js 애플리케이션 개발을 다뤘다.

프로젝트 생성부터 설계, 구현 등 다양한 내용을 배우며 여기까지 진행했다. 컴포넌트 설계, 테스트 주도 개발, 개발자 도구 활용법, E2E 테스트, 오류 처리, 빌드 및 배포, 그리고 성능 개선에 이르기까지 폭넓은 주제를 살펴봤다.

이 내용을 기반으로 Vue.js를 이용해 대규모 애플리케이션을 개발할 수 있을 것이다.

`Column`

Vue CLI의 대화형 선택지에서 주의할 점

Vue CLI에서 대화식으로 프로젝트를 생성할 때 Vue.js 빌드 버전을 선택하는 단계에서 standalone을 선택하면 런타임 외에 컴파일러를 포함하는 완전 빌드 버전[63] Vue.js를 사용하게 된다. Vue CLI에서 프로젝트를 생성할 때 Vue.js 버전은 runtime을 선택한다. runtime을 선택하면 애플리케이션을 빌드할 때 배포본에 런타임만 번들링되므로 standalone을 선택했을 때보다 배포본 크기를 작게 만들 수 있다.

`Column`

템플릿 컴파일러의 옵션 활용하기

Vue.js 템플릿 컴파일러의 API에서 렌더링을 좀 더 최적화할 수 있다. 컴파일러 API를 이용하는 기법은 템플릿 컴파일러의 동작이나 최적화 방법, 런타임에 대한 깊은 이해가 필요하기 때문에 초보자는 손 대지 않는 것이 좋다. 그리고 원래 애플리케이션 용도가 아니라 플러그인이나 UI 라이브러리 개발 목적으로 제공되는 것이기도 하다. 그러므로 여기서는 컴파일러 옵션이 있다는 것만 언급하며, 자세한 내용은 다루지 않겠다. 필자가 웹에 올린 참고 정보를 소개한다. 관심 있는 독자는 한번 시도해 보기 바란다.

- 템플릿 – 컴파일부터 렌더링까지: "Vue.js 2.0 서버 사이드 렌더링" 슬라이드 20~50[64]
- 컴파일러를 이용한 확장: "Vue.js Extend with Compiler"[65]
- 템플릿 컴파일러를 이용한 최적화: "vue-i18n의 성능 최적화"[66]

---

63 https://kr.vuejs.org/v2/guide/installation.html#각-다른-빌드간-차이점

64 https://speakerdeck.com/kazupon/vue-dot-js-2-dot-0-server-side-rendering

65 https://speakerdeck.com/kazupon/vue-dot-js-extend-with-compiler?slide=35

66 https://medium.com/@kazu_pon/performance-optimization-of-vue-i18n-83099eb45c2d

jQuery에서 Vue.js로 이주하는 방법을 설명한다. Vue.js는 jQuery의 대안으로 언급되는 경우가 종종 있다. 개인적으로도 일부 쓰임에서는 jQuery를 Vue.js로 대체하면 개발 효율 상승 등 긍정적인 효과가 있다고 생각한다.

Vue.js의 사용법을 막 배운 상태에서는 jQuery로 구현된 코드를 Vue.js로 어떻게 옮겨야 할지 감이 잘 오지 않을 것이다. 이번 부록은 jQuery에서 자주 사용되는 기능과 그 기능이 적용된 작은 프로그램을 통해 Vue.js 코드로 옮기는 방법을 소개한다.

A.1 이주 결심하기

jQuery는 브라우저 간에 서로 달리 구현된 DOM API를 간단히 정리해 통합 제공하는 방법으로 개발자의 생산성을 높였다. 그러나 명시적으로 자바스크립트 코드를 통해 DOM을 다뤄야 하기 때문에 UI의 기능이 복잡해지면서 상태와 이벤트가 늘어나면 구현을 유지 보수하기가 어려워진다.

이런 문제에 봉착했다면 jQuery에서 Vue.js로 이주를 고민해야 할 시점이다.

반면 웹 사이트나 랜딩 페이지처럼 스크롤이나 마우스 조작에 따른 효과 정도만이 필요한 사이트라면 이런 문제는 발생하지 않는다. 이미 jQuery로 잘 구현된 코드가 있으니 유지 보수 필요성이 제기되지 않는다면 굳이 Vue.js로 이주할 필요는 없다.

웹 사이트나 랜딩 페이지는 Vue.js를 사용하면 안 된다는 말은 아니다. 앞서 언급했듯이 인터랙티브한 UI를 구현하려면 Vue.js의 데이터 바인딩 기능이 적격이다. 웹 사이트나 랜딩 페이지를 새로 구축하는 경우라면 Vue.js 도입을 꼭 한번 검토해 보기 바란다.

최근 웹에서 jQuery를 일방적으로 부정하는 기사를 자주 볼 수 있는데, 이런 비판은 대부분 옳지 않다. 애초 jQuery와 Vue.js는 해결하려는 문제부터 다를뿐더러 두 가지를 함께 사용할 수도 있어 서로 배타적이지 않다[1].

중요한 것은 웹 사이트 및 애플리케이션의 요구 사항 및 문제를 파악하고 그에 맞는 적절한 기술을 선택하는 것이다.

A.2 jQuery로 구현된 기능을 Vue.js로 옮기기

지금부터 jQuery에서 많이 사용되는 기능을 Vue.js로는 어떻게 구현하는지 알아보겠다[2]. jQuery에서 많이 사용된 애니메이션은 5.1절을 참고하기 바란다.

A.2.1 이벤트 리스너

먼저 이벤트 리스너 등록부터 살펴보자. jQuery로 구현된 코드를 먼저 보겠다. jQuery는 객체의 on 메서드를 사용해 이벤트 리스너를 등록한다. 이 코드는 "버튼이 클릭되면 이러이러한 일을 해라"라는 식의 내용을 구현할 때 사용한다.

```
<div id="app">
  <button id="btn">Click</button>
</div>
```

```
$('#btn').on('click', function () {
  alert('Hi')
})
```

이번에는 같은 내용을 Vue.js로 구현한 코드를 보자.

```
<div id="app">
  <button v-on:click="sayHi">Click</button>
  <!-- 편의문법 @ + 이벤트명 을 사용할 수도 있다 -->
  <!-- <button @click="sayHi">Click</button> -->
</div>
```

---

1   jQuery와 Vue.js를 함께 사용한다면 DOM 트리 수정과 이벤트 리스너 등록은 Vue.js에 맡기도록 규칙을 세워놓는 것이 좋다.
2   여기서 사용할 Vue.js의 기능은 2장 등에서 이미 다뤘다. 잘 이해 가지 않는 부분이 있다면 해당 장으로 돌아가 확인하기 바란다.

```
new Vue({
  el: '#app',
  methods: {
    sayHi: function (event) {
      alert('Hi')
    }
  }
})
```

Vue.js는 v-on 디렉티브를 사용해 같은 내용을 구현한다. 디렉티브는 인자로 받은 이벤트가 발생했을 때 실행할 메서드(또는 실행할 표현식)를 속성값으로 지정한다. 이 코드에서는 속성값이 가리키는 sayHi 메서드가 호출된다.

jQuery와 가장 큰 차이점은 구독할 이벤트와 이벤트 리스너를 등록하는 요소가 템플릿에 작성되는지 여부다. 바로 이 점 때문에 요소와 이벤트가 바뀌어도 템플릿만 수정하면 된다.

이벤트 객체

v-on 디렉티브 속성값으로 메서드를 지정했다면 이 메서드는 기본적으로 이벤트 객체를 인자로 전달받는다. 이 객체는 이벤트가 발생한 좌표와 요소에 대한 정보를 담고 있다.

```
new Vue({
  // ...
  sayHi: function (event) {
    console.log(event)
  }
  // ...
})
```

이 이벤트 객체는 네이티브 DOM 이벤트 객체다[3]. jQuery에서 하듯이 이벤트를 다룰 수 있다.

v-on 디렉티브의 속성값에 표현식을 넣을 수도 있다. 이렇게 하면 이벤트 객체에 접근할 때 $event라는 이름을 사용해야 한다. 이 방법은 이벤트 객체를 사용자가 정의한 인자와 함께 전달할 때 사용한다.

---

3   jQuery 이벤트 리스너가 전달받는 이벤트 객체는 jQuery에서 정의한 것이라서 엄밀히 말하면 이것과는 다른 것이다. 그러나 마찬가지로 네이티브 DOM 이벤트 규격을 준수하고 있으므로 같은 것이라고 봐도 무방하다.

```
<div id="app">
  <button v-on:click="sayHi('...', $event)">Click</button>
</div>
```

이벤트 수식어

이벤트 객체는 이벤트를 취소하기 위해 사용하는 `event.preventDefault`와 이벤트의 전파를 방지하는 `event.stopProgapagation` 등의 메서드를 사용한다. 폼에 입력된 내용에 따라 전송(submit)을 취소하려는 경우 등을 예로 들 수 있다. 이 메서드는 이벤트 객체를 통해서도 호출할 수 있지만, 자주 사용하는 기능이므로 Vue.js에서 디렉티브 수식어를 사용해 메서드를 호출하도록 할 수 있다. 다음 코드는 `event.preventDefault`와 `event.stopPropagation`을 호출하는 것과 같은 효과가 있다.

```
<div id="app">
  <button v-on:click.prevent.stop="sayHi">Click</button>
</div>
```

A.2.2 표시/비표시 전환하기

요소를 표시/비표시 전환하는 방법을 설명한다. 사용자의 화면 조작이나 서버에서 받아온 데이터의 내용에 따라 화면상의 요소에 대해 표시/비표시를 전환해야 하는 경우가 있다.

jQuery에서 요소를 표시 상태로 만들려면 jQuery 객체의 `show` 메서드를 사용하고 비표시 상태로 만들려면 `hide` 메서드를 사용한다.

```
<div id="app">
  <p id="on">On</p>
  <p id="off">Off</p>
  <button>ON/OFF 전환</button>
</div>
```

```
var $on = $('#on')
var $off = $('#off')
var isOn = false
$on.hide()
$('button').on('click', function() {
```

```
  isOn = !isOn
  if (isOn) {
    $on.show()
    $off.hide()
  } else {
    $on.hide()
    $off.show()
  }
})
```

이 방법은 CSS 프로퍼티 중 display 프로퍼티를 이용한 것이다. Vue.js로 이 기능을 구현하려면 v-show 디렉티브를 사용한다. v-show 디렉티브의 속성값을 평가해 참이면 표시, 거짓이면 비표시 상태가 된다.

```
<div id="app">
  <p v-show="isOn">On</p>
  <p v-show="!isOn">Off</p>
  <button @click="toggle">ON/OFF 전환</button>
</div>
```

```
new Vue({
  el: '#app',
  data: function() {
    return {
      isOn: false,
    }
  },
  methods: {
    toggle: function() {
      this.isOn = !this.isOn
    }
  }
})
```

jQuery와 Vue.js의 차이는 이벤트 리스너(이벤트 핸들러)에서 명시적으로 표시/비표시 여부를 바꿀 수 (DOM 조작) 있는가에 있다. jQuery는 이벤트 리스너로 jQuery 객체를 통해 명시적으로 요소의 표시/비표시 여부를 바꿀 수 있지만, Vue.js는 미리 템플릿에 데이터와 요소 표시 여부 관계를 작성한 다음 이벤트 핸들러로 데이터만 수정한다.

데이터(프로퍼티)와 요소의 수가 늘어나면서 jQuery로는 이벤트 리스너 안에서 DOM을 모두 조작하기가 어렵게 됐다. 그러나 Vue.js는 이벤트 핸들러가 데이터만 수정하고 DOM 조작 자체는 Vue.js에게 맡기기 때문에 이런 문제가 발생하지 않는다.

A.2.3 요소 삽입 및 삭제하기

요소를 삽입 및 삭제하는 방법을 알아보자. jQuery는 요소를 삽입하는 데는 append 메서드, 요소를 삭제하는 데는 remove 메서드를 사용한다. 다음 예제는 타이머를 설정해 1초 대기한 다음, 메시지의 내용을 바꾸는 코드다[4].

```html
<div id="app">
  <p id="loading">로딩 중입니다…</p>
</div>
```

```js
var $loading = $('#loading')
var $app = $('#app')
setTimeout(() => {
  var $loaded = $('<p>로딩이 끝났습니다</p>')
  $loading.remove()
  $app.append($loaded)
}, 1000)
```

반면 Vue.js는 요소를 삽입 및 삭제하는 데 v-if 디렉티브 값을 사용한다.

```html
<div id="app">
  <p v-if="isLoading">로딩 중입니다…</p>
  <p v-else>로딩이 끝났습니다</p>
</div>
```

```js
new Vue({
  el: '#app',
  data: function() {
    return {
      isLoading: true
```

---

4 Web API를 통해 데이터를 받아와 메시지를 바꾸는 것도 같은 방법으로 구현할 수 있을 것이다.

```
    }
  },
  mounted: function() {
    setTimeout(() => {
      this.isLoading = false
    }, 1000)
  }
})
```

Vue.js는 표시 내용을 바꾸기 위해 데이터를 경유한다. 이 예제에서는 로딩 중 여부를 관리하는 데이터를 만든 후 템플릿에서 이를 참조한다. 앞서와 마찬가지로 화면상에 표시 여부를 전환하는 결과가 되지만, 이번에는 v-if로 요소를 삽입 및 삭제하는 방법을 사용했다[5][6].

A.2.4 속성값 변경하기

속성값을 변경하는 방법을 살펴보자.

jQuery 객체로 속성값을 변경하려면 attr 메서드나 prop 메서드를 사용한다.

속성값 변경은 자주 사용되는 만큼 구현 방법도 다양한데, disbled 속성을 예로 살펴보겠다. 폼 화면을 구현할 때 입력된 값에 따라 일부 폼을 비활성화해야 하는 경우가 있다. 다음은 이런 기능을 최소한의 코드로 구현한 예제다.

```
<div id="app">
  <p>
    <input type="text" disabled>
  </p>
  <button>입력칸 활성화</button>
</div>
```

```
var $input = $('input')
var $button = $('button')
var disabled = true
```

---

5 v-if와 v-show를 어떻게 구분해 사용해야 하는지는 2장에서 이미 설명했으므로 해당 부분을 참고하라.

6 v-if와 관계 깊은 디렉티브로 v-else가 있다. 이 디렉티브는 자신의 바로 직전 형제 요소의 v-if 디렉티브 값이 거짓인 경우 요소가 삽입된다. v-else 대신 v-if="!isLoading"를 사용하는 것도 가능하지만, v-else를 사용하는 편이 가독성이 뛰어나다. 이 외에 v-else-if 디렉티브도 있다.

```
$button.on('click', function() {
  disabled = !disabled
  $input.prop('disabled', disabled)
  if (disabled) {
    $button.text('입력칸을 활성화')
  } else {
    $button.text('입력칸을 비활성화')
  }
})
```

Vue.js로 구현하려면 v-bind 디렉티브로 데이터를 속성값으로 바인딩하는 방법을 사용할 수 있다. 구현된 코드의 가독성도 뛰어나다[7].

```
<div id="app">
  <p>
    <input type="text" :disabled="disabled">
  </p>
  <button @click="toggleDisabled">{{ buttonText }}</button>
</div>
```

```
new Vue({
  el: '#app',
  data: function() {
    return {
      disabled: true
    }
  },
  computed: {
    buttonText: function() {
      if (this.disabled) {
        return '입력칸을 활성화'
      } else {
        return '입력칸을 비활성화'
      }
    }
  },
```

7　디렉티브에 인자를 지정하려면 'v-bind:+속성 명' 문법을 사용하는데, 'v-bind'를 생략하고 ':+속성 명'과 같이 쓰는 생략 문법도 있다.

```
  methods: {
    toggleDisabled: function() {
      this.disabled = !this.disabled
    }
  }
})
```

jQuery는 데이터(프로퍼티) 변경과 화면에 표시되는 내용(버튼 텍스트)을 변경하는 데 같은 함수를 사용한다. 반면 Vue.js는 데이터를 변경하는 함수와 표시되는 내용을 변경하는 함수가 별도로 있다. Vue.js 코드에서 toggleDisabled 구현을 보면 데이터만 변경한다. 여기서 데이터가 변경되면 계산 프로퍼티가 그에 맞춰 버튼 텍스트를 변경하는 구조다.

jQuery를 사용한 구현에서 화면 표시 내용 수정을 빼먹으면 데이터와 화면 표시 내용 사이에 불일치가 발생할 수 있다. 그러나 Vue.js는 화면 표시 내용을 따로 변경하지 않기 때문에 데이터가 변경되면 버튼 텍스트도 무조건 함께 변경된다.

jQuery 역시 커스텀 이벤트를 사용하면 같은 효과를 얻을 수 있다. 그러나 이것은 개발자의 설계 및 구현 재량에 따른 것이기 때문에 애초에 리액티브 시스템이 갖춰진 Vue.js를 사용하면 자연스럽게 좋은 설계와 구현을 끌어낼 수 있다.

A.2.5 클래스 변경하기

클래스를 변경하는 방법을 살펴보자. 클래스 역시 속성값과 거의 비슷하지만, 클래스 변경은 자주 쓰는 기능이기 때문에 jQuery와 Vue.js 모두 별도의 수단을 두고 있다. jQuery는 addClass, removeClass, toggleClass 등 클래스 변경에 특화된 메서드를 제공하며, Vue.js에서는 클래스에 적용된 v-bind의 기능이 강화된다.

데이트 변경에 맞춰 클래스를 변경하는 방법으로 글자색 등의 표시를 바꿀 수 있다. 다음은 입력이나 화면 조작에 따라 유효성 검사를 수행하고, 유효하지 않은 입력을 붉은색으로 하이라이팅하는 기능을 jQuery를 사용해 최소한의 코드로 구현한 것이다.

```
<div id="app">
  <p class="message">메시지</p>
  <button>글자색 바꾸기</button>
</div>
```

```
.message {
  font-weight: bold;
}
.message.is-red {
  color: red;
}
```

```
var $message = $('.message')
$('button').on('click', function () {
  $message.toggleClass('is-red')
})
```

Vue.js로 구현하는 방법은 v-bind 디렉티브에 class를 인자로 지정해서 클래스에 데이터 바인딩을 적용한다[8]. 클래스 및 스타일에 대해서는 v-bind에 객체와 배열을 값으로 지정할 수 있다[9] [10] [11].

```
<div id="app">
  <p class="message" :class="{'is-red': isRed}">메시지</p>
  <button @click="toggleColor">글자색 바꾸기</button>
</div>
.message {
  font-weight: bold;
}
.message.is-red {
  color: red;
}
```

```
new Vue({
  el: '#app',
  data: function() {
    return {
      isRed: false
    }
```

---

8   v-bind 생략 문법을 사용했다.

9   디렉티브의 값은 여러 개의 클래스를 지정할 수 있도록 배열이나 객체를 받는다. 배열은 클래스명 문자열의 배열 형태이며, 객체는 프로퍼티 값이 참이면 해당 값의 키가 클래스로 부여된다. 이 예제 코드를 기준으로 isRed의 값이 참이면 is-red 클래스가 부여된다.

10   예제 코드에 나오는 message처럼 항상 부여돼야 하는 클래스가 있다. 이런 클래스는 일반적인 class 속성으로 지정해준다. v-on:class에 지정한 클래스가 기존 클래스에 함께 부여된다.

11   여러 클래스를 한꺼번에 부여하거나 프로퍼티 값을 논리 연산자로 복잡한 조건을 통해 부여하게 되면 템플릿 코드의 가독성이 서서히 떨어진다. 이때는 디렉티브 값을 계산 프로퍼티로 옮겨야 하는지 검토가 필요하다. 그리고 조건식의 일부를 이름을 붙여 분리하는 게 나은 경우도 있다. 이 역시 계산 프로퍼티로 만들 수 있는지 검토해야 한다.

```
  },
  methods: {
    toggleColor: function() {
      this.isRed = !this.isRed
    }
  }
})
```

계산 프로퍼티로 클래스 부여

Vue.js는 템플릿에 사용한 디렉티브를 통해 UI 조작과 데이터값에 따라 어떤 메서드가 실행되는지 파악하기가 쉽다. 그러나 원래 자바스크립트 코드로 들어가야 할 로직이 디렉티브 값으로 넘어오는 경우가 많다. 템플릿에 사용된 식이 일정 수준 이상 복잡해지면 계산 프로퍼티로 옮겨서 가능한 한 데이터와 계산 프로퍼티를 참조하는 형태를 유지한다. 이런 방법으로 템플릿의 유지 보수성이 낮아지는 것을 방지할 수 있다[12].

```
<div id="app">
  <p class="message" :class="messageClasses">메시지</p>
  <button @click="toggleColor">글자색 바꾸기</button>
</div>
```

```
.message {
  font-weight: bold;
}
.message.is-red {
  color: red;
}
```

```
new Vue({
  el: '#app',
  data: function() {
    return {
      isRed: false
```

---

12 이 예제에서는 클래스를 객체 형태로 지정했으나, 배열로도 가능하다. 객체와 배열은 각각 어떤 경우에 사용해야 할까? 요소에 부여될 클래스 수가 몇 가지밖에 안 된다면 객체를 사용하는 것이 낫다. 테마나 아이콘처럼 외관의 가짓수가 많아질 가능성이 있다면 배열을 사용한다. 테마와 아이콘에 따라 클래스를 동적으로 조합해서 배열을 생성하는 방법이 편리하다.

```
    }
  },
  computed: {
    messageClasses: function() {
      return {
        'is-red': this.isRed
      }
    }
  },
  methods: {
    toggleColor: function() {
      this.isRed = !this.isRed
    }
  }
})
```

A.2.6 스타일 변경하기

이번에는 스타일을 변경하는 방법을 살펴보겠다. 자바스크립트로 스타일을 변경하는 데는 요소의 속성을 직접 수정하는 방법[13]과 클래스를 추가/제거하는 방법이 있다. 여기서는 첫 번째 방법을 사용한다. 스타일도 클래스와 마찬가지로 jQuery와 Vue.js 모두 별도의 변경 수단을 제공한다.

jQuery는 jQuery 객체가 제공하는 css 메서드를 사용한다. 다음 예제는 색상을 선택해 그 색상으로 문자 색을 바꾸는 UI를 구현한 것이다. 버튼을 클릭하면 그 버튼의 data-color-name 속성값이 color 프로퍼티의 값으로 설정된다.

```html
<div id="app">
  <p class="message">메시지</p>
  <button data-color-name="red">붉은색으로</button>
  <button data-color-name="yellow">노란색으로</button>
  <button data-color-name="blue">파란색으로</button>
</div>
```

```javascript
var $message = $('.message')
$('button').on('click', function (event) {
```

---

13 스타일은 style 속성에 지정한다. ;로 구분된 여러 프로퍼티를 작성할 수 있다.

```
$message.css('color', $(event.currentTarget).attr('data-color-name'))
})
```

이에 비해 Vue.js는 v-bind 디렉티브에 style을 인자로 지정해서 데이터와 style 속성값을 바인딩하는 방법을 사용한다. v-bind:style 디렉티브 값으로 지정된 객체의 프로퍼티가 너무 많이 늘어나거나 구조가 복잡해지면 v-bind:class와 마찬가지로 별도의 계산 프로퍼티로 분리하고 템플릿에서는 이를 단순 참조하는 것이 좋다.

```
<div id="app">
  <p class="message" :style="{color: color}">메시지</p>
  <button @click="changeColor('red')">붉은색으로</button>
  <button @click="changeColor('yellow')">노란색으로</button>
  <button @click="changeColor('blue')">파란색으로</button>
</div>
```

```
new Vue({
  el: '#app',
  data: function() {
    return {
      color: ''
    }
  },
  methods: {
    changeColor: function(color) {
      this.color = color
    }
  }
})
```

A.2.7 폼(사용자 입력)

마지막으로 폼을 살펴보자. 전자 상거래 사이트의 장바구니나 콘텐츠 관리 시스템 등 웹 애플리케이션에는 사용자 입력을 필요로 하는 부분을 자주 볼 수 있다. 사용자 입력을 받으려면 HTML input 요소를 사용한다. 그리고 입력된 값을 자바스크립트에서 접근하려면 DOM 요소의 value 프로퍼티를 참조한다. 이 과정을 편하게 구현할 수 있다는 점만으로도 jQuery는 큰 인기를 얻을 수 있었다. Vue.js 역시 깔끔한 구현이 가능하다.

사용자 이름과 나이를 입력하는 폼을 예제로 살펴보겠다. 폼 전송 시에는 입력된 내용을 확인하는 다이얼로그 창을 띄우며, 이 창에서 OK를 선택하면 입력된 내용을 그대로 전송하고 '취소'를 선택하면 전송을 중지한다.

jQuery를 이용한 구현은 change 이벤트를 리스닝하며 입력 내용의 변화를 탐지한다. change 이벤트리스너에서는 jQuery 객체의 val 메서드를 통해 input 요소의 값에 접근할 수 있다.

```html
<form id="app" method="post" action="/questionaire">
  <p>
    <label for="name">이름</label>
    <input type="text" name="name" id="name" value="">
  </p>
  <p>
    <label for="age">나이</label>
    <input type="number" name="age" id="age" value="">
  </p>
  <p>
    <input type="submit" value="전송">
  </p>
</form>
```

```javascript
var $nameInput = $('#name')
var $ageInput = $('#age')
var $form = $('form')

$form.on('submit', function(e) {
  var message = [
    '이름: ' + $nameInput.val(),
    '나이: ' + $ageInput.val(),
    '위 내용을 전송하시겠습니까?'
  ].join('\n')
  if (!window.confirm(message)) {
    e.preventDefault()
  }
})
```

Vue.js를 이용한 구현은 v-model 디렉티브를 이용해서 각 필드의 입력을 Vue 인스턴스의 데이터로 바인딩하는 방법을 사용한다. 지금까지 설명했던 Vue.js 디렉티브는 데이터를 뷰(DOM)에 반영(바인딩)하는 디렉티브였지만, 이번에는 반대로 뷰(DOM)의 값을 데이터에 바인딩하는 디렉티브다. 구현 자체는 jQuery와 Vue.js가 크게 다르지 않다.

```html
<form id="app" @submit="confirm" method="post" action="/questionaire">
  <p>
    <label for="name">이름</label>
    <input type="text" name="name" id="name" v-model="name">
  </p>
  <p>
    <label for="age">나이</label>
    <input type="number" name="age" id="age" v-model.number="age">
  </p>
  <p>
    <input type="submit" value="전송">
  </p>
</form>
```

```javascript
new Vue({
  el: '#app',
  data: function() {
    return {
      name: null,
      age: null
    }
  },
  methods: {
    confirm: function(e) {
      var message = [
        '이름: ' + this.name,
        '나이: ' + this.age,
        '위 내용을 전송하시겠습니까?'
      ].join('\n')
      if (!window.confirm(message)) {
        e.preventDefault()
      }
```

```
    }
  }
})
```

v-model의 동작 제어하기

v-model은 동작 방식을 바꿀 수 있는 수식어를 갖추고 있다[14]. 그중에서도 다음 두 가지를 알아둔다.

- number

- lazy

number 수식어는 입력을 숫자로 변환해준다. input 요소는 type은 number지만, 그 값은 문자열이다. 이 값을 계산 가능한 숫자로 변환하려면 number 수식어를 사용한다. 앞에서 본 예제에서는 나이 필드에서 사용한다.

lazy 수식어는 동기화 시점을 지정한다. 앞에서 v-model은 사용자 입력과 Vue 인스턴스 데이터를 바인딩, 다시 말해 동기화한다고 설명했다. 기본 설정 동기화 시점은 input 이벤트가 발생한 순간이다. input 이벤트는 input 요소에 글자 하나가 입력될 때마다 발생한다. lazy 수식어를 사용하면 동기화 시점을 change 이벤트가 발생한 시점으로 바꿀 수 있다. change 이벤트는 입력이 끝나고 input 요소에서 포커스가 벗어난 시점에 발생한다.

이 수식어가 유용한 경우로, 데이터에 따라 표시 내용을 바꿔야 하는 경우를 들 수 있다. lazy 수식어가 없으면 한 글자가 입력될 때마다 표시가 바뀌면서 사용자에게 불쾌감을 줄 수 있는 경우가 있는데, 그럴 때 사용한다. 반면 사용자 입력에 즉시 반응해야 하는 경우도 있다. 따라서 애플리케이션의 내용이나 문맥에 따라 적절히 판단해야 한다.

이 수식어가 유용한 또 한 가지 경우는 데이터의 변화를 watch 등을 통해 모니터링하면서 통신이나 복잡한 계산을 해야 하는 경우다. 입력에 따라 통신을 수행하면 서버나 네트워크에 큰 부하가 걸릴 수 있다. 이런 경우에도 lazy 수식어가 유용하다.

---

14 https://kr.vuejs.org/v2/api/#v-model

효율적인 Vue.js 개발을 도와주는 도구를 이미 몇 가지 소개했다. 부록 B에서는 앞에서 미처 다루지 못한 개발 툴과 언어를 소개한다.

- Storybook

- 정적 타입 언어(TypeScript)

B.1 Storybook

Storybook[1]은 UI 개발 환경을 제공하는 도구다. 다루기 편한 그래픽 환경에서 개발 및 테스트[2]를 돕는 도구다. 컴포넌트의 동작이나 외관을 테스트하기도 하고, 컴포넌트의 목록을 작성하거나 컴포넌트를 조합할 수도 있다[3]. Storybook은 Vue.js, React, React Native, Angular를 지원한다.

Storybook

---

1 스토리북이라고 읽는다.

2 8장에서 설명한 단위 테스트만으로는 애니메이션의 외관이나 동작, 글꼴, 스타일 등의 시각적 요소를 확인하기 어렵다. Storybook은 시각적 요소에 대한 테스트를 도와준다.

3 Storybook은 본래 React용 UI 개발 환경 도구로, Kadira사에서 아루노다 수시리팔라(Arunoda Susiripala)가 개발한 것이다. Kadira사가 사업에서 철수하면서 개발이 중지됐으나, 2017년 뜻있는 멤버가 오픈 소스 프로젝트로 개발을 재개하면서 현재까지 지속 중이다. https://github.com/storybooks/storybook

Storybook을 프로젝트에 도입하면 다음과 같은 일을 할 수 있다.

- 컴포넌트의 input 요소와 button 요소 등이 사용자와의 상호 작용 확인
- 컴포넌트의 CSS, 글꼴, 이미지 등 UI의 외관 확인
- 컴포넌트의 목록을 만들어 프로젝트에서 사용되는 현황 파악
- 컴포넌트 API 및 스타일 가이드 확인
- 컴포넌트가 노출하는 프로퍼티 값을 변경하며 동작 확인
- 컴포넌트의 스냅샷을 이용해 UI 구조를 테스트
- 쉬운 GUI 인터페이스를 통한 엔지니어와 디자이너의 협업, 분업, 의사소통 촉진

Storybook을 사용해 더 효율적으로 애플리케이션을 개발할 수 있다.

B.1.1 프로젝트에 Storybook 도입하기

Storybook을 프로젝트에 도입하려면 공식 명령행 도구인 getstorybook을 이용한다.

```
$ npm install -g @storybook/cli
$ getstorybook -V
3.3.11
```

Vue.js에서는 Vue CLI로 생성한 개발 프로젝트에서 getstorybook 명령을 실행하면 된다. 8장에서 태스크 관리 애플리케이션을 만들 때 Vue CLI로 프로젝트를 생성했다. 이 프로젝트에 getstorybook 명령을 사용하면 Storybook 환경을 도입할 수 있다[4].

```
$ cd /path/to/kanban-app # 프로젝트 디렉터리로 이동
$ getstorybook # 프로젝트 최상위 디렉터리에서 getstorybook 명령 실행
```

getstorybook 명령을 실행해 Storybook 환경이 정상적으로 도입되면 프로젝트 디렉터리에 storybook 디렉터리와 src/stories 디렉터리가 생성된다. 다음은 이렇게 생성된 디렉터리 구조를 트리 형태로 나타낸 것이다.

---

4 Storybook을 실행하는 데 필요한 설정 및 스토리(컴포넌트의 동작 정의)가 배치된다.

```
.
├── test
├── static
├── src
│   ├── stories              # Storybook 스토리를 저장하는 디렉터리
│   │       ├── index.stories.js
│   │       ├── Welcome.vue
│   │       └── MyButton.vue
│   │
│   .
├── dist
├── config
├── build
├── .storybook               # Storybook 및 애드온 설정을 저장하는 디렉터리
│   ├── config.js
│   └── addons.js
.
```

또한 packages.json의 scripts 부분에 npm run과 실행 가능한 Storybook 관련 태스크가 추가되며, devDependencies에는 의존 모듈이 추가된다.

```
{
  ...
  "scripts": {
  ...
    "storybook": "start-storybook -p 6006", # Storybook을 실행할 태스크
    "build-storybook": "build-storybook"     # Storybook을 빌드할 태스크
  },
  ...
  "devDependencies": {
    ...
#Vue.js용 Storybook 관련 모듈
    "@storybook/vue": "^3.3.11",
    "@storybook/addon-actions": "^3.3.11",
    "@storybook/addon-links": "^3.3.11",
    "@storybook/addons": "^3.3.11",
    ...
  },
```

```
    ...
}
```

getstorybook으로 간단히 Storybook 환경을 구축할 수 있다.

B.1.2 Storybook 실행하기

Storybook을 실행하려면 npm run storybook 명령만 실행하면 된다. 그러면 src/stories 디렉터리에 저장된 스토리가 빌드되며 Storybook 개발 서버가 시작된다. 예제를 실행한 환경에서는 콘솔에 다음과 같은 내용이 출력된다.

```
$ npm run storybook

> kanban-app@1.0.0 storybook /Users/path/to/kanban-app
> start-storybook -p 6006

@storybook/vue v3.3.11

Failed to load ./.env.
=> Loading custom .babelrc
=> Loading custom addons config.
=> Using default webpack setup based on "vue-cli".
webpack built 9ac9048eab4ecacd3860 in 5668ms
Storybook started on => http://localhost:6006/
```

Storybook 개발 서버가 시작된 다음, 콘솔에 출력된 내용대로 웹 브라우저에서 http://localhost:6066 에 접근하면 Storybook을 사용할 수 있다. 이 URL에 접근하면 다음과 같은 화면이 표시된다.

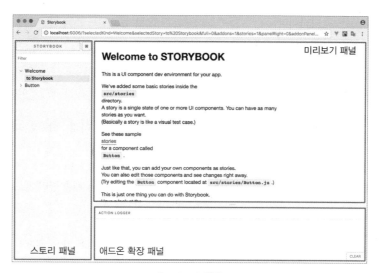

Storybook 화면

Storybook의 화면 구성은 다음과 같다.

패널	설명
스토리 패널	Storybook에서 실행 가능한 스토리 목록을 보여주는 패널.
미리보기 패널	스토리 패널에서 선택한 스토리의 구현 내용에 따라 동작하는 컴포넌트를 보여주는 패널. iframe으로 임베딩된다.
애드온 확장 패널	스토리에서 사용되는 Storybook용 애드온으로 확장되는 패널.

웹 브라우저에서 실행한 Storybook에는 hello world 스타일의 스토리와 몇 가지 버튼의 스토리가 담긴 스토리 패널이 나온다. 이 스토리는 getstorybook 명령을 실행했을 때 src/stories 디렉터리에 생성된 예제 스토리를 읽어온 것이다.

Storybook의 사용 방법은 기본적으로 이 스토리 패널에서 스토리(컴포넌트의 동작 정의)를 선택해 미리 보기 패널에서 선택한 스토리를 확인하는 것이다[5].

npm run storybook 명령으로 한번 Storybook 서버를 실행해두면 Storybook이 소스 코드의 변화를 모니터링하므로 컴포넌트가 수정되면 웹 브라우저가 새로 고침된다. 이 기능 덕분에 소스 코드를 수정할 때마다 직접 재시작할 필요가 없어서 효율적이다.

---

5 애드온을 사용하면 필요에 따라 확장 패널의 내용을 확인하는 경우도 있다.

UI 스타일을 전담하는 웹 디자이너도 CSS를 수정하는 것만으로 컴포넌트 스타일의 변화를 확인할 수 있기 때문에 프런트 엔지니어와 협업이 쉬워진다.

B.1.3 스토리 구현하기

Storybook에서 생성한 컴포넌트의 동작을 확인하려면 각 프로젝트에 따라 스토리, 다시 말해 동작을 확인하기 위한 동작 정의를 구현해야 한다.

스토리를 어떻게 구현해야 하는지 실제 사례와 함께 알아보자. 8장에서 사용했던 로그인 폼 컴포넌트 KbnLoginForm를 소재로 스토리를 구현해 보겠다.

src/stories 디렉터리에 KbnLoginForm.stories.js 파일을 만들고 다음과 같은 내용을 작성한다. 스토리를 구현한 파일의 확장자는 stories여야 한다.

```js
// Storybook API 'storiesOf' 임포트
import { storiesOf } from '@storybook/vue'
// 스토리 대상이 될 컴포넌트를 임포트
import KbnLoginForm from '../components/molecules/KbnLoginForm.vue'

// 'storiesOf'에 스토리 종류(여기서는 'KbnLoginForm'라는 이름으로 등록)를 등록
storiesOf('KbnLoginForm', module)
  // 'add'에 "스토리명과 컴포넌트를 반환하는 함수"를 인자로 전달해서 스토리를 등록
  .add('기본 동작', () => ({
    components: {
      KbnLoginForm
    },
    template: '<kbn-login-form :onlogin="handleLogin"/>',
    methods: {
      handleLogin(authInfo) {
        return new Promise((resolve) => {
          setTimeout(() => {
            resolve()
          }, 2000)
        })
      }
    }
  }))
```

스토리 구현은 Storybook이 제공하는 storiesOf, add를 사용하면 그리 어렵지 않다. 위 코드의 주석 내용을 따라 작성하면 된다. storiesOf, add는 Storybook API의 인스턴스를 반환하므로 메서드 체인 형태로 스토리를 구현할 수 있다.

스토리를 구현했으니 npm run storybook 명령으로 Storybook을 실행한다. 그러면 스토리 패널에 KbnLoginForm이 등록되며 종류가 기본 동작 스토리라고 나온다. 스토리 패널에서 기본 동작 스토리를 선택하면 미리 보기 패널에 다음과 같이 로그인 폼이 표시된다. 이런 식으로 컴포넌트를 GUI를 통해 확인할 수 있으므로 개발과 테스트의 효율이 좋아진다.

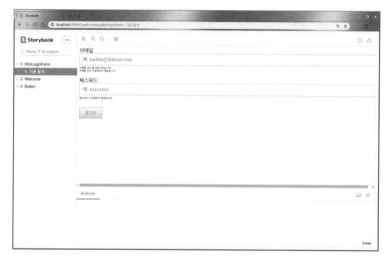

미리 보기 패널에 표시된 로그인 폼

B.1.4 Storybook 공개하기

Storybook으로 만든 컴포넌트 카탈로그를 외부 팀에 공유하거나 프로토타입으로 외부에 공개하는 경우가 있다. 이런 용도로 사용하기 쉽도록 Storybook은 컴포넌트를 빌드해 정적 애셋으로 만들어 주는 기능이 있다. 빌드가 끝나면 HTTP 서버를 통해 공유할 수 있다.

```
$ npm run build-storybook
> kanban-app@1.0.0 build-storybook /Users/path/to/kanban-app
> build-storybook

@storybook/vue v3.3.11
```

```
=> Loading custom .babelrc
=> Loading custom addons config.
=> Using default webpack setup based on "vue-cli".
Building storybook ...
```

Storybook이 빌드를 무사히 마치면 프로젝트 최상위 디렉터리 아래 storybook-static이라는 디렉터리가 새로 생긴다. 이 디렉터리를 통째로 HTTP 서버로 공개하면 팀 외부로 컴포넌트 카탈로그를 공개할 수 있다. 다음은 예제 storybook-static 디렉터리를 빌드한 결과다.

```
$ find ./storybook-static
storybook-static
storybook-static/favicon.ico
storybook-static/iframe.html
storybook-static/index.html
storybook-static/static
storybook-static/static/manager.35d5820c07dee4fcf085.bundle.js
storybook-static/static/preview.4b7f42c9226b3d375056.bundle.js
```

B.2 정적 타입 언어

자바스크립트는 동적 타입이자 프로토타입 기반 객체 지향 스크립트 언어다. 웹 기술의 진화와 함께 발전해 지금은 많은 기능을 갖춘 강력한 언어가 됐다[6].

동적 타입 언어는 컴파일 시점이 아니라 실행 시에 타입 체크가 일어난다. 그러므로 타입에 대한 정보가 명시적으로 필요하지 않거나 어느 정도는 타입을 신경 쓰지 않아도 동작한다는 장점이 있다. 일반적으로 컴파일이 필요한 정적 타입 언어와 비교하면 개발 생산성이 높다[7].

예를 들면 자바스크립트는 prototype이라는 객체를 확장하는 방식으로 기존 클래스에 동적으로 새로운 메서드를 추가할 수 있다. 마찬가지로 동적 타입 언어인 루비도 이 동작이 가능하며, 루비 온 레일즈라는 프레임워크는 이 점을 언어 기능을 확장하는 데 활용한다. 이렇게 동적으로 언어를 확장하는 것은 정적 타입 언어에서는 찾아보기 어려운 동적 타입 언어만의 장점이라고 할 수 있다.

---

6 자바스크립트의 언어 표준인 ECMAScript가 점점 강화되는 중이다.

7 정적 타입 언어가 아니면 마음 놓고 코딩할 수 없다며 정적 타입 언어가 생산성이 높다고 주장하는 사람도 있을지 모른다. 개인적인 의견으로는 적은 인원이 개발을 진행하는 경우나 개발 초기에는 동적 타입 언어가 더 낫다고 생각한다.

그러나 동적 타입 언어의 이 장점은 동시에 단점이 되기도 한다. 동적 타입 언어는 실행 전에 가능한 타입 체크를 하지 않기 때문이다.

동적 타입 언어는 애플리케이션을 실행해 보기 전에는 애플리케이션이 기대대로 정상 동작할지 알 수가 없다. 또한 개발팀이 여러 명으로 구성된 대규모 개발에서는 타입이 중요한 정보가 된다. 코드의 타입이 애매하면 의도하지 않은 버그가 생길 수 있다.

견고성을 필요로 하는 수준 높은 웹 애플리케이션에 대한 수요가 점점 높아지고 있다. 이렇게 개발에 있어 일정 수준의 규모와 정확성이 요구되는 경우에는 정적 타입 언어가 더 적합하다.

이런 필요에 부응해 TypeScript를 시작으로 자바스크립트에도 정적 타입을 도입하려는 시도가 나타나고 있다.

C언어나 자바를 사용해 봤다면 타입을 일일이 기재하는 것이 귀찮은 이미지로 남아 있을지도 모른다. 비교적 나중에 나온 정적 타입 언어(예를 들면, 스위프트, 코틀린, 스칼라)에는 타입 추론 등 코딩을 쉽게 도와주는 기능이 있으며, 지금 소개할 언어도 그러한 기능을 갖고 있다. 언뜻 생각한 것보다 코딩이 쉬울 수도 있다.

지금부터는 자바스크립트를 정적 타입 언어로 확장한 언어 중 현재 주로 사용되는 TypeScript를 간단히 소개하고, Vue.js 프로젝트에 TypeScript를 도입하는 방법을 알아보겠다.

B.2.1 TypeScript

TypeScript는 마이크로소프트사가 중심이 돼 개발이 진행 중인 오픈 소스 프로그래밍 언어(AltJS)다. 또한 정적 타입 언어이기도 하다. 문법적으로는 자바스크립트의 슈퍼 세트[8]이므로 자바스크립트에 익숙하다면 비교적 쉽게 배울 수 있다.

AltJS 중에서 이것이 가장 널리 사용되므로 각종 라이브러리를 사용하기 위한 설정(타입 정의)이 커뮤니티에서 이미 많이 만들어져 있다는 것이 특징이다.

B.2.2 TypeScript의 예제 코드

TypeScript는 자바스크립트의 슈퍼 세트다. 그러므로 자바스크립트 코드를 그대로 TypeScript 코드로 해석할 수 있다. 예를 들면, 다음 코드는 문법에 맞는 TypeScript 코드다.

---

8 상위 호환되는 코드. 둘이 거의 같으며 TypeScript에 타입 관련 문법만 추가됐다.

```
// 일반적인 JavaScript와 같음
function greet (person) {
  console.log('Hello, ' + person)
}


var person = 'Taro'
greet(person)
```

TypeScript는 변수와 인자명 뒤에 : (타입명)과 같이 **타입 주석**을 다는 방법으로 해당 변수나 인자에 할당할 수 있는 값의 타입을 제한한다. 예를 들면 위에 나온 greet 함수의 인자 person에 문자열만을 할당할 수 있게 하려면 다음과 같이 하면 된다.

```
// person 뒤에 문자열을 의미하는 타입 string을 붙여줌
// greet가 문자열만 인자로 받을 수 있게 함
function greet (person: string) {
  console.log('Hello, ' + person)
}


// person은 문자열임(string)
var person: string = 'Taro'
// person은 문자열이므로 오류 발생하지 않음
greet(person)


// age는 숫자임(number)
var age: number = 20
// age가 숫자이므로 다음과 같이 오류가 발생함
// error TS2345: Argument of type 'number' is not assignable to parameter of type 'string'
greet(age)
```

어떤 값이든 받을 수 있게 하려면 타입을 any로 설정하면 된다. TypeScript는 타입 주석이 없는 변수는 기본적으로 any로 해석하지만, 명시적으로 이를 지정할 수도 있다.

```
// message의 타입이 any이므로
// 어떤 값이든 받을 수 있음
function log (message: any) {
  console.log('Log:', message)
}
```

```
// 오류 발생하지 않음
log(123)
log('Hello')
log(true)
```

또한 변수의 명시적 초기화 등 특정한 상황에는 변수 타입을 자동으로 결정한다. 이것을 **타입 추론**이라고 한다.

```
// message는 타입 주석이 없음. 그러나 문자열 'Hello World!'로
// 초기화했으므로 message는 string 타입으로 간주됨
var message = 'Hello World!'

// message의 타입이 문자열이므로 다음은 오류가 발생
// error TS2322: Type '123' is not assignable to type 'string'
message = 123
```

TypeScript는 여기서 소개한 것 외에도 많은 기능이 있다. 이 기능 및 타입 등에 관해 관심 있는 독자는 공식 핸드북[9]을 읽어보기 바란다.

B.2.3 프로젝트 설정하기

TypeScript 코드는 자바스크립트 코드로 변환된 다음 실행된다. 그러므로 변환 과정을 설정해야 한다. Vue CLI에서 제공하는 공식 TypeScript 플러그인을 사용하면 이 설정이 끝난 상태에서 개발을 시작할 수 있다. Vue.js와 TypeScript를 함께 사용한다면 Vue CLI 플러그인을 사용하는 것이 좋다. Vue CLI의 자세한 사용법은 6장을 참고하라.

vue create 명령을 실행해 새로운 프로젝트를 생성한다. 프로젝트 이름은 hello-typescript라고 하겠다.

```
$ vue create hello-typescript
```

그다음 Manually select featrures를 선택한다.

```
Vue CLI v3.0.1
? Please pick a preset:
```

---

9 https://www.typescriptlang.org/docs/handbook/basic-types.html

```
default (babel, eslint)
> Manually select features
```

화면에 플러그인 목록이 나타나면 TypeScript 항목만(스페이스 키로 선택) 선택한다.

```
Vue CLI v3.0.1
? Please pick a preset: Manually select features
? Check the features needed for your project:
  ○ Babel
>● TypeScript
  ○ Progressive Web App (PWA) Support
  ○ Router
  ○ Vuex
  ○ CSS Pre-processors
  ○ Linter / Formatter
  ○ Unit Testing
  ○ E2E Testing
```

그리고 엔터키를 누르면 몇 가지 설정 사항을 더 물어보는데, 다음과 같이 선택하면 된다.

질문 항목	의미	선택한 내용
Use class–style component syntax?	단일 파일 컴포넌트에서 클래스 스타일 컴포넌트 문법을 사용할 것인가?	No
Use Babel alongside TypeScript for auto-detected polyfills?	자동 탐지된 폴리필에 TypeScript와 함께 Babel을 사용할 것인가?	Yes
Where do you prefer placing config for Babel, PostCSS, ESLint, etc.?	각 도구의 설정 내용의 저장 위치	In dedicated config files
Save this as a preset for future projects?	이 설정을 프리 세트로 저장하겠는가?	No

모든 설정 사항을 선택하고 나면 프로젝트 설정이 시작된다. 이 과정이 끝나면 다음과 같은 내용을 출력하며 hello-typescript 디렉터리가 생성된다. TypeScript를 사용해 Vue.js 개발을 시작할 준비가 된 것이다.

```
Successfully created project hello-typescript.
Get started with the following commands:
```

```
$ cd hello-typescript
$ npm run serve
```

TypeScript 컴파일러

Vue CLI를 사용하면 모든 설정을 직접 하지 않고도 TypeScript 코드를 컴파일할 수 있다. 그러나 TypeScript 컴파일러를 실행하면 어떤 과정을 거치는지 알아두는 것도 좋을 것이다. 이 칼럼에서는 TypeScript 컴파일러 사용법 및 설정 방법을 설명한다.

터미널에서 다음 명령을 실행하면 TypeScript 컴파일러를 설치한다.

```
$ npm install -g typescript
```

설치가 끝나고 tsc .ts_파일의_경로를 실행하면 지정한 .ts 파일이 .js 파일로 변환된다. 예를 들어 내용이 다음과 같은 test.ts 파일이 있다고 하자.

```
var message: string = 'Hello World!'
console.log(message)
```

tsc test.ts 명령을 실행하면 해당 디렉터리에 test.js 파일이 생성되며 이 파일의 내용은 다음과 같다. 내용을 보면 message의 타입 주석(: string)이 삭제된 것을 볼 수 있다.

```
var message = 'Hello World!';
console.log(message);
```

컴파일러 설정을 조정하면 TypeScript의 동작을 어느 정도 제어할 수 있다. 추가 설정 없이도 사용할 수는 있지만, 설정을 추가해 프로젝트 성격이나 취향에 맞게 동작하게 할 수 있다[10].

TypeScript 컴파일러 옵션 목록은 공식 참조 문서를 참고하라[11].

---

[10] Vue.js 추천 설정 https://kr.vuejs.org/v2/guide/typescript.html#%EC%B6%94%EC%B2%9C-%EC%84%A4%EC%A0%95
[11] https://www.typescriptlang.org/docs/handbook/compiler-options.html

B.2.4 컴포넌트 구현하기

TypeScript로 단일 파일 컴포넌트를 어떻게 작성하는지 알아보자. 단일 파일 컴포넌트는 템플릿을 〈template〉 블록, 스타일은 〈style〉 블록에 작성하며 〈script〉 블록에 컴포넌트 옵션을 익스포트한다.

```
<template>
  <p class="message">메시지: {{ msg }}</p>
</template>

<script>
export default {
  data: function () {
    return { msg: '안녕하세요!' }
  }
}
</script>

<style>
.message {
  font-weight: bold;
}
</style>
```

위에 나온 컴포넌트를 TypeScript로 구현해 보겠다[12].

```
<template>
  <p class="message">메시지: {{ msg }}</p>
</template>

<!-- lang="ts"로 설정하면 코드를 TypeScript 문법에 따라 해석함 -->
<script lang="ts">
import Vue from 'vue'

// Vue.extend 컴포넌트 옵션을 래핑
export default Vue.extend({
  data: function () {
```

---

12 나중에도 다시 설명하지만, Vue.js를 사용하기 위해 추가적인 타입 정의를 설치할 필요는 없다. 그대로 임포트만 하면 된다.

```
    return { msg: '안녕하세요!' }
  }
})
</script>


<style>
.message {
  font-weight: bold;
}
</style>
```

단일 파일 컴포넌트에서 TypeScript를 사용하려면 <script> 블록에 lang 속성값을 "ts"로 지정해야 한다.

또 자바스크립트를 사용할 때는 단일 파일 컴포넌트 안에서 직접 컴포넌트 옵션을 익스포트할 수 있었지만, TypeScript에서는 Vue.extend를 사용해야 한다. Vue.extend를 사용해야 TypeScript에서 이 부분이 컴포넌트 구현임을 알 수 있기 때문이다. 그 결과로 Vue.js API 타입이 추론되며 에디터에서 자동완성 기능이 동작한다. 이렇게 하면 옵션을 잘못 작성했을 때 타입 체크를 통해 오류를 알려준다는 장점이 있다.

반환 타입 주석

Vue.js와 TypeScript는 한 번만 설정해놓으면 매끄럽게 연동이 가능하지만, 주의해야 할 점도 있다. 흔히 빠지기 쉬운 함정으로 계산 프로퍼티나 render 함수의 반환 타입 주석을 빼먹으면 this에 대한 타입 추론이 제대로 되지 않는 경우가 있다.

다음 예제를 보면 계산 프로퍼티 upperMsg 안에서 this의 타입 추론이 제대로 되지 않아 오류가 발생한다.

```
<template>
  <p class="message">메시지: {{ upperMsg }}</p>
</template>


<script lang="ts">
import Vue from 'vue'
```

```
export default Vue.extend({
  data: function () {
    return { msg: '안녕하세요!' }
  },

  computed: {
    upperMsg: function () {
      return this.msg.toUpperCase()
    }
  }
})
</script>
```

이런 현상이 발생하는 이유는 Vue.js의 타입 정의에 모순이 있기 때문이다. 위의 예를 보면 계산 프로퍼티 안에서 this의 타입을 결정하기 위해 계산 프로퍼티의 반환 타입을 추론해야 한다. 그러나 계산 프로퍼티의 반환 타입을 추론하려면 this의 타입을 알아야 하기 때문에 순환에 빠져 타입 추론이 제대로 되지 않는다. 이를 피하려면 계산 프로퍼티의 반환 타입 주석을 달아줘야 한다.

```
<template>
  <p class="message">메시지: {{ upperMsg }}</p>
</template>

<script lang="ts">
import Vue from 'vue'

export default Vue.extend({
  data: function () {
    return { msg: '안녕하세요!' }
  },

  computed: {
    // 반환값에 타입 주석을 달면 'this'의 타입을 추론할 수 있다
    upperMsg: function (): string {
      return this.msg.toUpperCase()
    }
  }
})
</script>
```

단일 파일 컴포넌트용 설정

Vue.js 단일 파일 컴포넌트의 `<script>` 블록에서 TypeScript를 사용하려면 특별한 설정이 필요하다. 지금부터 설명할 내용은 webpack과 vue-loader를 사용해 단일 파일 컴포넌트를 빌드하는 것을 전제로 한다.

우선 webpack이 TypeScript 코드를 처리할 수 있도록 설정을 수정한다. 여기서는 ts-loader[13]를 사용하겠다. webpack 설정 파일에서 rules 항목에 다음과 같은 내용을 추가한다. appendTsSuffixTo 옵션은 꼭 필요하다. 이 옵션이 없으면 단일 파일 컴포넌트에서 TypeScript를 사용할 수 없다.

```
module.exports = {
  // ...생략...

  module: {
    rules: [
      {
        test: /\.vue$/,
        loader: 'vue-loader',
        options: vueLoaderConfig
      },

      // ts-loader 설정 추가
      {
        test: /\.ts$/,
        loader: 'ts-loader',
        options: {
          appendTsSuffixTo: [/\.vue$/]
        }
      },
      // ...생략...
    ],
  // ...생략...
  }
}
```

---

13 https://github.com/TypeStrong/ts-loader

그다음으로 TypeScript가 .vue 파일을 임포트할 때 오류가 발생하지 않도록 한다. TypeScript에는 임포트 대상 파일의 확장자에 따라 타입을 정의하는 문법이 있다. 이 기능을 사용해 단일 파일 컴포넌트의 타입을 정의할 수 있다. 다음 코드를 vue-shims.d.ts라는 이름으로 프로젝트 내 임의의 위치에 저장한다.

```
declare module '*.vue' {
  import Vue from 'vue'
  export default Vue
}
```

이렇게 하면 단일 파일 컴포넌트를 임포트해도 TypeScript에서 오류가 발생하지 않는다.

```
import Vue from 'vue'
import App from './App.vue'

new Vue({
  el: '#app',
  render: function (h) {
    return h(App)
  }
})
```

B.2.5 에디터

TypeScript 및 Vue.js 단일 파일 컴포넌트를 지원하는 에디터에는 Atom, Sublime Text, WebStorm 등 여러 가지가 있다. 단일 파일 컴포넌트에서 TypeScript를 활용하고 싶다면 이 중에서도 Visual Studio Code에 Vetur 확장 기능을 설치해서 사용하는 것이 가장 편리하다.

Visual Studio Code(이하 VSCode)는 마이크로소프트에서 개발한 에디터로, 무료로 사용이 가능하다. TypeScript을 기본 지원하며, 빠른 속도와 IntelliSense라는 코드 자동 완성 기능, 다양한 확장 기능을 제공하는 것이 특징이다.

Vetur는 VSCode 확장 기능의 한 종류로, Vue.js 코어 팀이 개발을 맡고 있다. Vue.js 단일 파일 컴포넌트 파일의 문법 하이라이팅, 코드 자동 완성, 코드 스니핏 제공 등 단일 파일 컴포넌트를 구현할 때 편리한 기능을 다양하게 제공한다. 특히 TypeScript를 사용해 단일 파일 컴포넌트를 구현하고 있다면 일반적인 .ts 파일과 마찬가지로 오류가 있는 위치를 표시해주거나 타입 정보를 이용한 코드 자동 완성을 제공하기 때문에 개발 효율이 크게 개선된다. Vetur가 제공하는 기능은 Vue Language Service라는 이름으로 별도로 제공하므로 향후 VSCode 외의 에디터에서도 사용할 수 있을 것이다.

B.2.6 라이브러리 타입 정의

TypeScript에서 자바스크립트로 작성된 라이브러리를 사용하려면 라이브러리 자체 외에도 타입 정의 (.d.ts 파일)가 필요하다. 이번 절에서는 TypeScript에서 Vue.js를 비롯한 다른 라이브러리를 사용하기 위해 이 타입 정의를 구하고 내 프로젝트에 적용하는 방법을 알아본다.

Vue.js와 주변 라이브러리

Vue.js는 공식 타입 정의를 제공하므로 이를 npm에서 받아오면 추가 설정 없이 사용할 수 있다[14]. 즉 앞에서 봤듯이 npm install vue 명령으로 프로젝트에 Vue.js를 설치하기만 하면 Vue.js에서 TypeScript를 사용하는 데 문제가 없다.

Vue.js 본체 외에도 공식 지원을 제공하는 일부 라이브러리가 TypeScript 타입 정의를 제공한다. 다음은 집필 시점을 기준으로 타입 정의를 제공하는 공식 라이브러리의 목록이다. 이 책에서 다루는 주요 라이브러리는 대부분 타입 정의를 제공한다[15].

- Vue

- Vue Router

- Vuex

- Vuex Router Sync

- Vue Test Utils

- Vue Class Component

- Vue Rx

---

14 v2.0부터 TypeScript 타입 정의를 공식 제공한다.
15 지금까지 언급하지 않은 공식 라이브러리는 해당 프로젝트의 READM.md 파일 등을 참조하라. https://github.com/vuejs

그 외 라이브러리의 타입 정의 지원

Vue.js로 실제 애플리케이션을 개발하다 보면 거의 대부분 Vue.js 공식 라이브러리 외의 패키지를 사용하게 마련이다. 이러한 기타 라이브러리도 Vue.js 공식 지원 라이브러리처럼 타입 정의를 제공하는 것과 그렇지 않은 것이 있다.

타입 정의를 제공하지 않는 라이브러리를 사용하려면 DefinitelyTyped[16]에서 제공하는 타입 정의를 이용하는 것이 좋다[17]. DefinitelyTyped는 사용자들이 작성한 타입 정의를 모아둔 저장소다. 사용하려는 라이브러리의 타입 정의를 누군가가 만들어 둔 것이 있다면 여기서 찾아 사용할 수 있다.

DefinitelyTyped에서 제공하는 타입 정의를 사용하려면 @types/라이브러리명 패키지를 npm에서 설치하면 된다. 예를 들어 lodash 라이브러리의 타입 정의를 사용하고 싶다면 @types/lodash를 설치한다[18].

```
# lodash 설치
$ npm install lodash

# lodash 타입 정의 설치
$ npm install --save-dev @types/lodash
```

지금까지 소개한 내용을 모두 적용하면 TypeScript를 사용해 정적 타이핑의 이점을 누리는 쾌적한 개발 환경을 구축할 수 있을 것이다.

`Column`

TypeScript 타입 정의가 없다면

DefinitelyTyped는 다양한 타입 정의를 제공하므로 대부분의 경우 사용하려는 라이브러리의 타입 정의를 구할 수 있다. 다만 그리 잘 알려지지 않은 라이브러리의 타입 정의는 찾을 수 없을 수도 있다. 이런 경우라도 자신이 직접 타입 정의를 작성하면 라이브러리를 사용할 수 있다. 타입을 정의하는 방법은 TypeScript의 참조 문서를 참고하라[19].

Vue.js 플러그인에서는 컴포넌트 옵션이나 Vue 인스턴스 자체에 프로퍼티가 추가된 경우가 있다. 다음과 같은 방법으로 Vue.js 자체의 타입 정의를 확장하면 된다.

---

16 https://github.com/DefinitelyTyped/DefinitelyTyped
17 DefinitelyTyped에 타입 정의가 없거나, 있다고 해도 적절한 정의가 아닐 수 있다.
18 save-dev는 개발용으로 설치한다는 의미다. 타입 정의는 대부분 개발용으로만 사용하기 때문에 @types 패키지는 거의 -save-dev 옵션으로 설치한다고 보면 된다.
19 https://www.typescriptlang.org/docs/handbook/modules.html#working-with-other-javascript-libraries

```
// Vue.js를 꼭 미리 로딩해야 한다
import Vue from 'vue'

declare module 'vue/types/options' {
  // 컴포넌트 옵션 확장
  interface ComponentOptions < V extends Vue.js > {
    // 'myPlugin' 옵션 추가
    myPlugin ? : string
  }
}

declare module 'vue/types/vue' {
  // 인스턴스 프로퍼티 확장
  interface Vue {
    // '$myPluginFunc' 메서드 추가
    $myPluginFunc(value: string): string
  }

  // 전역 프로퍼티 확장
  interface VueConstructor {
    // 'myPluginGlobal' 프로퍼티를 생성자에 추가
    myPluginGlobal: string
  }
}
```

위와 같이 타입 정의를 추가하면 다음 코드도 오류 없이 동작한다.

```
import Vue from 'vue'

var vm = new Vue({
// 'myPlugin' 옵션 사용
myPlugin: 'foo'
})

// '$myPluginFunc'를 인스턴스에 추가
console.log(vm.$myPluginFunc('bar'))

// 'myPluginGlobal'를 생성자에 추가
console.log(Vue.myPluginGlobal)
```

Vue.js와 Flow

Flow[20]는 페이스북에서 개발한 자바스크립트용 정적 타입 체크 도구다. 강력한 타입 추론 등의 기능으로 TypeScript의 뒤를 잇는 인기를 자랑한다. Vue.js 애플리케이션 프로젝트에 Flow를 도입할 수는 있지만, 아쉽게도 실제로 사용하기에는 해결해야 할 과제가 많다. Vue.js는 아직은 TypeScript와 함께 사용할 것을 추천한다.

Flow는 TypeScript와 마찬가지로 npm으로 배포되는 다양한 자바스크립트 타입 정의 파일을 임포트해서 타입 체크를 할 수 있다.

Flow용 Vue.js 타입 정의 파일은 공식이든 비공식이든 아직 없다. 그리고 타입 정의를 자동 생성하면 모든 타입이 any로 나온다.

그러므로 Vue.js 코드는 Flow에서 아직 타입 주석의 장점을 누리지 못하는 상황이다[21].

정적 타입 언어는 대부분 현대적인 에디터와 IDE가 제공하는 강력한 기능을 지원받는다. 타입 정보를 기반으로 하는 코드 자동 완성, 실시간 오류 체크, 커서가 위치한 변수의 타입 정보 확인 등의 기능이 그렇다. 타입 시스템을 통해 생산성을 크게 향상시킬 수 있다. Flow 역시 **타입 정의 정보만 있다면** VSCode, Atom=IDE, WebStorm 등의 에디터를 이용해 개발 생산성을 높일 수 있다. 그러나 Vue.js는 Flow용으로 사용할 수 있는 타입 정의를 제공하지 않는다. 그러므로 아쉽지만 Vue.js API 코드에 대한 자동 완성 기능은 사용할 수 없다.

---

20 https://flow.org/ https://github.com/facebook/flow
21 필자는 flow-typed를 사용해 Vue.js API의 타입 정보를 작성했고 이를 공개하려고 했다. 그러나 Flow의 기능 부족과 페이스북 측에서 해당 기능을 추가할 의사가 없어 보여 아직 해당 기능은 보류 상태에 있다. https://github.com/vuejs/vue/pull/5027

Vue.js 생태계의 일원인 Nuxt.js를 소개한다. Nuxt.js는 Vue.js가 공식으로 제공하는 프로젝트가 아닌 서드파티 프로젝트다.

먼저 Nuxt.js의 특징을 설명한 다음, Nuxt.js를 사용할 수 있는 환경을 갖추고 정적 웹 호스팅 사이트[1]에 서비스할 수 있는 간단한 기업 소개 사이트를 만들어보는 과정을 통해 Nuxt.js로 애플리케이션을 개발하는 방법을 설명한다.

C.1 Nuxt.js란?

Nuxt.js[2]는 Vue.js 애플리케이션을 개발하기 위한 프레임워크다. Vue.js를 기반으로 만들어졌으며 주로 SPA를 개발하는 데 사용된다.

Nuxt.js를 사용하면 서버 사이드 렌더링을 지원하는 유니버설(universal)[3]한 Vue.js 애플리케이션을 만들 수 있다.

Nuxt.js는 이러한 복잡한 애플리케이션을 만드는 데 필요한 라우팅, 상태 관리, 컴포넌트 관리 기능을 제공하는 모듈 등 완결된 스택을 갖춘 프레임워크다. 동시에 미들웨어나 플러그인으로 쉽게 확장할 수 있는 유연성도 갖추고 있다. 애플리케이션 빌드, CLI 도구 등 개발 환경 구축 역시 Nuxt.js를 사용해 할 수 있다.

---

1 루비 온 레일즈 같은 백 엔드가 필요 없으며 사전에 완성된 HTML 파일만 있으면 웹 사이트를 제공할 수 있는 호스팅 서비스를 말한다.
2 다양한 기능을 갖춘 프레임워크로, 이 책에서는 모든 내용을 다룰 수는 없다. 공식 사이트나 참조 문서를 참고하라. https://ko.nuxtjs.org/ https://ko.nuxtjs.org/api/
3 자바스크립트 분야에서 유니버설이라는 용어를 간혹 볼 수 있다. 유니버설이란 일반적인 의미로는 클라이언트, 서버 등 서로 다른 환경에서도 자바스크립트 코드가 동작한다는 것을 가리킨다. 또 비슷한 용어로 아이소모픽(isomorphic)이라는 용어도 있다. 이 용어는 클라이언트와 서버에서 같은 HTML 페이지를 생성하는 기술이라는 의미로 주로 사용된다.

Nuxt.js는 대규모 웹 애플리케이션을 개발하는 데 있어 Vue.js를 선택하게 하는 이유 중 하나다.

Nuxt.js는 세바스티앙 쇼팽(Sebastien Chopin)[4]과 알렉산더 쇼팽(Alexandre Chopin)[5]이라는 두 형제가 Vue.js용 프레임워크를 만들기 위해 시작한 프로젝트다. React.js에서 서버 사이드 렌더링을 지원하는 프레임워크인 Next.js[6]에 영감을 얻어 Nuxt.js를 개발하게 됐다. 처음에는 Next.js를 참고했으나 현재는 독자적인 기능을 많이 갖춘 형태로 발전했다[7]. 큰 인기와 함께 쇼팽 형제를 필두로 안정된 코어 팀 체제를 갖추고 개발을 진행 중이며, Vue.js 코어 팀과도 밀접하게 협업 중이다.

Nuxt.js의 OpenCollective 페이지

C.2 Nuext.js의 특징

Nuxt.js의 특징에 대해 알아보자.

---

4 https://github.com/Atinux

5 https://github.com/alexchopin

6 https://github.com/zeit/next.js/

7 Nuxt.js는 2016년 개발이 시작돼 같은 해 11월에 버전 0.2가 출시됐다. 그 후 Vue.js 본체의 서버 사이드 렌더링 기능이 발전하면서 몇 번의 버전 업을 거쳐 2018년 1월에 버전 1.0
이 출시됐다. 이 책의 집필 시점의 최신 버전은 1.4다. Nuxt.js와 Vue.js 모두 OpenCollective를 통한 지원금으로 오픈 소스 소프트웨어 프로젝트 운영 경비와 커뮤니티 활동 경
비를 충당하고 있다.

C.2.1 서버 사이드 렌더링 지원

Nuxt.js는 앞서 설명했듯이 서버에서 UI를 렌더링하는 기능인 서버 사이드 렌더링[8]을 지원한다.

서버 사이드 렌더링은 Vue.js 컴포넌트 등을 사전에 서버에서 HTML로 출력한 다음, 최초 접근 시에 미리 렌더링한 이 HTML을 응답하도록 하는 기법이다.

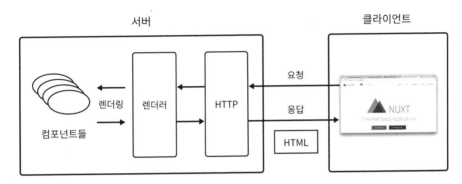

서버 사이드 렌더링

Column

서버 사이드 렌더링 환경 갖추기

Vue.js에서도 서버 사이드 렌더링을 사용할 수 있다[9].

Vue.js는 서버 사이드 렌더링을 지원하는 애플리케이션 개발을 위한 전용 가이드 문서[10]와 함께 Hacker News[11]의 클론 애플리케이션[12]을 예제로 제공한다.

이 가이드 문서와 예제 애플리케이션을 참고해서 서버 사이드 렌더링을 구현할 수 있다. 그러나 Vue.js만 사용해서 서버 사이드 렌더링을 지원하는 애플리케이션을 개발하려면 다음과 같이 번거로운 과정을 거쳐야 한다. 이로 인해 애플리케이션이 복잡해지면 개발에 드는 수고가 늘어난다.

8　SSR이라고도 함.

9　버전 2.0 이후부터는 Vue Server Renderer라는 렌더러를 npm으로 제공해 컴포넌트를 렌더링하는 데 사용한다. https://github.com/vuejs/vue/tree/dev/packages/vue-server-renderer

10　https://ssr.vuejs.org

11　미국 실리콘밸리의 창업 인큐베이터 YCombinator에서 운영하는 IT 주제 뉴스 사이트다.

12　https://github.com/vuejs/vue-hackernews-2.0

- 클라이언트 및 서버 사이드 모두에서 동작하는 유니버설 자바스크립트 코드 구현
- 서버 사이드 렌더러를 적용한 컴포넌트 렌더링 구현
- 서버 사이드 렌더링 최적화를 위한 webpack 설정
- 서버 사이드에서 하나 이상의 HTTP 요청을 전제로 한 컨텍스트로 만든 Vue 인스턴스의 샌드박스
- 클라이언트 및 서버 사이드 동작 여부를 판정하는 Vue.js 생애주기 훅
- 서버 부하를 줄이는 캐시 전략

Nuxt.js를 사용하면 서버 사이드 렌더링에 필요한 번거로운 절차를 프레임워크로 추상화해준다. 그래서 프레임워크가 제공하는 스타일대로 개발하면 서버 사이드 렌더링을 지원하는 Vue.js 애플리케이션을 쉽게 만들 수 있다.

비즈니스적으로 서버 사이드 렌더링이 꼭 필요하거나 향후 필요가 예상된다면 프로젝트 초기부터 Nuxt.js를 도입할 것을 추천한다.

서버 사이드 렌더링의 필요성

서버 사이드 렌더링은 최초 응답 속도를 빠르게 하는 효과가 있지만, 애플리케이션의 복잡도가 높아지므로 개발 난이도가 상승한다.

Nuxt.js를 도입하면 서버 사이드 렌더링 지원이 한결 편해지지만, 서버 쪽 CPU 부하가 증가하기 때문에 트래픽이 많은 상황에서는 캐시를 이용해 서버의 부하를 경감해야 한다.

이런 시스템상 고려가 필요하기 때문에 서버 사이드 렌더링을 도입하기 전에 면밀한 검토를 거치는 것이 중요하다.

개인적으로는 서버 운영 비용을 고려해 서버 사이드 렌더링은 적용하지 않는 것이 현실적이라고 생각한다. 하지만 다음과 같은 콘텐츠를 고려해야 한다면 서버 사이드 렌더링을 도입해야 한다.

- 콘텐츠의 SEO/OGP 지원이 필요한 경우
- 콘텐츠의 초기 로딩 시간을 단축해야 하는 경우

웹 브라우저에서 동작하는 일반적인 애플리케이션은 HTTP 서버에서 웹 페이지 형태로 HTML, CSS, 자바스크립트와 이미지 등의 리소스를 받아온다.

웹 페이지를 읽어온 다음, 이미지나 CSS 등의 리소스로 웹 페이지를 렌더링한다. 그리고 나서야 자바스크립트가 동작하며 Ajax를 통해 HTML 동적 콘텐츠 및 데이터를 받아오고 다시 이를 사용해 최종적으로 사용자가 보게 될 웹 페이지가 렌더링된다.

검색 엔진은 크롤러를 통해 웹 페이지를 수집하는데, 자바스크립트가 Ajax를 통해 받아온 다음 렌더링되는 동적 웹 페이지는 크롤러가 미처 수집하지 못할 가능성이 있다. 이런 문제를 해결하기 위해 서버 사이드 렌더링으로 미리 정적 콘텐츠로 렌더링된 페이지를 만들어 둠으로써 SEO/OGP에 대응할 수 있다[13].

동적 웹 페이지 렌더링은 웹 페이지가 완전히 나타날 때까지 사용자가 느끼는 약간의 시차가 있다[14]. 사용자 경험 면에서 이런 손실을 방지하기 위해서도 서버 사이드 렌더링을 사용한다. 사용자가 웹 브라우저에서 곧바로 웹 페이지를 볼 수 있으므로 콘텐츠 초기 로딩 시간을 단축해 사용자 경험을 향상시킬 수 있다.

C.2.2 바로 개발을 시작할 수 있는 개발 환경 및 확장성

Nuxt.js는 Vue.js 애플리케이션 개발을 곧바로 시작할 수 있도록 Vue.js 공식 플러그인 및 서드파티 라이브러리, webpack 번들링 설정을 갖춘 개발 환경을 제공한다. 다음은 Nuxt.js가 제공하는 표준 개발 환경에 포함된 요소다.

- Vue.js

- Vue Router: 라우팅

- Vuex: 상태 관리

- Vue Server Renderer: 서버 사이드 렌더링

- vue–meta: meta 요소 관리

- 단일 파일 컴포넌트 기반 컴포넌트 관리

- webpack, Vue Loader: 번들링, 코드 분할, 미니파이(minify)

- 개발 서버, 핫 리로딩

- Babel: ES6/ES7 트랜스파일

- Sass, Less, Stylus 등 전처리 도구

이렇게 완결된 개발 환경에서 애플리케이션을 개발할 수 있다. Nuxt.js 커뮤니티에서 제공하는[15] Vue CLI 프로젝트 템플릿이나 Nuxt.js 모듈을 사용해 개발 환경을 좀 더 개선할 수도 있다.

---

13 Googlebot은 자바스크립트를 실행한다고 알려져 있으나, 완전한 실행을 보장하지는 않는다.

14 인터넷 회선 속도가 느린 환경에서는 자바스크립트 로딩도 느려지기 때문에 Ajax를 통해 받아와야 하는 동적 콘텐츠도 그만큼 렌더링까지 시간이 걸린다.

15 https://github.com/nuxt–community

그리고 미들웨어, 플러그인, 모듈을 통해 확장 기능을 제공한다.

예를 들면 미들웨어는 특정 페이지(혹은 여러 페이지)가 렌더링되기 전에 실행할 함수를 정의한다. 인증 등을 함수로 정의해두고 Nuxt.js에서 처리할 수 있다.

C.2.3 정적 HTML 파일 생성 지원

이 절에서는 개인적으로 특히 주목하는 기능인 정적 HTML 파일 생성 기능을 소개한다.

Nuxt.js는 webpack으로 애플리케이션을 빌드하고, 라우팅 가능한 모든 URL에 해당하는 웹 페이지를 미리 렌더링하는 방법으로 정적 HTML 파일을 생성하는 기능을 제공한다[16].

이런 방법을 이용해 Nuxt.js로 개발한 애플리케이션을 Amazon S3나 Github Pages 같은 정적 웹 호스팅을 사용해 서비스할 수 있다.

서버는 데이터만 전달하고 페이지 렌더링은 브라우저에서 담당하는 클라이언트 사이드 렌더링, 여기서 한발 더 나아가 콘텐츠 초기 로딩 시간을 개선하는 (부분적) 서버 사이드 렌더링은 Nuxt.js의 장기다. 그리고 다시 정적 HTML 파일을 생성하는 기능을 프레임워크로 제공한다. 이 기능을 통해 서버리스(serverless) 아키텍처를 지원할 수 있다.

Markdown을 이용해 블로그 아티클을 생성하는 애플리케이션을 생각해 보자. Nuxt.js를 사용한다면 직접 서버를 운영하지 않아도 정적 HTML 파일을 생성해 웹 호스팅 서비스만으로도 블로그를 운영할 수 있다[17].

---

16 Nuxt.js 정적 파일 생성 기능은 동적 URL의 라우팅을 무시한다.
17 코드 관리 서비스인 깃허브나 AWS의 각종 클라우드 서비스와 연동해 구성한다.

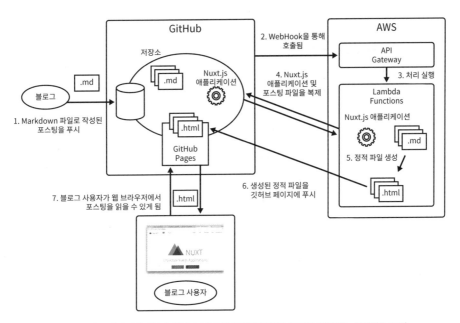

Nuxt.js로 만든 애플리케이션과 깃허브, AWS를 이용해 블로그 기사를 배포하는 서버리스 구성

C.3 Nuxt.js 시작하기

지금까지 Nuxt.js의 특징을 간단히 설명했다. 이제 Nuxt.js를 실제로 사용해 보면서 애플리케이션을 어떤 방법으로 개발하는지 체험해 보자. Nuxt.js는 집필 시점의 최신 버전인 1.4.2를 사용하겠다.

Nuxt.js 애플리케이션 프로젝트를 생성하는 방법은 2가지다.

- 완전히 무에서부터 만드는 방법(스크래치)

- Vue CLI용으로 공개된 템플릿을 사용하는 방법

환경 구축보다는 Nuxt.js 애플리케이션 개발에 집중하기 위해 Vue CLI를 사용하는 방법을 선택한다[18].

Nuxt.js는 프로젝트 템플릿[19]을 제공한다. 이 템플릿을 사용해 프로젝트를 생성해 보겠다. 터미널에서 다음과 같이 vue init 명령을 실행한다. 그러면 대화식으로 설정 사항을 묻는 질문이 출력된다. 다음과 같이 응답한다.

---

18 Vue CLI 3.0부터는 플러그인을 지원하므로 새로운 프로젝트를 생성하는 방법이 달라질 수도 있다.

19 https://github.com/nuxt-community/starter-template

```
$ vue init nuxt-community/starter-template nuxt-static-example
...
? Project name nuxt-static-example
? Project description Nuxt.js project
? Author your name yourname@example.com

vue-cli · Generated "nuxt-static-example".

To get started:

cd nuxt-static-example
npm install # Or yarn
npm run dev
```

새로 생성한 프로젝트에서 애플리케이션 개발을 시작하려면 Vue CLI 프롬프트에 나오는 지시에 따르기만 하면 된다. 그럼 다음 명령을 실행한다.

```
$ cd nuxt-static-example
$ npm install
$ npm run dev
```

npm run dev 명령을 실행하면 개발 서버를 시작한다. 웹 브라우저에서 동작을 확인할 수 있으므로 http://localhost:3000에 접근해 보자. 웹 브라우저에서 다음과 같은 화면을 볼 수 있을 것이다.

새로 생성한 Nuxt.js 프로젝트의 개발 서버에서 나타나는 화면

C.4 Nuxt.js를 사용해 정적 사이트 만들기

Nuxt.js 프로젝트 생성을 완료했다. 지금부터는 Nuxt.js 고유의 기능인 정적 파일 생성 기능을 사용해 기업을 소개하는 정적 사이트를 만들어 보겠다.

C.4.1 화면 설계

여기서 만들 기업 소개 사이트는 다음과 같은 화면으로 구성된다. 정적 파일 생성 기능에 초점을 맞추는 만큼 간단한 내용으로 구성한다.

- 사이트의 모든 페이지에서 접근할 수 있는 전역 내비게이션을 가진 푸터와 콘텐츠를 담는 바디로 구성됨

- 전역 내비게이션은 다음과 같은 메뉴로 구성됨

  – 홈: 최상위 페이지로 가는 링크

  – 기업 정보: 기업 정보를 담은 웹 페이지로 가는 링크

  – 제품 소개: 해당 기업의 제품 정보를 담은 웹 페이지로 가는 링크

  – 채용: 기업의 채용 정보를 담은 웹 페이지로 가는 링크

- 전역 내비게이션 메뉴에서 이동하는 각 페이지는 다음과 같은 텍스트를 표시한다.

  – 홈: 이 페이지는 Nuxt사 페이지의 최상위 페이지입니다.

  – 기업 정보: 이 페이지는 Nuxt사 기업 정보 페이지입니다.

  – 제품 소개: 이 페이지는 Nuxt사 제품 소개 페이지입니다.

  – 채용: 이 페이지는 Nuxt사 채용 정보 페이지입니다.

우리가 만들어 볼 기업 소개 사이트 화면

C.4.2 라우팅 추가하기

화면 설계가 끝났으니 사이트 구축에 들어간다. 기업 소개 사이트는 전역 내비게이션 메뉴를 클릭하면 다음 라우팅으로 연결한다. Nuxt.js의 라우팅은 디렉터리 구조와 일치한다.

메뉴	URL	라우팅 구조
홈	/	pages/index.vue
기업 정보	/company	pages/Company.vue
제품 소개	/product	pages/Product.vue
채용	/job	pages/Job.vue

라우팅은 간단한 정적 라우팅이 되도록 .vue 파일을 pages 디렉터리 아래에 둔다. 그리고 pages 디렉터리의 각 파일에 내용을 입력한다.

```
<template>
<h2>이 페이지는 Nuxt사 홈페이지의 최상위 페이지입니다.</h2>
</template>
```

C.4.3 전역 내비게이션 컴포넌트 추가하기

전역 내비게이션의 각 메뉴와 연결되는 단일 파일 컴포넌트는 page 디렉터리에 작성했다. 그러나 전역 내비게이션은 아직 웹 페이지로 구현하지 않았다. 이 전역 내비게이션을 구현하겠다.

전역 내비게이션은 앞서 정의한 화면 설계에 따르면 모든 페이지에 나올 정도로 범용성이 높은 UI다. 그러므로 components 디렉터리 아래 다음과 같은 내용으로 MyHeader 컴포넌트(components/MyHeader.vue)를 구현한다.

```
<template>
<nav class="header">
<ul>
<li><nuxt-link to="/">홈</nuxt-link></li>
<li><nuxt-link to="/company">기업정보</nuxt-link></li>
<li><nuxt-link to="/product">제품소개</nuxt-link></li>
<li><nuxt-link to="/job">채용</nuxt-link></li>
</ul>
</nav>
</template>
<style scoped>
.header ul {
```

```
margin: 0 0 0 0.2em;
padding: 0;
list-style-type: none;
}
.header ul li {
display: inline-block;
margin: 0 0.6em 0 0;
}
.header a {
text-decoration: none;
}
.header a.nuxt-link-exact-active {
text-decoration: underline;
}
</style>
```

위 코드를 보면 nuxt-link 컴포넌트로 메뉴를 구현한다. nuxt-link 컴포넌트는 Vue Router의 router-link 컴포넌트[20]를 래핑한 함수형 컴포넌트다. 그렇기 때문에 이 컴포넌트는 a 요소로 렌더링되며 메뉴를 클릭하면 Vue Router가 라우팅 처리를 맡아 해당 컴포넌트를 렌더링한다.

C.4.4 레이아웃에 전역 내비게이션 추가하기

마지막으로 Nuxt.js의 기본 레이아웃 템플릿인 layouts/default.vue 파일을 다음과 같이 수정한다.

```
<template>
    <div>
+      <MyHeader/>
       <nuxt/>
    </div>
  </template>

+ <script>
+ import MyHeader from '~/components/MyHeader.vue'
+
+ export default {
```

---

20 https://ko.nuxtjs.org/api/components-nuxt-link/ https://router.vuejs.org/kr/api/#router-link.html

```
+    components: {
+      MyHeader
+    }
+  }
+ </script>

  <style>
  /* ... 수정 없음 */
  </style>
```

앞서 구현한 MyHeader 컴포넌트를 <script> 블록에서 임포트한다. 그리고 <template> 블록에 nuxt 요소
(nuxt 컴포넌트)[21]를 추가한다. 바로 앞에 MyHeader 요소를 추가한다. 이렇게 기본 레이아웃을 수정하면
모든 웹 페이지에 전역 내비게이션이 추가된다. 이렇게 해서 기업 소개 사이트 구현이 모두 끝났다.

C.4.5 개발 서버에서 동작 확인하기

구현이 끝났으니 개발 서버에서 동작을 확인해 보자. Nuxt.js로 구현한 애플리케이션을 개발 서버에서
확인하려면 nuxt 명령을 사용한다. 지금 구현한 기업 소개 사이트는 Nuxt.js 공식 템플릿으로 생성한 프
로젝트로 개발한 것이라서 npm 스크립트의 dev 태스크에 nuxt 명령이 등록돼 있다.

npm run dev 명령을 실행하면 애플리케이션이 개발 모드로 빌드되며 터미널에서 개발 서버가 시작된 다
음 http://localhost:3000에서 애플리케이션에 접근할 수 있다는 메시지가 출력된다.

웹 브라우저에서 이 URL에 접근해 보면 이번 장에서 만든 기업 소개 사이트 중 최상위 페이지의 내용이
전역 내비게이션 메뉴와 함께 나타난다. 그리고 내비게이션 메뉴의 각 아이템을 클릭하면 그 메뉴에 해
당하는 페이지로 이동한다.

다음은 기업 정보 메뉴를 클릭했을 때 이동하는 웹 페이지다.

기업 정보 메뉴 페이지

---

21 nuxt 컴포넌트에는 URL 라우팅에 따라 pages 디렉터리에 위치한 컴포넌트가 삽입된다.

이 상태에서 브라우저를 새로 고침한다. Nuxt.js가 내부적으로 사용하는 Vue Router의 라우팅 기능이 최상위 페이지 대신 기업 정보 페이지로 연결해주는 것을 확인할 수 있다.

C.4.6 정적 HTML 파일 빌드하기

Nuxt.js의 정적 파일 생성 기능을 이용해 정적 HTML 파일을 빌드해 보겠다.

nuxt generate 명령을 사용하면 애플리케이션을 빌드하고 페이지 디렉터리에 위치한 모든 정적 라우트를 렌더링해서 HTML 파일을 생성한다. 앞에서 본 개발 서버와 마찬가지로 nuxt generate 명령 역시 npm 스크립트의 generate 태스크에 등록돼 있기 때문에 npm run generate 명령으로 정적 파일을 생성할 수 있다.

npm run generate 명령을 실행해 보자. 명령을 실행하면 필자의 환경을 기준으로 다음과 같은 내용이 터미널에 출력된다. 다른 환경에서도 비슷한 내용이 출력될 것이다[22].

```
$ npm run generate

Hash: 2d7abdea43e896a3be1c
Version: webpack 3.11.0
Time: 9496ms

Asset Size Chunks Chunk Names
layouts/default.55cdaf0afd4b8bbf4599.js 2.69 kB 0 [emitted] layouts/default
pages/index.c81e2462d68efcad73c8.js 426 bytes 1 [emitted] pages/index
pages/Product.01071170c2fb6cdb082d.js 426 bytes 2 [emitted] pages/Product
pages/Job.a6d0fdad4ee94bb67c90.js 419 bytes 3 [emitted] pages/Job
pages/Company.550b4f0883292b2424ce.js 427 bytes 4 [emitted] pages/Company
vendor.0ae040163179c36ea5d1.js 144 kB 5 [emitted] vendor
app.9f2dac05a1b788c09be2.js 28.2 kB 6 [emitted] app
manifest.2d7abdea43e896a3be1c.js 1.59 kB 7 [emitted] manifest
LICENSES 584 bytes [emitted]
  + 3 hidden assets
Hash: 3d1f3b2bca3630a985aa
Version: webpack 3.11.0
Time: 458ms
```

---

22 터미널에 출력되는 로그는 지면 관계상 생략한다.

```
Asset Size Chunks Chunk Names
server-bundle.json 132 kB [emitted]
  nuxt: Call generate:distRemoved hooks (1) +0ms
  nuxt:generate Destination folder cleaned +11s
  nuxt: Call generate:distCopied hooks (1) +18ms
  ...
  ...
  ...
  nuxt: Call generate:done hooks (1) +6ms
  nuxt:generate HTML Files generated in 10.8s +6ms
  nuxt:generate Generate done +0ms
```

명령이 정상적으로 종료되면 dist 디렉터리에 정적 배포가 가능한 일련의 파일이 생성된다. 어떤 파일이 생성됐는지 알아보기 위해 tree[23] 명령을 실행해 보면 필자의 환경을 기준으로 다음과 같은 디렉터리 구조가 출력된다.

```
$ tree dist
dist
├── 200.html
├── Company
│       └── index.html
├── Job
│       └── index.html
├── Product
│       └── index.html
├── README.md
├── _nuxt
│       ├── LICENSES
│       ├── app.9f2dac05a1b788c09be2.js
│       ├── layouts
│       │       └── default.55cdaf0afd4b8bbf4599.js
│       ├── manifest.2d7abdea43e896a3be1c.js
│       ├── pages
│       │       ├── Company.550b4f0883292b2424ce.js
│       │       ├── Job.a6d0fdad4ee94bb67c90.js
```

---

23   운영 체제와 환경에 따라 별도 설치가 필요한 경우도 있다.

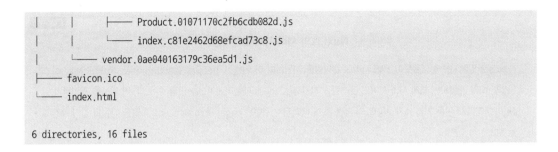

```
|      |        ├── Product.01071170c2fb6cdb082d.js
|      |        └── index.c81e2462d68efcad73c8.js
|      └── vendor.0ae040163179c36ea5d1.js
├── favicon.ico
└── index.html

6 directories, 16 files
```

dist 디렉터리 아래를 보면 HTTP 서버의 도큐먼트 루트로 호스팅되더라도 동작하도록 index.html 파일이 생성[24]돼 있다. 또 Company/index.html 파일에서 보듯이 전역 내비게이션 메뉴 아이템과 연결된 HTML 파일도 pages 디렉터리의 라우팅 구조를 따라 생성된다. 각각의 HTML 파일 내용을 확인해 보면 알 수 있듯이 모든 HTML 파일은 문서 전체의 렌더링이 완료된 상태다.

Nuxt.js의 자바스크립트 애플리케이션 코드는 _nuxt 디렉터리에 위치한다. 여기 위치한 코드는 webpack이 번들링한 애플리케이션 코드다. 이 코드는 함께 생성된 정적 HTML 파일의 script 요소에서 로딩되므로 Vue.js를 통해 동적 애플리케이션으로도 동작한다.

Nuxt.js의 정적 파일 생성 기능으로 만든 파일은 dist 디렉터리를 HTTP 서버의 도큐먼트 루트로 지정하기만 해도 그대로 동작한다. 아마존 S3 등의 서비스로 공개하기만 하면 된다.

지금까지 Nuxt.js의 간단한 소개와 프로젝트 생성 방법, 그리고 정적 파일 생성 기능을 알아봤다.

이번 장에서 Nuxt.js를 모두 다루지는 못했지만, 서버 사이드 렌더링을 지원하는 동적 단일 페이지 애플리케이션은 물론, 미들웨어, 플러그인을 이용해 흥미로운 애플리케이션을 개발할 수 있다.

Vue.js와 마찬가지로 Nuxt.js 역시 공식 참조 문서[25]를 참고한다. 한국어 참조 문서[26]도 있으므로 이 정보를 참고해 애플리케이션을 만들어보며 Nuxt.js의 재미를 느껴보기 바란다.

---

24 Nuxt.js는 기본적으로 .vue 파일과 대응되는 디렉터리에 index.html 파일을 생성한다. 그러나 subfolder라는 설정을 변경하면 .vue 파일과 대응되는 HTML 파일을 생성할 수도 있다. https://nuxtjs.org/api/configuration-generate

25 https://nuxtjs.org

26 https://ko.nuxtjs.org

Nuxt.js의 서버 사이드 렌더링

Nuxt.js는 앞에서도 설명했듯이 서버 사이드 렌더링을 지원하며 이 기능이 기본으로 활성화 상태다. 그러므로 Nuxt.js 스타일만 따라 개발하면 쉽게 서버 사이드 렌더링을 지원하는 Vue.js 애플리케이션을 만들 수 있다. 이 기능을 확인하기 위해 이번 장에서 만든 기업 소개 사이트의 제품 소개 페이지가 구현된 pages/Product.vue 파일을 다음과 같이 수정해 보겠다.

```
<template>
-    <h2>이 페이지는 Nuxt사 제품 소개 페이지입니다.</h2>
+    <h2>{{ title }}</h2>
  </template>
+
+ <script>
+ export default {
+   async asyncData (context) {
+     return await new Promise(resolve => {
+       // 백 엔드에서 데이터를 받아오는 과정을 흉내 냄
+       setTimeout(() => {
+         resolve({
+            title: `이 페이지는 Nuxt사 제품소개 페이지입니다. (${ context.isServer ? '서버
사이드 렌더링' : '클라이언트 사이드 렌더링' })`
+          })
+       }, 1000)
+     })
+   }
+ }
+ </script>
```

asyncData는 백 엔드로부터 데이터를 받아오는 과정을 흉내 내 1초 후에 title 프로퍼티를 가진 데이터를 반환한다. title 데이터는 asyncData에 인자로 주어지는 context.isServer의 값에 따라 페이지가 렌더링된 위치(서버/클라이언트)를 알 수 있는 제목으로 생성된다. 템플릿에서는 asyncData에서 받아온 title 문자열을 사용해 제목을 렌더링한다. asyncData는 Nuxt.js에서 독자적으로 제공하는 Vue.js 컴포넌트 옵션이다. 이 메서드는 비동기로 데이터를 받아오기 위한 것으로, 받아온 데이터를 반환해 Vue.js data 객체에 포함시킨다. 그러므로 pages/Product.vue 컴포넌트는 상품 정보 페이지에 접근한 1초 후에 페이지 내용을 렌더링하는 식으로 동작한다.

npm run dev 명령으로 개발 서버를 시작한 다음, http://localhost:3000/product에 접근해 보겠다. 그러면 다음과 같이 페이지가 서버 사이드에서 렌더링됐다는 메시지를 확인할 수 있다.

Nuxt.js를 이용한 서버 사이드 렌더링

예제 사이트의 기업 정보 메뉴를 클릭한 다음, 다시 상품 정보 페이지를 클릭한다. 그러면 이번에는 페이지가 클라이언트에서 렌더링됐다는 메시지를 볼 수 있다.

Nuxt.js 클라이언트 사이드 렌더링

이렇듯 Nuxt.js는 기본으로 활성화된 상태이지만, 반대로 nuxt 명령에서 --spa 옵션[27]을 사용하면 서버 사이드 렌더링을 비활성화할 수 있다. npm run dev --spa 명령으로 개발 서버를 시작한 다음, http://localhost:3000/product에 접근해 보자. 예제 사이트의 상품 정보 페이지에 직접 접근해도 아까와는 달리 클라이언트에서 렌더링됐다는 메시지를 볼 수 있다. 이렇듯 상황에 따라 서버 사이드 렌더링을 유연하게 적용할 수 있다.

---

27   자세한 동작 방식에 대해서는 공식 참조 문서를 참고하라. https://nuxtjs.org/guide/commands